Maniacs, Swindlers and Fools

A Third Eye on Investments

Maniacs, Swindlers and Fools:
A Third Eye on Investments

阎志鹏　赵妍　朱思维　著

疯子、骗子和傻子

第三只眼看投资

商務印書館
创于1897 The Commercial Press
2017年·北京

图书在版编目(CIP)数据

疯子、骗子和傻子:第三只眼看投资/阎志鹏,赵妍,朱思维著.—北京:商务印书馆,2015(2017.2重印)
ISBN 978-7-100-11195-9

Ⅰ.①疯… Ⅱ.①阎…②赵…③朱… Ⅲ.①投资分析 Ⅳ.①F832.48

中国版本图书馆CIP数据核字(2015)第067537号

疯子、骗子和傻子
——第三只眼看投资
阎志鹏 赵妍 朱思维 著

商务印书馆出版
(北京王府井大街36号 邮政编码100710)
商务印书馆发行
北京冠中印刷厂印刷
ISBN 978-7-100-11195-9

2015年7月第1版 开本787×1092 1/16
2017年2月北京第2次印刷 印张22¼
定价:49.90元

序

非常高兴地得知《疯子、骗子和傻子——第三只眼看投资》(以下简称本书)一书即将付印并正式出版，我深知这本书倾注了阎志鹏博士、赵妍博士和朱思维博士生的大量心血，因为过去几年中作者多次往返中美两地为本书搜集素材的情景让我印象极为深刻。不止于此，三位作者在本书写作过程中所流露出的普世情怀也让我心生敬佩。

我很荣幸能够成为这本书最早的读者之一，相比较追求理论方法创新和逻辑体系严密的受众面十分有限的纯学术著作，这本书的内容安排及表述方式都很接地气，几乎适合于所有的读者群体。无论是否有足够的金融或投资知识，看完本书后，您都会明白投资市场中的“疯子、骗子和傻子”是怎样炼成的；如果您能够在各种承诺高收益的投资诱惑下，不失理性地追问我可能面临的潜在风险在哪里？风险引致的可能损失到底有多大？那么您便没有辜负本书作者的辛勤付出和良苦用心，并且已经用行动证明了本书的社会意义和价值。

本书广泛涉猎了几乎所有领域内的投资骗局(或陷阱)和市场泡沫，并通过古今和中外的比较，以帮助读者洞悉“疯子、骗子和傻子”的前世今生及动态变化。从疯狂的房地产到遍地开花的高利贷，从投机盛行的证券市场到炒作不断的茶、黄花梨甚至是大蒜和绿豆的商品市场，从层出不穷的各种“庞氏骗局”到手法不一的内幕交易和财务欺诈，不管是明显非法还是披着合法外衣，也无论是个人发起还是公司参与，本书都将为读者们逐一揭示那些高额利益诱惑背后所隐藏的巨大风险，并通过大量的触目惊心的案例，以警示投资参与者在盯着“利（息）”的时候，千万要更注重保护“本（金）”的安全。

本书最为难能可贵的是，很多案例都来自作者的实地调研甚至是亲身经历，大量写作素材都源自作者的街头访谈或对当事人的采访实录，这种身体力行的研究和写作方式，让本书内容更为真实和生活化，因此也有着更好的可读性；并且，这些活生生的案例无时不刻地提醒我们，就在每个人的身边，形形色色的投资骗局和金融欺诈几乎每天都在上演，并如此真实又残酷地吞噬您的朋友、家人、同事甚至是您自己辛勤积累一生的血汗钱，面对这些，我们是否能够有效地保护自己或家人朋友的利益不受侵害？并且也有作者那种挺身而出的正义感和勇气呢？

真心地希望本书的出版与发行，能够为更多的人普及基础金融知识，帮助普通民众了解投资常识和市场运行所遵从的基本规律，从而让更多即使没有受过专业训练的人，也可以具备识别各种投资陷阱或金融欺诈的能力，进而通过减少“傻子”与“疯子”的供给，以实现挤压“骗子”生存空间的目标，并最终让我们拥有一个更为安全、有序、公正和透明的投资市场。

上海立信会计学院院长

唐海燕教授

目录

前言 …… 1

第一部分　疯子—泡沫

第一章　疯狂的房地产 …… 9

中国古代房地产 …… 12

投机需求膨胀 …… 12

钱币流通 …… 16

国家法律 …… 18

民族心态 …… 21

土地政策 …… 23

中国现代房地产 …… 27

房价指数真实可靠吗？ …… 28

土地政策与过度放贷 …… 29

是什么让我们那么钟情于投机房地产？ …… 31

政府对房地产业的高度依赖 …… 32

通胀预期—货币对内贬值 …… 33

货币对外升值与外来资本的涌入 …… 35

投资渠道、银行利率、楼市资金，相生还是相克？ …… 39

媒体和专家是如何看待“买房”的? …… 42
采访实录：房产投机者彪子 …… 46
采访实录：江苏泰州市某房产企业高管 …… 47
第二章　民间借贷与高利贷 …… 51
真实案例 1 …… 51
真实案例 2 …… 52
中国历史上的第一次高利贷 …… 55
官负民债——国债的起源 …… 56
寺院高利贷 …… 57
公廨钱 …… 58
现代“民间借贷与高利贷” …… 59
温州模式 …… 61
鄂尔多斯模式 …… 67
采访实录：鄂尔多斯人张源 …… 71
采访实录：鄂尔多斯人张扬 …… 75
青岛模式 …… 79
泗洪模式 …… 81
第三章　政府也疯狂 …… 85
鄂尔多斯市 …… 87
万亿“鬼城”：理性还是疯狂? …… 89
地方政府债 …… 99
4 万亿 1.0 …… 104
4 万亿 2.0 …… 108
货币政策 …… 111
政府与房地产 …… 114
土地转让的众生相 …… 118
土地财政与分税制 …… 120

有多少资源可以重来 …… 122
资源换项目 …… 122
政府为私有企业提供贷款、担保 …… 125
与一银行风险控制部负责人的对话 …… 128
第四章 证券市场泡沫与投机 …… 131
中国历史上的证券泡沫 …… 136
案例：上海橡皮股票风潮 …… 136
中国股票泡沫与投机 …… 138
股市泡沫与投机猖獗的结构性因素 …… 141
股市泡沫与投机猖獗的文化性因素 …… 148
集体主义文化影响 …… 148
案例：奚恺元和韦伯文化差异实验 …… 149
股民投资心理 …… 150
男女投资者比例差异 …… 151
中国权证泡沫与金融衍生品投机 …… 153
中国权证投机 …… 153
世界历史中的证券泡沫 …… 157
案例：法国密西西比泡沫事件 …… 157
案例：英国南海泡沫事件 …… 159
第五章 其他市场泡沫 …… 162
“本就稀少” …… 162
茶 …… 163
黄花梨 …… 166
藏獒 …… 168
“人为囤货” …… 172
大蒜 …… 172
绿豆 …… 174

第二部分　骗子—傻子

第六章　庞氏骗局 179
庞氏骗局的设计 184
亘古不变的高回报、低风险 184
要像每一个睡前故事一样，美好、可信 187
骗局的推广 189
对缥缈骗局的坚定信念 189
一切“关系”都会助力骗局的推广 191
骗局的成功 194
做局者的特点 198
我是独一无二的——自恋 199
冷漠 199
自我辩解 200
投资人的特点 201
轻信 201
贪婪 202
第七章　内幕交易 205
辩证地看内幕交易危害 207
美国案例一：对冲基金公司帆船公司的翻船故事 209
美国案例二：天罗地网的华尔街内幕交易 212
中国第一只股票带来的第一次内幕交易 215
中国案例一：银河证券肖时庆案 217
中国案例二：中国首富——国美黄光裕案 219
美国 SEC 监管何以广受赞誉 221
细节决定成败 221
刚柔并济的监管政策 222

坚韧廉洁文化 …… 223
中国市场高效监管“难” …… 224
第八章　财务欺诈 …… 228
什么是财务欺诈？ …… 228
什么是财务？ …… 228
财务欺诈的表现形式 …… 229
财务欺诈为什么会发生？ …… 233
舞弊三角论：压力，机会，借口 …… 233
舞弊三角论之压力 …… 234
舞弊三角论之机会 …… 235
舞弊三角论之借口 …… 239
案例——安然—安达信事件 …… 241
如何降低财务欺诈的可能性？ …… 244
减少企业的“压力”与“借口” …… 245
遏制欺诈的“机会” …… 245
采访实录：两位资深保荐人 …… 250
第九章　市场操纵 …… 255
案例——银行操纵 Libor 利率案 …… 256
市场操纵在中国 …… 259
中国历史上的市场操纵 …… 265
案例——胡雪岩丝绸操纵案 …… 266
市场操纵在美国 …… 268
案例——亨特家族白银市场操纵案 …… 270
市场操纵在欧洲 …… 276
案例——世界证券交易的发源地：阿姆斯特丹证券交易所 …… 278
第十章　股东残杀与内部人控制 …… 282
内部人侵占股东利益 …… 283

案例——蓝田事件 …… 286
大股东侵占小股东利益 …… 289
关联交易 …… 292
案例——安然公司编织的精密关联网 …… 294
资产重组 …… 296
案例——“中国第一家中外合资股份制上市公司” …… 297
小股东侵占大股东利益 …… 298
案例——“捷克伴侣” …… 299
股东侵占债权人利益 …… 302
债权人夺权 …… 305
案例——卡尔·伊坎 …… 306
第十一章　其他欺诈 …… 308
上部分：其他金融欺诈 …… 309
金融欺诈的历史 …… 311
案例：“金融界的达·芬奇”的瑞典火柴大王，伊瓦·克鲁格 …… 312
中国的金融欺诈 …… 315
案例：星展银行（中国）结构性投资产品 …… 315
反金融欺诈 …… 321
下部分：其他市场欺诈 …… 325
医疗诈骗 …… 325
合资诈骗 …… 330
古玩诈骗 …… 334
美国投资移民风险与欺诈 …… 339

前言

20 世纪 90 年代末期，美国两位心理学者夏布瑞斯（Christopher Chabris）和西蒙斯（Daniel Simons）在哈佛大学设计了一个经典的心理学实验。他们拍摄、剪辑了一小段大约 1 分钟的录像。在录像中，两队人不停地在穿插移动并传递篮球，有的直接空中传球，有的触地传球，有的拍几下再传球。两队人身着不同颜色的上衣，一队上身穿白色 T 恤，另一队上身穿黑色 T 恤。两位心理学者让录像观看者默数由穿白色 T 恤队员传出球的次数，而忽略黑衣队员传出的球。该实验的巧妙之处在于其将一个意想不到的事件穿插在了录像里：一个由成人装扮的大猩猩走进了画面，停在球员当中，捶着胸，然后离开了画面。大猩猩在录像中出现的时间大概有 9 秒钟。实验结果发现大约有一半观众根本没有觉察到大猩猩的出现！该实验结果一经公布，立刻成为时代经典，经过无数次的重复，始终有约一半的人没有看到大猩猩！人们怎么可能忽视在他们面前行走、直面他们、捶着胸并走开的大猩猩呢？“隐形的大猩猩”实验显示了当人们将注意力集中在一个特定领域或者视觉世界的某个方面，他们可能就会对一些物体视而不见，即使这些物体非常醒目、重要，甚至就在眼皮底下。

其实本书不是研究心理学或者视觉的，而是想讨论人们在投资领域可能碰到的各种合法的、非法的陷阱与资产泡沫。如果将预期的投资收益比成白衣球员传球数，而将投资风险比成在眼皮底下捶胸顿足的大猩猩，太多的投资者因太过注重许诺的或者可能的投资收益，而对资产泡沫、产品潜在的巨大风险甚至是很低级的投资骗局视而不见。作者撰写本书的目的就是希望人们能够在投资时多一分谨慎。

在国外，不少人认同具备一定的金融知识是一项基本人权，我们认为这也完全适用于中国。中国的老百姓越来越富有了，但是很多人的金融知识非常缺乏，甚至是空白；太多人只注重利（息），而忘了本（金），最终追悔莫及。这些人当中就包括笔者自己的亲戚家人。

我们苏北一位 60 多岁的亲戚在朋友的鼓动下，于 2013 年 3 月投资（借钱）给了宣称生产电离子热水器的广州亿品电子科技有限公司，年利息 22%。明眼人一看就知道一个身处高度竞争的行业怎么可能产生如此高的利润以支撑 22% 的融资成本？但是居然有上百位投资者（主要是退休人员）在公司各种各样的奖励，如澳门 7 日游、新人介绍奖、抽奖、免费吃饭等小恩小惠下将自己的养老钱投（扔）了出去。在 2013 年 8 月初知道这个情况后，笔者立刻作了调查，发现公司网站上所列的“中国品牌建设十大杰出企业家”、“中国行业十大影响力品牌”、和“香港国际专利发明博览会金奖”都是子虚乌有。我们立刻让亲戚及时将钱索回并向当地公安局经侦大队报了案。在这个事件当中，笔者的亲戚是幸运的，由于该骗局还处于发展阶段，还能全身而退，但无法收回投资的老百姓又该向谁哭诉呢？（对该骗局的详细描述请参见《第六章：庞氏骗局》或《上海证券报》2013 年 8 月 25 日文章“不要忽视眼前的大猩猩——投资风险与骗局”）。

广州亿品电子科技有限公司的融资是典型的非法集资骗局，而有些投资产品则披着合法的外衣，利用产品的复杂性来忽悠投资者。笔者另外一位北京的亲戚在 2013 年年初花 20 万元养老钱购买了一款由新加坡星展银行（中国）有限公司推出的结构性投资产品。当我们在 2013 年 7 月初得知该产品时，被该产品的复杂性惊呆了！不敢相信一个对金融一窍不通、平时节省无比的老人居然花了血本投资这样一个产品。于是决定深入研究一下这个产品。可不研究不打紧，一研究吓一跳：在一些假设条件下，该产品的预期年收益率居然是负的！一些正规金融机构利用老百姓的信任，以高度复杂的产品来忽悠缺乏金融知识的一般投资者。这样的“合法”产品给投资者带来的潜在伤害和损失可能比虚假产品来得还要大！复杂性往往掩盖了产品的实际风险而合法性则使投资者放松警惕，加上产品推广者不负责任地夸大产品的回报，投资者往往陷入这样的合法投资陷阱。我们立刻在深入研究该产品的基础上撰写了一篇评论文章——“理财一声吼：星展银行理财产品涉嫌忽悠年收益率为负”。2013年8月22日，《上海证券报》《理财管理版》用了一整版，用醒目大标题发表了我们的文章。该文章在中国金融界引起震动，星展银行当日就派人拜访上海证券报社，要求进一步说明其产品。9月5日中国各大报纸刊登了银监会即将公布保护金融消费者权益的规定，要求金融产品不得隐瞒风险夸大收益。9月7日证监会开通12386热线电话，受理投诉、咨询、建议等投资者诉求。（对该合法但“坑爹”的产品的详细分析请参见《第十一章：其他欺诈》）

作为研究金融的学者同时作为一个普通人，我们有义务将投资领域林林总总的非理性投资和骗局向老百姓解释清楚。资产泡沫离不开投资者的疯狂（疯子），而骗局总是骗子在设局让傻子和贪婪的无知者来钻！无论是全民参与的房地产泡沫（《第一章：疯狂的房地产》），“国退民进”的民间借贷（《第二章：民间借贷与高利贷》），让小股民们爱恨交加的证券市场（《第四章：证券市场泡沫与投机》），赤裸裸的投资骗局（《第六章：庞氏骗局》），上市公司高管的内幕交易（《第七章：内幕交易》）、财务作假（《第八章：财务欺诈》），庄家利用巨资操纵市场（《第九章：市场操纵》），还是大股东侵占中小股东权益（《第十章：股东残杀与内部人控制》），一旦发生，所产生的经济和社会后果可能会非常严重。

事实上，我们在投资中所遇到的这些问题并非是当今中国所特有的，无论是在中国的历史中，还是在国际金融的历史中，都曾一次一次地出现过，我们并不是金融长河中的孤岛。现今社会中绿豆、大蒜价格的暴涨暴跌跟历史中的荷兰郁金香事件有几多相似之处。中国的证券市场发展20余年，但进行内幕交易、市场操控的方法，却一点不少地从西方证券市场中学来了。正因为此，我们尽量在每一章节中进行古今和中外的对比。

但是从另一个层面上看，我们所面临的投资问题又有着它的特殊性，肯定不能照搬历史中的典型事例来推测。中国的房地产泡沫，无论是与“失去二十年”的日本有多么相似，我们都要看到这其中时代的变迁，人们思想的变化，互联网、科技等诸多客观因素的无形变化。中国各级政府在经济、金融泡沫中的作用，无论与其他各国政府多么相似，但也都有着显著的不同（《第三章：政府也疯狂》）。笔者在2009年出版的《反思华尔街》一书中问道：“是否有中国特色的牛顿定律，爱因斯坦相对论？”带着同样的思考：“中国投资者面临的投资问题（泡沫、骗局等）是否也有中国特色？”，最终才会有这本书的面世。

从最早文献收集的2007年算起，到发行这本书的2015年，8年时间，世界的金融发展曲线划出了一个大大的波谷。而中国的经济在宏观上却持续增长，跃居GDP第二大国。在外国经济学家一年一个中国金融末日论的轰炸下，中国的经济靠着“四万亿”，靠着“民间借贷”，靠着“房地产”一步一步地走了下来。没崩溃，但金融、投资领域里出现的问题非常严重。普通投资者的投资渠道缺乏，这给道貌岸然的骗子们提供了可乘之机；非国有企业、微小企业的融资缺乏，给了民间借贷和高利贷迅猛成长的土壤；一些地方政府不切实际的造城运动制造了区域性的房地产危机和地方政府债务危机……

我们衷心地希望读者，无论您是普通老百姓、金融从业人员，或是政府机关工作人员，能够从我们的讨论中有所启迪，能够在做投资决策时多一分谨慎——用第三只眼来看投资！这只眼睛在注重收益的同时，更加注重风险；在高回报的诱惑前，能够意识到可能的欺诈，意识到骗子可能就在身边；在资产价格疯狂地上涨时，能够保持清醒，认识到泡沫终究是要破灭的。

愿我们身边少一些投资骗子、自己不要成为投资中的傻子与疯子！

我们想借此机会感谢那些给予我们大力支持与帮助的朋友和同事。他们是上海立信会计学院的唐海燕院长、王淑贞主任、贾德奎教授、李瑞海教授、新泽西理工学院 Bill Rapps 教授、上海证券报社原社长关文先生、中唱音像有限公司总经理杜开林博士、中欧国际商学院的余方教授、商务印书馆王艺博编辑、北京银行的崔立先生、雄牛资本的李文波先生、华澳信托的高杰女士、东方证券的俞军柯先生和王晓黎女士、国泰君安证券周文昊先生和曾诚先生、国信证券的徐伟先生、宏源证券的陈一女士、惠誉（北京）信用评级有限公司温春岭女士、内蒙古世林投资集团有限公司的张子荣先生、鄂尔多斯鑫海投资控股有限公司的张敏女士、鄂尔多斯金融办张定国先生。

我们要特别感谢研究助教杜觃先生和毛嘉晨女士，他们的无私奉献和创造力为本书增色很多。我们还想特别感谢来自鄂尔多斯、原新泽西理工学院学生张源和张扬。他们不仅仅和我们讲述了很多鄂尔多斯真实的情况，在平时的生活里，由于他们的言论和想法，让笔者对于鄂尔多斯有了更深的了解。我们还感谢好友王飑、武志和王浩宇。书中对于中国房地产泡沫给年轻人的不同影响，都来自于对他们的采访。

最后，我们衷心感谢来自立信新泽西理工风险预警中心和 Leir/Ridgefield 基金会的财力支持。没有你们的支持，我们的研究不可能完成。

谨以此书献给我们的家人，他们的支持是一切梦想的来源：阎薰南、吴萍、赵锡庭、赵秀琴、阎鑫泽（Forest Yan）、阎杰娜（Angela Yan）、朱建华和崔建。

阎志鹏、赵妍、朱思维
2015 年 1 月于美国新泽西州

第一部分

疯子—泡沫

第一章　疯狂的房地产

“房地产泡沫可理解为房地产价格在一个连续的过程中的持续上涨，这种价格的上涨使人们产生价格会进一步上涨的预期，并不断吸引新的买者。随着价格的不断上涨与投机资本的持续增加，房地产的价格远远高于与之对应的实体价格，由此导致房地产泡沫。泡沫过度膨胀的后果是预期的逆转、高空置率和价格的暴跌，即泡沫破裂，它的本质是不可持续性。”

——查尔斯·P. 金德伯格（已故著名经济学家）

如果说房地产泡沫也是风水轮流转的事情，那金德伯格教授笔下不可持续的泡沫，也许已经“大驾光临”了中国。抱着百闻不如一见的想法，在笔者撰写这一章之时，跑了一趟“鬼城”鄂尔多斯。先跟大家分享一个笔者真实经历的小故事：

2012 年 6 月 23 日，恰逢端午节。大概上午 8 点多，天气不错，笔者闲来无事，在酒店外散步，照相。恰巧碰到一队在路边、携带大包小包的人们。一时感到好奇，便凑上前去搭讪。看打扮和笔者猜测的差不多：他们原来是从甘肃来鄂尔多斯的建筑工。自从 2008 年起，他们陪着这个城市一起走到了今天。但今天却是他们与这个城市缘分的终点，大伙决定提起行囊离开这个生活了 4 年的城市，而目的地则是呼和浩特市，那里有新的工程等着他们。

他们告诉笔者从 2012 年 2 月开始，在鄂尔多斯找活就变得比较困难了，

逃离鄂尔多斯的民工

而到了现在已经基本找不到任何工程了。他们也是万般无奈才不得不离开这个城市。他们之前的收入大概是每天180–190元，但并没有医疗保险，生病需要自理。如果只是小伤则自己解决。如果发生了大的工伤，比如断胳膊断腿，建筑公司才会出面解决。

中国房地产泡沫化的问题在2012年年中之后显得愈发严重，不单单是中国政府、媒体和投资者；其他国家的媒体与投资者都在关注这个问题。2013年3月3日美国CBS电视台一期著名的访谈类节目《60 Minutes》（60分钟）讨论了中国的房地产泡沫，并着重介绍了郑州市与天津市的地产泡沫，其中有几个片段让笔者记忆犹新：

Lesley Stahl（L），节目主持人。

Gillem Tulloch（G），来自香港的金融分析师，是第一批关注中国房地产泡沫的学者。

Wang Shi（王石），万科公司董事长（万科是中国最大的房地产开发企业）。

G：中国暴富的中产阶级有钱却无处投资，不能投资海外，存银行利息又很低，股市风险也很大。但15年前，随着政府放开了购房政策，一股投资房产的洪潮便不可收拾。其主要原因就是投资房产的增值一直会高于通胀。

L：人们相信房价就会一直上升?

G：当然，就像当年的美国一样。

L：天啊，这个大商场已经完全建好了，但它却是空的?

G：是的，这个商场已经空了三年了。

L：我们能在中国的其他地方看到这样的情况吗?

G：当然，在中国随随便便就能快速地建起这

鄂尔多斯废弃的别墅群

样的地方。

L：但是我看见了 KFC（肯德基），Starbucks（星巴克）的标志就在你后面。这些美国品牌的入驻难道不就是这里发展的希望吗?

G：不，这些标示都是假的。只是让那些潜在入驻的商家认为，这里有这些知名品牌了。

L：数据显示，上海的一套比较中规中矩的公寓的价钱等于 45 倍的人均年收入?

王：甚至更高，更高。

L：对于这种大部分人都负担不起的房价，意味着什么?

王：我认为是种危险。是泡沫，是个问题。

L：这样的泡沫，如果破裂了，将会是个大问题。

王：将会是场灾难。

L：是不是很多开发者都处于负债状态?

王：是的。

L：所以很多项目都因为缺乏资金而停止不前了?

王：是的，这是个问题，是个大问题。如果因此泡沫破裂了，谁知道之后会发生什么？下一个阿拉伯之春？[①]

看到这里，作为读者的您有什么感想？不如让我们再加把“柴火”，2014 年 1 月 2 日，中国指数研究院发布报告称，2013 年一线城市房价涨幅突出，北京、广州、深圳涨幅均超过 20%，北京领涨全国，涨幅最大为 28.33%。但值得注意的是，温州、海口、聊城等少数二三线城市住宅市场下行，房价明显下跌。其中温州跌幅最大为 13.91%[②]，人心惶惶，泡沫的破裂是否近在眼前?

① 2013CBS interactive Inc.，“China’s real estate bubble”，http://www.cbsnews.com/8301-18560_162-57572185/chinas-real-estate-bubble/?pageNum=1，2013.03.03，60 MINUTES.

② 于祥明：“2013年全国百城房价走势分化 7 城涨幅超过20%”，《上海证券报》，2014年1月2日。

一个大大的问号在笔者心中升起，房子对于我们的国家，对于我们的老百姓，到底代表着什么？本章我们聊聊房地产，本章与《民间借贷与高利贷》和《政府也疯狂》这两章内容紧密相关。鉴古方能知今，让我们先从中国古代的房地产讲起。

中国古代房地产

中国人，自古便将土地作为生存的最基本条件。有土便有田，有土便有屋。同时也将土地作为最重要的财产，“有土此有财”（《大学》）[①]说的便是这个意思。世代的传承，到了现今，随着从农业社会逐渐转变为商业社会，种田的农民越来越少了，需要“屋”的城市人口愈发地膨胀。过去单纯用来种田生活的地产，随着城市土地的局限，城市人口的爆棚，不得不纵向发展，变成了今天的“房地产”。从20世纪90年代初，中国政府正式放开土地房屋交易，蓬勃繁荣的经济发展悄然无息地将“房地产”等过去资本主义社会才会提及的新名词带入了中国社会。但也谁也没有想到，仅仅二十年时间，更新的名词猝不及防地映现在我们眼中——“房地产泡沫”。

说到泡沫，不妨让我们先回顾一下，在中国的历史中，是如何讲述“房地产”的，是否也有形成房地产泡沫的各种要素，例如投机需求膨胀，钱币流通，国家法律，民族心态等等。我们便从这些方面入手，窥探历史，寻找这些现今社会创造出来的新名词的旧故事。

投机需求膨胀

投机，可称为人们根据对市场的判断，把握机会，利用市场出现的差价进行买卖，从中获利的交易行为[②]。人们总会时不时地将“投机取巧”、

① （宋）程颢、程颐兄弟，（宋）朱熹注：《礼记·大学》，平天下先治国篇，上海古籍出版社，1987。

② “投机”，http://wiki.mbalib.com/wiki/%E6%8A%95%E6%9C%BA，2013年9月16日，MBA智库。

“投机倒把”这种带有贬义的解释，不自觉地映射到投机上来。其实不然，在金融市场中，投机是一股平衡市场活动的不可或缺的力量。而在法律层面上，并没有投资投机之分，只有合法不合法之别。在多数情况下，投机者通过使用杠杆力量和借贷，挑战高风险、追求高回报，这个我们在《民间借贷与高利贷》那一章会有详细介绍。而投机的结果，可能是大富大贵，更大可能的则是血本无归。投机是会产生泡沫的，对于房地产，我们可以大致理解为，高估了房屋或地产的内在价值，产生了社会的过度投资，滋长了腐败现象，最终为市场埋下了危机。

大致了解了投机的概念，我们就来翻腾一下历史的海洋，看看有没有相类似的投机行为，在历史上让我们的前辈先人感到苦恼。

如果想真正地进行投机或者投资行动，就必须先拥有允许投机或者投资的环境。在中国历史上，直到大唐盛世之前，虽经历了几次统一，但治理国家的理念还依然停留在重农轻商上。不鼓励人民经商，也就少了很多投资或者投机的机会。虽也有土地私有化而产生的交易行为，但也多是为了土地换权利，土地换义务，都不能真正称之为投机或者投资。同时，国家掌控着很多行业的直接经营权，并没有与资本市场类似的杠杆机制，所以很难在唐朝以前找到合适的投机环境。

但随着大唐盛世的到来，国家的强盛，生产力的提高，国家对人民经济统治政策逐渐放宽等多方面的原因，才给了房地产投机生存的空间和土壤。所以说到这里，我们就不得不聊聊房地产投资商们的鼻祖唐人窦䜣。

在《太平广记》中有这么一个故事：

“窦䜣，陕西扶风县人，家世显赫，其伯父和舅父都是唐朝的高官，窦䜣却从小对经商有浓厚兴趣，视子贡为自己的偶像。唐德宗建中元年，长安西南角有十几亩荒地，成了倾倒垃圾污水的场所，窦䜣却从中发现了商机，掏三万文钱买了下来，用破砖烂瓦填平后盖起29间房子，租赁给商人做商铺。这里很快热闹起来，变成了商业圈，人曰‘窦家店’。窦稼日收租金几千文，很快收回了成本，赚得盆满钵满。”[①]

这个故事像极了今日的房地产运作。窦稼借自己显赫的家族背景，拿到长安西南角的荒地应该不是什么难事。毕竟在经济统治政策虽然放宽，但对市场贸易限制诸多的封建社会来说，国土的开发可不是一般百姓能做的。加上三万文钱的项目开发费用，注定了当年的开发商有着“国家”这个强硬的后台。

与此同时，当年的长安，可算是世界性的大都会。据《隋唐史》记载：“全城坊，市，棋布星罗，街衢绳直，制度宏伟，自古帝京，曾未之有。”[②]据估计，其面积大概有七十平方公里，而长安城的人口大约也有两百万之多。[③]

当时的长安城也不只是因为大才成为世界大都会的。除去城中的普通百姓，随处可见的也不乏外国友人。那些外国使节另当别论，其余的大多都是商人，古称“胡商”。他们将长安当成了自己的家，生活于此，贸易于此。久而久之，各国的商人汇聚于此，长安城自然而然地也成为了世界性的贸易场所。《太平广记》中记载：“邸店园田遍满海内，四方物尽为所收。”[④]在如此之宏大、商业气氛浓郁的城市开发房地产项目，将商铺出租，必定算得上一笔合适的投资。

最后还要加上当时的时代背景。说到这里，不如让我们先介绍一下，唐朝兴起的公廨钱制度，这为以后的房地产投资，也埋下了不少伏笔。

公廨钱制度起源于隋朝，在《隋书》中这样记载：“先是，京官及诸州，并给公廨钱，迴易取利，以给公用。”[⑤]意思是说，各个政府机关强行以高利

---

① （宋）李昉、扈蒙、李穆、徐铉、赵邻几、王克贞、宋白、吕文仲等:《太平广记》，中华书局，1961。

② 岑仲勉:《隋唐史》，高等教育出版社，1957。

③ 刘伯骥:《中西文化交通小史》，正中书局，1953。

④ （宋）李昉、扈蒙、李穆、徐铉、赵邻几、王克贞、宋白、吕文仲等:《太平广记》，卷四九五，中华书局，1961。

⑤ 王咨臣等:《历代食货志今译》，江西人民出版社，1986。

贷的形式，将钱财贷款给人民，将其收入作为公用。发展到唐朝，其形式没有多少变化，但目的变成了官员的薪俸。但这之后的发展，就或多或少地催生了当时长安城内的商业房地产发展。其规定为：允许长安城内的七十多所衙门，挑选一些有资质，有潜力，有良好信用记录的商人，每人每月贷款公廨钱四万以上，五万以下，用于商业活动，月息4,000，年利率约100%。同时，如能每月按时准点纳息，交满一年就可做官了。之后公廨钱的政策在不同时期，也依然有着很多变化，但其目的和作用体现出来的，无论最终是好是坏，在一个侧面上，促使了唐朝商业活动的发展。窦碎的身份，长安城的国际位置，以及时代背景，正是以上三点的合力才诞生了房地产投资界的祖师爷，窦碎先生。

像窦碎先生这样的例子，我们还能从唐史和宋史中发现不少，比如说《资治通鉴》第二百八十二卷中记载着："后唐天福年间，中书侍郎同平章事桑维翰曾经在洛阳大建商铺，建成后也是赁出去每天收租。"① 再比如《续资治通鉴长编》中提及："诸王邸多置产市井，日取其资"，"时故相夏竦，邸店最广"。②

第一段故事中，中书侍郎已经是正三品的官衔，而唐朝的洛阳，与长安并称为东西两京，均是当时最大的商业城市，特点也很是相似，人口众多，贸易活动频繁。都因重视商业，才将房地产开发推广的目标定位于出租商铺。

而第二段故事发生的年代位于北宋年间。当时的官员在攒足薪水后，常常在开封和洛阳两地购买房产，将房屋用来出租，广置产业。其中也不乏像夏竦这样的三朝元老，宰相级别的房地产开发商。同时随着个人建房开发的案例逐渐增多，政府当然不能甘为人后，必然要在房地产业分一杯羹。所以就有了之后的"修完京城所"这样的，政府旗下专门搞房地产开发的"公司"。他们通过自己的本职之利，为帝王修筑城墙和宫殿，向朝廷申请使用自己修建的皇家地基，在地基上盖了住宅店铺，通过转卖和转租的形式，赚

① （北宋）司马光：《资治通鉴》，第二百八十二卷，中华书局，2009。

② （南宋）李焘：《续资治通鉴长编》，第一百八十七卷，第一百九十卷，中华书局，2004。

取利益。也算是另一种途径为国家创收了。可见房地产业在北宋年间，算是个全民运动了。

以上的两个朝代的小故事，生动地向我们说明了，在唐朝以及北宋之时，随着社会的发展，人口的增加，人们对商业投资有了更多的尝试，起码在大城市、商业繁荣的地区，已经有了房地产业的投资与开发。只是在史料中没有过多记载普通百姓的购房史。仅仅少数权贵阶层的房地产投资，很难形成持续的对于房屋的看涨情绪，也正是因为如此，才没有出现与现今中国相似的房地产泡沫。

投机泡沫的产生往往伴随着经济超常的发展，外来资本大量涌入国内市场，通货膨胀，媒体宣传，以及民族心态等诸多方面。让我们仍然以史上最为繁盛的唐朝为例。我们已经在上文了解到，其经济状况是中国历史上的最高点，由于胡商的贸易，也有着相对大量的资金涌入，这些原因也加大了对房地产的需求。更有可能产生投机需求的膨胀。

钱币流通

唐高祖废五铢钱，改钱为“开元通宝”，主要由铜制成，10 枚重一两，一两等于 10 钱。在唐朝，鉴于铜储备量的限制，再加上唐朝的空前繁荣，对货币的需求与之前朝代相比，也大大增加了，通货出现了前所未有的紧缩状况。其中不乏像乾封元年铸造乾封泉宝以新钱十兑换旧钱一，但最终失败；武宗会昌拆寺、招提、兰若五万处，以铜像、钟、磬等物取铜，铸造钱币等故事。但也正是因为如此的通货紧缩，让唐代产生了诸多货币流通的政策，而也就是在这些政策中，我们找到了房地产状况的蛛丝马迹。

由于铸钱的成本和市值之间存在差异，官府在铸造钱币的时候，其实是有利可图的。比如在玄宗天宝年间，每贯钱的铸造成本是 750 文，利润有 250 文之多，这样的钱我们俗称为“好钱”（经济学中称为“良币”）。[①] 但如

---

① 叶世昌:《中国金融史》，第一卷第五章，中国金融出版社，2002。

有人敢铤而走险，私自铸造钱币，由于质量差，做工粗糙，其间的利润就更大了，这样的钱便是“恶钱”（经济学中称为“劣币”）。就是因为这样的利益链条，唐代的私铸现象极其严重。开始的时候，国家凭借国力昌盛，还能用好钱兑换百姓手中的恶钱，以抑制恶钱的流通。但随着政府的腐化，财政的吃紧，通货紧缩的加剧，老百姓又会继续使用恶钱。再加之，往往很多铸造恶钱的作坊隐秘于湖广、江淮一带的山岭里，很难被发现，官府也难抓捕，恶钱的源头始终无法得到控制。另一方面，虽然在恶钱私铸的问题上，有客观上货币数量不足的原因，但这种在钱币上的投机行为，也在一方面反映了当时人们对待投机行为的一种热情。史料记载，乾元时期，几个月期间，因私铸钱币罪行所致死的犯人，多达八百余人。[①] 即使如此大力度的惩罚，都无法禁止私铸者的热情。国家本身的通货紧缩，加上人们的投机热情，所以即便官府历朝历代的屡禁，但从未真正停止恶钱的流通。也正是因为无法阻止私铸铜币，才有了之后一系列的“禁、禁、禁”政策。而在官府与私铸者的新一轮博弈中，出现了一种新的政策——禁铜。

顾名思义，禁铜的目的依然是为了防止私铸，只不过这一次的禁止面积加大了——禁止铸造所有铜器。一来断了私铸者原料的来源，没有了铜，如何铸造铜币？二来也为了丰富官府手中的铜储备量，应对通货紧缩的困扰。但政策的后期，由于禁铜，铜器在市面上的价格也大大增加，随着一轮的禁铜政策的颁布，就会迎来一轮铜价的上升。到后期，甚至有人会熔了铜钱取铜，再铸成铜器销售，以换取三倍左右的利益。有史料为证：“铸千钱为器，售利数倍。”[②] 所以在禁铜这件事情上，政府的控制，却恰恰起了相反的作用。毕竟问题的本身并不在铜器身上，如何解决铜原料的紧缺，才是禁止私铸，缓解通货紧缩的主要问题。这仿佛又让我们不禁联想到，现今的房地产业的控制政策。我们暂且不谈，在之后的章节会有详细对比的。

我们接着说“禁、禁、禁”政策。在唐朝后期，一项新的政策拨开了我

---

① 叶世昌：《中国金融史》，第一卷第五章，中国金融出版社，2002。

② （北宋）宋祁、欧阳修等：《新唐书》，卷五四，食货志上，中华书局，2000。

们窥探唐朝房地产状况的门帘——禁蓄钱。这条政策的颁布，依然是为了缓解货币流通不足。其法令规定：无论何人，私储现钱不得超过5,000贯，超过的限一个月内买物收贮；如钱数较多，则不得超过两个月。违反者按不同身份定罪，平民会被痛杖处死，钱上缴，检举有赏。[①]也正是因为这样的政策所致，很多在京师存有巨款的官员，王锷，韩弘，李惟简等节度使，都将自己的积蓄换成了房产，在史书中特地用“竞买”来形容当时的情景。我们的话匣子在此时一下被打开了。在中国几千年的思想传承下，无论百姓或者官吏，当需要进行投资或对自身财产进行保值的时候，房地产总是他们最先的选项。人们的意识中就认为，房地产就是最安全、最有效的投资。既然这是一条全国的法令，一定会波及当时每一个有钱人，影响面之大，应该能构成大规模投资买房的条件了。随着城市可购买的房屋逐渐减少，相应的地产升值，价格虚高也必定会浮出水面。

但我们很难进一步去证明这个房地产泡沫是否形成了。毕竟这样的政策是临时性的，不长久。也没有伴随着大规模的人口流动。除了达官贵人之外，平常的百姓也很难有钱购置新的房产。所以总结以上关于钱币流通政策的看法，在唐朝通货紧缩的总体环境下，投机行为在民间流行，在铸造恶钱的同时，也有着不少变相房地产投资行为。

国家法律

一个社会投机氛围的形成，很大程度上受着国家体制与法律的影响。我们先来总结一下唐朝时，国家关于土地房屋买卖方面的各项法律法规吧。

唐玄宗时期，有这么一条著名的土地政策：

“应给园宅地者，良口三口以下给一亩，每三口加一亩，贱口五口给一亩，每五口加一亩，并不入永业口分之限，其京城及州县郭下园

① 叶世昌:《中国金融史》，第一卷第五章，中国金融出版社，2002。

宅，不在此例，诸驿封田皆随近给。”①

这样的政策简单明了地阐述了一个关于房屋土地买卖的措施——限制。平民只能从政府手里以每三口人换取一亩的土地，而贱民需要五口人换取一亩。国家将土地买卖环节中的第一环，土地公有化至私有化的过程，牢牢地控制在了手中。从而掐断了对于土地交易的最合法的来源。而作为投机主力军，身份为贱民的商人，没法从政府手中拿地，哪里会有投机机会呢？同时，如果有人敢顶风作案，其结果也很严重：

“盗耕种公私田者，一亩以下笞三十，五亩以下加一等；过杖一百，十亩加一等，罪止徒一年半。荒田，减一等。强者，各加一等。苗子归官、主。”②

我们从这条唐朝法律中看出，不仅多种田会被打板子，即使是那些荒芜的土地也不许开发。之上我们提到的都是国家分配的地产，但自均田制以来，已经有很多土地分配给了个人。对于这些已经私有化的土地买卖，政府也有相应的法律法规。

“诸买地者，不得过本制，虽居狭乡，亦听依宽制。其卖者不得更请。”③

像这条法规就说得很是清楚，对于那些私有土地的买卖，无论土地的种类，都不能超过之前例子中的限额。换句话说，百姓手中的土地总数不能变，买卖的本职目的其实为了换个田地的位置，换个田地的种类，说是买卖，更像是变相的土地交换。

① 周绍良：《全唐文新编》，卷24，玄宗5，吉林文史出版社，1999。

② 刘文俊：《唐律疏议点校本》，卷13，中华书局，1983。

③ 栗劲、霍存福、王占通、郭延德：《唐令拾遗中文本》，长春出版社，1989。

而在这些私有土地中，我们却要拎出来一个特例——寺院土地。

其实唐朝时，政府对于寺院土地的态度也是限制的。在颁布对于寺院土地限制的法规同时，也能看出，寺院的土地已经多到政府不得不把它拎出来专门管理的地步。而究其原因，这跟唐朝时皇帝大臣们都信奉佛教有关。出于各种目的，官僚贵族们把土地赠送给寺院，一来二往，时间一长，寺院的土地便越积越多。这里以唐德宗时期的宰相陆贽为最，他就为衢州正觉寺捐田千余亩。所以针对这样的特殊情况，也就有了“检括天下寺观田”之类的措施。

综上所述，除了前文中所提的一些特殊时期，由于法律法规的限制，商人们很难自由买卖土地和房产。但这一切的立足根本是，国家政策有力的贯彻。但随着商品经济在唐朝的繁盛，土地很自然地就成为了商品进入流通市场。同时，就像之前所有朝代一样，唐朝也随着独裁统治的延续，各种政策法规逐渐松动起来。我们先抽取一段唐玄宗时期的诏书作为例子，引出当时房屋交易的情况。

> “天下百姓口分、永业田，频有处分，不许买卖典帖，如闻尚未能断，贫人失业，豪富兼并，宜更申明处分，切令禁止。若有违犯，科违敕罪。”①

以如此的红头文件形式下发的控制房屋买卖的诏书的出现，从一个侧面反映了当时土地买卖的势头，可见政府如不加大惩罚力度，从而最终导致的由于房屋倒卖而引起的投机行为，在对国家政权形成威胁的同时，也会产生很大的投机泡沫。而如要寻找些特定的例子，我们还得从寺院土地入手。

安史之乱以后，“寺院经济”出现了繁盛的景象，而这其中尤以房地产交易为主。肃宗时期，对于扬州六合县，灵居寺有这样一段的描述：

---

①（宋）王钦若等编纂；周勋初等校订：《册府元龟》，卷 495，凤凰出版社，2006。

“置鸡笼墅、肥地庄，山原连绵，亘数十顷。”[①]

可想而知，当时的寺院经济发展之庞大。这里有个唐文宗时期日本僧人去长安的“旅行日记”，生动地描述了当时寺院经济的景象。

“唐文宗开成四年，日本僧人圆仁自登州西赴长安，一路经过多处寺院田业，均系庄园经营。第一处文登县赤山村法华院，（其庄田一年得五百石米），若以亩租五斗计，大约有田地千亩。第二处是长山醴泉庄，在寺北十五里，有（寺庄园十五所）。第三处太原府三交驿有（定觉寺庄，见水皑）。第四处长安资圣寺有（诸庄）。圆仁所见可以证明在今山东、河北、山西以至唐代都城长安地区，寺庄随处可见。”[②]

原来唐朝时真正的房地产大鳄是在寺院里。也难怪日本僧人会专门来中国学习，一则是为了佛法，二则是也许就像今日我们游历欧美一样，看看大房子，看看大广场，看看有钱人。我们不禁设想，既然有这样的大鳄，既然国家三令五申地严肃法规，既然商品贸易如此的繁盛，那投机就应该存在，而针对房地产的投机行为也应该存在。

民族心态

以上讨论过的两点，归根结底是外在的因素，是会随着政策的更迭而发生变化的。而接下来我们要谈的是民族心态，它是五千年文明历史的血液，流淌在每个中国人的血液中，或多或少地影响着我们的行为举止。

在中国的历史中，我们常常听到一个词——博弈，听到这个词，一种禅意油然而生。但适当地翻译一下，我们也可以理解其为——赌博。追溯赌博的历史，大约可以推算到三千五百年前的夏朝，中国出现了最早的赌博游

---

① 蒲坚:《中国历代土地资源法制研究》，北京大学出版社，2006。

② （日）圆仁:《入唐求法巡礼行记》，卷2，广西师范大学出版社，2007。

戏——六博。而随着时代的变迁，赌博也从最初一种简单游戏，变成了改变命运的赌博。

既然我们要纠结唐朝的投机需求，那就来挖掘一下，赌博发展到唐朝时，是如何的一番景象，又是如何影响着人们心态的。

遇佳味脾家不和。
终夜欢饮酒樽却空。
方谒上官忽背痒。
赌博方胜油尽难寻。①

“赌博”一词最早出现在唐朝诗人李商隐的《义山杂纂》中。在此之前，赌博二字是分开理解的，“赌”的原本意思为“钱戏”，“博”则是最早的一种赌具。②发展到唐代，博戏中的骰子已经有了现今社会中骰子的样子，两面为红色，四面为黑色。而赌博的形式，也开始推陈出新，千奇百怪了。我们所熟知的斗鸡、斗牛、斗蟋蟀、赛马等现今仍在流行的赌博方式都是唐代创造的。而之所以有这么多五花八门的赌博花样在唐朝产生，还要归结于整个社会自上而下的赌博风气。

既然说是自上而下的风气，我们就从最上面说，皇帝们的赌博爱好。这里有几个关于皇帝们赌博的小段子，足以证明其痴迷程度。

“武则天白天与大臣们赌博游戏，正可谓日有所思夜有所梦，到了晚上便做了个关于的赌博的梦，她便问其宰相狄仁杰：我梦见赌双陆，总不见赢，这是为何？”③

“唐太宗李世民与刘文静在太原密谋起义，为了拉拢隋晋阳宫副监

① 李商隐:《义山杂纂》，岳麓书社，2005。

② 公安部:《赌博预防专题教育读本》，公安部，2009。

③ 同上。

裴寂，便故意用技巧，在赌博中输钱给裴寂，从而博得其相助。”

通过以上两个例子，我们发现，唐朝时皇帝们的日常生活和行军打仗都是与赌博分不开的。皇帝如此，大臣们也不会例外。发展到后来，甚至将熟练的赌技当成了游走在朝廷内部的必备技能了。我们再转过来看看皇宫外的生活。大唐盛世，社会经济繁荣，人民生活富裕，在茶余饭后总要找些消遣的事情解解闷。那时没有电脑，也看不了电视。无论是达官贵人还是居民百姓，工作了一天，休息下来了就闲得发慌。在宫里时兴的赌博，必然也会成为这些不安分的人们的发泄工具。

就这样里应外合着，赌博在唐朝变成了一种社会风气，形成一种潮流。

介绍了这么多唐朝赌博的背景，其实我们的目的就是想证明，当时的民族心态已经成型，赌博，或者换成我们喜欢的词，投机，已经成为了人们内在的特性。其实我们翻看古籍，也会发现关于禁赌、治赌的条例，比如说《唐律疏议》就记载：“发现赌者，杖一百，并没收家籍浮财。如是设赌抽头渔利者，律定计赃准盗论。”① 可是相关的惩罚记录却少之又少。可见人们并没有把赌博当成一种社会问题来重视。加上全民皆赌的风气，投机需求的膨胀就成了必然现象。

土地政策

在古代中国的土地发展或多或少有着一种循环性。在莫非斯的《中国循环过程之研究》中，就将中国的土地循环过程大致地分为了四段：

> 大屠杀，人口少，土地问题无事。
>
> 休养生息，土地兼并开始。
>
> 土地问题紧张，限田运动纷起。

① 刘文俊：《唐律疏议点校本》，卷13，中华书局，1983。

限田运动失败，农民暴动勃起。①

多年的战事导致人口的稀少，是无法将土地问题暴露出来的。但随着贵族大家的土地兼并，老百姓间贫富差距的越发悬殊，才逐步导致了土地问题。土地有了问题，才会殃及房地产的发展。而这一切都要经历一段时间的限田运动。就像今日政府的土地政策一样，“国十条”、“国五条”就等同于过去商代施行的“井田制”，西汉的“屯田制”。只不过那时的政权更加集中，人们也未完全了解金融之事，政策的贯彻也因人口的稀少，从而变得比现在简单许多。不过从历史中的限田运动中，我们也能看出不少中国的土地政策与老百姓住房的关系。

井田制。一种流行于商代、周代的土地制度，因将土地划分为“井”而得名。起初在周代，井田是非私有性质的，土地不能自由买卖。虽没有对井田制的性质与经营方式的定论，但无论是归帝王所有，还是贵族地主所有，或是氏族公社土地公有制，其性质都是非私有的。但随着秦朝对中国的大统一，财产私有化逐渐建立起来。井田制起初的根本，对于农民来说，只是为了生活，劳动的一块地，无论是谁赐予的，都只是拥有长期使用权。诸侯们从天子那里得到一块土地的长期使用权，大夫再从诸侯那里获得长期使用权，最后农民再从大夫那里获得长期使用权，归根结底是非私有化的。但是秦统一中国之后，为了延续以土地交换人民的军事义务，同时提高土地的使用效率，将诸侯、大夫等中介，揩油之流统统省去，直接将土地交换给农民，使农民享有了土地的所有权。在《史记·秦始皇本纪》中有所记载：“三十一年，使黔首自实田，井田至此始大坏”②，说的正是此事。也是因为这样，土地在中国历史上第一次被称作了“财产”。

屯田制。起始于西汉，流行于三国。国家强制农民或者士兵耕种国有土地，以分成的方式收取租金。此制度的开始是因为东汉末年的连年战争使生

① 丁道谦：“由历史变动律说到中国田制的循环”，《食货半月刊》，5卷三期（1936）。

② 司马迁：《史记》，中华书局，2008。

产力遭到破坏，人口锐减，土地荒芜。魏国为了缓解社会矛盾，开垦荒芜土地，并为统一北方创造充足的补给，而完善了屯田制。但此时，土地的所有权依然归国家所有，如何去分成也完全由国家控制。所以不难想到，随着战事的加重，财政和粮食的紧缺，国家对农民的剥削必将日益加重。从早期官民六四分成，到曹魏后期的八二分成，农民不仅因为屯田制度的限制，必须开垦荒田，在剥削日益加重的分成制度面前也束手无策，纷纷逃亡和反抗。

在历史的相似性上，一个循环又开始了。不过这次的屯田制，却暴露出一个新问题。一个由中央集权产生的土地政策，会不会因为集权自身制度的原因，让土地政策变得混乱呢？是否能找到一个有利于民生，有利于统治的契合点，让土地政策变得持续性长一些呢？死的政策是无法适应社会前进的，在政策的设立初期，如果曹魏的领导人就能为长远的战事打算，屯田制的历程也会经历得长久一些吧。

均田制。这是北魏至唐中期盛行的一种土地政策。将皇室、贵族以及官吏按等级分配土地和奴婢，对农民计口授田。其发展的背景是北魏初期，依然由于长期战乱，人口锐减，土地大面积荒废，很多农民因此荫庇在大户门下，从而严重影响了按户征税的制度。但等北魏统一中国之后，以前逃难的农民返回其家乡，原有土地却被他人耕种，生出了不少土地产权的纠纷。均田制就在这样的背景下产生了，它将每一个人都拿出来计算，一个农民就是一口。既将土地种类细致分类，也将每一口，也就是每个农民的情况分门别类，类比之细，算得上是中国历史上最周密的地产条令。不仅如此，这种政策之所以能在中国的历史中成功地存在了 300 多年，几经朝代更迭却依然幸存，与之前的井田制和屯田制的不同之处在于，井田制更多的是一种私有化的启蒙，为了破除阶级的隔阂；而屯田制则是为了消除社会不安定因素。只有均田制根本目的是为了提高土地利用率。通过宏观调控的政府手段，让荒寂的土地得到开发，很有一种计划经济的味道。另外，对于当时还属于游牧民族的统治者来说，骨子里就没有中原人那种对土地、固定产权的崇拜，如果一个社会的制度从上至下梳理清楚了关系，其执行能力也是可想而知的。但均田制度，或者说狭义的计划经济，只适用于地广人稀、莫非斯循环的初期，随着人口的增加，土地资源的紧缺，像均田制这样的分配制度便无法生存了。

自大唐盛世之后，中国古代社会逐渐步入平稳的发展阶段，虽朝代更替，但其生产力、人口数量都趋于在稳定中缓慢发展的状态。土地的使用，不再仅仅是为了“活”，而是升华到了“活得好”。而当时对应“活得好”的土地政策，才与今日人们常讨论的房地产土地政策，有着相似之处。

在我国古代，一个位置好，生活水平比较高，有好的私塾给孩子念书，好的官府为人民主持公道，想买布便有布，想吃米就吃米的“好地段”，也是古代人们所追求的。让我们把历史的钟表稍稍地往前拨一点，从大唐盛世回到南北朝时的梁国，看个应景的故事。

> 《南史·吕僧珍传》：宋季雅罢南康郡，市宅居僧珍宅侧。僧珍问宅价。曰：“一千一百万。”怪其贵。季雅曰：“一百万买宅，千万买邻。”[①]

笔者来给大家简单介绍一下这个故事的背景。梁武帝有这么一位有才干的大臣，吕僧珍。一日，吕僧珍请示梁武帝，想回乡扫墓。梁武帝不仅同意，还任命他为官南兖州，回家时也能长长面子。

吕僧珍到任后，不徇私情，秉公办事。在因公会客时，即使他的兄弟也不准进入客厅，只能在外堂等候。有些亲戚，以为有了吕僧珍，就算找到了靠山，就不用自力更生了。凭借吕僧珍的关系，怎么也能谋取一官半职。可吕僧珍却说服他们回去，继续做自己的小生意。还有另外一件事也能体现出吕先生的品德。吕僧珍自家的住宅前，有这么一所他属下的官舍，平时出入的人很多。有人建议他下令让那个属下搬到别处去办公，把官舍自己留下

① （南宋）李延寿：《南史·吕僧珍传》，上海古籍出版社，1992。

来。吕僧珍严词拒绝，表示绝不能为此把官舍作为私人的财产。

正是因为吕僧珍这种廉洁奉公的高尚品德，受到了人们的称颂，之后，有一位名叫宋季雅的官员告老还乡，回到南兖州后，特地在吕僧珍的私宅旁，买下了一幢房屋居住。有一天，吕僧珍问他买这幢房子花了多少钱，宋季雅回答说：“一千一百万。”吕僧珍听了大吃一惊，反问道：“一千一百万？怎么会这么贵？”宋季雅笑着回答说：“其中一百万是买房屋，一千万是买邻居。”吕僧珍听后想了一下，跟着一起笑了起来。

不用我多解释，大家自然能理解这里的“好地段”了。像这样的故事，还有我们熟知的孟母三迁，韩非子的卖宅避悍。可见中国自古以来，对于自家房屋的地理位置都有着很高的要求。风水我们暂且不谈，单单就是因为人文环境，而导致的房地产经济就有这么多实例。也难怪今日的中国，有了那么多因为顺风顺水而导致的房地产泡沫了。

不过话又说回来，即使是一千一百万买下这栋房子，也不能算是一种泡沫，毕竟除去房屋本身的价格，有吕僧珍为邻，肯定是件有大价值的事情。其次，这样的吕僧珍在古代并不多见，从而也不会发展出专门的土地政策，对应这种“价值”的泡沫。所以总的来说，土地政策在我国古代，更多是为了人们活命，而与房地产的泡沫不怎么相关。

分析至此，在中国古代，房地产泡沫问题只有可能零星地闪现过，但绝不会成为一种主要的社会现象。时间、事件、政策的不重合，让现今的中国，很难从古代的教训中吸取经验。但由于古代的中国和现今的中国，在国家体制上有着本质的区别，世界环境也出现了重大变化，所以现今的中国的房地产泡沫问题，我们还得用今天的视角特殊对待，特殊分析。

中国现代房地产

相比于历史，房地产泡沫的产生因素在现今的环境下沿袭了一些，也发生了若干变化，见图 1-1：

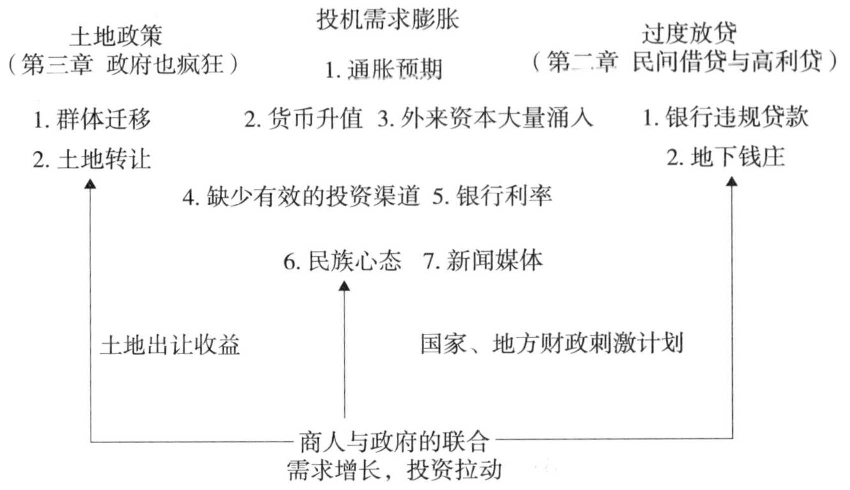

图 1-1 现代房地产的泡沫成因

房价指数真实可靠吗？

在讨论房地产泡沫之前，笔者想聊聊房价指数，因为“泡沫”在很大程度上是由不断攀升的房价指数反映出来的。我们先来看看上海二手房指数在 2003 年 5 月至 2013 年 4 月这 10 年间的变化。上海二手房指数自 2002 年 1 月起正式发布，为国内首个二手房价格指数系统。该指数在 2003 年 5 月为 1,125 点，10 年之后，该指数上升至 2,701 点。10 年间房价上涨了 140%，平均每年上涨 9.15%。该指数能够真实反映实际房价变动吗？作者曾在上海生活工作过 8 年，有不少亲戚朋友在上海。作者随便问了几个在 2003 年就拥有房产的朋友，问他们对房价变动的感受。所有人都认为 10 年房价仅仅上涨了 140% 是严重低估了涨幅，他们大多认为房价上涨了 4–6 倍！更有一位居住在中心城区、靠近好学区的朋友认为房价上涨了更多！

为什么官方公布的价格指数与老百姓的感受相差十万八千里？究竟是谁在忽悠呢？一个重要原因是官方房价指数用的是平均价格指数，即根据当月整个城市所有的成交价格加权平均计算而来。遗憾的是这种算法很不科学。正确的做法是看同一个房子在 10 年前的成交价与 10 年后的成交价相比。最理想的状态是找到所有在2003年5月出售的、在2013年4月又重新被出售的房子，这在经济学中称作“重复销售”（repeat sale）。然后根据同一房子前后两次出售价格，加权得出10年间的房价变动。美国著名的“标准普尔-凯斯-席勒”房价指数就是基于“重复销售”的前后价格变化来计算的。可喜的是，2011年11月新发布的“工行—上海财大”住房指数结合了国际通行的指数模型，相对于官方的“上海二手房指数”要客观很多、真实很多！但该指数仅仅局限于上海市，笔者希望该指数能够很快推广到全国，并被官方所采纳！

土地政策与过度放贷

土地政策是房地产泡沫形成的重要因素。而其形成原因也在古往今来的群体迁移上，多加了中国特色的土地转让利益。群体迁移很好理解，由于社会的发展，城镇化的脚步加快，很多农村人口大量迁移入城市，或者大量的农民生存依靠的耕地变成了城市用地。形成了群体迁移现象，这与古代因为战争而导致的流离失所，逃难饥荒本质上还是不同的。而土地转让则正是由于土地政策衍生出来的，商人、政府、老百姓间关于土地难以调和的矛盾，本质上是政策的问题，从而“伤”了不少人。更多具体的问题，我们会在《政府也疯狂》那章详谈。

另一个因素则是过度放贷。正是因为“飘忽不定”的商业银行贷款政策与游走于合法与非法边缘的民间借贷和高利贷的卷入，房地产泡沫才有充分的土壤，不断地增大。已故经济学家金德伯格在他著名的《狂热、恐慌和崩溃》这本书中提到：“第一公理：通货膨胀依赖货币增长；第二公理：资产价格泡沫依赖信用增长。”[①] 这里的内容，我们会更多地在《民间借贷与高利贷》那章介绍。

这里先给大家看一段我们真实的采访实录：

---

① Kindlerberger, Charles and Robert Aliber, “Axiom number one: Inflation depends on the growth of money. Axiom number two. Asset price bubbles depend on the growth of credit”.

案例一：

浩宇，男，27 岁，吉林人，在北京工作 3 年就职于中国三大通信运营商之一，城市经理。

浩宇是在北京努力生存的外地人的代表，所以笔者对他的采访，有着一定在京工作的外地人的真实性，他眼中的房子，也代表了一大批中国“漂泊一族”眼中的房子。

笔者：“听说你买房子了，几年不见，变化不小。”

浩宇：“真就是找个地方住，在劲松，47 平方米，110 万。在天津的武清区，104 平方米，56 万。”

笔者：“这可不少钱呢啊？你刚工作几年，都是自己扛下来了？”

浩宇：“哪能啊，我爸妈给我付的首付，我呢，按月还钱。本来是想两套都在北京城里，一套自己住，一套接爸妈过来的。可‘新国五条’一出，我这样的单身汉不能在北京买第二套房，所以只好跑去天津了。不过其实不远，开车走津京唐，一个小时。”

笔者：“那对于你买的这两套房，都还满意吗？”

浩宇：“你自己算算，劲松那个房子，差不多一平方米还不到 3 万呢！这是哥们捡上了，人家卖房子的老两口为了给儿子凑钱结婚，买个更大的房子，才说把这套赶紧卖了。否则，在劲松这地段，哪里找 3 万块钱的房子啊？我同事还有 5 万一平买的呢！天津的那个房子就为了给老人养老，可以买天津的车，也可以上天津的户口的。”

笔者：“可这两套房子一买，你每个月的生活压力不小吧？如何权衡啊？”

浩宇：“现在在北京，没房子，就等于过不了日子。我们外地人在北京，父母不在身边，都是独生子女，也没有兄弟姐妹。逢年过节，你们北京孩子就回家了，可我们呢？在一个租的房子里，一个人对着电脑，过圣诞，过七夕？那种凄凉的感觉啊，你是体会不到。在那些时候，就觉得这个城市没有真正接纳我们，反过来说，我们没有真正地融入到这个城市里。可这问题怎么解决呢？买房子啊！有了个房子，就等于有了个家！苦点就苦点，以后慢慢挣，会好起来的。现在天津的房子还没好，但要是老家父母过来，也不用在出租房里缩手缩脚了。虽然我现在的房子不大，但我妈我爸来北京，进了家门，别提多高兴了！在北京待了一个星期，说这是老两口这一年里最高兴的一个星期了。什么故宫啊，长城啊，是，挺好玩的。可玩累了，回家躺在自家的床上，那心里才是最高兴的！每每看着他们在那里乐呵着，我就有一种自豪感。是房子的存在，让我觉得长大了。虽然贷款和政策总不是向着我，但也可以忍，为了父母嘛。”

是什么让我们那么钟情于投机房地产？

什么都先不谈，让我们先看一篇2010年2月来自央视《经济半小时》的报道，具体内容总结如下：

“2010年1月，国务院发布了《关于推进海南国际旅游岛建设发展的若干意见》，涌向海南的却不是游客，而是各路炒房客。”

开发商：“我们最小的一套大概400万到500万，最贵的要两千多万，三千万左右，但楼王不止这个价格，可能六千多万。”

二手房中介：“十天前贴的广告，房子270平，480万，现在800多万了。”

销售代表：“我们是不接受按揭的，都是一次性付清。房子在哪？就后面这片空地上，5年以后。”

炒房客：“我们来自内蒙古、河北、重庆、东北，另外那些是温州的。”

本地购买者：“在政策出台前，我一直在关注这个地块，但没想到之后会涨得这么快。头一天400万，55平方米，第二天早上过来，就500万了。一天涨了一百万。”

专家学者：“我们可以给海南的情况起个新名字，‘实心泡沫’。

这种超市购买方式进入地产方式，不管开发商是谁，不管产品类型，要求，物业管理，也不管价格，只要有房就买。是很不正常的。”①

这样的例子在现今的中国，不是个例。已经像瘟疫一样，从一线城市，扩展到了二三线城市，甚至是四线城市。这样全国性的房产投机行为，是因为什么？我们大致总结出了几个观点。

政府对房地产业的高度依赖

这部分内容我们会在《政府也疯狂》这一章中详细阐述。

总体上讲，政府离不开房地产业的发展；各级政府，尤其是地方政府根本不愿意看到房地产价格下降。从纯粹的经济利益角度讲，政府希望房价上涨。某种程度上讲，政府对房地产业的过分依赖是房价不断攀升的重要因素。

首先，房地产业直接以及间接带动国内生产总值的10%左右，能够吸纳大量就业人口。在经济增长为主要政绩考核指标的体制下，哪个政府官员敢举起大刀砍向房地产？

其次，土地转让金和房地产相关的税费收入是各地政府重要甚至是最主要收入来源。2007—2010年期间，单单土地转让金一项占地方财政收入的比例分别为：50.7%，33.5%，48.8%，76.6%②。有多少地方政府愿意让超级赚钱机器停止运转？

再次，层层的政府审批和银行贷款审批为太多的政府公职人员和银行工作人员提供了各种寻租机会。2008年，上海“陶建国案”案发。陶建国事发前为浦东新区外高桥保税区管委会规划建设处处长、外高桥功能区域管

① 孟庆海：“海南炒房热”，http://finance.cctv.com/20100203/104348.shtml，2010年02月03日，《经济半小时》。

② 南方周末编辑部：“2010年土地出让金占地方财政收入的比例高达76.6%”，http://www.infzm.com/content/54644，2011年1月4日，《南方周末》。

委会规划建设和环境管理处处长。陶从洪某一处就收取价值 1,379 万余元的房产 29 套。在北京坐拥 20 多套房产，近 10 亿资产的神木“房姐”龚爱爱在 2013 年 2 月被捕前曾任神木县农村商业银行副行长。有多少手中握着签字权、盖章权的局长、处长和行长们愿意放手这个香饽饽？

最后，房地产业的命运与金融行业的命运休戚相关。多数房地产开发企业高幅举债、财务杠杆很高，一旦整个行业不景气，很可能会拖垮为这些企业提供融资的银行，从而造成多米诺骨牌效应，严重打击整体经济。

但是从社会和谐、稳定发展的角度看，政府又不希望房价离一般老百姓的承受能力越来越远，而同时拥有数十套甚至上百套房子的“房姐”、“房叔”们层出不穷。最理想的状态是房地产市场能够稳步地发展、房价能够稳步地上扬。

通胀预期—货币对内贬值

通胀预期是导致通货膨胀的重要原因，而强烈的通货膨胀，又会改变投资者，或者消费者的投资消费计划，通过更多购买保值产品（比如说房地产）来对抗通胀。而如此的投资行为，又会导致那些特定物品的价格上涨，影响之后的通胀预期，形成一种螺旋式的互助上升。也正是因为这种经济作用，我们的房价和通货膨胀，才会在相互影响中扶摇直上。

当然，影响通胀预期的因素不仅仅这么简单，原因是多样的，在中国房地产界就更加复杂。我们承认，由于通货膨胀导致了物价的上涨，不仅仅体现在房地产上，能源、原材料以及各种生活用品的价格也在逐步上涨。通过 2008 年至 2013 年 4 月的 CPI（消费者物价指数）[①]（图 1-2），我们可以清晰地看出物价的上涨趋势。

---

① 数据来源：“经济数据，中国居民消费价格指数”，http://data.eastmoney.com/cjsj/cpi.html，2013 年 9 月 17 日，东方财富网数据中心。

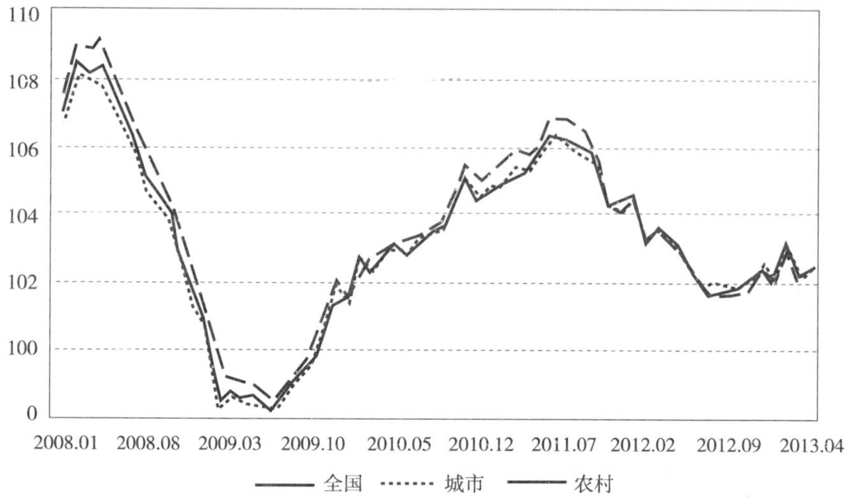

图 1–2 中国居民消费价格指数（CPI）

这股已经持续两年之久的 CPI 上涨势头，肯定是由包括人员成本的上涨，国际资源性产品价格的上升，由于人民币升值而导致的外汇储备大幅增加，引起流动性过剩的压力等诸方面原因造成的。正因为如此，人们需要更有效的方式保持货币的价值。与将钱存在银行里吃利息相比，房产投机能得到的利益，是不可比拟的。

需要指出的是，中国的 CPI 中“居住”所占比重要比美国低很多。2011 年我国对 CPI 构成和各部分比重进行了调整，调整后居住占 17.22%；而美国居住占 CPI 比重则高达 42.1%。如果中国将居住所占比重大幅提高，我们可以断定我们的消费者物价指数在过去 10 多年中的上涨率要比官方提供的数据高得多！过去 12 年，笔者一直生活在美国。前些日子，耶鲁大学金融学教授陈志武对比了中美物价：“2000 年到 2012 年，中国 CPI 物价累计涨 31% 左右，美国物价同期涨 36%。按照这些数据，应该是美元比人民币更不值钱了吧？可是经常来往两国的人都知道，你感觉不到美元的购买力下降了多少，而今天一百块人民币能买的东西跟 12 年前的能比吗？[①]”笔者深有同感！

① 陈志武的微博，http://t.hexun.com/chenzhiwuyelu/23410659_d.html，2013 年 2 月 7 日。

我们将房地产投机、房地产价格、通货膨胀、通胀预期简单整理一下，会发现一个有趣的连环套结构。房地产的投资规模，取决于投资回报率与利率的比较，如果预期回报率大大高于利率，投资就会有利可图，再加上政府政策的引导，其需求也会随之增大。由于各地方政府财政的吃紧，当其看到出让土地的丰厚利润和相关税费收入时，就会放宽对土地政策的控制，鼓励这种投资房地产的行为，相互攀比地投资房地产，就会提高房屋的成本，房产的价格自然也就提高了。房价涨，土地价格就会涨，从而农产品价格就涨。反之，土地价格涨也进一步推动房价的上升。房价涨，建筑材料价格就会涨，从而原材料价格就会涨。房价涨，人员价格就会涨，从而人力资本价格就会涨。而这些因素的涨幅，会直接导致 CPI 的变化，会加大通货膨胀。而最后，像我们最开始说的，大幅度的通货膨胀，长时间的通货膨胀，是决定通胀预期的关键因素，持续两年多的通货膨胀情况，只会对通货预期产生负面影响。这样归结一看，投机需求的高涨与通胀预期的恶化是紧密相连的。

货币对外升值与外来资本的涌入

之所以将这两点合并起来说，是因为其拥有连带作用，会导致房地产投机的增加。像我们之前讲的通胀预期一样，对于货币的升值也有相似的升值预期，即那些国际权威金融投机机构的预期。如果他们通过各种的市场调研、分析员分析，不断对中国的经济状况、政府政策进行研究的话，就会得出相对于人民币的升值预期。这样的分析来自于中国近些年的经济高速发展，中国与各国之间贸易逆差持续扩大，使得各国政府都在给中国政府施压，逼迫人民币升值。也正是在这样的预期结果中，大量的外来资金涌入了中国。而其对中国房地产投机的影响，又是多方面的。

首先，大量外来资本的涌入，无论是通过合法渠道还是隐秘的“贸易”方式，在进入中国资本市场之前，都要折换成人民币，这里我们就以美元举例。如果 100 亿的美元在汇率为 1 ∶ 7 时进入中国，就能换到 700 亿元的人民币。可中国本没有准备这么多的人民币给他们，结果就要增加发行，满足那100亿美元的需求。而货币总量的多少和社会中商品总价值是要保持一致的。更多的货币流通在市面上，就需要让原有商品的价值增加，从而导致通货膨胀。而等汇率变成1：6后，大财团们可以再将手中人民币换成116亿美元，离开中国市场。金融市场是一个等价市场，有赢就会有输，有赚就要有亏。如果这多出来的16亿美元被金融财团挣走了，国家就会损失16亿美元。

其次，就像我们之前那个话题讲的，通货膨胀会增加投机行为，而投机行为会抬高房价。这些金融大鳄们，不会简单地仅仅把美元放到中国，换一圈人民币就走的。由于他们资金的注入，一手导演了通货膨胀。在通货膨胀的大环境下，他们再策划大量的房地产投机行为，抬高国内房地产价格，之后便坐等因通货膨胀而攀升的房价达到他们预期的价格。最后，卖房，换钱，走人。如果这样计算的话，他们赚走的就不仅仅是16亿美元了。国内现在的房地产价格一年能翻上一倍，那等汇率从1：7变成1：6的几年中，光投机房地产获得的价值，就要远远高于那16亿美元的汇率收益。

而就是这样的一个流程，直接导致了20世纪90年代初的日本房地产危机，其具体情况，我们在这里简单地介绍一下：

我们的近邻日本，在20世纪90年代初，经历了一场房地产泡沫带来的浩劫。其对日本经济的影响，整整持续了10年之久，被很多日本人自己称作，二战之后，在金融上，日本吃到的又一颗“原子弹”。

而一切的开始，还是来自上个世纪80年代日本经济的持续繁荣。在国际方面，当时的日本，拥有美国2,850亿的直接资产和证券资产，其控制的美国银行业资产，占美国总银行资产的14%。日本还购买了大量的美国国债，每天纽交所的日交易量中，有25%要扣上日本企业的名字。与此同时，日本产品充斥着美国市场，汽车，电子产品，各种电子类、服务类商品都写着made in Japan。财富的累积，让他们随便就买下了洛克菲勒中心、好莱坞影片公司，而像檀香山这样的城市，眼看着就要变成日本的租界了。

而在日本国内，一年又一年持续在3%–7%的经济高速增长，“低消费，高出口”的增长模式，再加上日本民众每年很高的储蓄率，都促使日本积累了大量的流动性。同时，由于当时日本金融的自由化进程，加速拓宽了直接融资渠道，从而导致银行的放贷对象突然减少。可房地产业的兴起，对于银行来说，正好是一根救命的稻草。丰厚的利润，快速的回报，随即就让房地产贷款在商业银行贷款的份额，从1982年的6.9%，翻着番上升到1990年的12.2%[①]。

而要真正形成泡沫，没有国内国外的合力是远远不够的。说到日本国内，其政策是关键。不仅有城市集中化的发展趋势，也有贷款买地免缴固定资产税的明文规定，从而导致很多企业都在大城市集中投资，比如东京、大阪、名古屋等地，既占据了有利位置，又能合理地避税。而在国际方面，日本就像进入了一个连环陷阱，不仅没能看穿骗局，反而越陷越深。

1985年9月，一个值得日本金融界铭记的日子。如果说“原子弹”最终摧毁了日本金融，而这一天，便是将“原子弹”装上轰炸机的日子。美、德、英、法、日在纽约广场酒店签署了《广场协议》。为了缓解日本对上述国家近些年严重的贸易顺差，日元的升值在所难免。而正是因为这个协议的成型，大量的外来资金涌入日本，购买日元，等待其升值。而就协议之后的两年，日元升值近一倍。这对日本的制造业的打击是可想而知的，亏损、倒闭接踵而来。

1987年12月，以美国为首的12国签订了巴塞尔协议，要求世界各银行都要提高资本充足率到8%，就算有谁不同意，但如果想和美国银行发生交易，就必须保证这个资本充足率。正因为如此，日本企业之前在海外大手笔的收购，戛然而止。由于对外金融投资的瘫痪，加上我们之前提到的国内流动性过剩，再加上日本政府依旧希望通过基础建设从而保证经济的高速增长，连续五次降低银行利率。这三点的合力，使得日本的各大企业以及民众都大量投资房地产业。而之前亏损严重的制造业和贷款渠道狭窄的银行业，都想通过持有大量的房地产和其股票，在投机市场中赚回之前的损失。

---

① 李众敏：“日本泡沫时代的教训”，《第一财经日报》，2009年10月12日。

所以可想而知当时日本房地产业的火爆。1989年，东京地区的商业地价较1985年上升了两倍，大阪则是八倍。12所在东京交易所上市的日本银行，向房地产业发放贷款总数达到50万亿日元，占贷款总额的四分之一。而这样的贷款总额是日本1991年国民生产总值的90%。如此的热情，导致众多非银行机构，比如说财务公司、投资公司都纷纷跻身房地产业。如此众多的推力，最终将日本的房地产泡沫吹大、吹破。

而说起日本房地产泡沫破裂的导火索，我们还得聊聊日本股市泡沫的破灭。由于日本资产价格的持续大幅上涨，日本政府似乎嗅到了“泡沫”所带来的压力。1989年5月，日本银行决定改变之前宽松的货币政策，将持续许久的“超低利率”升至3.25%，并在一片抑制泡沫的呼声中，在1989年年底，将中央银行贴现率提至4.25%。随之而来的1990年，日元、债券、股票同时贬值。而与此同时，预谋许久的美国金融大鳄们，又抛出了“日经指数认沽权证”，也就是那时人们常提到的“NPWs”，加速了日本股市泡沫的破灭进程。其实早在1987年，由于日元的快速升值，美国高盛公司已经通过发售日元货币权证，认识到了投资者对于权证的需求，以及从中产生的利益。为了发售NPWs，高盛公司又在1988年囤积了大量通过日经指数挂钩欧洲债券转化而来的日经指数看跌期权。二者合一，随着1990年日经指数下跌，之后就有了著名的“丹麦王国日经指数认沽权证”。只要日经指数稍有下跌，各个权证购买者就从丹麦王国大量购买认沽权证。而随着认沽权证的热卖，投资者对日经指数看跌的期望就加大。如此恶性循环下去，认沽权证如野草一般蔓延。一个月之后，日本股市崩盘。

本就和股市紧密相连的楼市也一下从当时价格的最高点，一落千丈。加上政府在应对泡沫时，采取了简单的货币紧缩政策，引发了大量房地产按揭违约无法支付。一浪接着一浪的冲击，让日本的泡沫破裂随即而来。日本居民家庭资产严重缩水，长期背负财政负债，出现了老中青三代人共还一套住房贷款的现象。银行和各种金融机构的坏账达到几十万亿日元。大量无人问津的房地产项目，大量倒闭的企业，使日本的经济从高点一下坠落到最低谷。

既然日本的例子在先，人人皆知，我们不让外国资本进入不就行了？可我们的房地产商们不这么想。中国的大部分房地产商都是在只拥有全部房产开发资金的10%–15%时就启动项目了。后续的融资主要是通过对现有房产的抵押从银行贷款而来，或者是对于未来购房者的期房销售。但随着像“新国十条”、“国五条”之类的国家政策的颁布，对于贷款企业的要求逐渐增高，审查过程逐渐严格，购房者处于观望态度，房地产商们越来越难从银行和购房者手中得到充足的资金，来发展后续项目。既然从银行得不到钱，为了能让项目继续发展下去，就要努力找钱。这时很多在国内的房产企业就会通过海外发行高息债券等手段从海外融资。2010年全年的海外募集资金总量超过了1,500亿元[①]。2011年，企业通过高息债券方式融到的资金已达到700亿元人民币[②]。2012年共有25家内地房企进行海外融资，总额约合人民币600亿元。但仅仅2013年的1月，17家房地产公司就通过海外融资渠道募集420亿元人民币[③]。而衡量外来资金与本国融资的指数——房地产企业资金来源分类指数表明，近几年海外募集资金在总体融资中占有的比例逐渐走高。还有大量的海外资金通过各种官方、民间渠道涌入国内进入房地产市场。例如，通过假合资，将外币换成人民币，钱进来后根本不投资实业，而投资房地产。

外资涌入和货币升值的作用，直接压在房地产上，不断推动着国内的房地产价格的攀高。

投资渠道、银行利率、楼市资金，相生还是相克？

在现今的中国，大部分投资者的资金，都集中在股市、楼市和银行中。而其他的投资渠道少之又少。多数人都是将这三者进行排列组合，资金配

① 数据来源：“宏观数据”，http://app.finance.ifeng.com/data/，2013年9月17日，凤凰网数据中心。

② 张晓玲：“高息循环债激进，今年内地房企海外融资达700亿”，《21世纪经济报道》，2011年4月26日。

③ 张晓玲，林芳菲：“房企海外融资出现紧缩局面”，《21世纪经济报道》，2013年3月1日。

比，最终形成自己的投资计划。所以在谈到楼市泡沫时，就让我们先了解一下另外两种投资项目的走势，反衬出楼市泡沫的原委。

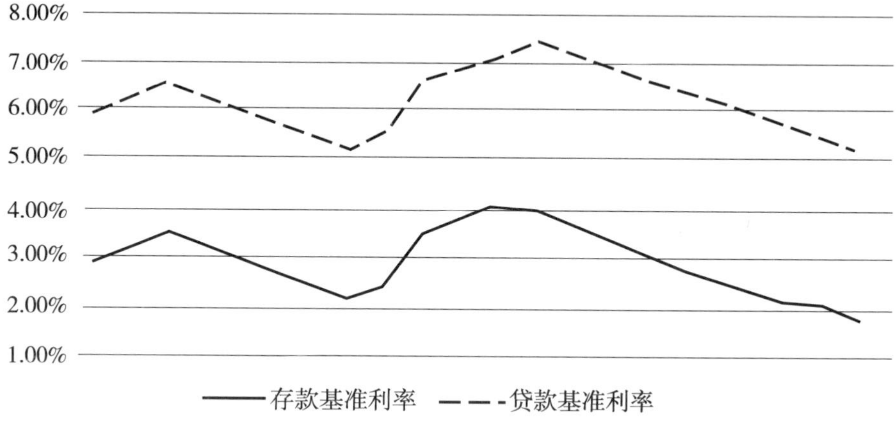

图 1–3　中国利率调整

图 1–3 为自 2002 年 2 月至 2012 年 7 月 ①，央行对存款基准利率和贷款基准利率前后 20 次的调整图。最明显的两个特点是，利率从 2002 年稳步上升至 2007 年年底，存款利率达到峰值 4.11%，而贷款利率也触碰了最高点 7.47%。在此之后经历了一段快速的下调期，直到 2008 年 12 月底，存款基准利率回调至 2.25%，而贷款基准利率也同步回调至 5.31%，为这 10 年的最低点。但 2008 年之后，两个基准利率都呈现反弹势头，基本恢复到了 2007 年的水准，并仍有继续上升的趋势。

我们再看看过去 10 年的中国股市走势，在 2006 年至 2007 年年底、2008 年年初将近两年的时间里，上证指数激增了 4,852 点，将萎靡许久的中国股市，从最低点 1,051 直线拉升到 5,903 点（历史最高点出现在 2007 年 10 月 16 日，为 6,124.04 点）。之后随着 2008 年金融危机的到来，股市曾一度回落至 1,700 多点。从 2014 年下半年开始，股市强劲恢复。至 2014 年 11 月，上证指数处于 2,700 点左右。

① 数据来源："经济数据，利率调整"，http://data.eastmoney.com/cjsj/yhll.html，2013 年 9 月 17 日，东方财富网数据中心。

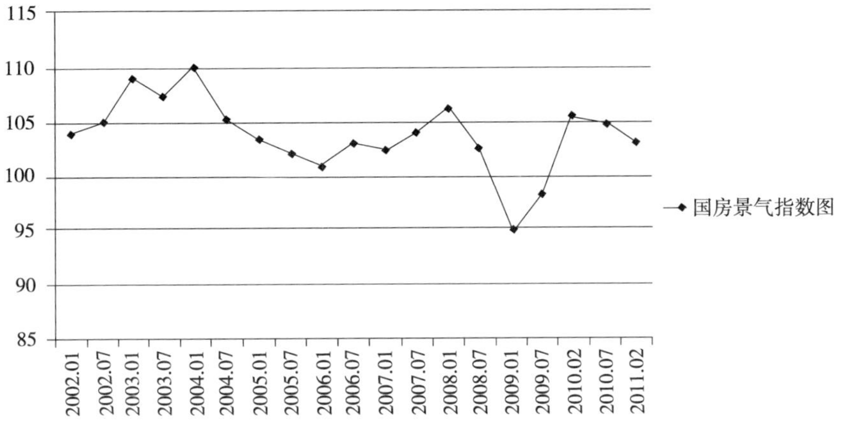

图 1–4 国房景气指数图[①]

图 1–4 是国房景气指数图。先来解释一下国房景气的含义。国房景气指数也称国房指数，是“全国房地产开发业综合景气指数”的简称，这是国家统计局在 1997 年研制并建立的一套针对房地产业发展变化趋势和变化程度的综合量化反映的指数体系，该指数体系是由 8 个分类指数合成，（1）土地出让收入指数；（2）本年完成开发土地面积指数；（3）房地产开发投资指数；（4）本年资金来源指数；（5）商品房销售价格指数；（6）新开工面积指数；（7）房屋竣工面积指数；（8）空置面积指数[②]。一言以蔽之，国房景气指数图，就是国家房地产的发展情况，也是房地产投资情况的晴雨表。

以上图表数据显示，由于经济危机的影响，在 2008 年，国房指数开始一路下滑，直到 2009 年初才逐渐复苏。而在经济危机之外，2006 年至 2008 年经济危机前，国房指数处于攀高阶段，2009 年初至 2010 年初，也处于高涨阶段。而 2010 年第二季度过后，便有了下滑的趋势。

我们通过罗列以上银行利率与股市大盘，以及国房指数的图表与信息，

① 数据来源：“宏观数据，国房景气值”，http://app.finance.ifeng.com/data/，2013 年 9 月 17 日，凤凰网数据中心。

② 数据来源：“宏观数据，空置面积指数”，http://data.caixin.com/macro/#top，2013 年 9 月 17 日，财新网数据。

抛开经济危机背景下，全球经济整体萎靡的特殊时期不说，单单看正常时段的走势，比如说2006年股市狂飙的时候，国房指数就有些不温不火。而到了2010年年初，国房指数反弹势头猛进的时候，股市却又开始了新的一轮低迷。而等楼市、股市都在走下坡路的2008年后半段，银行利率却是处在相对高点上的。

经济学理论告诉我们，一般情况下，银行利率提高对股市和楼市的影响是负面的，因为个人贷款买房成本与企业融资的成本都相应上升，从而导致购房欲望、企业未来现金流的折现价值下降。但是股市与楼市之间的关系相对复杂。在中国过去10多年中，股市与楼市之间的关系不是很明显。而在历史上很多国家，房地产泡沫与楼市泡沫是同时存在的。我们继续以日本为例，在20世纪80年代，日本的房地产价格上升了大约10倍，而其股市上扬了6-7倍。在80年代末房地产市场鼎盛时期，日本房地产的市场价格总值是美国房地产市场价格总值的2倍，尽管日本的国土面积只有美国的5%，其中还有80%的山脉。日本房地产与股市双泡沫破灭的结局如何呢?股票市场在1990和1991年连续下跌超过30%，平均房价跌幅最终超过了40%。日经指数在1989年12月29日创造了历史最高水平——38,957.44点。截至2014年11月，20多年过去了，其指数水平还未到18,000点。

媒体和专家是如何看待“买房”的?

在中国历史房地产部分，我们就留了一个扣子。之所以在古代经济繁荣之时，民众投机情绪高涨之时，最终没有形成大规模的房地产泡沫现象，这里面固然有国家体制，社会经济的原因，但不得不说，是谁告诉我们哪块地皮值钱?又是谁将“专家们”的言论传递到民众耳中?如果没有这些信息的交流，有价值的信息只能掌握在少数人的手中。而现今社会中的房地产信息，都已经不局限在报纸、广播、电视这样的传统媒体中了，随着网络时代的到来，随着新媒体兴起，新闻媒体成了房地产泡沫形成过程中必不可少的催化剂。

据数据显示，2010年全年中国房地产行业品牌网络广告市场规模已经达到30.8亿元，占总体网络广告市场321.2亿元的9.58%，超过网络服务类广告，跃居各类广告排行的第二位。相比2009年，同比增长了72.4%。[①]而与此同时，2010年年末，在各大网络媒体刊载的房地产类广告总数量也攀升到4,102个，环比增长9.1%，[②]达到了历史最高点。如此庞大的规模，在说明房地产网络广告光明前景的同时，也在向大家传递着这样的信息：网络媒体是房地产商挑起民众购买房产热情的一把利剑。

在这样一个离开网络就无法生活的时代，如果每天人们打开各大门户网站、社交网站，所需要的信息还没有出现之前，映入眼帘的却是各种楼盘的销售信息，你作何感想？会不会下意识地将自己的投机行为，与这些耳濡目染的广告联系起来？以国内网络房产广告排名前三，占据总体网络广告份额80.2%的网站举例，就不难看出，我们的媒体是怎样引导我们的网民了。

新浪乐居依托门户网站新浪在国内的庞大关注度，在2009年分拆上市后，一举成为了房地产广告投入的市场老大。其以代理模式运行方式，为房地产商通过网站直接定位消费人群打好了第一仗。再加上新浪微博在2010年的爆棚，通过新浪乐居这个平台，被“引诱”加入房地产投机战的消费者不在少数。

搜房网，一个横向跨界资源整合网站，将新房搜索，二手房搜索，家居搜索，房屋数据研究打包提供给消费者，帮你分析数据、搜索房产的同时，也给你灌输何时、何地投资房产最为合适。通过大众最熟悉的搜索方式，将房产投资 / 机带入了每个家庭。

搜狐焦点，与新浪乐居相同，也是搜狐旗下的房产品牌。随着一线城市的投机热情减退，其触角快速延伸到了二三线城市。在与其他形式传媒公

---

① 数据来源：“2010年房地产行业品牌网络广告市场规模”，http://www.enfodesk.com/SMinisite/maininfo/articledetail-id-5296.html，2001年2月23日，fodesk易观智库.

② 数据来源：“2010年房地产行业品牌网络广告市场规模”，http://www.enfodesk.com/SMinisite/maininfo/articledetail-id-5296.html，2001年2月23日，fodesk易观智库.

司的合作中，正在开发多媒体合作的房地产营销方式。

简单这么一说，大家就会发现，国内最大的门户网站都早已下手房地产业，每天大量的房地产资讯、新闻、评论轰炸着你的眼睛。在这样的潜移默化中，又有多少人不会动心呢？算算自己能贷款多少钱，能买一个什么样的房子？而这只是网络媒体一方面，如果加上电视、报纸等其他大众传媒，我们每天要接收多少房产信息？这个数字虽然无法统计，但可以肯定的是，它一定很庞大。但是换个角度思考这个问题，如果媒体的工作是在房产投机的高峰时泼凉水，而在低潮时加把火，我们则可视其在房地产投资上有正面作用，如果相反，则是房地产泡沫形成的推手。空口无凭，我们来看一组数据。

我们以央视的王牌节目《经济半小时》为例，在楼市上一个高峰中，从2010年6月到2011年1月这半年时间里，这个节目每周播出5期，总共120期。我们以此作为我们的调查样本。其中涉及土地改革、商业用地等土地话题的节目共有16期，占总共节目的13.34%[①]。这个时间段中还有国庆特别节目、舟曲特别节目等各式专题节目。但即使是这样，关于土地话题的节目也是所有话题中最多。而当新国八条发布后，全国一线城市楼市一片萧条，还是一样的节目，关于土地的话题在2011年2月到2011年9月，便一期也见不到了。

我们可以理解新闻工作者的心情，报选题，做节目，当然要做观众们喜欢看的时事热点。房地产有事情发生，新闻才有东西写。但在相关新闻发布之后，便会又带来一股力量，继续促使人们对房地产产生热情。但在这种互相助长的过程中，新闻媒体不自觉地做了房产泡沫的催化剂。毕竟他们关心的只是新闻的效应，是不用对房地产的发展负责任的。

谈了媒体，我们再来看看所谓的“专家”、“学者”。读者可能经常读到或听到某位著名经济学家关于房地产走势的看法。作为一个投资者或者追求社会真相的人，我们希望有学识的专家能够给我们提供客观、真实的意

① “经济半小时往期回顾”，http://cctv.cntv.cn/lm/jingjibanxiaoshi/wqsp/index.shtml，2013年9月17日，《经济半小时》官方首页。

见。但是如果我们对这些学家、教授们寄予过高的希望，我们往往会很失落的（虽然本书三位作者中的两位是大学金融学教授）。

芝加哥大学最近针对美国一流大学的高级经济学家做了个调查。调查发现那些曾经做过公司董事的经济学家，相比那些没有做过的经济学家，有高出 4 倍的可能性反对以下两个论断：“美国上市公司的 CEO 得到的报酬要比他们对公司所做出的边际贡献高”；“要求美国上市公司允许股东就公司高管薪酬不具有约束力的投票是个好主意。”[①] 也许做过公司董事的经济学家更理解大公司的情况，而从得出相应的结论；也许更可能的是这些经济学家是因为对公司高管友好才被邀请成为公司董事的。

在很多情况下，所谓的专家只是他们所研究对象的俘虏！

泰州路边的广告牌

笔者在 2013 年 3 月下旬在江苏泰州短暂地停留了几天，发现泰州最繁华的街道之一——青年路的两侧被一系列的广告牌占据了（见右图）。这些广告牌上显示的是同一个内容：“著名经济学家易宪容（2012 年）12 月 8 日做客碧桂园，纵论楼市发展。”笔者长期居住海外，对易先生的研究不是很了解，但笔者知道碧桂园集团是中国最大的房地产开发商之一。请问读者，一个房地产开发商花大价钱将一个知名经济学家请到一个三线城市来和一帮民众纵论楼市是为了什么？是为了给大家普及经济学知识吗？该经济学家有多大可能会指出楼市有泡沫呢？

到目前为止，随着几个问题的一一解答，我们大致梳理了导致房地产

① 该例子来自 Zingales, Luigi：“A Capitalism for the People: Recapturing the Lost Genius of American Prosperity.”, *Basic Books*, 2002.

投机需求膨胀的原因。无论是内在的、外在的、主动的、被动的，但可以确定的事实是，这股房地产投机的泡沫，已经形成了，而且在慢慢加大。这股势头，会因为中国需要房屋的人群众多，经济依然快速发展，而继续下去，结果如何，无人知晓。但这已经不仅仅是政府、社会的事情了，它发生在我们身边，甚至就发生在我们自己身上。以下是个真实的对房产投机者的采访，我们也来走进一下普通百姓的生活。

采访实录：房产投机者彪子

彪子，男，28 岁，北京人，自由职业者，开着一家珠宝店，一家美容店。

彪子的形象，代表着一大批流言中所谓的的富二代或者官二代。父母在大城市一辈子的闯荡，换来了自己子女的安逸生活。而作为被安逸的一代，总得想些办法守住老子们打下的那些基业。

笔者："你现在有几套房子啊？都放着干什么呢？"

彪子："在天通苑，有个 300 平的，这个买得早，2004 年的时候就买了，当时我还上学呢。这房子一直也没人住，租也租不出去，都嫌太大了，住起来不顺手。我放了把宝剑在那边，帮我镇宅子。在方庄还有一套，也是 300 平。现在是我和我老婆，陪着爸妈住着呢，这个是 2009 年才买的。在昌平买了块地皮，自己盖了个中式的别墅。平时也很少去，当厌烦了都市的恶臭之后，就过去呼吸呼吸新鲜空气。这房子现在升值了，我也是才知道，我家后面是赵本山的产业，不远处有个挺豪华的，说是郭德纲的。剩下的还有两套老房子，一个在洋桥，一个在西罗园，每个都不大，80 平左右，现在租着呢。"

笔者："这些钱都是你爸妈给的吧？这得多少钱啊？"

彪子："大的投入，才有大的回报啊。你可不知道，就最近一年来，天天有人往我家门缝里塞名片，写着高价回收房产。有时候一个星期就能收到一沓名片呢！就方庄的那套房子，都有出 6 万一平收的了，这当初买得多值啊！才两年工夫，起码翻了一番，这不比炒股票、看店赚钱？"

笔者："不过既然说到了炒股票，这房市也有涨有跌吧？挑房子很重要吧？"

彪子："在投资这件事情上，你的理性思考是对的。但不适用于在北京买房子。当初买这些房子，我既没有做过调查，也没分析过未来趋势。就拿出个北京房地产地图，周末没事了，挨个转转。看看哪家销售大厅做得气派，就买了，没你想的那么复杂。就北京现在这个行情，不在乎你在哪里买，只在乎你是不是出手快，一犹豫，房子就没了。就更别提什么涨跌了，在我看来，除非什么时候中国人口能降下来，制度变了，没有那么大贫富差距了，房价才会掉下来。"

笔者："我看电视报道，说国家不是正在打压这股购房势头呢吗？又是限购令，又是取消贷款的？"

彪子："上有政策，下有对策。当初北京汽车限行，说是每周少开一天车。结果怎么样？大家纷纷开始买第二辆车。现在北京买车要摇号，结果又如何？弄火了之前中国人不在乎的二手车市场，一辆马上报废的夏利，就能放在那里卖 7 万块钱。不就是为了过户换辆新车吗？转过头来咱说回房市。不给贷款了，能怎么样？说白了，我家买房子从来就没用过贷款，全是现金一次付清的。有钱的人买房子，从来就不用自己操心的。那些限购令，稀奇古怪的政策啊，都是给那些没钱的人。本来就没钱，就买不起房子，有政策和没政策有什么区别？"

采访实录：江苏泰州市某房产企业高管

笔者在 2013 年 12 月 20 日采访了江苏省泰州市某房地产开发企业高管，在本人的要求下，我们隐去被采访者的身份和公司信息。

笔者：您企业的性质是什么？

答：企业目前个人独资。企业最早属于政府，后来经过股份制改造后变更为国家和个人共同拥有的股份制公司；之后国有股份和其他个人股东退出，现为个人独资企业。

笔者：一个房地产项目从立项到最后建成大概需要多长时间？

答：这取决于项目的大小。我们目前有个项目建筑面积大约 8 万–9 万 m^2，从拿到土地算起，到规划设计，建设，全部销售，资金回笼大约需要 3 年时间。

笔者：重庆市政协副主席陈万志代表曾说过，我国现阶段涉及房地产的税种有 12 项之多，涉及房地产的收费多达 50 项，两者共计 62 项？您能否破解一下房价成本？

答：在我们城市，我们要缴纳 56 种费，12 种税，税费大概占总成本的 20%。让我以我们正在销售的一个楼盘为例来详细破解一下建房成本：

1）土地征用（出让）及拆迁补偿费大约 2,000 元 /m^2。

2）前期工程费大约 60–80 元 / m^2：包括规划设计费、景观策划设计费、环境评估费、地质勘测费、测绘放线费、施工图设计费、建设工程、市政工程施工图及抗震设计、防雷设计审查费、审图费、编标费、结算审计、城市规划基数服务费、成本认证费等。

3）房屋建筑安装工程费大约 2,000 元 / m^2：包括土建、水电安装费用、工程变更、井点降水费、外墙涂料费及贴面砖、塑钢窗费用、房屋防水、工程建设监理费、白蚁防治费、散装水泥专项基金、房屋面积测量费、产权交易费、进户门、车库门等。

4）附属公共配套设施费大约 50–80 元 / m^2：包括小区道路、排水工程、化粪池工程等。

5）公共基础设施费大约 250–300 元 / m^2：包括供电、供水、绿化、路灯、消防、有线电视、网络监控智能化系统、管道燃气、人防等工程；还包括建筑装潢垃圾处理费、垃圾斗、信报箱等。

6）财务费用、税收大约为前 5 项的 20%，约为 900–1,000 元 / m^2：

总计成本约为 5,400 元 / m^2，销售价格为 6,600 元 / m^2，利润率约为 23%。

笔者：在房地产项目从立项到建成销售的过程中，你们要和哪些政府部门打交道？

答：我给你画一下项目开发报建程序及当中涉及的政府相关部门。

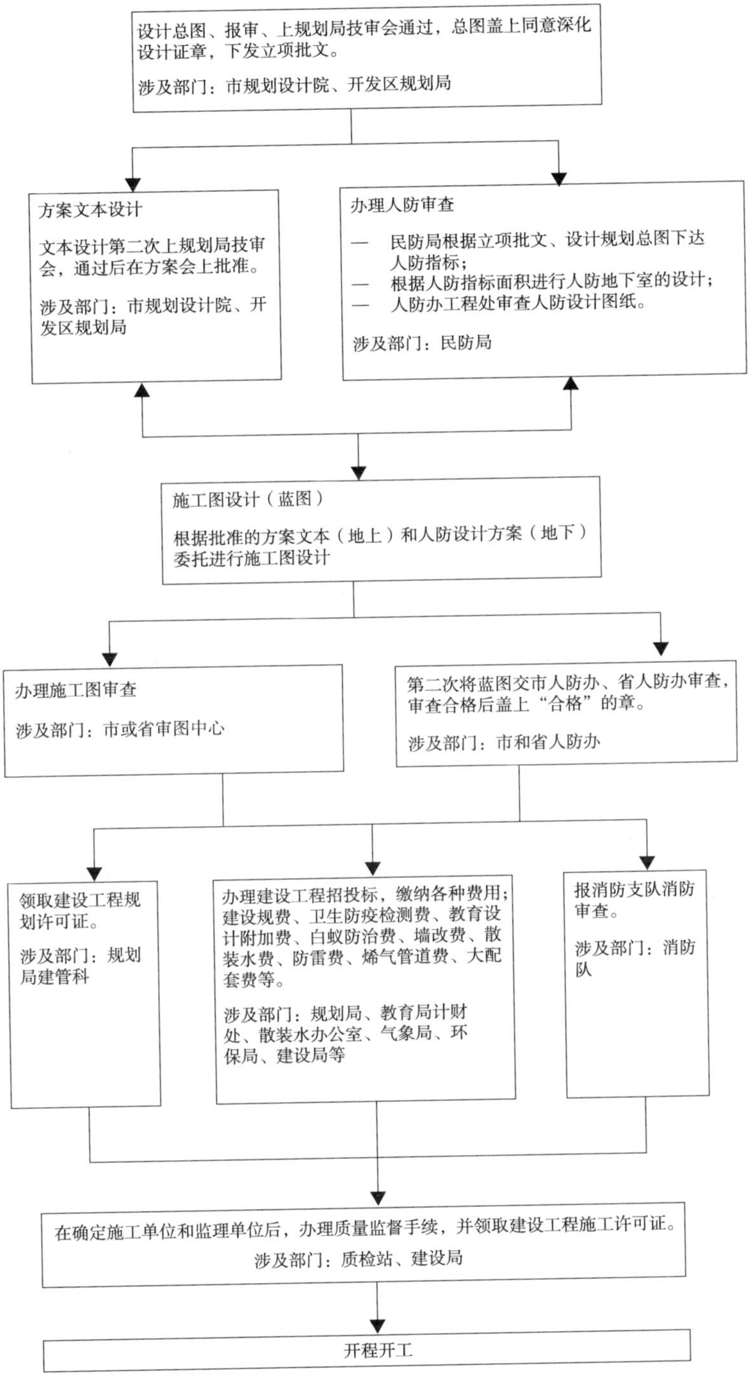
设计总图、报审、上规划局技审会通过，总图盖上同意深化设计证章，下发立项批文。
涉及部门：市规划设计院、开发区规划局
方案文本设计
文本设计第二次上规划局技审会，通过后在方案会上批准。
涉及部门：市规划设计院、开发区规划局
办理人防审查
— 民防局根据立项批文、设计规划总图下达人防指标；
— 根据人防指标面积进行人防地下室的设计；
— 人防办工程处审查人防设计图纸。
涉及部门：民防局
施工图设计（蓝图）
根据批准的方案文本（地上）和人防设计方案（地下）委托进行施工图设计
办理施工图审查
涉及部门：市或省审图中心
第二次将蓝图交市人防办、省人防办审查，审查合格后盖上“合格”的章。
涉及部门：市和省人防办
领取建设工程规划许可证。
涉及部门：规划局建管科
办理建设工程招投标，缴纳各种费用；建设规费、卫生防疫检测费、教育设计附加费、白蚁防治费、墙改费、散装水费、防雷费、烯气管道费、大配套费等。
涉及部门：规划局、教育局计财处、散装水办公室、气象局、环保局、建设局等
报消防支队消防审查。
涉及部门：消防队
在确定施工单位和监理单位后，办理质量监督手续，并领取建设工程施工许可证。
涉及部门：质检站、建设局
开程开工

笔者：牵涉到这么多政府部门！你们需要“打点”相关部门人员吗？就您了解，房地产业的灰色支出占整个成本的比例大概多少？

答：三大传统节日：中秋、端午和春节我们是要送卡的，灰色或“公关”支出大约占总成本的5%。给你举个你可能觉得好笑的例子，前几年我们送图纸到省审图中心的时候连收发室的人都要或多或少地给点好处。

笔者：很多房地产公司让施工单位垫资，这是如何操作的？一般的垫资额是多少？

答：垫资是行业惯例。正式开工时，我们支付15%，建设安装完成后支付60%，综合验收合格后支付80%，决算后支付95%，留5%作为质保金。

笔者：您觉得在泰州这样的三级城市，是否有房地产泡沫？

答：泰州的现有在建和建成的房子需要5–7年才能消化，某些区域住房空置率较高，特别是南边，中国医药城那里。但是否有泡沫，要看地点。比如，在万达广场附近的一个新楼盘1万多一平的价格很快就卖光了，虽然价格较高，但我不认为这个是泡沫。因为该楼盘的地点很好，处于好学区，购物、休闲都很方便。

第二章　民间借贷与高利贷

"一旦有适当的利润资本就大胆起来，如果有10%的利润，它就保证到处被使用；有20%的利润，它就活跃起来；有50%的利润，它就铤而走险；为了100%的利润，它就敢践踏一切人间法律；有300%的利润，它就敢犯任何罪行，甚至冒绞首之险。"

——托·约·登宁

说起民间借贷与高利贷，它们到底离我们的生活有多远？我们不妨先讲两个笔者身边真实的案例。

真实案例1

江苏省某市一位重点小学女教师，丈夫是公务员。由于在外做生意资金周转不灵，该教师瞒着丈夫向高利贷借款3万，利息为10分一个月。按照"行业惯例"，借款的利息需先付，所以钱一到手就只有2.7万。同时借款单上规定：如果一个月之内还清借款，只需还款3万。但如果超过了一个月还款，则要归还4万才行。无巧不成书，她未能在一个月内还清借款。

不知何因，她又被逼迫签了一个新的4.5万元借款的借条。让人不可理解的是，她也没有将原先逾期还款 4 万的借条取回。前后相加，高利贷人手中就有了这位小学教师 8.5 万元的欠条。不久，放贷人将该女教师价值 7 万–8 万元的汽车拿走。由于汽车的车证就放在车内，放贷人在女教师不知情的情况下，在车管所将车子过了户。笔者惊讶之余发现，现在在车管所给汽车过户，居然都不需要原车主的签字了？

在前前后后一两个月的过程中，该女教师还了近 2 万元的贷款。可笔者帮她算了一笔账：该女教师借了 2.7 万元，还了 2 万元，搭上了 7 万–8 万元的汽车，最终还有 8.5 万的欠条放在高利贷的手上。

真实案例 2

（为保护隐私，笔者用假名替代真名）

2011 年 8 月，高利贷放款人（俗称放水的）齐某，放了一笔 200 万元高利贷给王某，月息 1 角 5 分。之所以有了这笔“买卖”，不仅仅是因为王某有着一台保时捷，一台奔驰车，还因为其身为宏大船舶有限公司的董事长。

可让齐某没想到是，只不过才收到了一个月的利息，就出事了。由于一直无法联系到王某，几经打听齐某才知道，王某光是外边借的水钱（高利贷）大概就欠了上亿。后来齐某联系到了其他三位同他一样放水的债主，在多方调查后，了解到王某的公司在天津港的货船上，还滞留着一批钢材。闻讯赶到天津港的债主们发现，实属王某公司的钢材确实留在天津港，但已被法院查封了。催债红了眼的四位债主，自己联系了运输车，强行将这批钢材拖走，以低于千元一吨的价格在天津变现，每个债主分得 90 万元。

可直到这时，齐某还有连本带息 130 万元没从王某处收回。虽然齐某借钱给王某的时候，王某把自己工厂的土地证和房产证押在了齐某手上，但同时王某也用相同的土地证和房产证在银行做了抵押。万般无奈下，齐某想到了所谓的 A、B 计划。A 计划就是通过银行对王某的工厂做二次抵押，用贷出来的钱填上自己放款的窟窿。但如果 A 计划失败了，齐某就打算实施 B

计划。B计划是想通过制造二次抵押成功的假象，把王某本人诱骗出来。先控制住债主本人，之后再慢慢想办法榨取贷款。

笔者了解到，到目前为止，A计划宣告失败。王某的工厂不仅已经负债960万，而且还通过担保公司向银行融资了1,000万。但我们上文提到的B计划，已经成功。

后来笔者详细地了解到了王某“骗贷”的原因。宏大工厂已经存在了四年，其老板王某起初的本意也不是为了想通过这个工厂设一个骗局，赚到钱后就跑路。王某原先在上海是靠倒卖，挖得了第一桶金。发家后回老家开办了宏大船舶有限公司，本打算就此走上正道。公司自创立以来也一直良性运转，并在2011年年初，和LG谈妥了业务，准备为此引进一批新的机器设备。之后王某又和一大型钢铁公司签订了长期购买钢材的合同。合同中规定，王某按月付钱给钢铁公司，该公司则保证每月按时发钢材给王某的宏大工厂。从另一个角度上说，为了和钢铁公司的协议，王某必须保证每月持有大量现金来购买钢材。

可谁料到，LG内部发生了人事的变动，以前谈的业务化为了泡影。与此同时，王某工厂的资金也出现了问题。王某本打算从银行贷款，但自己的航运公司，四条运输船，能抵押的全都已经抵押给了银行。正规的贷款无门，迫于无奈，也就有了向齐某借款一事的发生。

读者也许会感叹事实之残酷，但这些案例古今中外随时可见。通过民间融资的通常有两类人：第一，短期急需资金；第二，从事暴利和投机行业。举个简单例子，假如投资房地产有100%的年收益率（前几年在一些城市确实存在着这样的暴利机会）。某投资者的投资杠杆率为10∶1，也就是说，自有资本为1份，借款10份。假设他的借款利息率为50%年利率，那他的最终收益率为600%＝（11×100%－10×50%）/1。马克思在《资本论》中引用托·约·登宁的一段话是：“……为了100%的利润，它（资本）就敢践踏一切人间法律；有300%的利润，它就敢犯任何罪行，甚至冒绞首之险。”那为了600%的利润，任何疯狂的行为，合法的、非法的行为，也都不奇怪了！

本章重点讨论古今中国的民间借贷与高利贷。本章内容与《庞氏骗局》《疯狂的房地产》《政府也疯狂》等章节紧密相关。

在几千年漫长的中国金融史中，由于社会的性质始终倾向于重农重工而轻商，大部分中国历史中的金融事件都只是发生在民间。所以悠悠千年的中国金融史，换个角度看，就是一段民间借贷的发展史。当然，我们所说的民间借贷，也包括像高利贷这样的非法行为。由于是民间的自发性集资借贷行为，所以各朝政府对其的监管自古便很困难，时而禁止，时而睁一只眼闭一只眼，时而在某一个时间段又拥有了合法身份。在反复无常中，在合法非法的交替中，民间借贷才有了今日的面貌。

讨论民间借贷，我们总要先总结出一个定义来，这本是件困难的事情。没有太多的局限，没有固定的模式，就很难找出统一化的定义。不妨让我们先用《合同法》中对民间借贷的定义作为讨论的主线，在过程中去发现其真正的含义。

> “民间借贷是指公民之间，公民与法人之间，公民与其他组织之间的借贷。只要双方当事人意思表示真实即可认定有效，因借贷产生的抵押相应有效，但利率不得超过人民银行规定的相关利率。民间借贷分为民间个人借贷活动和公民与金融企业之间的借贷。民间个人借贷活动必须严格遵守国家法律、行政法规的相关规定，遵循自愿互助，诚实信用原则。”①

这样的定义固然清晰，但我们也知道，中国的民间借贷的行为在历史上可以追溯到春秋战国时期，那时的社会对于民间借贷得定义可不像现在这样完善。人们对于民间借贷与高利贷间的差别，还不能划分得十分清楚。这

① 唐德华，孙秀君:《合同法及司法解释新编教程》(上、下册)，人民法院出版社，2004。

也无错，自古以来民间借贷与高利贷就是对孪生兄弟，虽有时站在正负两面，代表着合法与不合法，但归其根本，并无太多差别。所以不妨让笔者先梳理一下中国历史中，高利贷的发展进程，由远至近，一步一步走向今日社会的民间借贷。

中国历史上的第一次高利贷

借贷行为的发生，其实在中国的历史上早早就有，其伴随着中国私有制的产生，已经拥有久远的历史。如果借贷出现在政府与民众之间，我们可以视为救济性贷款，目的是维持生计，促进社会稳定发展。如果借贷发生在富人与社会之间，我们可以当作是公益事业。但放贷的根本目的其实是为了盈利。既然是盈利，随着人们心中对"高"的理解不同，高利贷便会随即出现。到底多高算高利贷，这很难界定，参照人们心中各自不同的标尺，在历史中也很难用数字衡量。但如果我们将典籍中第一次提及高利贷的文字细细梳理，便会发现，中国历史中有料可查的第一次高利贷行为发生在春秋战国时期。

据《国语》记载，晋国大夫栾恒子有"假贷居贿①"的"失德行为"。而这里的"假贷居贿"就是在说其通过放高利贷而累积财富。虽然只是短短的一句，但足以证明，放高利贷的行为，已经在春秋时期的富人间流行。虽然说那时人们已经认为这样的放贷行为是失德的了，但依然无法阻止其在春秋时期的发展。

而同样的事也发生在齐国的孟尝君田文身上，不过这一次，却将"失德"变成了"仁义"。孟尝君以放贷养宾客，年收入不菲。有那么一次，他派冯谖去他的封邑薛收贷款。冯谖到了薛之后，召集债户们来偿还贷款。当人们都到齐，准备一一清点债务之时，冯谖居然假传孟尝君的指令，取消了

① 余志慧:《国语·晋语八韦昭注辨正》，古籍整理研究学刊第二期，2008年3月。

所有债务。不知所措的债主们赶忙高呼“万岁”。但等冯谖回到孟尝君那里交差时，没有钱，带来的只是一句“乃臣所以为君市义也[①]”。当时为什么孟尝君没有炒了冯谖的鱿鱼，我们无从知晓，但是他一定很不高兴。但一年后，当其罢政归薛的时候，百姓们都是夹道欢迎的。也让孟尝君体会到了当初出去的小钱，换来了今日的市义。

官负民债——国债的起源

高利贷的历史发展到东汉中期，产生了一次戏剧性的调转。由于东汉在与羌族的战争中，军费开支庞大，国家财政出现了严重危机，不得不以政府的名义向老百姓借钱，也就是我们题目所说的，官负民债。《后汉书》中记载:“安帝永初四年，官负人债数十亿万[②]”。当时的亿按十万算，这些贷款也要有几百万万钱。这也可以算是中国最早的国债了。这场旷日持久的战争，从开国六年就打，断断续续打到了末代皇帝汉灵帝。战争的本质就是花钱，在那个年代，朝廷自身本来就不富裕，但又要应付连年的战事，所以朝廷就先从官员入手，借钱来打仗。先是向王侯借“国租”，之后再向富贵人家借些小钱，实在不行就停发公卿以下所有官员的俸禄，以备战需。就这样，一代接一代，一个皇帝接一个皇帝的，借下去了。

与此同时，除了国家因为战事向民间贷款，那些达官贵族们由于借钱给了国家，自己的奢侈生活还要得到满足，这可如何是好？其实也简单，那就从民间借债。在明帝时，由于有“诸侯负责，辄有削绌之罚[③]”。官员们没人敢顶风作案向民间借贷，日子也就自然过得清苦，没有什么债务的纠纷。但到了东汉，政策变了，君王诸侯们也大了胆子。大量举债不说，到期了也

---

① 王硕:《汉语古文读物》,《战国策·齐策》，北京大学出版社，2010。

② 周天游:《八家后汉书辑注》,《庞参传》，上海古籍出版社，1986。

③ （东汉）王符，王建注说:《潜夫论》，卷五，王符，河南大学出版社，2008。

赖账不还。也常常有“或殴击债主，入于死亡[①]”的情况出现。可见在东汉时期官负民债的情况有多么严重。

寺院高利贷

高利贷的洪流发展到南北朝时期，出现了中国历史中比较特殊的阶段。在南北朝时，佛教在当时极其流行。一方面由于当时的政治动荡，战事频繁，寺院吸收了大量的流亡人民，成为了所谓的难民收容所。很多受到永嘉之乱冲击的大地主们不得不南迁，留下了大片闲置的土地也被寺院接管。难民们不能白吃白喝，土地也不能不体现作用，从而就使寺院拥有了大量的土地和无偿劳动力。另一方面上至帝王，下至百姓，都常常对寺院进行施舍。当时施舍之盛，有文章记载证明：“王侯贵臣，弃象马如脱屣；庶士豪家，舍资财若遗迹。[②]”其中，梁武帝在大通元年，中大通元年，太清元年三次在同泰寺舍身，公卿们都是用一亿万赎回来的。可见当时社会上对寺院的施舍之风，有多么的盛行。

但问题也来了，寺院有了这么多的钱，干什么用呢？由于寺院在当时享受着一定的经济特权，要是为了挣取更多的利益，放高利贷不得不说是个事半功倍的好方法。所以到了北魏文成帝和平初，就有了僧祇户，这群人定期向寺院缴纳定额地租。而这个地租就叫作“僧祇粟[③]”。其本来的含义是通过寺院的贷款，用来赈灾给饥民。在当时，也算是风靡全国。但到了宣武帝时期，这样的僧祇粟显现出了其高利贷的本质，严重地影响了当时的社会经济生活。所以当时宣武帝还特地下诏说：“僧祇之粟，本期济施，俭年出贷，丰则收入。但主司冒利，规取赢息，及其征责，不计水旱，或偿利过本，或

---

① （东汉）王符，王建注说：《潜夫论》，断讼，河南大学出版社，2008。

② 范祥雍：《洛阳伽蓝记校注》，上海古籍出版社，1978。

③ 业露华：《北魏的僧祇户和佛图户》，http://www.fjdh.com/wumin/2009/04/21281263865.html，2009年4月12日，佛教导航。

翻改契券，侵蠹贫下，莫知纪极[①]”。通过这些规定，也可以看出，当时对于僧祇粟管理的严格。

与僧祇粟的信用放贷不同，南朝的寺院也会经营抵押放贷。我们专门管这样通过抵押放款的，在寺院中的机构叫做质库。发展到当代，我们有一个更加习惯的名字称呼它——当铺。所以说，质库算是当铺的老祖宗了。在史书中，经营这样业务的寺院有齐朝的招提寺，梁朝的长沙寺。所以我们可以肯定，南朝的寺院中的质库，是中国最早的经营抵押放贷的金融机构之一。

公廨钱

公廨钱的出现，在中国历史上有着重要的意义。这代表着官营高利贷的出现，也将高利贷收入第一次算进了国家的财政收入之中。其实公廨钱在隋朝就已经有了，但是发展到唐朝，进入了一个加速阶段。各种各样多种形式的公廨钱出现，标志着官营高利贷的一个顶峰。

高祖武德元年，就有公廨钱设置于京师，由诸司令史负责经营。每人给以本钱4万到5万，每月上缴利息4,000文[②]。令史籍隶吏部，年满授官。通过公廨钱获得的利息，国家则用来支付官吏们的报酬。但到了太宗年间，由于太宗听取了大夫的意见，不能将公廨钱制度当成一种卖官行为。每年有600余人通过此法得官。那以后官吏们不都是追求利益，谁还清正廉洁呢？所以公廨钱制度在太宗年间被废止了。但是好景不长，贞观二十一年又恢复了，开元十年再停止，开元十八年又恢复。就在这么一次次的罢止，一次次的恢复中，公廨钱成为了历史中最有名的官营高利贷。

---

① 魏收：《魏书》，卷一一四，释老志，中华书局，2003。

② 吕思勉：《中国通史》第六卷，中古时代，隋唐时期，唐代官吏的职责与待遇，华侨出版社，2011。

现代“民间借贷与高利贷”

纵观中国历史，对于高利贷这个词的理解，不会像今日一样，更多的以一种负面的理解定义高利贷。既有官府控制的借贷，也有寺院控制的借贷，可以说，那时的高利贷，是所有借贷的一个代名词。所以也不会分出其与民间借贷的区别。但随着时代的发展，高利贷与民间借贷的差别，也随着地域的分化，对于法规制度理解的不同，而产生了区别。据统计，2010 年中国的民间借贷市场已经达到了 20 万亿元人民币，占据了中国全部借贷市场的40% 多[①]。而到了2012年下半年，新增的民间贷款总量已经是银行系统贷款总量的1.9倍[②]。其形式也主要体现为信托贷款（Trust Loans），委托贷款（Entrusted Loans），银行承兑汇票（Bank Acceptance Bills），以及大部分由高利贷组成的灰色市场贷款（Grey Market Lending）。

民间借贷比起银行贷款更受欢迎的现象，应该算是中国借贷史的第一次。一方面，传统的银行贷款体系中的融资成本越发地高涨，已然从相当于 2010 年 GDP 的 10.1%，增加到了 2012 年的 14.3%[③]；另一方面，正是由于我国政府对民间借贷的爆棚从不重视到重视，管理理念从不成熟到成熟，再加之忽松忽紧的货币政策，导致了 2007 年和 2010 年出现了两次较为明显的民间借贷数量激增现象，在 2012 年一举超越正规银行贷款总额。而这一系列的变化，直接影响了并最终主导了各个地方城市民间借贷的极端行为，形成了我们本章开头所说的“高利贷”。

但实际上，民间借贷并非洪水猛兽，据美国联邦储备银行数据，美国

---

① “China Banks: Social Financing/Shadow Banking—How Big Is the Market? Is It a Problem?”, *Bernstein Research*, 06. 08. 2011.

② “China Banks: Disintermediation (Part 1) — Who Needs the Banks When You Have Social Financing?”, *Bernstein Research*, 01. 21. 2013.

③ 同上。

2010 年的民间借贷市场已经达到了历史高峰，增长至 19 万亿美元，是正规银行系统的两倍[①]。在一些商业气氛浓郁的中国城市，随着政府对于中小企业的内在支持，民间借贷已然成为了一种促进经济发展的要素。它不仅遵循着法律的调整，还依附着借贷行业严苛的道德标准。在政府管理妥当的情况下，民间借贷弥补了由于正规银行借贷主要针对国有企业而留下的对于民营企业资金缺乏支持的窟窿。在我们对广东诚公律师事务所合伙人王卫刚律师以及深圳市中级人民法院前法官韦小宣女士的采访中，两位法律界的人士也一再强调："民间借贷实际是件好事，是要鼓励的，不要把它看成一种不好的行为。"

由于高利贷有时能够导致恶性结果，政府对"民间借贷"的负面影响较为忧虑，让中国民众对于"民间借贷"和"高利贷"有了不同的理解，也就不足为奇。王卫刚律师是这样通过法律角度解释民间借贷与商人、法律之间的关系的：

> "实际经济生活里面，完全合法的经营是很困难的。一般的商人和投资人都知道法律的边界在哪里，知道法律后果在哪里。在实际操作过程中商人们经常走一些边缘，过一些界这都有可能，也都是正常的。但如果发现对方违约，商人起码要知道你们签署的法律合同，保护到你的哪里，要做到心中有底。比如说民间借贷问题，很多的案例都是没有发生纠纷的，虽然利息超过了法律规定的四倍，但大部分也都私下很好地完成了，这在民间借贷中是很正常的事。同时，如果一个商人出现了违约的情况，他不仅涉及法律上的调整，也涉及他们这个行业里、群体里的调整。他失信于人，以后便没人跟他做生意了。一个商人受到各方面的压力，所以他尽管知道自己借款的利息超过了四倍，也会努力地履行合同的义务。这些案例在民间也是很多的，并不是一定遵循着一条一条

① U. S. Shadow Banking information sourced from the 2010, Federal Reserve Bank of NY Report "Shadow Banking".

的法律，那么死板，那么教条。”

而为了更形象地表现出民间借贷或者说高利贷行为的地域化特点，我们不妨就用城市的名称来归纳一下民间借贷在中国的现状。

温州模式

温州人自己有句话：“杀头的生意有人做，亏本的买卖没人干。”正是这种骨子里的性格，让温州人从来都是站在投机的风口浪尖。温州人好赌，也敢赌，否则也不会闯到哪里，就能扎根到哪里。所以称温州为现代中国民间借贷的发源地、集散地，恰如其分。30年前，温州的个体经营者已经生活在这个当时并不兴盛的江南小城市。那时温州的小商品市场还是一片荒芜，也没有人拍着胸脯自豪地说，我是温州人，这是温州制造。可又是什么推动着温州有了今天繁荣的社会景象呢？那便是民间借贷。

在30年前，一个民营企业想从国有银行贷到款，感觉简直就像是天方夜谭。当时所有的银行都是国有的，所有的贷款手续需要领导下文件，签字，做指示。这些都只是国有企业的营业模式，作为一个个蠢蠢欲动的温州民营企业来说，学不来，也做不了。可是办企业需要贷款，需要融资，钱从哪里来？聪明的温州人就自己创造了适合自己的民间借贷商业模式。1984年9月，改革开放后第一家私人钱庄“方兴钱庄”[①]落户温州市。这对于当时大部分金融资源依然掌握在政府部门的温州来说，算是个重大新闻，引起了全国的强烈反响。虽然这样的私营钱庄与当时的国家金融制度有着不少违背之处，可是了解温州当地历史的温州人知道，即使没有这个“方兴钱庄”，民间非法的地下钱庄、排会、高利贷已经充斥着温州的民间借贷市场。这些不受任何监管的民间借贷，投机性强、风险高，也不利于私营企业的发展。

① 杜晓：“民间借贷30年：盘点中国民贷发展史”，《法制日报》，2011年10月14日。

聪明的温州人就在琢磨，何不顺应市场的需要，办一个合法的、公开的金融服务机构，降低融资风险，保障企业的利益，在除去常规借贷方式的同时，丰富金融服务呢？也正是因为这样的历史情况，在中国人民银行温州市支行以及温州市政府的支持下，温州开始了中国现代的民间借贷之路。

这条路的艰难程度是可想而知的。即使方兴钱庄在国家相关法规变动之时，先停业，又重办，最后不得不关门，但温州人对于民间借贷的热情却被一次又一次、一波又一波投资需求调动起来了。随着1991年最高人民法院通知印发的《关于人民法院审理借贷案件的若干意见》中规定："民间借贷的利率可以适当高于银行的利率，各地人民法院可根据本地区的实际情况具体掌握，但最高不得超过银行同类贷款利率的四倍（包含利率本数）。超出此限度的，超出部分的利息不予保护。"民间借贷也终于有了自己合法化的外衣。同时，随着浙江地区其他城市民间借贷的发展，比如台州、金华等市，民间借贷在新世纪之后正在以几何级数的速度增长。2005年之后，数量颇多的投资咨询公司、典当行、小额借贷公司、寄售行宛如雨后春笋，一夜遍布了温州的大街小巷。而截至2011年，从中国人民银行温州中心支行得到的《温州民间借贷市场报告》中得知，温州的民间借贷总额大约为1，100亿元。我们不得不感叹，这是一部从0到1，100亿的民间借贷发展史，中间蕴含的内容，一定不会像表象那样简单轻松。

江湖。有江湖，就有血雨腥风，便有肝胆相照。温州的民间借贷，是依附于当地经济发展的。想做大生意，挣大钱，干一番大事业，就要有足够的资金。可在20世纪80年代，一个几乎白手起家的国家，有的便也只是一批白手起家的人。生意不好做，国家不给贷款，就只好亲朋好友共同集资。不用任何抵押，主要是谁也没有什么值钱的东西够得上抵押价值的，白纸黑字巴掌大的借条，写上谁谁谁向某某某借款多少多少，签上日期姓名，这就算是借款凭证了。等我用这笔钱发了财，就同样的流程规矩，等你需要资金了，再借还给你，以此类推，充满了侠义的感觉，发展成了今天温州的江湖。仿佛关于规避风险的问题，当时的温州人想都没想过。骨子里的一种信誉，支撑着这么个江湖。而关于温州人信誉的故事，也时不时地会让我们对这个自成一派的民间借贷体系肃然起敬。比如说，温州人的债是父欠子还的。如果父母投资失败破产了，儿子就要想尽办法偿还损失，虽然法律不是这么规定的，但道义上延续着江湖的规则。再比如，一家叫波特曼的企业破产了，老板却留下60万元最后资金，先给员工们发了工资，再想着自己如何解决困境。在温州人眼里，信誉比生命重要。这种无形的信用评级制度，创造了江湖，创造了今日的温州。

而江湖就是生活，所以像“满城借贷”，“全民食利”等字眼往往与温州相关。温州人已经将借贷当成了一种生活，一种再正常不过的投资方式。人民银行温州中心支行的一次抽样问卷调查显示，在接受调查的人群中，89%的家庭或者个人，59.67%的企业都在参与民间借贷①。如此大面积、大规模人数参与到民间借贷中来的城市，在国内也不会有几个。

但既然是江湖，有春风得意，也就要有血雨腥风。2011年以来，由于光伏产业的疲软，国家货币的再一次紧缩，各种温州企业老板相继跑路，企业倒闭，负责人自杀的新闻，充斥着全国各大媒体的头条。为了稳定温州地区民间因借贷而引发的连锁反应，国务院总理也特地在国庆期间来到了温州指导工作，稳定借贷者的恐慌。可见这样的江湖还是暗藏杀机的。根据里昂证券的民间借贷调研中心的报告所述，温州民间未偿还贷款中，每年都会以10%–15%的比例变成坏账②。而最终跑路或者倒闭的企业中，多也是因为无力偿还月息高达6分或者8分的利息，无奈中才选择这种下策。其实民间借贷本身是产生不了那么大的破坏力的，但像食物链一样，借贷者从下一层借来钱，加上点利息再放贷到上一层去，如此类推，到了食物链的顶端，月利息往往就能达到一个惊人的数字。而真正敢去借这种高利贷的人，也多是濒临破产，不借等死，借了找死的企业。如果最终食物链顶端的企业倒了，人跑了，整个食物链便会一起崩溃，最终形成恶果。

---

① 姜鹏、赵磊：“民间借贷成温州全民游戏”，《解放晨报》，2011年10月08日。

② 徐杰：“民间借贷链频断或引爆‘温州式‘金融风暴’’”，《每日经济新闻》，2011年9月8日。

说到这里，我们想再次重申一下，民间借贷与高利贷的区别。只要是不高于银行借贷利率四倍的民间借款，都是受到法律保护的，都不能算在高利贷的范畴之内。超过四倍利率的部分，才不会受到法律的保护，但并不一定是违法的，只是法律不保护超过四倍利率的那部分。2011 年人民银行数据显示，六个月以内的贷款的基准利率是 5.85%，一年期的贷款基准利率是 6.31%，四倍基准利率就是 25.24%。如果我们做一个简单的数学计算，以民间借贷 2 分月息为例，复利计算，年化利率要 27%，如果是 4 分，年化利率就要到 60%。如此推算下去，数字大到有些可怕。而在这个借贷链条中，因为人人都在追求利益，所以很难真正地去控制这个利率。从而就有了温州中院关于民间借贷纠纷案件的统计，2011 年 3–5 月，全市共受理民间借贷案件 2,628 件，平均每天就有将近 30 起的纠纷。涉案金额总计高达 9.31 亿元①。可见在这样的江湖中，风险与利益是共存的。

而关于江湖，我们最后想谈论的是那些在贷款链条里的特殊人群。从一起涉案金额高达 13 亿元的高利贷案中，温州警方发现这笔贷款的八成债主竟然是一定级别的公务员。如果作为国家服务人员，也将民间借贷，或者说高利贷作为生活的一种方式，那在这个贷款链条中，所涉及的性质便发生了很大变化。如果我们的政府想成为一个服务型政府，又要寻求高的贷款利率，在这之间，经济与社会必然就会产生矛盾。是不是政府人员有更多的权力或者方法从银行借到利率更低的贷款，从而便于继续放贷？是不是他们就可以逃脱法律的管辖？

还有另一群特殊的群体，国有企业。众所周知，由于国家在贷款政策上的不同，导致民营企业贷款难，才会孕育出民间借贷市场。而中国的国有企业是不愁贷款的，每年 80% 的贷款都被各大国有企业瓜分，又由于很多国有企业镇守垄断行业，相关利润也是非常可观的。可正是这些坐拥大量贷款，拥有丰厚利润的国有企业，成为了民间借贷的主力军。据英国《金融时

① 徐益平："温州民间借贷规模约 1100 亿元"，《东方早报》，2011 年 7 月 25 日。

报》报道，扬子江船业、中国移动、中石油、中铁股份、中粮集团等中国国有企业都纷纷通过设立子公司，获得放贷资格，将大量的资金回流到民间借贷市场，从中获取利益。以扬子江船业为例，其 2011 年第二季度利润中，竟然有四分之一来自企业放贷，而非船厂业务[①]。换个角度讲，占据我国企业群体 54% 的私营企业，却只能拿到区区 20% 的国家贷款。所以说，温州人把自己的世界看作江湖，有着自己追寻的规则。江湖没有门槛，只要你有着一身的胆识，便可游走其中。其中鱼龙混杂，险象环生，不过这都是他们自己选择的，生活于此，享受其中。

影子银行。一种新生名词，产生于金融危机之后的美联储年度会议，2008 年美国金融危机的幕后推手。比较官方的解释是通过银行贷款证券化进行信用无限扩张的一种方式，而通俗的白话就是游离在常规银行体系之外，为资金供需双方提供具有期限和流动性转化功能的信用媒介。所以相对于传统以储蓄作为基础的银行来说，影子银行有着自己得天独厚的特点：监管程度低，与资本市场联系紧密，高杠杆，风险高传染性。也正是因为影子银行的这些特性，使其成为了温州地下钱庄最重要、最关键的组成部分，左右着整个温州民间借贷的命脉。

其实我们之前提及的地下钱庄、信贷公司、典当行这一系列的金融机构，都是影子银行的一种。而影子银行的现象也不仅仅出现在温州，在我们之后介绍的其他模式中，也会或多或少地找到影子银行的身影。不过，之所以在温州模式中，首先将影子银行的概念提出来，是因为在温州的民间借贷中，担保公司、小额贷款公司等影子银行的存在特别普遍，温州人已经慢慢脱离了只靠亲戚朋友凑钱借贷的传统模式，每个人都把放贷的钱搁在影子银行，从而更系统、更便捷地实行民间借贷活动。所以影子银行在温州的发展，可以说是系统的、成熟的，也是值得拿出来当案例讨论的。

温州影子银行的发展，是有大环境作为基础的。现今的企业，愿意把

---

① 李跃群："中国'影子银行'泛滥 全球进入'热钱时代'"，《东方早报》，2011 年 9 月 13 日。

钱投在实业上，经历长时间付出而得到回报的很少，谁都希望自己的投资在一两年内，甚至说一两个月内就能得到回报。而真正能够实现人们这种投资回报想法的产业，往往都是房地产、股市这样的暴利行业，或者就是石油、煤炭、稀有金属这类的基础资源产业。人们对财富和利益的追求，使得整个中国的投资环境，很适合影子银行的发展。与此同时，国家政府在经济政策上，也没有鼓励人们进行长期投资或搞点实业，反而因为之前几年关于房地产的宽松政策，群众和民营企业都在无处投资之时，找到了最好的投资点。房地产行业的高利润，势必诱导拿地的开发商在融资困难的情况下，将希望投向影子银行。因为即使影子银行的贷款利率高达 40%-60%，但除去开发成本和利息，开发商依然可以拿到相当可观的利润。也就没人在乎他们在无形中推动了众多影子银行的发展。让很多吃利息差的影子银行，仅仅通过房地产这一块，便获得了足够的利润，生存下去，壮大起来。

而相对于大环境，对于经济发展的体现，国内的金融市场的发展和创新还相对落后。这其中，尤其以温州这样的经济发展极快的地区最为明显。政府的政策以稳定为主，由于金融行业的发展与社会稳定脱离不了干系，所以制定的政策也是为了适合全国大部分地区的。并没有过多地为这些特殊金融地区提供相应的支持和打造专有的体系。也正是因为这样，现有的金融市场不足以满足温州企业的各种发展需求。对市场根本的需求，直接导致影子银行的兴起。

除了大环境的影响，我们的正规银行业，也在为影子银行的发展，起到推波助澜的作用。2010 年下半年以来央行多次上调存款准备金率，在加息、银根紧缩的背景下，企业通过银行进行融资变得难上加难。而银行方面，其本身也更愿意把资金贷给大型的国有企业，毕竟国有企业目标大，没法一走了之，这样的风险看上去要比民营企业小。虽然事实证明民间借贷的坏账率相比正规银行贷款小之又小，仅为百分之一二[①]。但如果涉及银行的

① 茅于轼：“到底如何看待民间借贷”，国研网，2011 年 9 月 21 日。

责任，即使国有企业再出事，追究起来的责任也要比民营企业小得多。

与此同时，银行也在为着影子银行当中介。民营企业的银行贷款到期后，如果想继续申请贷款，需要有将近半个月的重新审批发放过程。民营企业在贷款到期时，其实很多企业都没有那么多钱还上贷款。如果还不上，势必会直接影响之后的再审批、再贷款。而这时，银行就会推荐很多客户去担保公司，也就是影子银行借。为了能获得再一次贷款的机会，很多企业主不得不用高利贷填补资金缺口。而这其中的利益，是被银行和担保公司共同瓜分的。银行的职员可以通过与担保公司的合作，或者直接投资，从担保公司那里得到好处。担保公司也在和银行的合作中，确定了稳定的客户资源。而企业主为了能扛过短期的缺口，也不在乎这样的利益被剥夺。三者相得益彰，寄生依存。

最后，我们再谈谈影子银行自身的特性对温州民间借贷的影响。就像前文我们所说的，影子银行游离于政府的监管体系之外，所涉及的金融产品也不会被计入 M2 之类的货币指标，但其每年的资金流量却能达到两万亿元左右，相当于中国 GDP 的 5%①。如此庞大的资金流量，却无法得到有效的宏观控制。这就是其能在民间借贷中顺风顺水的本质原因。正是因为高回报、低监管的事实，才会有了各大国企争相开设“合法”金融子公司，或者建立旗下的金融业务平台。影子银行的存在，本就是对传统金融行业的挑战，如果仅仅是忽视它、封堵它，而不是从其本性下手疏导其发展，在未来的中国金融体系中，其对国内银行体系的作用力是可想而知的。所以，将影子银行的发展，看成现代温州民间借贷的一个缩影，是再适合不过的了。

鄂尔多斯模式

有“鬼城”之称的鄂尔多斯康巴什新区，即使是白天，也只能见到零星

---

① 张茉楠：“社评：影子银行使中国金融风险暗流涌动”，《中评社》，2012 年 3 月 7 日。

的车辆和行人。停工、荒弃的新楼盘随处可见（详情请参阅《政府也疯狂》与《疯狂的房地产》这两章）。靠煤炭发家的鄂尔多斯，全市人口近160万，其主城区房价在2004–2010年六年里涨了6倍。在这个地广人稀的西部内陆城市，近万元的房价不仅没有阻止购房人的需求，反而几乎人人都财大气粗地买上几套，随便空置在那里。而值得注意的是，鄂尔多斯的银行房贷业务相对其他城市要严格很多，很多银行不开展个人按揭业务，首套房的贷款额度也严格执行国家标准。那鄂尔多斯人民是哪里来的钱盖那么多房，买那么多房呢？这就是我们要讨论的鄂尔多斯模式。

天赐良机。说是老天爷眷顾鄂尔多斯这片土地，一点都不过分。这个2000年前还叫伊克昭盟的小城市依附着鄂尔多斯高原，已探明的煤炭储量约为1,496亿吨，占全国煤炭探明储量的六分之一。天然气探明储量占全国的三分之一。[①] 再加上天然碱、食盐、芒硝等各种各样的资源，笔者身边的鄂尔多斯人也都自己开玩笑地说："我们脚底踩着的，就是我们借贷的本钱。"

无独有偶，现今鄂尔多斯模式的形成，有三个必不可少的组成部分：天然资源，房地产，民间借贷。三者相互依存，相互助燃。随着上个世纪末煤炭价格的上涨，很多的煤炭主手里有钱了。但能富起来的人终归还是少数，毕竟当时那个年代，敢大胆做生意的鄂尔多斯人并不多。久而久之，更多的穷煤炭主看着别人的煤矿搞得红红火火，天天赚钱，实在眼红。说想点办法，从银行贷款？可鄂尔多斯的各类银行一向持比较审慎的态度。所以很多煤矿主有煤，但没有资金发展煤炭业务，如此尴尬的境地在当时的鄂尔多斯随处可见。也就在这种无奈而又急迫的情境下，第一批严格意义上的民间借贷便悄然无声地在这个走西口闯出来的城市发展开来。

有钱的煤矿主，把挣来的钱用来放贷给没钱的煤矿主。随着更多的煤矿主开起了煤矿，积累了原始资本，各种煤改和转型的企业也随即出现，就

① 数据来源："走进鄂尔多斯 - 自然资源"，http://www.ordos.gov.cn/zjordos/zrzy/，2013年3月9日，鄂尔多斯在线。

把当下一部分煤炭领域的剩余资金挤进了房地产行业，挤回了民间借贷。如此的情况发展到了2010年年底，鄂尔多斯几乎每一家能源企业都在开发房地产业务，全市的房地产企业多达442家[①]，同时还有外地房地产商不断涌入鄂尔多斯，北京、温州、上海，都希望在这块宝地上捞一桶金。正是这样的作用，最终形成了将通过煤炭挣的钱、用来放民间借贷、发展新的煤炭业务、投资房地产项目，如此这般的循环体系。在前几年房地产势头好的时候，通过房地产挣到的钱，不仅随随便便就可以偿还借贷的利息，还能赚得盆满钵满。多出来的钱，很多最后又能加速当地煤矿的开发与发展。所以对于当地人来说，正是因为这个挣钱铁三角的关系，才有了鄂尔多斯的今天。一个由三点组成的循环，支撑着整个鄂尔多斯民间贷款体系。

可换个角度看，如此简单的三角结构，如果有其中的任何一角出现了问题，整个供应链的结构也会随即出现破裂。就像2011年之后，煤矿整顿，房产调控，楼市日渐萎缩。当年房地产的火热，让民间借贷的房贷者和煤矿主挣足了银子。可2012年的情况让所有人都着急了，鄂尔多斯的房地产成交量急剧下滑，房产商挣不到钱，就没钱还贷款。放贷的人看到了房地产的疲软，就会缩紧银根，小心谨慎。再加上全国其他地区频频出现借款者外逃，企业倒闭的新闻，使得鄂尔多斯这个三角链条在这个时候显得更加脆弱。所以才有了2012年当地政府对于五千万以上融资者的监控行为，以防止资金链断裂，严防风险，这些都是无奈之举。

综上所述，有着全国人民羡慕的自然资源的鄂尔多斯，拥有着其他城市不具有的独特优势，但也正是因为这样压倒性的天然资源储备，让鄂尔多斯的资金链结构变得简单和脆弱，面临着各种的困扰。而这些困扰，不仅仅因为有了资源就能解决。鄂尔多斯的财富路径由煤矿产生，在支撑政府改造城市的时候，通过民间借贷收集资金，支持房地产和新的煤矿，从而让更多人分享高收益。正所谓，天赐良机，但是事在人为。

---

① 赵磊、李晓明："鄂尔多斯民间借贷约2千亿，形势危险恐成温州第二"，《新闻晨报》，2011年10月19日。

蒙古人＋山西人＝鄂尔多斯人。真正的鄂尔多斯人，虽然民族栏里填的多是蒙古族，但嘴里说的方言，却是山西话。究其原因，他们自己则说他们的祖先是晋商走西口时，来到了鄂尔多斯这片高原的，随后安居繁衍了下来，才有了今天的鄂尔多斯人。也正是因为这样，在鄂尔多斯人的骨子里，有着山西人和蒙古人混合的个性。

一张白条，就是鄂尔多斯借贷的所有。姓名、日期、金额、利率、担保人、借款人，掰着手指头就能数出来的几个内容，就能组成往往上百万、上千万的民间借贷。这是一个简单得不能再简单的资本运转体系，依靠的根本就是蒙古人的豪爽和当年晋商们视为生命的信誉。但是，这样以信任为基础借来的借贷，大部分的借贷者是不会放贷给陌生人的，还是需要依靠熟人介绍熟人，一层又一层传递的信任。往往个人组织的小型贷款机构，比如说小额贷款公司、典当行之类的，其实都是在一个牵头人的组织下，把熟识人的钱聚拢过来的过程。所以在鄂尔多斯，民间借贷是个特别简单的过程。

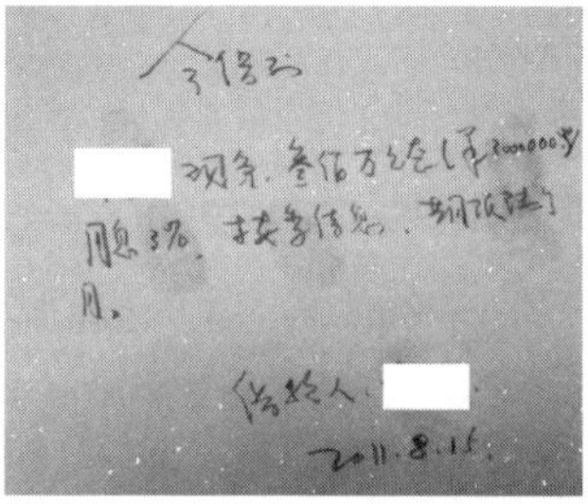

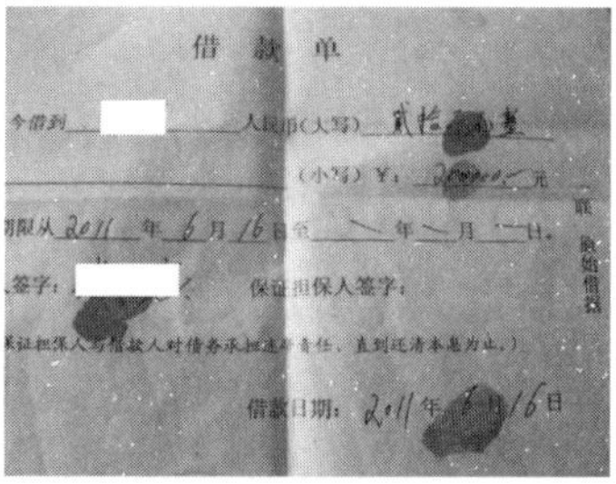

笔者从鄂尔多斯一朋友处取得两个借条。第一个手写借条涉及金额300万元，月息3%（3分），期限6个月。有借款人签字画押。第二张打印的借条，涉及金额20万元，借款人签字画押，但没有写明借款利息。其实这种借条更为普遍。借贷双方有意不写明利息，因为双方都明白如果利息超过国家法定利率的4倍不受法律保护。为了避免以后的司法介入，双方说明利息，但不写明。首月利息在借得的款项中直接扣除，然后每个月支付利息，只要本金未付，欠款始终是借条上的数额。

笔者还从江苏泰州市一个朋友处拿到一个“完结”的借条，该借条要比前两个鄂尔多斯的借条“规范”：不但有借款人签字画押，还有担保人签字画押，并且写明“担保人担保至还款”。该借条原先的借款期限是 1 个月，但是最终是借了 6 个月。

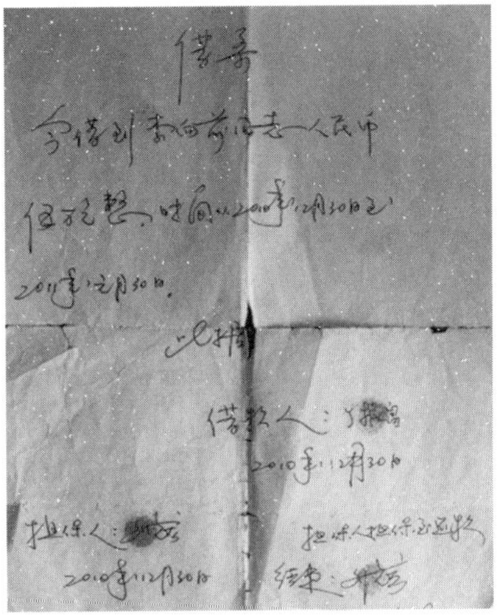

借条

此据

借款人：

2010年12月30日

担保人：

2010年12月30日

担保人担保至还款

民间融资几乎就是鄂尔多斯金融的所有。在这个城市里有着 2000 亿元的民间借贷，却只有着 20 亿元的证券市场。2000 年前的四家上市公司，到了今天也还只是这四家。在鄂尔多斯，符合上市条件的公司其实不少，其中大部分都是能源企业。但由于各种问题所致，比如说不愿意公开账目，或者上市不利于随时投资等原因，没有哪家企业愿意上市，受到股民的控制。而与此同时，反观鄂尔多斯当地的群众，十个人有九个表示对股市的前景不看好，认为基金证券等方式投资获得的利益根本无法与高利贷或者房地产相比，而其他高利润的投资方式自己也不知道，知道了也不会用。所以近些年，市场好的时候，大家就纷纷拿钱去放高利贷。市场不好的时候，所有人都把钱存进银行。这样的模式是鄂尔多斯人心中最合适的模式。很少有人真正地考虑用更多样化的形式去规避风险，也是鄂尔多斯一个特点。复杂的证券或者基金交易，与当地人追求的简单、高利益的投资方式不符，那些占用大量时间，发展缓慢，费尽脑力的方法，根本就没法与直接的高利贷相媲美，从而导致了整个城市的高利贷风气。

为此我们还专门找了正在进行民间借贷活动的鄂尔多斯人，进行了采访。采访的内容收集整理之后，体现了很多我们之前谈到的鄂尔多斯民间借贷的特性。

采访实录：鄂尔多斯人张源

2011 年 10 月 5 日，笔者采访了鄂尔多斯人张源，其家族人员一直从

事民间借贷。

笔者：关于鄂尔多斯的说法，不少当地人的第一桶金都是来自房子，土地被征收所得到的国家补偿，你们家的情况是不是这样？

答：主要说这些得到补偿的是农村人，农村人靠种地来养家。政府征他们这块地，要开煤矿，或者开其他的工业园区，都要先征地，然后把他们迁到市里。我们那里不是人口少吗，想扩大城市规模，农村人口进城市，就把他们从农村直接迁走，这样地块就出来了，给他们一笔非常可观的补偿，按人头给的话，可以分到几百万，甚至上千万。他们的第一桶金就得到了。很多农村人没什么文化，也不会进行什么其他的大规模投资，也就买房买车，或者民间借贷。

笔者：那你知道最早的民间借贷在鄂尔多斯，大概是什么时候开始的？

答：那个就特别早了，在 20 世纪 90 年代末就有了。因为当时，我们的经济也不是太好，所以不是那么多人在搞，很小的一部分。那时候本来也穷，也没那么多钱出来借贷。

笔者：那你清楚民间借贷结构吗？比如说，你们家是将钱直接借给最终用钱的人呢，还是说中介，就是那种大户、中户、散户。散户上面有中户，中户上面有大户，还有所谓的召集人？

答：这个是有，不过我们就是直接借贷给那些有项目的人，直接就是钱的使用者。现在做得比较多就是那些煤矿主，自己作为一个大户。煤矿上的钱很闲，他们就拿出来放贷，给那些项目使用者。这里面的关系太过复杂了。

笔者：你们所指的月息啊，是指单利还是复利呢？利滚利呢？

答：利滚利。每个月必须付利息，如果不付利息的话，这个利息也会算到本金里，继续算。

笔者：那每次放钱出去，大概的程序是什么？

答：我们那里比较简单，如果一般只放给熟人的话，只需要写个借单，有个担保人，证明你有能力偿还，或者说有项目在挣钱，有这个偿还能力。

笔者：有没有所谓的抵押品啊？你只说了担保人，没有提抵押品？

答：抵押品的话，最正常的抵押品，就是车和房子。如果你开发项目的话，比如房地产，如果到时候你偿还不了，就用房子做抵押。不过大部分还是比较少。你只借贷个十几二十万的，就没有了。百万以上，都有一点。

笔者：一般的放贷周期是多少？一个月，一年？

答：这个不定，但一般都是在一年以内，很多借高利贷都是短期拆借，资金周转，银行贷款拿不下来。像我们家放的这些，都在一年到两年之间，不会太长。

笔者：拿你们家来说，以分散风险这个角度看，你们家同时借钱给多少人？每次一般最多借多少？有没有上限？

答：五到八个，都要分散掉，不可能一个人都拿走那么多的，但总金额是在两千万到三千万左右。

笔者：但万一收不回来钱呢，你们用什么方式来维权呢？最近有个故事，比如江苏泗洪，因为收不回钱，出了人命，这种事情你在鄂尔多斯听说过吗？

答：这个比较少，比如说收不回来钱的话，短期一两个月还不了利息的话，就会拖，拖那么几个月之后，如果再还不了的话，那也没办法啊。可是比如说，你投资这个项目的人，他还有其他的债权人，关系人，我们会找他们，还有担保人之类的。再用实际财物吧，转换给我们就行。

笔者：那你们家从2007年到现在，已经有四年了，从这四年的经验来看，还不上的，大概占多少？

答：不太多，基本上没有。

笔者：假如说你们家所有资产只有一百块钱的话，大概有多少钱用于民间借贷，多少钱用做房地产，多少钱用在股市？我就是想了解一下，你们这个分散风险的想法。

答：股市是不会去投资的，房地产的话，如果投资的话，现在我们家基本不会投资房地产，民间借贷的话现在能占到60%–70%，剩下的就去投资其他东西。

笔者：古董这些东西投不投？

答：古董这些东西不懂，所以不会啊。古董太容易上当受骗了。

笔者：人民银行还有统计局做过统计，在鄂尔多斯啊，50%以上的人都参与民间借贷，所以说鄂尔多斯有个名字，叫借贷之城。你个人认为为什么民间借贷在鄂尔多斯那么盛行？

答：首先说，我们那里人民毕竟有钱了。再一个就是说投资方式太少了。我们那里有钱的人，普遍受的教育都不是很多，他们拿到钱之后，不会有更多的投资方式，最多就是买个好车，买个好房，或者买个其他产业，买酒店之类的，再就真没什么好的投资方式了。他们有了闲钱，就把钱借给那些需要继续扩展自己实业的人，他们需要资金，但是银行又不是马上能给他们钱，他们才会采取民间借贷，当资金周转。

笔者：我们来算个账啊，假设你的月利息是5分，如果是单利的话，一年的利息就是60%，如果是复利的话，一年的利息将近80%。假如我管你借钱的话，我自己想要20%，那我还得给你80%的复利，也就是说我这个投资项目，至少要有100%的利润，我才敢向你去借钱，是吧？那现在哪里有这样的实业投资，能有这样的高额利润呢？前几年，没准某一年房地产利润100%。所以你认为在鄂尔多斯附近，有哪样的实业，能够提供这样高额的回报呢？才能让好多人去借高利贷，去进行这样的实业投资。因为这些钱最后是要投到实业中的。毕竟之前的都是金融行为，最后赚钱的还是靠实业，对不对？

答：首先我们那里是煤矿，煤矿绝对有这个能力。煤矿都是先预打款了，才能发货。所以煤矿需要的钱肯定特别大。煤矿的利润基本都在100%–200%，那个利润特别高。再就是我们那里投资新开发的一个新的工业园区。

采访实录：鄂尔多斯人张扬

2011年10月18日，笔者采访了鄂尔多斯人张扬。

笔者：你能大体介绍一下你们家是干什么的吗？

答：我父亲出来比较早，原来是在政府机构上班，后来1994年就下海了，去的当地私营企业里待了将近十年，是副总。2002年开始跟人家合伙，自己办饲料厂。干到今年6月吧，把厂子啊什么的都转手了。

笔者：生物饲料，2002年开始做，当时的那个投资，是你们家的原始积累还是通过银行借钱，还是民间借贷的？

答：我们一般是不跟银行打交道的。基本上都是自己的钱。

笔者：那就你所了解的民间借贷，能不能说几个比较实际的例子。成功的，不成功的。有没有做砸的，收不回来钱的？

答：我跟你举两个例子吧。第一个，这个人今天只有29岁，他当时一直跟着我爸的一个朋友，我爸那个朋友一直搞房地产的。他给那人开车。开了几年车以后，大概两三年前吧，他凭借那个老板的关系，自己做房地产，当时是拿三分钱的高利，但他做成功了赚了上亿。他属于成功的例子，因为这两年鄂尔多斯的房价，原来只有一千两千左右吧，现在基本上是6000多，有的好点2万-3万也有。还有一个例子是，一个跟我关系不是太亲的哥哥。一直所有人都觉得他挺有钱的，自己开着两三百万的车，老婆也开两三百万的车，前段时间挺不幸的，两个人出车祸了，都死了。之后就发现，他们那个钱其实是资不抵债的，好多亲戚朋友什么的，这个有几十万，那个有几百万，就融给他，他把这个钱拿起来撑门面，大家觉得你看他开那么好的车，一定没事。但是去世以后，资产一变卖，还发现其实亏着好多。其实我觉得我们那边这样的人挺多的，在鄂尔多斯，那种200多万的路虎，基本在路上，你平均走十分钟，如果过50辆车，有20辆是这样的。

笔者：比如说鄂尔多斯这个借贷利息啊，就算三分利吧，利滚利的也不少吧？

答：没有没有，其实正常情况下借是2分，2.5分。3分的话是房地产。给房地产开发商这样借的，3分多一点。

笔者：2.5是指做什么的？不做房地产，做什么呢？做矿？是不是更高一点？

答：做矿是根本不用借钱的，做矿每天是要往回拿好多钱的。大部分借贷我感觉是房地产要多一点，好多人其实都是不干什么，就是借高利，然后挥霍。好多人都是1.5借的，找点关系，或者从银行贷出来，然后2.5借给别人，吃利息，这样的要多一点。

笔者：也就是说他们无论是从银行借低息的也好，或者从朋友中，然后再放高。

答：我也稍微懂一点经济方面的东西，一般产业30%利润根本就是不可思议了，10%-15%已经暴利了。因为我爸一直做工厂，这方面他会跟我说得多一点。前段时间出事了，这段时间鄂尔多斯在调控。五千万以下的现在管不了，五千万以上的现在都要有资格认证，就看你有没有这个实力，都开始限制了。因为前段时间出了几件事吧，一件事是包头的。那边有个人叫金利斌的，是做豆业的，很大的企业，40多个亿的资产，然后就传出来他自杀了。我后来知道，他是把他弟弟从坟里拉出来了代替自己，其实他没自杀。然后他被抓住了，他当时就欠了14个亿的高利贷，每个月都要往外结几千万，他最后实在没有办法了，他就想出来自杀这个事情，冻结他账上的时候有5亿多。坑了好多人，大概五六千人。

笔者：那你是一直都在鄂尔多斯长大的吧？那当地有什么文化，风俗，气氛，使得民间借贷能在鄂尔多斯那么盛行，那么普遍呢？是文化的原因，人的原因，还是你们的资源原因？

答：一个是从人文角度而言，成吉思汗是葬在我们那里的嘛，内蒙古其实大部分地方是说普通话的，但鄂尔多斯是走西口上去，说山西话，但是和内蒙古人的风情融合得很好，所以像酒文化啊就很盛行。内蒙古人，尤其是鄂尔多斯人，喝酒很猛，然后整个地方上的人都有豪气，豪爽一些，重义气，喜欢场面，这就是为什么，像幻影啊，一千多万的车，根本就不罕见。所以很多人，比如说你本来只有两百万，正常人的思维，买个 50 万的车就好了。但我们那边的人，不是说所有，大部分的人都是我有两百万，我就用一百五十万买个车。拿到车之后，再把车抵进去，再贷点钱，做点别的事。还有一个原因，我们地方财政有钱。政府进行城区改造，这才是多数人富起来的主要原因。因为大部分人不可能都从事煤炭行业，城区改造后，地一下就值钱了。原来一亩地也没多少钱，现在好多工厂企业进入以后，农民要征地，一亩八万块钱，那边本来就地广人稀，家家户户有个三四十亩，好一点的有几百亩，一下子就几百万，人民就有钱了。你想，农民本身的文化教育程度低，素质要低一点，有了这么多钱以后，不知道怎么办，所以别人说，我借你钱，我给你利。我觉得这两个原因比较多一点，再一个就是攀比心理吧，我感觉鄂尔多斯有一点点浮躁。有钱人是多，确实很多，但是好多人却不像表面上那么有钱。胆子大一点的，机会瞅得准一点的，一下子赚起来。

笔者：现在鄂尔多斯，所谓的“羊”“煤”“土”“气”，别的人做什么呢？像你爸做实业的，不是很多了吧？

答：其实还是有的。我给你举个例子吧，我们原来住的房子那边有个菜市场，前年夏天吧，我还在读本科，回去跟我妈去买菜，跟卖菜的老太太聊天就问：你们家的房子，地征了吗？给了多少钱？人家说我们家不行，只给了四百万。一个卖菜的，有四百万了，你还在卖菜干吗？可人家说，那我有钱，我也不会干别的啊。所以说人民一下富起来了，我感觉大部分是因为征地，一夜暴富的很多。然后大部分的人啊，要不就是什么都不干了，放一点高利啊，要不就是每天闲着，打打麻将。

笔者：万一矿产资源被“瓜分”完了，鄂尔多斯怎么办。再有，矿产资源属于国家所有。虽然国家给予民族自治区很多灵活的政策，但是如果国家决定收紧矿产资源，这对鄂尔多斯的影响会有多大？

答：紧挨着鄂尔多斯的包头，二三十年前，它就是以矿为主，包括辽宁的鞍山。这些城市在煤矿完了以后都没落了。可鄂尔多斯在我的有生之年是不会看到这个情况的。就照现在的速度，还能挖三百年，再一个就是当地政府有很多的重工业。按理说你想的内蒙应该是蓝天白云啊，但是那边污染现在也挺严重的。因为好多重工业引进嘛，我有个朋友，他爸就是当地开发区的主任，他就管投资项目。你想一个县城，投资10亿下的项目，都不予理睬的。即使有一天矿没了，虽然是大头，但我感觉我们还是能发展。

我觉得国家不会收紧对我们的政策，毕竟是民族自治地区嘛，国家对这些地方的调控，肯定是跟别的省市不一样嘛。再说，每年鄂尔多斯在全国的利税，不说全国，全自治区都是数一数二的。

笔者：为什么大家不借银行的呢？

答：银行是很多，可是借银行的话，手续会很多，你得需要抵押担保，你得拿房屋产权才能担保出来，但是民间借贷的话，我就给你打个白条，真的就是这样子。银行这边很麻烦。

笔者：过去六年鄂尔多斯的房价涨了六倍，但是未来几年，会不会亏呢？你觉得不会亏？

答：我觉得不会亏。现在挺稳定的，基本的房价五六千，你走到其他地方也就那个价格。还有一个原因我觉得，我们当地人不喜欢往外地走动，好多挺优秀的同学，可能会选择去北京，去上海，北京上海的房价更高，还有关系什么的啊，越来越多的人在外地读书的，会选择回去了。你说的可能有道理，但不会像网上说的崩盘啊什么的。（笔者按：在采访完没有多久，鄂尔多斯的房地产市场就崩盘了）

通过这些采访我们发现，民间借贷市场的活跃，并不单单由法律和规章所造成的。我们百姓的经济生活里有这种需要，中小企业、个人企业经营，有这种需要。

青岛模式

与温州和鄂尔多斯相比，在民间借贷行业里，青岛的名字并没有那么响亮。这跟其总体规模有关，但更主要的是，它相对稳定，让各路新闻写手，没有那么多的材料可以拼凑。没有了像“跑路”“鬼城”这样戏剧性的词汇，也就失去了炒作的意义。所以跟在两位风头正劲的借贷大哥城市之后，青岛正在以自己的模式和速度，开展着民间借贷活动。

品牌效应。初听这词在民间借贷行业中出现，以为是一种戏谑的说法。毕竟在人们的眼中，民间借贷在相当长的一段时间里，都是“脏乱差”的代名词，什么时候能蹦出个品牌效应？可翻开青岛借贷的历史，人们会发现很多不同于温州、鄂尔多斯的地方。在青岛，不仅有正规的民间借贷企业展示网站，集合了借贷方信息和需求方信息的交互性网站，还有每年一届的民间借贷论坛，民间借贷研讨会，甚至各种民间借贷的合法组织。也正是因为这些独特的、曝光在媒体视角下的特性，让青岛这个城市代表了一种民间借贷的独特模式。

青岛的民间借贷发展，大体上经历了三个阶段。2003 年是个起步。这样的起步相比于其他很多城市，算是晚之又晚了。可作为新生事物的民间借贷，在青岛也并没有因为起步晚，而躲过艰难困苦的起步时期。社会的认知度不高，政府对其非常谨慎。所以在相当长的一段时间里，参与民间借贷的机构不多，社会影响力很小。但在 2005 年之后，先是政府态度的转变，逐渐发展到社会民众对民间借贷的一种认知，将其划入了投资理财的一种正规模式。再加上这时全国其他地区的民间借贷已经搞得风风火火，为青岛民间借贷的发展打下了坚实的基础。到了 2006 年之后，由于得到了青岛市政府的支持，青岛市成立了自己的民间借贷服务业联盟，将民间借贷当作一个服务产业来对待。逐渐地发展，稳定，累积出很多有诚信、有实力、有质量的品牌借贷企业。也正是因为这样有别于鄂尔多斯和温州的发展模式，人们在青岛，如果想要搞民间借贷，无论是贷方还是放贷方，都会先去找这些大“品牌”，而不是徘徊游走在一些不知名的小借贷公司、典当行之间。随便查找一下青岛的民间借贷信息，不仅有专门的民间借贷网站可供放贷人或者借贷人查询贷款信息，寻找适合自己的借款金额，借款时间。还能很轻易地找到像“五色土”“百终惠”这样大的品牌企业。这些企业都合法并公开提供民间借贷服务，不仅有质量认证，还有自己的创新模式，比如说什么不动产抵押担保之类的。这在中国的其他借贷城市都是很少见的。仿佛青岛的借贷，是可以摆在明面上说的。

相对的，既然有好的品牌，也就有坏的名声。只要是借贷行业，就会存在欠债不还的情况。相对于其他城市的默默忍受，在青岛民间借贷行业中，却流传着借贷黑名单。这份黑名单详细地记录着人名，特征，各种不靠谱的经历，以及应如何应对。在流传的过程中，也在被继续丰富着。在行业协会也有自己的“道德准则”“行业公约”。在义气和信任之内，法律和规则之外，建立起了一种自主的保护体系。我们在这里截取了黑名单其中的一部分展示给大家：

“周 ×，女，城阳寺后村，崂山石老人花园，以开幼儿园为由借款2万，有能提供有效信息者当场悬赏五千。

袁 ××，男，城阳，552 号，房子在银行抵押，欠 6 万，现在到处借钱。

丁 ××，女，挺时尚，要出国，漂亮女人最危险，请大家注意。

程 ××，男，弄了个担保，拿着别人的购房合同，吹得很大要上市，此人危险。

吕 ××，男，吕 ××，女，青岛市南，已逃跑重金悬赏，多家青岛民间借贷通缉。

金 ××，男，有一处老房，准备离婚，女儿上大学，经济能力差，不能借。”

在产业内部树立品牌，建立黑名单，这听上去就是一个正规企业在做的事情。这也为我们提出了一个问题，民间借贷是不是也可以做成一个正规的、有行业规范的产业？有了好的引导，正确的管理体系，是不是民间借贷就能走出灰色地带？青岛模式将会在未来给我们更多的启发。

泗洪模式

如果不是泗洪的东窗事发，我们对于中国民间借贷的各种猜测、评价都还只是停留在理论层面，是一种对过去的总结，对未来的担忧。也可以抱着“其实没有想象得那么多问题”，或者“不要杞人忧天”等的幻想。但正是泗洪民间借贷的崩溃，让我们有了一个实实在在的教训，去寻求民间借贷的要如何规范，从而起到真正帮助民营企业的作用。

在剖析泗洪的民间借贷事件之前，我们先简单介绍一种经典的行骗手段——庞氏骗局（请参阅《庞氏骗局》这一章）。这种利用新投资支付老投资利息，让其获得短期回报，在制造了赚钱假象之后，吸引更多投资的投资诈骗，可以算得上行骗界的化石级手法了。这种在国外流行了上百年的金融诈骗手段，在中国也算不上新鲜。我们之前听说的传销，买树苗，其实都是庞氏骗局的变体，其手法也不尽相似。随着历史的推移，庞氏骗局也在与时俱进地发展着。发展到今日，也不会单纯地只靠金字塔式的集资过活。如何包装，如何广告，已经让现今的庞氏骗局更加地隐蔽而难以识破。再加上现在的庞氏骗局，动辄一骗就是好几年，甚至几十年。这样的骗局往往能骗过一代人，让其深陷其中，无法觉醒。而如果庞氏骗局的发展又恰好是在经济的高速发展中，又极其容易与正常的金融投资混淆，比如说暴利的煤炭产业、房地产等，那会不会也有可能混杂在民间借贷中呢？我们不得不感谢泗洪，生动形象地解答了我们的疑问。

中国式庞氏骗局。江苏省泗洪县，位于淮河中游，紧邻洪泽湖。与其他经济发达的江苏城市相比，年人均 1 万多元的城镇居民可支配收入，绝对算得上是一个贫困县了。论其资源，也多提到的是地方的酒业和大闸蟹，与鄂尔多斯的煤矿相比，实在是拿不上台面。论其传统，更多的是如何贫困，如何受到补助，也不像温州那样有颗勇敢而漂泊的心。论其地位，不过是一个县级小城镇，可比不上傍着一片海的青岛闻名。左思右想了半天，像泗洪这样的城市，别说是全国，就在江苏省内，也是一抓一大把，是什么突然就让这个不起眼的泗洪县突然活跃到了全国人民的眼前的呢？这正是因为民间借贷，我们在这里，姑且还叫它民间借贷。

随着近些年经济的发展，泗洪的经济也有了些许的起色是可以理解的。泗洪政府对这样兴起的解释也是有说服力的，地方企业的兴起，资金需求增加，带动整个泗洪的经济发展。但如果一个贫困县被人叫成了“宝马县”，“宝马乡”，其中的缘由就值得我们考量考量了。故事的开始，并没有什么独特之处。泗洪县的房地产业迅猛发展，当地房地产企业将近 170 家，房价在几年的时间里翻了一番。开发商在对资金的强烈需求下，很难得到当地银行的帮助，从而有了通过民间借贷融资的想法。由于房子是看得见摸得着的实体，同时房地产产业确实拥有着高利润，所以起初的民间集资，还是最终能够作用到房地产开发上来的。但是不同于其他以上我们介绍的城市，这个仅仅定级为县城的泗洪，就算是集资开发房地产，也不过就那么巴掌大的地方，真正的需求热情也就说过去就过去了。

之后的故事，就向着我们之前提到的庞氏骗局的方向发展了。像是电影倒叙一样，最先让人们发现这是个骗局的情景，出现在整个事件的最后。骗局金字塔顶端的集资人，借款潜逃了，甩下了整个金字塔结构的集资人，之前每月按时付的高额利息停了，放贷人握着手里的欠条，有的甚至连欠条都没有，就这样在绝望中等待希望。然后这个集资诈骗团伙的骨干们被缉拿，证实了这是一个惊天的骗局。一切水落石出才让那些依然在苦苦等待利息的普通群众明白，我们被骗了，这一辈子的积蓄转眼间打了水漂，再也找不回来了。在惊醒和痛苦中，回过头来想想整个事情的过程，才发现自己是在利益的驱动中，一步一步走向了骗局的深渊，难以自拔。

在穷苦了好几代人的贫困县，发财是每个人心里遥不可及，但朝思暮想的事情。辛苦了半辈子，依然一贫如洗，如果没有和身边的人比较也就算了。但是倘若有人过去也和自己一样那么穷，可现在却开上了好车，戴上了大金链子，住上了大房子，谁看了又不会心动呢？所以在这样的背景下，这样的庞氏骗局，就变得顺理成章而不需要太多修饰了。一波打着房地产集资旗号的集资人，把自己作为最高一级的集资者，开始了整个骗局的第一步。等有了第一笔钱，就买车买房充门面，让旁人羡慕不已。在蛊惑中，又发展了新的一批集资者。以此类推，直到最终骗局的坍塌。现在想想泗洪县的情况，在集资最高潮的时候，全民皆“贷”的描述一点也不夸张。上到政府人员、城市职工，下到农村里的农夫，人人都在积极参与着这个骗局。多则几十万，少则三五万，从最底层三分的利，到最高十分的利，一个赫然成形的庞氏骗局，就这么背靠着发财梦，依托着房地产，构建起来了。

之所以这场骗局让人们认识到了庞氏骗局的存在，另一个原因在于其来得快去得也快。从最高级的集资开始，到骗子跑路，不过短短三个月时间。本来小乡镇的人口又少，发展不了太多层次，金字塔就会出现难以维持的局面。再加上由于是亲戚介绍亲戚，朋友借贷朋友，有时候几十万的借款，连借条都不打。只要手里拿着前几个月的高额利息，心里感觉比什么东西都安心。而骗子们也正是利用了人们这样的心理特征，时不时地将短期利益作为诱饵，保持着人们的热情和信任，同时找到了更多的借款人。再加上各种“看得见摸得着”保证，比如说房子、投资项目的合同、照片，很容易就打消了人们的疑心。

经历了这么一场中国式庞氏骗局的洗礼，不仅仅是泗洪县，身处民间借贷浪潮中的中国各个角落，是否都在考虑民间借贷的可靠性。作为一个随随便便年利率就超过30%，更有甚者年化利率能达到100%、150%的民间借贷产业，其存在是有客观基础的。虽然传统的实体产业不可能支撑这样的利率，但在现今的中国是有很多暴利行业的。如何去管理民间借贷，将其纳入监管体系，避免形成像泗洪这样简单的钱生钱，金字塔式的庞氏骗局，才是最终杜绝像泗洪这样悲剧的有效办法。毕竟像鄂尔多斯、温州这样特殊的地方，仅仅是中国的一些个例。泗洪县的发展，才能代表中国大部分城镇的情况，企业苦于寻找贷款渠道，民间又有着大量的资金闲置，找不到投资渠道。这样的背景，会在中国未来很多年继续持续下去，也就是说，像今天泗洪这样的情况，也很有可能在中国的其他城市发生，如何找到从根本杜绝骗局的发生、让民间借贷真实可靠的方法，是未来民间借贷产业不得不考虑的问题。

第三章　政府也疯狂

"政府解决问题的方案往往和问题本身一样糟糕。[①]"

——米尔顿·弗里德曼（1976年诺贝尔经济学奖得主）

理解一国之经济、金融，不可不谈该国之政府。和个人、企业一样，政府可以是骗子、傻子或疯子。

纵观古今中外，太多政府不能信守承诺的例子。以国债为例，在历史上，大多数国家都有过欠债不还的经历。在14至18世纪横跨500年期间，法国主权债务违约了8次，而西班牙违约了6次[②]。近代中国国债违约了2次，分别是在1921年和1939年。2013年5月，美国证监会谴责宾夕法尼亚州首府——哈里斯伯格（Harrisburg，PA）在2009–2011年期间向市政债券投资者提供不实的财务信息。这在美国历史上尚属首例。据估算，在大约5万个市政债券发行者当中，大约有20%不能提供及时的信息披露[③]。政府官员出尔反尔、背信弃义就更多了。相比那个被美国人民天天挂在嘴边调侃的"傻子"总统小布什，他还有个"骗子"总统老爸，美国前副总统老布

① "The government solution to a problem is usually as bad as the problem." —Milton Friedman

② Reinhart，Rogoff，and Savastano（2003a）.

③ Maher，Kris and Michael Corkery，City Hit by SEC Fraud Charges—Harrisburg's Public Statements Faulted，05. 06. 2013.

什。老布什在1988年8月18日举行的共和党全国代表大会上郑重承诺：“请看我的嘴唇，没有新的税（Read my lips：no new taxes）。”但是老布什当上总统后不得不放弃承诺，加税以减少财政赤字。

政府也可以很傻，政府往往都不是一个聪明的投资者或决策者。美国政府在2008-2009年金融危机期间前后花了495亿美元救助美国通用汽车公司[①]，作为主要股东，政府打算在2013年左右全部退出通用，预计会亏损120亿美元。大力推动绿色能源产业发展是奥巴马政府经济政策很重要的一个部分。在2009年经济刺激计划中，奥巴马政府划拨了900亿美元用于给绿色能源产业提供贷款、资金资助和税收抵免。在短短的3年内，已经有不少受惠的企业倒闭了。一个突出的例子是位于加州的制造太阳能发电面板的企业——Solyndra有限责任公司，该公司接受了联邦政府5.35亿美元的贷款担保。奥巴马总统在2010年5月走访该公司时，称赞该公司：“你们显示了（我们）对清洁能源的承诺不仅仅是一个坚定的信念。[②]”很遗憾，该公司在总统的支持下也未能避免被市场淘汰的命运。2011年9月6日，该公司申请破产。政府担保的5.35亿美元也付之东流。两天后，美国联邦调查局介入调查。

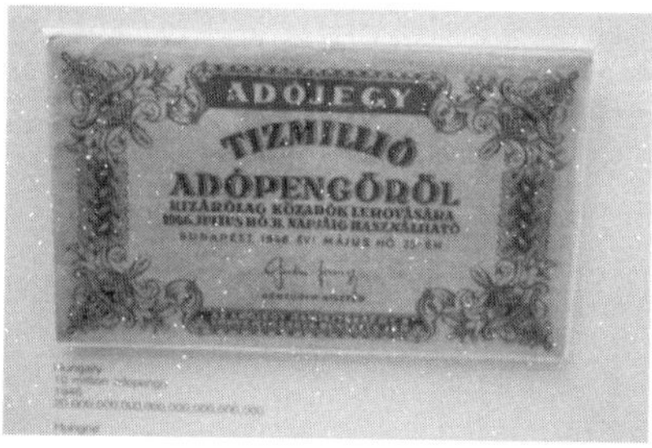

匈牙利政府1946年发行的超级货币

政府可以很疯狂。它不仅会疯狂地浪费，还能制定让所有市场参与者抓狂的政策。举个让人啼笑皆非的例子，美国国家自然基金曾花费50万美元用来研究压力是如何影响虾的。研究人员让虾在特制的跑步机上跑步，同时测试压力的影响。笔者突生一种下辈子投胎当虾

① 坦率地讲，美国政府救助通用汽车公司并不是追求投资收益，更多地是从对员工、对相关联企业的影响考虑。但是是应该由政府慷慨解囊，还是让市场来决定企业的生死，则是个见仁见智的问题。

② Obama：“you're demonstrating that the promise of clean energy isn't just an article of faith，not anymore.”

的想法。如果说50万美元可以博得大众一笑，算不得大浪费，那么有些浪费则令人咂舌。作为国家级贫困县的江西修水几年前花费上亿元新建县政府大楼及广场，占地上百亩。美国除国防部以外的联邦政府机构每年大概花费13亿美元在办公室打印、复印。研究发现其中34%的打印、复印是没有必要的（4.4亿美元）①。美国国防部一个机构每年用于打印、复印和传真的费用就高达14亿美元，如果按照34%的浪费率来估算，国防部每年在办公室打印、复印上的浪费就有4.9亿美元。这就是为什么，当每一个试图进入美国学习的外国人，在参加TOEFL口试的时候，常会被问及同一个问题："你认为美国大学图书馆的免费打印复印行为，是好是坏？"而正确回答一定是"Who cares！反正有国防部垫底呢！"与浪费相比，一些疯狂的经济政策带来的危害可能更大，甚至能拖垮一个政权。1947年，国民党政府滥发纸币，导致了恶性通货膨胀，通胀率高达1,579.3%②。经济崩溃，加速了国民党政府的垮台。中国的纪录离世界纪录还差十万八千里，匈牙利在1946年创造了$9.63 \times 10^{26}\%$的超级恶性通货膨胀。上图是笔者拍摄于加拿大货币博物馆，该纸币是由匈牙利政府于1946年发行的，币值为2×10^{25}福林。

本章重点讨论中国各级政府在各种经济金融泡沫、非理性投资中所起的作用。这个话题很大，不可能在短短的一个章节中探讨得清楚。笔者打算通过对鄂尔多斯发展模式的讨论，以管中窥豹的方式来分析这个话题。

鄂尔多斯市

鄂尔多斯位于内蒙古自治区西南部。笔者有幸在2012年6月走访了这个美丽富饶、热情好客的地方。鄂尔多斯地广人稀，作为内蒙古最重要的12

---

① "2009 Government Printing Report—A Closer Look at Costs, Habits, Policies, and Opportunities for Savings", http://www1.lexmark.com/en_US/solutions/industry-solutions/federal/1-Govt-Printing-Report.pdf, 05. 12. 2012, Lexmark.

② Reinhart, Carmen M., and Kenneth S. Rogoff: This time is different: Eight centuries of financial folly. Princeton University Press.（2009）: 184.

成吉思汗陵

个行政区域之一，全市总面积 8.7 万平方公里，户籍人口 159 万人（2010 年数据）[①]。该市以成吉思汗陵和“羊煤土气（羊绒、煤炭、稀土、天然气）”而闻名于世。鄂尔多斯已探明的煤炭储量 1,496 亿吨，占全国的 1/6；天然气储量 800 亿立方米，占全国的 1/3；羊绒制品产量约占全国的 1/3[②]，当年红极一时的鄂尔多斯羊毛衫就产自这里。

鄂尔多斯市原为伊克昭盟。2001 年 2 月 26 日，国务院批复同意内蒙古自治区撤销伊克昭盟设立地级市鄂尔多斯市。撤盟设市对该地区的经济发展产生了深远影响，也为该地区的人民和企业的发展提供了前所未有的机遇。在 2001–2011 年短短 10 年间，该市的人均 GDP 增长了 11.5 倍，城镇居民人均可支配收入提高了 3.78 倍，政府财政收入则不可思议地高了 43.3 倍。2001 年后，鄂尔多斯 GDP 增速连续 9 年全国第一。这样的发展速度可以说是历史罕见，我们可以拿美国近期可谓是“可怜的”经济发展来做对比。美国家庭实际收入的中位数在 1999 年是 54,932 美元，而到 2011 年则下降为 50,054 美元。美国 25–34 岁男性个人收入的中位数在 1980 年是 39,250 美元，而同类别男性在 2010 年的收入只有 31,793 美元。也就是说，当代年轻的美国人还没有他们父辈 30 年前挣得多。

火箭式的经济发展为鄂尔多斯市赢得了无数的荣誉与头衔：全国双拥模范城（2003 年），改革开放 30 年全国 18 个典型地区（2008 年），国家卫生城市（2010 年），中国最佳休闲宜居生态城市（2010 年），中国最安全城市（全国第六，2010 年），全国文明城市（2011 年）。

该市的发展模式也得到了各级政府领导的赞赏与肯定。2007 年 11 月，

---

① 给读者做个参考，台湾的面积只有 3.6 万平方公里，但是台湾的人口有 2,300 多万。

② “走进鄂尔多斯——自然资源”，http://www.ordos.gov.cn/zjordos/zrzy/，2013 年 3 月 9 日，鄂尔多斯在线。

胡锦涛总书记在鄂尔多斯视察时称赞道："鄂尔多斯是我国西部地区落实科学发展观的成功典范，内涵深刻、独具特色。"之后，中央宣传部、中央政策研究室、中央财经领导小组办公室通过调研，逐步确立了鄂尔多斯发展模式并在全国推广[①]（表 3-1）。

表 3-1 鄂尔多斯 2001 年与 2011 年经济数据对比

	2001 年	2011 年
GDP（亿元）	172	3,218.5
人均 GDP（元）	13,014	163,012
农牧民人均纯收入（元）	2,258	9,982
城镇居民人均可支配收入（元）	6,058	28,986
财政收入（亿元）	17.98	796.5

数据来源：部分数据来自"十年成就、最见辉煌"；部分数据来自鄂尔多斯政府及内蒙古政府工作报告。

然而这个人均 GDP 超过香港，城市面积超过重庆，奔驰、路虎等豪华车满街跑，能够"温暖全世界"[②]的城市却在 2010 年 4 月被美国《时代》周刊[③]冠名为"现代鬼城"。2011 年下半年以来鄂尔多斯房地产市场急剧下跌，由民间借贷触发的法律纠纷层出不穷。这是为什么呢？政府又在其中起了什么作用？

万亿"鬼城"：理性还是疯狂？

鄂尔多斯的兴衰还得从撤盟设市说起。由于历史原因，内蒙古有着特殊的行政区划体制。"盟"作为内蒙古自治区人民政府的派出机构，履行自治

① "十年成就、最见辉煌"，《鄂尔多斯晚报 A04-05 版》，2011 年 8 月 29 日。

② 来自著名的广告语："鄂尔多斯羊绒衫，温暖全世界"。据当地人说，该市原名伊克昭盟，远不如鄂尔多斯羊绒衫有名气；于是政府决定在撤盟设市后将城市名定为鄂尔多斯市，而不是伊克昭市。

③ Bill Powell，"Inside China's Runaway Building Boom"，http://www.time.com/time/magazine/article/0,9171,1975336,00.html，04. 05. 2010，TIME.

区赋予的各项职责，虽不具备政府资格，但享有施行大部分政府职能的权力。盟的派出性质，决定了有很多权力还是要归省级权力机关；盟的人大没有常委会机构，只有一个若干个人组成的人大工作委员会。相比而言，地级市拥有相当大的财政和行政审批权力，市人大设有常委会机构，可以起草法规、制定政策；市在对外开放和招商引资方面，可以比盟享受更多的自主权。在功能部门设置方面，市比盟更加适合城市化。比如内蒙古各盟市的城建规划局都是在撤盟建市后才成立的，很多政府部门都开始围绕工业化而运作。举个例子，卓资县原来在乌兰察布盟的时候，如果要做个旅游或城市的开发计划，最后得拿到自治区去审批通过；而现在在乌兰察布市的卓资县，做出的规划只要拿到集宁区的乌兰察布市相关机构审批就可以了①。

鄂尔多斯的撤盟设市适逢国家能源政策的改变。国家在 90 年代逐步放开煤炭价格，并在 1990 年后期强制关闭数以万计的小煤矿，淘汰大批落后产能。同时，开采技术的提高和基础运输设施的大幅改善使得鄂尔多斯快速成为中国新兴的主要能源生产中心。其煤炭产量从 2000 年的 2,600 万吨上升到 2011 年的 5.97 亿吨。

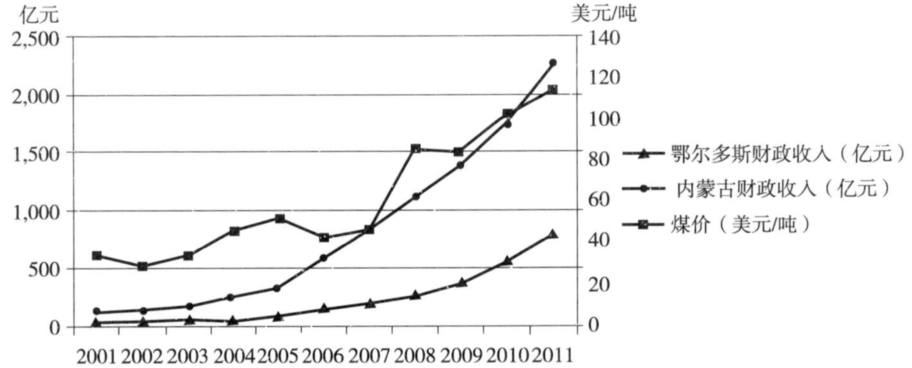

图 3-1　鄂尔多斯财政、内蒙古财政与煤价对比图

数据来源：同花顺 iFinD，“十年成就、最见辉煌”（《鄂尔多斯晚报》，2011 年 8 月 29 日）；鄂尔多斯政府及内蒙古政府统计局。

① “内蒙古的撤盟建市”，http://smglnc.blogspot.com/2010/11/blog-post_3096.html，2010 年 11 月 6 日，内蒙古时事评论。

煤炭的产量与价格上去了，鄂尔多斯市的财政收入也随之而上（图3—1）。全市财政收入由2001年的17.98亿元增加到2005年的93.37亿元；财政支出由2001年的23.41亿元增加到2005年的65.27亿元，其中半数以上来自地方矿场的税收。在短短5年间，鄂尔多斯市从由5亿多的财政赤字转变成28亿多的财政盈余。快速的工业化和财富的迅速积累使得当地政府不得不考虑如何管理城市的发展问题。内蒙古自治区发展和改革委员会副主任王秉军指出："与经济的快速发展相比，鄂尔多斯市的经济结构性矛盾也日益显露出来。一是随着工业经济的急剧膨胀，对城镇的生产要素承载配置功能的支撑服务功能提出了更高的要求，'小城镇、大工业'的矛盾日益凸现。二是第三产业严重滞后。……这种结构性矛盾的产生，一个重要的原因就是中心城市的规模不够……显而易见，扩大城市规模、拉大城区框架，为经济发展构筑更大的载体和空间，是摆在鄂尔多斯人面前的一个重要课题。但作为鄂尔多斯中心城区的东胜区，面积只有23平方公里，城市人口30万。同时，东胜区不仅水源缺乏，而且周边多为丘陵沟壑地形，扩展开发成本较高。因此，鄂尔多斯市必须构建新的城市发展空间，为经济社会发展打造新的载体。鄂尔多斯市委、市政府经过充分论证和科学规划，作出了重点建设康巴什新区，构筑东胜、康巴什、阿镇'一市三区'百万人口区域中心城市的决定。"[①]

2001年鄂尔多斯市行使刚刚获得的城市规划权力，决定在东胜区25公里外建设一个新城区——康巴什。新区规划人口到2010年达10万人；2020年达到30万人，规划城区面积32.23平方公里。2004年5月，新区建设全面启动。2006年7月底，市委、市政府驻地搬迁至康巴什。政府造城行动、令人瞠目结舌的经济增长、民间资本的极大富足（煤老板、拆迁户）以及中国极其有限的投资渠道，诱使了大批的投资者（当地的和全国各地的）涌入康巴什开发、购买房地产。当房价快速上涨后，很多投资者变成了投机者。大多的投资者资金雄厚，购房之后，根本不出租，而是选择让房子空置。加上新城

① 王秉军："鄂尔多斯市康巴什新区建设的启示"，《实践》，思想理论版，2007年第7期，第22-23页。

刚刚建成，好多配套设施并没有完全跟上，许多人（包括很多公务员）即使在康巴什上班，也愿意开车回东胜生活。据美洲银行—美林证券的分析师[①]分析，至2010年，当地政府大约投资了1.1万亿元人民币用于基础设施建设、标志建筑建设等：三栋并肩而立的、让美国国会山都觉得矮小的市委、市政府大楼；气势磅礴的、堪比天安门广场的成吉思汗广场；总投资近7亿元的鄂尔多斯大剧院；总投资3.18亿元的鄂尔多斯文化艺术活动中心；总投资5亿多元的博物馆；总投资4亿多元的鄂尔多斯国际会展中心；总投资近3亿元的鄂尔多斯图书馆……遗憾的是在2010年，只有大约不到3万人居住在这个面积32平方公里的全新城市里，太多的楼盘，虽然可能已经卖出，但是无人居住，从而被外界称为“鬼城”。

鄂尔多斯图书馆

鄂尔多斯博物馆

成吉思汗广场

有关鄂尔多斯市房地产泡沫和民间借贷问题我们在前面的相关章节已有阐述，在这里我们只想重点讨论一下地方政府的职能。在正式讨论地方政府职能之前，我们不妨先做一个假设：假如在2001年鄂尔多斯政府没有决定建造康巴什新区，鄂尔多斯的人民生活是什么样？

康巴什新区所在地原先是几百户农牧民的草场，草场被乌兰木伦河围绕。“新城征地之前，平均每人有30亩地，每家养30只羊，风吹草低见牛羊的生活过得还不错。”一位村民这样说。从2002年开始，一直到2004年，大规模的征地开始后，这块32平方公里的草原被彻底破坏。以前，康巴什村很少会扬起沙尘，现在只要风大，就会扬沙。鄂尔多斯市水土保持局一位

① Lu, Ting. “Trip to Ordos: ‘China’s Dubai.’”, Bank of America-Merrill Lynch. 2010.

副局长坦言，现在城市建设领域的水土保持工作比农区和牧区要困难得多，“城市建设往往会破坏原有的水系和植被，城市建设之后再搞绿化效果不明显，尤其是像鄂尔多斯这样风沙大、缺水的城市。”①

为了建设康巴什新区，376户1，381名农牧民的土地被征用，鄂尔多斯政府兑付征地补偿移民安置费11，248万元（人均8万元）②。32平方公里（48，000亩）地，人均34.8亩地，人均只得到8万元补偿，平均2，300元/亩的补偿。鄂尔多斯市政府将新征用的土地挂牌竞价出让给企业，在2005年年底土地挂牌价为20万–22万/亩③，2006年的一次土地拍卖中，拍出了82万元/亩的高价④。即使考虑进政府城投公司向国家开发银行融资的用于基础设施建设的11.5亿元，市政府在土地征用这一项就至少有8–9倍的收益。试问，这样的买卖有谁不愿意做呢？政府利用土地差价来推动城镇化建设并不仅限于鄂尔多斯，经济学家吴敬琏在中国发展高层论坛2013年年会上指出，“旧型城镇化整个是由赚取土地差价推动的……这些年来，大概从这个差价得到的收入有不同的估计，最低的估计30万亿。”

假如没有康巴什，这376户农牧民很可能还生活在这块草地上，他们的生活可能会比现在差，也可能会比现在好。可问题的关键不在这里，问题的关键在他们被剥夺了选择的权利。鄂尔多斯市委、市政府在“充分论证和科学规划”时有没有问问这376户农牧民他们愿不愿意？在市委、市政府作出“决定”后，他们除了接受8万元/人的补偿外，还有别的选择吗？他们能说不吗？噢，对了，“新区以成本价为搬迁出的农民集体保留商业用地60亩，由被征地农民集体开发经营。在目前新区土地日益升值的情况下，通过实行留地扶植集体经济发展，使农民、村集体分享到了土地升值产生的效益和

① 王珊珊、方辉：“鄂尔多斯荒漠造城北海：哭泣的草原”，http://finance.sina.com.cn/china/dfjj/20100417/12347771362.shtml，2010年4月17日，《中国经营报》。

② 王秉军：“鄂尔多斯市康巴什新区建设的启示”，《实践》，思想理论版，2007年第7期，第22–23页。

③ 《鄂尔多斯大辞典》，378页。

④ 王珊珊、方辉：“鄂尔多斯荒漠造城北海：哭泣的草原”，http://finance.sina.com.cn/china/dfjj/20100417/12347771362.shtml，2010年4月17日，《中国经营报》。

经营农副产品商场的长久效益。[1]”为什么这376户农民不能分享全部48,000亩土地升值产生的效益，而只能分享区区60亩升值产生的效益呢？

在金融里面有个很重要的概念叫实物期权（real option），当农民拥有地的时候，他们可以决定是否继续放牧，还是从事有机农场，开发地下的矿场，或者自己从事房地产。但是当他们一旦转让了所有权后，他们失去了选择权，而这个选择权是有很高价值的。很多人在评价一个项目时，往往忽略了实物期权的价值。很遗憾，当农民土地被征用时，估计没有金融学者和律师帮助他们，或者说没有人敢帮助他们……

我们再来看看假如没有康巴什，政府将用于康巴什的投资返还给民众结果会如何？读者也许诧异政府有可能返利给民众吗？为什么不能？澳门特区政府从2008年开始实行现金分享计划，当年每个澳门永久性居民获发澳门币5,000元，2013年每个居民获发8,000元澳门币的现金。

前文我们提到在2005年鄂尔多斯市的财政结余有28亿多元。考虑到2005年鄂尔多斯市的财政收入只有93.37亿元，而到2011年该收入上升到796.5亿元，假如政府不做任何大手笔的投资，我们不妨假设在2001年至2012这12年间一共有1,200亿元财政结余。如果这些钱都返回到老百姓口袋里，按150万人口计算，平均每人可以拿回8万元。

读者可能觉得8万元/人不算多，但故事并没有停留于此，鄂尔多斯市市政府不但花光了所有财政收入，还欠下了数以千亿计的债务。笔者在与鄂尔多斯企业家和金融人士交流时，一位当地金融监管部门官员告诉笔者，鄂尔多斯在2011年的负债为25亿元。这个可能是官方对外的数据，但是事实远非如此。2012年，市长廉素在一次市委内部会议上讲道：“目前鄂尔多斯市各级政府债务规模已远高于警戒线。”[2]我们不清楚市长这个“警戒

① 王秉军：“鄂尔多斯市康巴什新区建设的启示”，《实践》，思想理论版，2007年第7期，第22–23页。

② 樊殿华、汪娜：“鄂尔多斯：中国最富的城市在找钱”，http://www.infzm.com/content/79450，2012年8月9日，《南方周末》。

线”指的是什么，但是我们可以参照“马斯特里赫特条约（the Maastricht criteria）”。根据该条约，如果政府债务超过 GDP 的 60%，那么该政府的财政就有麻烦了。由于鄂尔多斯市的债务规模已“远高于”警戒线，我们不妨假设该市的债务规模有 GDP 的 100%。2012 年鄂尔多斯的 GDP 大概是 3,600 亿元，根据该数字推算，该市的债务大概为 3,600 亿元。这个数字与笔者采访鄂尔多斯时私下了解的情况大体一致。当地的一位企业家告诉笔者，据他了解政府欠债有 3,000 多亿，政府欠他认识的一个私企就有 3 个多亿，在 2011 年仅仅还了 300 多万的利息。这还不是政府欠债最多的企业，2011 年，东胜区政府的融资平台，东胜城市建设开发投资集团（东胜城投）向当地大型民营企业伊泰集团、鄂市满世房地产公司及市国投公司，以委托贷款的形式，融资近 9 亿[①]。按 3,600 亿元计算，如果政府不举债，那么每个鄂尔多斯人可以拿到 32 万元。加上先前的 8 万元，一共是 40 万元 / 人。如果我们按照美洲银行—美林证券的数据[②]，至2010年，当地政府大约投资了 1.1 万亿元人民币用于基础设施建设、标志建筑建设等，那就超过 100 万 / 人了。无论你是否喜欢数学，在上述一番的计算之后，一个不争的事实摆在我们面前：本来人民兜里的一大笔钱，被政府做主花了，跟糊弄傻子一样。

现在我们可以问鄂尔多斯人一个问题了：假如 10 年前政府许诺在未来 10 年“给”每人 40 万元，你会选择接受这 40 万元自己发展，还是选择生活在现在的鄂尔多斯？答案由读者自行决定。

现在我们回过头来再谈谈地方政府的职能。管理学家迈克尔·鲁格教授在他的一篇工作文章中很好地阐述了地方政府在经济发展中的作用[③]。笔者在这里简单地讨论一下。首先我们来回答地方经济发展的终极目标是什

---

① 樊殿华、汪娜：“鄂尔多斯：中国最富的城市在找钱”，http://www.infzm.com/content/79450，2012 年 8 月 9 日，《南方周末》。

② Lu, Ting, “Trip to Ordos: ‘China’s Dubai’”, Bank of America-Merrill Lynch. 2010.

③ Michael Luger, “The Role of Local Government in Contemporary Economic Development”, https://www.lincolninst.edu/pubs/1254_The-Role-of-Local-Government-in-Contemporary-Economic-Development, June 2007, Lincoln Institute of Land Policy.

么？毫无疑问，应该是提高当地民众的生活品质。具体地讲，应该是提供一个充满活力的社会和文化环境、经济无后顾之忧、身体健康和可持续发展的环境。不同的地方或个人给予这些目标的价值权重不尽相同。经济落后地区可能更注重经济保障；环保人士可能将保护可持续发展的环境放在第一位。

为了实现这些终极目标，地方应不断实现一些"中间目标（成果）"，包括：更多的雇主、更高的薪酬、战略资本投资、更多的创业机会、社会更加稳定、产生集聚和协同效应。

在实现中间和终极目标的过程中，地方政府的作用应该是：实施稳健的财政政策（合理的税收体制、财政收支合理）、进行战略资本投资（比如进行必要的基础设施建设）、战略人力资源投资（提供教育和培训）、具有远见和领导能力、综合性的战略规划和保护好自然资源。

我们来仔细讨论一下鄂尔多斯政府在2001年撤盟设市后在经济发展中所起的作用。

财政政策绝对是激进的。如果鄂尔多斯政府是企业或个人，那这个企业或个人早就破产一百回了。鄂尔多斯市、区、旗各级政府融资平台背负了巨额债务。以东胜城投集团公司为例，从2009年至2012年该公司已累计融资超过100亿元用以支持城市建设。根据该公司2011年审计报告显示，其负债在三年间猛增了20余倍，从2008年年底的6.34亿元增长至2011年年底的140.4亿元。康巴什国投公司也很"差钱"，在2012年，康巴什国投试图以17.523%的年利率向拆迁户进行委托贷款融资，资金来源是每个拆迁户数百万的拆迁补偿金[①]。

政府进行了大量的**战略资本投资**（如基础设施建设）。很多基础设施建设是必要的，但不少投资太夸张、太浪费，毫无必要。硕大的广场一个接一个，市、区、旗的政府广场各个都雄伟壮观。到鄂尔多斯走访之前，笔者还从来没有听说过"景观桥"。看了几座桥之后，真是叹为观止。这种桥下面

① 樊殿华、汪娜："鄂尔多斯：中国最富的城市在找钱"，http://www.infzm.com/content/79450，2012年8月9日，《南方周末》。

并没有流水，建设桥的主要目的是为了美化城市。在从东胜往康巴什的路上，布满了“太阳能＋风能”路灯。路灯最上面是风扇、风扇下面是太阳能板。不知道这样的路灯花费是多大，后期的维护和更换费用是多大，是否有人计算过性价比？再有，两个路灯之间的间距不大。笔者虽不是学习城市建筑设计的，但也曾经走访过不少国家与城市，感觉如果间隔移走一半的路灯，应该不会影响马路的功能。

景观桥

太阳能＋风能路灯

远见和领导能力、综合性的战略规划。能够在短短几年间建成一个全新的城区是需要领导能力的；但是这并不能说明地方政府是有远见的、战略规划是合理的。政府也许太有远见了，在康巴什地区征地面积由最初的24平方公里扩大为28平方公里，后来又变为32平方公里①。但是政府并没有预见到在政府的领导与指引下，大量的投资、投机性民间资本涌入鄂尔多斯，直接造成了房地产泡沫和民间信贷泡沫；政府没有预见到煤炭价格也会下降；政府更没有预见到中央政府忽松忽紧的货币政策、4万亿的财政刺激计划和房地产调控计划会对当地的经济、房地产和信贷市场有多大的影响；政府最没有预见到房地产泡沫和民间信贷泡沫居然会在中国最富有的城市破灭。

① 王珊珊、方辉：“鄂尔多斯荒漠造城北海：哭泣的草原”，http://finance.sina.com.cn/china/dfjj/20100417/12347771362.shtml，2010年4月17日，《中国经营报》。

保护好自然与地理环境。当肥沃的草原被钢筋混凝土的马路替代后，环境是变好还是变坏毋庸争辩，您是否想到了困扰华北地区的雾霾天气的元凶？另外一个富有争议的政府政策是“资源换项目”——政府承诺 20 亿元以上的投资可以配送亿吨级的煤矿，但是投机者却能发现用假投资换取真煤矿。我们将在下文详细讨论这个政策。

2013 年 1 月底，康巴什新区管委会主任高志华接受中新社记者专访时说：“‘鬼城’的说法，主要是有些人还是不太了解，还有就是对鄂尔多斯抱有一些偏见。任何一座城市都有一个发展过程，从基础设施的建设，到公共设施的完善，再到人气的聚集，必须要经历一个阶段……2001 年，鄂尔多斯市委、市政府基于要拉大城市框架、完善城市功能，承接国家能源重化工基地的重大战略的部署，决策建设康巴什新区。当初建设新区的规划是用 20 年的时间达到三十万人口，之后最多不超过五十万，旨在打造一个宜居宜业的现代化新型城市……康巴什经过八年的建设，走出了一条极具特色的新型城镇化道路……我们从启动伊始就高度重视城市生态环境，现在城区绿化面积达到 3,400 万平方米，绿化率 43%，这对于一个地处西部的城市是非常难得的……国内外流传着的‘空城’说、‘鬼城’说，对康巴什来说并不是一件坏事。这样的说法会吸引大家亲自来看看‘传说’中的‘鬼城’，来了之后，会发现其实‘空城’不‘空’，‘鬼城’没‘鬼’。”①

身处他这样的位置，高主任做出这样的回答笔者能理解。评价一个政策的好坏往往需要很长时间，我们不妨拭目以待。但有些问题现在就可以做出评判。第一，鄂尔多斯政府采取了非常激进冒险的财政政策，如果不是有巨大的自然资源在后面支撑着，该政府已经破产多次了；第二，在建设新区当中，铺张浪费严重；第三，自然环境受到了严重破坏。高主任提到“绿化率 43%，这对于一个地处西部的城市是非常难得的”，但高主任没有说代价是什么。鄂尔多斯市是风沙大、缺水的城市。在人畜喝水都有困难的情况

① 张玮、任晏黎：“鄂尔多斯官员：空城不空鬼城没鬼，有人抱有偏见”，http://news.hexun.com/2013-01-31/150794854.html，2013 年 1 月 31 日，中国新闻网。

下，用大量的水保持高绿化率值得吗？鄂尔多斯市水土保持局一位副局长坦言，过去植树造林都是从小树苗开始栽种，只要能长到半米高就能保证存活下去，但现在城市更注重景观，大多移种已经长成的大树，“存活率很低，几乎每年都要换下一大批死去的树，成本很高”；[①] 第四，在新区建设当中，被征地的农民得到的补偿明显偏低；第五，鄂尔多斯的房地产泡沫和民间借贷问题在很大程度上是由地方政府的政策引导而产生的；第六，笔者想问问大家，城镇化就一定是最优的吗？生活在宜人的草原上，放牧歌唱可能不是所有人追求的梦想，但是肯定有些人非常向往这样的生活。为什么政府和所谓的专家一拍板，部分人就要放弃自己追求的生活呢？

地方政府债

我们前面提及鄂尔多斯地方政府背负巨额债务，其实这只是中国当前许多地方政府财政状况的一个缩影。

国家审计署将地方政府性债务划分为三类。

政府负有偿还责任的债务。包括政府各职能部门直接承担的债务，截至 2013 年 6 月这类负债占地方政府 17.89 万亿元负债的 60.85%（根据审计署 2013 年第 32 号公告计算而来[②]，下同）。

政府负有担保责任的或有债务。政府虽不是这类债务的直接债务人，但政府为这些债务提供直接担保。政府融资平台债务属于该类。该类债务占总债务的 14.90%。

政府可能承担一定救助责任的其他相关债务。该类债务的债务人利用借贷的资金投资公益项目。在这种情况下，地方政府虽然没有法律义务提供

① 王珊珊、方辉：“鄂尔多斯荒漠造城北海：哭泣的草原”，http://finance.sina.com.cn/china/dfjj/20100417/12347771362.shtml，2010 年 4 月 17 日，《中国经营报》。

② “2013 年第 32 号：全国政府性债务审计结果”，http://www.audit.gov.cn/n1992130/n1992150/n1992500/n3432077.files/n3432112.pdf，2013 年 12 月 30 日，中华人民共和国审计署。

融资支持，但是一旦债务人陷入财务困境，政府可能或不得不提供救助。这类债务在 2013 年 6 月底占所有债务的 24.25%。

从举债主体来看，地方融资平台公司、地方政府部门和机构、经费补助事业单位、国有独资或控股企业为四大举债主体，分别占了所有债务（政府负有偿还责任的债务 + 政府或有债务）的 38.96%、22.69%、13.39% 和 17.53%。从借款来源看，银行贷款占绝对的主导地位，占 56.56%。

上面所列的数据为 2013 年 6 月底的数据，在 2011-2012 年，尤其是 2012 年，地方政府性债务又有了跳跃式增长。截至 2013 年 6 月底，省市县三级政府负有偿还责任的债务余额为 10.58 万亿元，比 2010 年年底增加 38,679.54 亿元，年均增长 19.97%。其中省级、市级、县级年均分别增长 14.41%、17.36% 和 26.59%。

首先，我们想仔细研究一下 2012 年的政府负债。我们先来看看放在台面上，看得清楚的债券的发行。我国现行《预算法》规定："地方各级预算按照量入为出、收支平衡的原则编制，不列赤字。除法律和国务院另有规定外，地方政府不得发行地方政府债券。"但自 1993 年上海城市建设投资开发总公司发行第一只城投债以来，各地政府一直通过其融资平台——地方城市建设开发公司发行城投债。地方政府对其城投债提供隐性的担保。2009 年开始，为了应对国际金融危机，国务院同意发行地方政府债券[①]。这些债券以省级和计划单列市政府为发行和偿还主体，由财政部代理发行并代办还本付息和支付发行费的可流通记账式债券，其信用接近于国债的信用。2009-2010 年间，各地政府大幅举债用于基础设施建设。2009 年城投债年度发行 3,403 亿元。2010 年下半年，政府采取了偏紧的财政政策，放缓了地方政府发债的审批。2012 年，经济整体运行堪忧，扩张性的财政政策再次大行其道，地方债和城投债都呈现井喷式增长。2013 年 1 月 6 日，中央结算公司发布的《2012 年度债券市场统计分析报告》显示，2012 年政府和企业

① 1994 年颁布实施的《预算法》虽然规定地方政府不得发行地方政府债券。但"预留"了一个"缺口"，即除法律和国务院另有规定外。

共通过银行间债券市场筹资规模达到4.4万亿元。其中城投类债券累计已达6,367.9亿元，同比增长148%。从平台级别上看，近年来，地级市及以下的平台占比越来越大，已占到总发行金额的60%。对应的，从发债主体信用等级上看，AA级及以下的城投债发行金额逐年增加。①

其次，我们再来看看通过信托公司发行的信托贷款。2012年信托贷款增加1.29万亿元，同比多增1.09万亿元②。2012年前9个月，相比2011年同期，用于投资基础设施建设的信托产品融资额上升了3,760亿元；而2011年前9个月相比2010年同期下降了170亿美元③。

最后，我们看看银行贷款。据央行数据，2012年年末金融机构人民币各项贷款余额62.99万亿元，同比增长15%。2012年全年新增人民币贷款为8.2万亿元，同比2011年增长7,320亿元。我们没有地方政府性贷款的数据，但是我们相信新增贷款的相当一部分流入了地方政府及其相关企业。

毫无疑问，无论是从债券发行、信托产品发行还是从银行贷款余额来看，全国各地、各级地方政府都在疯狂地借债，其后果是什么呢？

当债务处于较低、合理的水平时，政府举债可以提高社会福祉并推动经济增长。但是当债务水平处于高位时，其作用可能是相反的，具有破坏性。引用《华尔街日报》在2013年2月底的一篇观点文章④："（金融危机）问题的关键在于债务增速，而不是债务量，特别是私人债务增速。（中国国内的私人债务包括各种半官方性质借款者的债务，如地方政府和国有企业。）以衡量私人债务增速的最重要指标来看，中国现在已经处于十分危险的地带。国际清算银行（Bank of International Settlements）发现，如果私人债务占GDP的比重加速上升，达到比以往10年趋势高6%的

① 姜超、李清："城投仍是高票息的优选"，国泰君安证券，2012年11月15日。

② 人民银行，"2012年社会融资规模统计数据报告"，http://www.gov.cn/gzdt/201301/10/content_2308834.htm，2013年1月10日，中央政府门户网站。

③ Liyan Qi and Tom Orlik, "China's Local Governments Boost Borrowing", *The Wall Street Journal*, 01.14.2013.

④ Ruchir Sharma，"私人债务猛增为中国埋下炸弹"，《华尔街日报》中文版，2013年2月27日。

水平，这个增速就是出现严重金融困境的一个预警。在中国，私人债务占 GDP 的比重比以往趋势高出 12%，同时也高于日本、韩国、美国和西班牙分别在 1989 年、1997 年、2007 年和 2008 年遭遇信贷危机冲击前的峰值水平。”

地方政府债务疯狂性的增长在很大程度上是因为我国相关的法律、法规不健全。在美国除了佛蒙特州（Vermont）的所有州在法律上都要求平衡预算。一般有三种平衡预算的要求：州长每年提交的预算方案必须平衡（43 个州和波多黎各）。州议会通过的预算必须平衡（39 个州和波多黎各）。预算必须在每个财政年度或每两年期结束时达到平衡，以达到赤字不可结转（37 个州和波多黎各）和州政府一样，美国大多数城市也以法律的形式规定市财政必须平衡。有趣的是，底特律市是为数不多的几个没有这样的要求的大城市。这个曾经是美国工业首都和经济增长引擎的汽车城现状如何呢？上世纪 50 年代，底特律有近 200 万人口；而现在只有 70 万。犯罪率长期高居全美大城市前列，政府无能腐败。截至 2012 年年底，政府欠债 140 亿美元。2013 年 3 月 1 日，密歇根州州长里克·斯奈德（Rick Snyder）表示，他计划任命紧急财务经理全权接管底特律市。该经理有权撕毁市政劳动合同，民选的市领导人也可能会丢失工作。2013 年 7 月 18 日，底特律正式申请破产，成为全美最大的破产城市。

在中国，地方政府的财政收支管理缺乏透明度，但是我们可以通过国家审计署公布的两个调查结果一窥端倪。国家审计署在 2012 年 6 月 8 日公布了 54 个县财政性资金审计调查结果[①]，该调查显示县级财政管理还不够规范。一是县级财政报表反映的收支情况不够准确。2011 年，54 个县有 83.29 亿元非税收入未按规定作为财政收入，而是直接以收抵支或在“暂存款”科目挂账、滞留财政专户。二是对财政超收收入管理不够规范。54 个县均未对

① 中华人民共和国审计署 2012 年第 26 号公告，“54 个县财政性资金审计调查结果”，http://www.audit.gov.cn/n1992130/n1992150/n1992500/3043614.html，2012 年 6 月 8 日，中华人民共和国审计署。

财政超收收入分配管理作出制度规定。在实际运作中，有7个县未向本级人大报告或备案超收收入安排情况，有34个县只是报人大备案或在实际安排确定之后再行报批。三是部门预算和国库集中收付制度推进还不到位。截至2011年年底，审计调查的54个县中有6个县尚未开展部门预算改革。2011年，已实行部门预算管理的48个县年初一般预算支出中，有145.97亿元（约占21%）由财政部门代编，未落实到具体部门和单位；已推行国库集中支付的47个县财政支出中，有874.52亿元（约占58%）实际未实行国库集中支付，仍是拨付到各预算单位在商业银行开设的账户。一个字总结：乱。

县财政收支管理如此，那么地级和省级政府的财政收支管理如何呢？2010年6月，审计署公布了针对15个省和大连、深圳2个计划单列市2008年1月至2009年6月期间的财政管理情况审计调查结果[①]。调查结果见表3–2：

表3–2　财政管理情况审计调查结果

省份及以下地方政府	时间	名目	金额
7个省级和59个省以下地方政府及开发区	2008.01–2009.06	税收减免，先征后返政策，政府奖励，财政补贴返还税收和土地出让金	125.73亿
4个省级和10个省以下地方政府及开发区	2008.01–2009.06	购房补贴，购车补贴，人才奖励返还2万多名高管个人所得税	4.63亿
12个省区市本级和26个市县区	截至2009.06	应征未征土地出让收入，矿产资源补偿费，探矿权采矿权价款	794.16亿
17个省区市	2008.01–2009.06	已收缴的非税收入未按规定及时缴入国库纳入预算管理，滞留有关征收部分收入过渡账户或财政预算外账户	625.38亿
17个省区市	截至2008.12	地方财政部门银行开户较多，财政资金管理分散	1,197个，应清理920个，平均每省50多个

政府其实和家庭一样，大多数情况下应该量入为出。可以适时将留给子孙后代的东西变卖用于发展，如矿产这些不可再生资源。当遇到经济困难

① 中华人民共和国审计署2010年第12号公告，“17个省区市财政管理情况审计调查结果”，http://www.audit.gov.cn/n1992130/n1992150/n1992500/2520987.html，2010年6月13日，中华人民共和国审计署。

时，可以借债，但不能借超过自身偿还能力的债务，否则总有一天会到无地可卖、无债可借的地步。

4 万亿 1.0

中国现行的行政管理体制决定了，各级地方政府在过去几年中大肆举债在很大程度上是受了中央政府宏观政策的影响。为了应对金融海啸和经济衰退对本国经济的冲击，中美两国在 2008 年年底至 2009 年年初先后推出了大力度的经济刺激计划。2008 年 11 月 5 日，中国国务院出台“四万亿”的投资规划，旨在依靠投资来拉动内需，刺激经济稳定。笔者称之为“4 万亿 1.0”。2009 年 3 月 6 日，国家发改委主任张平就中国“四万亿”投资的构成、投资去向、资金来源及项目实施情况作了说明[①]（表 3–3）。美国总统奥巴马在 2009 年 2 月 17 日签署了《2009 年美国恢复和再投资法》（即所谓的经济刺激法案），该法案详细规定了 7，870 亿美元的投资去向。

表 3–3　2008 年中国经济刺激计划

中国四万亿元人民币投资分配方案	
资金去向	亿（元人民币）
民生工程	4，000
农村民生工程	3，700
基础设施建设	15，000
社会事业	1，500
汶川大地震灾后恢复重建	10，000
结构调整和技术改造	3，700
节能减排和生态工程	2，100
总计	40，000
中央政府承担	11，800

① 2009 年 5 月上旬，当时的中国国务院总理温家宝表示，中国的经济刺激举措远远不止 4 万亿元投资计划，除了在 2008 年 11 月份宣布的民生工程和基础设施投入之外，中国政府还启动了十大产业振兴计划，有科技支撑和社会保障等。

笔者在2009年出版的《反思华尔街》一书中对比了中美财政刺激计划，在这里笔者只想提三点。

1. 美国计划的最大支出是减税，将钱放到民众手里，让民众自己决定如何处理。中国的最大支出是基础设施建设，在整个投资方案中没有减税这一项。但中国对民生工程和农村民生工程的投资达到7,700亿元。

2. 美国7,870亿美元刺激计划是由联邦政府全部埋单，其中包括提供州和地方政府1,440亿美元的财政救济。而中国4万亿元计划中，中央政府只承担1.18万亿元，其余部分由地方政府提供。

3.《2009年美国恢复和再投资法》以法律的形式详细规定了如何审批、监管和审计每笔投资，并有专门的网站www.recovery.gov实时公布每一笔资金的去向。我们就以笔者生活的新泽西州为例。该网站显示截至2013年3月新泽西州共有5,375个项目接受资助，总金额为55.33亿美元。每一笔资助都有详细的介绍：接受资助单位、个人、金额等。比如，一个叫Aaron Kennerly Pls的有限责任公司，接受了两笔联邦资助，一共是4,870.63美元。

反观中国对4万亿投资的管理则粗犷很多。一则没有针对4万亿投资的专门网站；二则针对投资的审计过分简单、缺乏实际内容。国家审计署在2009年5月18日公告的审计报告只有寥寥两页[①]。三则至今笔者没有看到系统的、科学的针对4万亿的“投入—产出”经济分析。4万亿元人民币是个天文数字，哪怕只有1%的浪费或者无用功给社会带来的损失也是惊人的！我们花了4万亿，难道不应该知道哪些钱花得值，哪些花得冤枉吗？笔者在这里呼吁政府应该为专家学者提供详细的历史数据以做研究。

4万亿的猛药嗑下去了，短期作用非常明显，国内经济显著复苏、安稳地渡过了国际金融危机和全球性的经济衰退。但是其长期副作用也是很明显的：通货膨胀、房地产价格飞涨以及国有银行可能面临的呆账、坏账等。上

① 中华人民共和国审计署2009年第3号公告，“审计署关于中央保持经济平稳较快发展政策措施贯彻落实的审计情况”，http://www.audit.gov.cn/n1992130/n1992150/n1992500/2302115.html，2009年5月18日，中华人民共和国审计署。

述第二点很关键：4 万亿计划中，中央政府只承担其中的 1.18 万亿元，其余部分由地方政府提供。地方各级政府在贯彻中央部署的同时，都迅速制定了相应的促进经济增长政策。但是一旦“上头”鼓励“下面”撒手干，“下面”往往“积极”过头了。这样的例子在建国 60 年里屡见不鲜。其后果是全国各级政府和部委的投资远超过了 4 万亿。以原铁道部为例，在“四万亿”的投资计划中，本来打算投给铁路部门的占 1.2 万亿。原铁道部凭着当时积极宽松的投资环境，自己再通过融资贷款到了 1.2 万亿。这样全国 4.1 万公里的铁路开始进行运营施工，1.6 万公里的高铁计划出台，同时开始建设双线电气化铁路 2.5 万公里。一个需要多年完成的全国性（全球性？）的大项目，在起始阶段就花光了所有的钱，如果后续资金不够了，那就再等第二个“四万亿”出台，或者再等另一个阶段的“积极”投资环境。但结果并不尽如人愿，到了 2011 年，由于温州高铁的事故，国家对于铁路的规划产生了新的想法，那之前投资出去的不少铁路项目只好负债停产。原铁道部如此，各级省市政府在 4 万亿刺激方案下，同样被“刺激”地大量投资，特别是进行基础设施投资。

笔者在鄂尔多斯和企业家以及房地产商座谈时，不少人认为 4 万亿的经济刺激计划以及相应的货币政策（会在下面分开讨论）在很大程度上造成了鄂尔多斯的房地产泡沫和民间借贷泡沫。国家在推出 4 万亿的同时，极大地放宽了货币政策，银行信贷猛增。一位企业家说，“当时很多银行是追在我们屁股后面要贷款给我们。很多企业和个人手上的钱太多，又没有太多的投资渠道，只好转向投资房地产。可是 2010 年下半年，国家突然又实施紧缩的货币政策，银行对我们的态度来了个 180 度的大转弯，开始追在我们后面要钱。但是很多投资项目不是一两年就行的；很多还需要追加投资。不少企业家不得不通过民间借贷来筹措资金还贷和追加投资。很多人在这个过程中就倒下去了！”无独有偶，浙江时代商务律师事务所主任邱世枝在谈到大量温州企业资金链断链时认为①，除 2008 年金融危机余震的影响外，4 万亿救市

① 李蕾、沈玮青：“温州民间借贷危机引发高层关注，牵涉九成家庭”，《新京报》，2011 年 10 月 8 日。

政策对中小企业资金链的断裂也是重要的影响因素。“4万亿下来后，政府加快投资、银行也不计风险地贷款，有些企业经不住诱惑，贷款几个亿投资房地产和太阳能，现在来看这两个行业都一落千丈，信贷用完了，又不能让企业倒闭，只能转向民间借贷市场，高利贷由此进来，也就是毒药进来了。”

笔者想在这里举个典型的例子——“眼镜大王”浙江信泰集团有限公司董事长胡福林。2008年年底，从未涉足高新技术产业的胡福林与中硅科技合作投资光伏太阳能，信泰集团官网显示，光伏产品“预计2011年达到600兆瓦，年产能70亿元人民币”。信泰迅速成立了新能源事业部，总投入12.5亿元。由于光伏太阳能属于新能源，是国家重点扶植的产业。一个知名企业要转向投资该产业，当地政府和银行哪有不支持的道理？但是光伏产业投资巨大，光靠银行贷款和企业自有资金无法完成设定的投资，胡福林决定求助于民间借贷。胡福林没有想到的是2010年下半年，国家开始快速收紧银根以对付通货膨胀和过热的房地产。众多企业顿感资金紧张，民间借贷利率也随之上升，不少月利息高达8–10分。在如此高的利息压榨之后，没有几个企业能够存活。2011年9月，胡福林因资金链断裂而出走美国。10月10日，胡福林又戏剧性地返回中国，在当地政府的帮助下，他算幸运地存活下来了。

现在评论4万亿的功过也许为时尚早，很多政府政策和行为对社会和经济的影响也许要几年甚至几十年才能体现出来。巴里·里萨兹（Barry Ritholtz）在2009年出版的《救助国家》（*Bailout Nation*）一书中指出卡特政府在1979年对美国第三大汽车公司克莱斯勒第一次实施了援助，在2009年奥巴马政府对克莱斯勒第二次实施了援助。里萨兹认为如果美国政府在1979年没有救援克莱斯勒，很可能就不需要30年后的第二次救援。因为如果30年前政府让克莱斯勒破产，幸存的福特和通用汽车公司就会明白一旦它们遇到困境，不要指望政府的援助。这就会迫使这两大公司更加努力地去创造、去竞争。但现实如何呢？1980年，美国三大汽车公司占有美国市场的 75%；而 2008 年，则不到 50%。这个故事告诉我们，政府要有所为、有所不为——不能因为某公司是著名大公司，政府就必须得援助；政府要明白短期有效的政策长期看来可能并非最佳——领导都是有任期的，不能因要突出短期领导业绩而损害社会长期的利益。

4 万亿 2.0

2012 年 5 月，在当时国务院总理温家宝对河北、辽宁、湖北、广东、湖北、陕西六省的经济座谈会之后，对于地方“4 万亿 2.0”的猜测便不胫而走。和有中央政府主导的“4 万亿 1.0”不同，这次“2.0 版本”的政府推动型投资主要是由各地地方政府唱主角。

但随着 4 万亿 1.0“猛药”正能量的逐渐缓和，全球经济持续疲软，中国经济增长在 2012 年再次碰到瓶颈。2012 年 4 月我国的出口总额同比增速只有 4.8%，持续以个位数增长。进口总额同比增速只有几乎可以忽略不计的 0.2%①。同时 4 月的工业增加值同比增长 9.3%，不仅成为 2009 年 5 月以来的最低值，而且比上一个季度骤降 2.3%②。而另一个方面，社会消费品零售总额同比增长 14.2%，创造了 2006 年 11 月以来的历史新低③。随着这经济增长的“三驾马车”集体放慢步伐，一系列数据表明，当时我国的经济依然处在下行阶段，一定的经济刺激“势在必行”。但这一次，当年大刀阔斧的“保增长”，被中央政府以“稳增长”的新论调，将权力下放给了地方政府。

随后就出现了从 2012 年 7 月开始的、各省份间纷至沓来的“百花齐放”的刺激景象。全国除去河南、辽宁、湖北、西藏四地的数据还未公开，只有

---

① 海关主要统计数据，“2012. 12 月度进，出口”，http://www.customs.gov.cn/publish/portal0/tab44604/module109000/info414065.htm，2013 年 1 月 21 日，中华人民共和国海关总署。

② “4 月份工业生产运行情况”，http://www.miit.gov.cn/n11293472/n11293832/n11294132/n12858387/14650949.html，2012 年 6 月 7 日，中华人民共和国工业和信息化部。

③ “2012 年税收收入增长的结构型分析”，http://szs.mof.gov.cn/zhengwuxinxi/gongzuodongtai/201301/t20130123_729605.html，2013 年 1 月，中华人民共和国财政部税政司。

北京、上海、广东、山东四地低于或持平全国投资增速水平，其余的23个省份都在这波增速投资的趋势后，GDP增长超过了全国水平。在出口和消费一蹶不振的情况下，各个地方政府为了完成“保八”任务，不顾地方财政收入的多少，开始大规模的投资项目，从而实现其经济的不断增长（表3-4）。

表3-4　2012年各地出台的经济刺激计划

时间	城市	项目
2012.07.20	宁波市	《关于推进工业经济稳增长调结构促转型的若干意见》
2012.07.23	南京市	《关于进一步扩大内需，拉动消费的若干意见》
2012.07.25	长沙市	2011年地方财政收入仅为700亿元的情况下，一口气推出了40个重大项目，155个一般项目，总投资高达8,292亿元
2012.08.07	广州市	两千亿投资计划
2012.09.18	贵州省	三万亿《贵州省生态文化旅游发展规划》

虽然看上去各个城市的经济刺激计划各有特色，各有侧重，但归根结底的性质都是强调投资。毕竟进出口形势被国内外经济的持续恶化牵连着，之前屡试不爽的房地产救市之路，在国家一再调控和限制之下，也屡屡被叫停。最后只剩下投资一条路可走。看上去这次刺激计划并没有中央统筹参与，但是重大项目的批准依然被国家发改委牢牢控制着。在这波刺激计划中，国家发改委前后批准了25个城市的轨道交通建设项目，涉及投资金额7,000多亿元；批准13个公路建设项目，10个市政类项目，7个港口航道项目，涉及投资总金额2,000多亿元。

现在来判断这一轮的财政刺激计划为时尚早，但我们还是能够从一些案例中得到些启示。我们来看看吸引无数眼球的“湛江市市长亲吻批文”的案例。2012年5月28日，媒体上刊登的“湛江市市长王中丙亲吻国家发改委核准批文”的照片，不仅成为了大众关注的焦点，圆了湛江30年的钢铁梦，也成为了“4万亿2.0”的佐证。湛江全市上下为之欢呼雀跃，2012年5月31日，在宝钢湛江项目基地，举行了盛大的开工仪式，打桩机的启动，预示着湛江项目的正式启动。但之后就爆出消息，2011年在多家钢铁公司亏损的情况下，宝钢股份只是通过向大股东出售特钢资产实现了盈利，推进宝钢湛江项目将会投资697亿元，工期要持续将近3年。而宝钢真正想搬迁到湛江的罗泾COREX熔融炉及配套设备项目，2009年报严重亏损，至今无法盈利，湛江其实并不想接受这个项目。另外，宝钢总部自身的产能还没有用尽，在全国产能过剩的大背景下，本就过剩的高端钢材，不可能再立刻上马湛江项目。

也正是因为以上几方面的原因，在轰轰烈烈的开工仪式之后，等到2012年7月再去关注宝钢湛江项目时，所有打桩机都已经停止工作，负责前期工程的龙腾物流也处于停产状态，解除了外围劳务工的合同，正式员工整天无所事事。之前被炒作成一个城市三十年梦想的钢铁项目，就这样雷声大雨点小地被无限期地搁置了。

是否还会有更多的类似湛江的事件出现，历史会给出答案。但在这地方版“四万亿”刺激行为之后，除了出众的政府业绩和吃了激素般畸形增长之外，能为中国经济留下些什么呢？除了众所周知的通货膨胀和地方债务，能否改变人们对于政府行政手段强行干扰经济自然周期的行为的看法？能否推进进一步的经济改革，将投资的回报率、投资的透明性、制度调控的长期性放在首位？

就在笔者撰写本章内容之时，参加2013年全国政协经济界小组讨论的李毅中委员，道出了当年“4万亿”的真相。“2007年年底，中央经济工作会议定调是‘稳健的财政政策，适度从紧的货币政策’，当时还要防止经济过热。但仅半年，到2008年7月，就改成‘积极的财政政策，适度宽松的货币政策’。这是180度的转弯，是形势所迫，不得已而为之。”① 这之后就有了纺织品出口退税，3G牌照提前发放，小排量汽车购置税减半等一系列“4万亿”救助的药引子事件，之后才有了为了刺激经济增长的一揽子“4万亿”计划。对于“4万亿”的教训，李毅中委员也说要扩大内需主要需要依靠消费拉动，投资拉动规模不能过大，需要避免产能过剩等等。这样的总

① 李毅中：“认真总结应对国际金融危机的经验”，http://business.sohu.com/20130307/n368022421.shtml，2013年3月7日，人民网。

结，与笔者的担忧是一致的。但也正如笔者以上所写的“4万亿2.0”一样，“上面的旨意”还需要“下面的理解和执行”，话好说，错好认，但是事难办。只要政府引导甚至主导经济发展的观念不改变，新版本的“4万亿”还会出现。

货币政策

在2013年3月13日记者会上，央行行长周小川指出：“中国的货币政策是为四项目标共同服务的，第一是保持低通胀；第二是促进经济增长；第三是促进就业；第四是保持国际收支基本平衡。”

和多数国家货币政策相比，我们政策服务的目标偏多。欧洲央行货币政策的主要目标只有一个：保持价格稳定。就中期来看，欧洲央行的目标通胀率维持在低于但接近2%①。美联储货币政策目标，在1913年通过的“联邦储备法案”中有明确规定：“最大限度的就业，价格稳定和适度的长期利率。”“从长远来看，稳定的价格是经济和就业可以最大限度可持续发展的先决条件。当价格稳定，并且人民相信价格会持续稳定，货物、服务、材料和劳动力的价格就不会因为通货膨胀而被扭曲；从而能够作为清晰的市场信号并引导资源的有效分配；最终促使生活水平的提高。此外，稳定市场价格能够促进储蓄和资本形成，因为通货膨胀侵蚀资产价值，当这种风险最小化时，家庭会更多地储蓄，而企业则会更多地投资。②”

笔者在2013年3月5日参加了纽约美联储专为美国大学教授举办的座谈会，在会上美联储的官员、经济学家们和大家一起探讨了中央银行的政策及其作用。在这里笔者将其中一张表格翻译成中文与读者分享（表3-5）：

① “Monetary Policy”, http://www.ecb.int/mopo/html/index.en.html, 09.17.2013, European Central Bank.

② “Monetary Policy and the Economy”, http://www.federalreserve.gov/pf/pdf/pf_2.pdf, 09.17.2013, The Federal Reserve System: Purposes and Functions.

表 3-5　美国央行的政策及其作用

<table>
<tr><td rowspan="6">如何达到央行目标的先发制人的途径</td><td colspan="4">美国央行（美联储）的主要目标①</td></tr>
<tr><td rowspan="2"></td><td rowspan="2">保持价格稳定和最大限度的可持续就业</td><td colspan="2">金融系统的安全和稳健</td></tr>
<tr><td>被监管的金融企业</td><td>其他企业</td></tr>
<tr><td>一系列具体的标准和目标</td><td>明确的或隐含的通胀目标，充分就业的定义</td><td>在规则中明确规定每个公司的标准和条件</td><td>在规则中明确规定整个系统的标准和条件</td></tr>
<tr><td>衡量、监控实际操作和目标的差距；评估差距是否足以威胁到目标的实现</td><td>通货膨胀的度量（比如，通货膨胀的预测和期望）。如果这些变量偏离目标太远就要采取行动。
产出的度量（比如，产出缺口的预测）。如果变量偏离目标太远就要采取行动</td><td>衡量每个公司的状况与标准的差距。如果偏离标准太远就要采取行动</td><td>衡量系统的状况与标准的差距。如果偏离标准太远就要采取行动</td></tr>
<tr><td>采取具体行动来减少差距或减轻威胁实现目标的风险</td><td>改变利率或其他政策，包括向公众有效地交流风险或政策的实施</td><td>组织行为的限制，活动的限制，风险管理的改变，资金和流动性的改变</td><td>强加在被监管的金融企业：组织行为的限制，活动的限制，风险管理的改变，资金和流动性的改变。
强加在系统的其他方面：贷款与价值的比率，债务与投资的比率；
改变利率或其他政策，包括和公众有效的交流风险或政策的实施</td></tr>
</table>

很明显在 2007–2009 年金融危机后，美联储更加注重针对金融系统的监管。中国的国情与美国很不一样，虽然周小川行长指出货币政策为四个目标服务，但是笔者认为当中最重要的目标是经济增长，其他目标则是其次。

① McConnell, Margaret M., "An Overview of US Financial Stability Policy", *Federal Reserve Bank of New York*, 03. 15. 2013.

2013 年中国的通货膨胀目标是将 CPI 控制在 3.5% 之内，但 3.5% 的通货膨胀率目标相比很多国家来说还是太高。欧洲央行和美联储的通货膨胀目标都定在 2%，澳大利亚定的目标稍微高些，为 2%–3%。

与发达国家将公开市场业务作为货币政策的主要手段不同，我国政府更喜欢在存款准备金率和贷款利率上做文章。我国自从 1998 年 3 月 21 日对存款准备金率制度进行改革后，截止到 2012 年 5 月 12 日，对存款准备金率共进行了 22 次调整。通过调整货币政策促进实体经济的效果，不仅取决于政策的力度，也要与“出手时机”相结合才行。货币政策对于经济的影响往往是有滞后性的，是否前期的货币政策还未充分发挥效用，就已经被新的货币政策取代了？市场是否有时间及时作出反应？

几乎和所有人一样，中国的货币政策制定者 2008 年上半年之前严重低估了金融危机的破坏性。中国人民银行行长周小川 2008 年 4 月 12 日在记者会上表示，“从目前来看，美国次贷危机对中国经济的负面影响比原来预期的要小，中国一些金融机构的损失也完全在可消化范围内。”可以说在 2008 年 8 月之前，中国一直担心通货膨胀，采取的是从紧的货币政策，不断提高存款准备金率。至 2008 年 6 月 7 日，短短 5 个多月，央行五度提高存款准备金率，是自 2007 年以来第 15 次提高存款准备金率。在多次加息、提高准备金率的紧缩政策效果不明显的情况下，央行更是动用了行政手段，实施窗口指导和限制贷款规模。而在 9 月 15 日雷曼倒闭事件发生后，中国央行采取了一系列果敢的措施以阻止危机的蔓延。但是，很明显中国对 2007 年 8 月就在美国爆发的金融危机的杀伤力估计不足，否则不会等到雷曼倒闭，金融危机演变成金融海啸后才出手。

和“出手时机”同样让人担忧的是，央行出手“轻重”问题。例如，2009 年 1 月份新增贷款 1.6 万亿元，超过了央行的预期。周小川在 2009 年 3 月 6 日人大答记者问时回答道，“本轮国际金融危机是多年不遇的，如果我们出手慢了、出拳不够重，很有可能会出现世界上其他一些国家出现的现象。我们宁可出手快一点，出拳重一点。政策出去以后，可能有些数据涨得太猛，包括货币供应量、信贷总量。1 月份的信贷总量是有些超乎我们的预期。但如果它能够及时制止住在国际金融危机情况下造成的信心下滑，……应该能使得信贷发放在整体数量上、在一个中期范围内，保持合理的水平。”这次针对国际金融危机的货币政策“大出手”在某种程度上助长了房地产价格和通货膨胀率的大幅增长。在 2010 年下半年，央行不得不来个大掉头，实施了从紧的货币政策。笔者相信危机当头，作为政策制定者，下药宁可过些，而不愿少些。但政策制定者应该充分预测和对比“过”与“少”的利弊，尽量将“出乎预料”降到最低。

诚然，宏观经济调控不全是“科学”，面对日新月异、千变万化的金融市场，即使像美联储这样有着百年历史的央行，也有认识不足、决策失误的时候。对于金融衍生产品的作用，前任美联储主席格林斯潘在 2005 年曾说：“这些日益复杂的金融工具使得金融体系比 25 年前更灵活、高效、富有弹性。”而 3 年过后，继任主席本·伯南克指出：“越来越依赖于复杂的和不透明的金融工具使得金融体系在压力下显得如此脆弱。”本·伯南克后来承认：“我对这次经济衰退的预测纪录和全美联棒大联盟中的‘华盛顿国民队（Washington Nationals）’的胜率差不多（2008 年，该队 59 胜、102 负）。”问题的关键不是是否错了，关键是我们能否承认错误，能否少出错，能否从错误中记取教训。

谦卑对于有效识别金融风险是非常重要的。太多人包括一些政府官员认为政府一旦做出决策就是“完全正确的”。这里笔者想引用列夫·托尔斯泰的一段经典名言：“最难的科目都可以清楚地解释给最迟钝的人，只要他事先对此一无所知。可是一旦人们对事物已经坚定地形成了自己的看法，最简单的事情都可能没法和最聪明的人解释清楚。”

政府与房地产

政府与房地产业的关系，简单的说，政府离不开房地产业的发展；各级政府，尤其是地方政府根本不愿意看到房地产价格下降。从纯粹的经济利益角度讲，政府希望房价上涨，事实上，政府是房地产价格上涨的重要推手。

先从宏观层面讲，房地产业及其相关产业对国民经济影响很大。根据国泰君安证券2012年6月发布的研究报告①，房地产业直接及间接带动GDP的10.3%。1）房地产业自身的增加值直接计入GDP，占GDP的4.63%。2）房地产投资的关联产业影响对GDP的贡献度最大，占GDP的5.45%。3）房地产投资会带动住房消费、建材和家具家电等耐用消费品需求增加，占GDP的0.18%。如果房地产投资下降10%，将导致GDP下降约1%。2012年中国国内生产总值增长7.8%，为1999年以来的最低年增速。试想如果房地产市场全国性崩盘了，导致房地产投资下降30%甚至更多，那GDP增长只有4.8%甚至更低。这个是任何一个中国领导人都不愿看到，也不可能接受的。房地产及其相关产业对就业的拉动也非常大，而就业，特别是年轻人的就业直接关系到民生与社会的安稳。同一份研究报告指出每一万平方米的房地产建设，需要大约100名工人。按2011年新开工项目计算，房地产可以吸纳建筑工人1,900万人，加上拉动家电、钢材、建材等所有相关行业就业，对就业贡献大。

从微观层面上看，房地产是地方政府收入重要甚至是主要的来源。首先，卖地收入（实际上是土地使用权出让）是许多地方政府的最主要收入来源。国土资源部在2013年4月20日公布了《2012年中国国土资源公报》，该《公报》显示，2012年全国出让国有建设用地面积32.28万公顷，出让合同价款2.69万亿元。截至2012年年底，全国84个重点城市处于抵押状态的土地面积为34.87万公顷，抵押贷款总额5.95万亿元，同比分别增长15.7%和23.2%。2007–2010年期间，土地出让金占地方财政收入的比例分

① 李品科、孙建平、丁明："基于房地产对GDP、政府收入角度分析：政策合理修正为必然"，国泰君安证券，2012年6月26日。

别为：50.7%，33.5%，48.8% 和 76.6%[①]。试问有谁会愿意将下金蛋的鹅给扼杀呢？然后，与房地产相关的税费有几十种，这些不但为各级政府提供了不菲的收入，而且为众多政府官员提供了寻租机会。重庆市政协副主席陈万志在 2010 年 3 月指出："据初步统计，我国现阶段涉及房地产的税种有 12 项之多，涉及房地产的收费多达 50 项，两者共计 62 项。更为严重的是，据抽样调查，部分项目的税费已占到房地产价格的 30%–40%。税种设置繁杂、征收环节多，存在重复征税和多次收费问题，一定程度上推高了房价！[②]"温州市人大常委会副主任王小同提供了一家房地产企业的部分税费清单：以销售额 100 万元为基数，按销售额的 5% 征收营业税 5 万元，按营业税的 7% 征收城建税 3,500 元，按营业税的 5% 征收教育附加税 2,500 元……此外，还有按利润 25% 征收的所得税，按土地款 3% 征收的契税，利润超过 20% 要采取累进方法计算起纳土地增值税等。加之地方养老、水利基金等不同名目，房地产开发公司总收入中的三成要用于缴纳各种税费[③]。

上面所述的税费是上交各级政府的，而每一个房产项目审批和税费征收环节都为相关政府部门官员提供了寻租机会。原河北省委书记张云川在 2009 年曾指出，申办一个房地产项目要盖 166 个公章，大小收费 94 项。每盖一个章，办事员、科长、处长都要签字，涉及 180 多个经办人。《华夏时报》的记者采访发现，基本的概况是盖章的"灰色费用"高达正常收费的 4 倍[④]。如果某个环节没有"处理"好，房产企业就会被给点颜色看看。鄂尔多斯当地的一个房地产开发商告诉笔者，前几年他有一栋建好的楼盘，由于某位领导不喜欢楼盘的颜色，该地产商被要求按照领导的意思刷上新的颜色。一个全新的楼盘被要求换色！为什么领导们在规划阶段不提出宝贵意见，而

---

① 南方周末编辑部，"2010 年土地出让金占地方财政收入的比例高达 76.6%"，http://www.infzm.com/content/54644，2011 年 1 月 4 日，《南方周末》。

② 李亚彪、刘健，"人大代表：'一套房征 62 种税费'的现象不正常"，http://news.xinhuanet.com/politics/2010-03/07/content_13116481.htm，2010 年 3 月 7 日，新华网。

③ 同上。

④ 杨仕省，"房产项目开发需 166 个公章，灰色费用或推高房价"，《华夏时报》，2013 年 2 月 2 日。

要在工程完工后才给出“颜色”喜好呢！？《纽约时报》中文网在2013年2月发表评论员文章认为房市已成为中国官员们的“洗钱天堂”①。该文章援引中国人民银行反洗钱局反洗钱专家曹作义的文章认为，从最近披露的多起腐败大案可以看出，房地产业其实早已成为部分腐败高官的“洗钱天堂”和“重灾区”。曹作义分析认为原因有三：一是房地产项目资金需求量大，且在房地产交易过程存在一定程度的现金支付，难以查明资金来源，犯罪分子因此有机可乘；二是房地产业的另一特点是信息透明度较低，易于掩盖非法资金的来源和性质；三是土地资源的稀缺性和房地产开发对银行贷款的依赖性，更是使得政府官员与银行工作人员的“权力寻租”变得有机可乘。

全国工商联房地产商会在2009年的一份研究报告中指出，从三个一线城市，北京、上海、广州来看，房地产开发的总费用支出中，以土地成本和税收为主，流向地方政府的份额，北京占48.28%，上海占64.50%，广州占46.94%。该报告同时发现一个房地产开发商在开发过程中，起码要跟20多个政府部门打交道，缴纳各种税款也有20多种②。笔者在这里简单罗列几个说得出来的部门：建设部门、规划部门、文物部门、人防部门、消防部门、气象部门、地震部门、园林部门、公共事业部门、设计部门、房管部门，再加上一些以为八竿子打不着，但其实有着千丝万缕关系的部门，20多个部门的疏通也算合情合理。

再有，房地产行业的命运与金融行业的命运休戚相关。地产供需双方的财务杠杆都很高。地产商借钱造房、卖房；购房者借钱买房。如果房价上升，买卖双方和资金提供方（银行、信托或者地下钱庄）皆欢喜；如果房产市场萧条，不但地产商和购房者日子不好过，银行的日子也不好过。万一大

---

① 王强：“房地产成中国官员‘洗钱天堂’？”，http://cn.nytimes.com/article/china/2013/02/18/cc18wangqiang/zh-hk/?pagemode=print，2013年2月18日，纽约时报中文网。

② 全国工商联房地产商会：“关于我国房地产企业开发费用的调研报告”，http://www.chinahouse.info/html/SHSY_TOP/2009-3/5/13_56_23_155.html，2009年2月6日，中国不动产网。

批地产商亏损倒闭，银行的坏账必然增加，整个金融体系也会受到威胁。

因此，无论是从经济发展、就业、金融体系的安全稳定来看，还是从地方财政收入、官员的寻租收入来看，中央和地方政府都不愿看到房地产市场大幅下挫。政府最希望看到的是房地产市场能够稳步地发展、房价能够稳步地上扬。

土地转让的众生相

在中国，土地归国家所有，或者农民集体所有。所谓的买卖土地，其实是土地使用权的买卖。土地使用权，是单位或者个人依法或依约定，对国有土地或集体土地所享有的占有、使用、收益和有限处分的权利。根据《土地管理法》规定，土地使用类型有土地划拨和土地出让两种形式。

划拨土地使用权是指经县级以上人民政府依法批准，在土地使用者缴纳补偿、安置等费用后，取得的国有土地使用权，或者经县级以上人民政府依法批准后无偿取得的国有土地使用权。出让土地使用权是指国家以土地所有者的身份将国有土地使用权在一定年限内让与土地使用者。由土地使用者向国家支付土地使用权出让金后取得的土地使用权。

根据城镇国有土地使用权出让和转让暂行条例规定，土地使用权出让最高年限按下列用途确定：居住用地 70 年；工业用地 50 年；教育、科技、文化、卫生、体育用地 50 年；商业、旅游、娱乐用地 40 年；综合或者其他用地 50 年。

土地转让由于牵涉到的利益太大，政策灵活性高，因而是违规、违法多发之地。国家审计署在 2012 年 4 月公布的 24 个市县 2009 年至 2010 年土地管理及土地资金审计结果[①]显示24个市县在土地出让、征用及相关资金管理使用中还存在一些不合规、不规范的问题，个别问题还比较严重（表 3-6）。

① 中华人民共和国审计署 2012 年第 7 号公告，“24 个市县 2009 年至 2010 年土地管理及土地资金审计结果”，http://www.audit.gov.cn/n1992130/n1992150/n1992500/3017533.html，2012 年 4 月 24 日，中华人民共和国审计署。

表 3-6 24 个县市 2009 年至 2010 年土地管理及土地资金审计结果

市县数目	问题
14	22.35 万亩土地征用不符合相关规定
9	113 宗，9，219.49 亩，违规协议出让或违反招拍挂制度供地
14	少征或减免土地资金 40.79 亿元
11	97.19 亿元土地出让收入未纳入基金预算管理
12	违规使用土地资金 15.42 亿元

笔者最近和在国内著名投资银行做保荐人的朋友就土地出让聊了聊，下面是该保荐人对土地出让的看法：

土地出让绝对是乱象丛生，国内投行对于土地的问题，各种招数都见过了。外资行根本不理解，一个土地权属能搞出这么多花样。土地出让这事情，各种招数太多，这个只有国土部门的人才最知道，而且各个地方都有自己的特色。土地出让，与其说肥了地方财政，还不如说，八仙过海、各取所需，把子孙后代的资源拿来做交易。

我总结了一下，土地最终合法变成出让，大概就 4 种模式：1. 是合法的招拍挂，成本最高，但最规范，这个是 2008-2009 后期才规范起来的。2. 原有的国企划拨土地通过评估之后，补缴出让金，取得合法土地使用权之后再倒手，这个当中评估的过程水分很高。国有企业自己进行评估，然后报国土资源部门。有了评估，这个当中操作的空间太大。这个也是另一大取得方式，比较普遍。3. 国有企业和央企在设立或者上市增资的过程中，为了把划拨地变成出让地，通过行政指令进行作价出资，由财政将土地作为资本，经过评估后转为公司股权，并委托国有资产管理部门持有。这个不是很普遍，而且由于牵涉到各地方财政的实际利益，土地出让金没收到，最终的管理收益人名义上虽然是政府，但是变成了国资委，所以各地方财政在没有上级强烈的行政指令干预下，一般不做。4. 集体用地通过和国有土地相关部门的“协商”，将集体所有的土地，变成出让地。这个也比较常见，多数是以前乡镇企业拥有的集体所有土地，通过村、乡政府的批准后，变成出让地，但是这个现象早期才有，现在也不多见了。

这4种还是合法的，起码在上市辅导过程中，土地来源如果这么处理，我们认为就没有法律问题了。还有不合法的就多了去。违规占用划拨土地、农业用地、地方政府私下批准、长期租赁、军事用地变更使用性质，建造了楼房变成房地产……但是这些都没有正规的土地证，只是保持现状的使用，土地权属不受法律保护。

如果土地转让不规范，我们现在都让企业去补办出让手续，补缴土地出让金。土地出让金的规模由企业和当地政府、当地国土部门协商。土地部门会给出一个土地评估机构的清单，企业让某个合格的土地评估机构评估之后，报政府和国土部门批准。一般这个土地评估机构都是国土部门指定的，所以你懂的，只要你雇用了，基本没有批不下来的，就是成本高低的问题。这个当中的利益等于是有一部分流入了这些评估机构了。反正上海还算是比较规范，土地评估机构和国土部门比较严格，还算是公允，所以我们做事也难，企业土地规范成本太高了。

我做过一个某省的项目，企业要补土地出让，当地有个中介就明目张胆地说，只要钱到位，你要什么性质的地，给你什么性质；要什么容积率，给你什么容积率，没有办不下来的。很疯狂啊！农业用地可以变住宅；工业用地可以变住宅；只要出钱，什么都行。太可怕，所以水太深！反正不管企业怎么沟通，我们只要看到土地合法出让取得，我们就放款了。

土地财政与分税制

为什么地方政府就一定要盯着“土地财政”不放呢？不妨让我们来介绍一个90年代中期的政府“新”制度——分税制。笔者认为分税制体制在很大程度上导致了地方政府对土地财政的依赖。周飞舟在2006年发表的一篇文章[①]中对分税制有很好的阐述，我们在这里简单地总结、介绍一下。

分税制提出并执行的根本目的是为了改善中央与地方、地方与政府、政府与企业之间的关系。在分税制之前，中央对于地方的税收政策大概可以总结为，给不同地区一个基数上的税值，除了这个基数之外的税收，就直接归地方政府所有了。而这个基数值的确定则需要中央通过每年经济环境、财政环境的改变，跟地方谈判最终得出。由于这种税收制度的弊端，比如说地方政府热衷扶持地方企业，乡镇企业对乡镇政府的上税行为越发减少，更希望通过缴纳利润，自由支配预算外收入。

所以在提出分税制后，我们从分税制的定义上，就能看出中央政府致力于解决了以下几个问题：

1. 避免了冗长的谈判定税过程。将所有的税种分为中央税、地方税和共享税。而这里的共享税，就包括企业增值税。而中央税新加入了所有企业的消费税。
2. 分设中央和地方两套税务机构。将很多之前企业需要给地方政府上的税，直接纳入中央地方共享税的范畴，很多税款直接上缴给中央。
3. 实行税收返还和转移支付制度。由于各省之间税收情况参差不齐，为了照顾上税大省的积极性，同时宏观调控一些资金发展中西部地区，中央财政就会用税收返还和转移支付的方式调节各个省市之间的财力分配。

从以上大体介绍中不难得出一个结论，首先，通过分税制，中央直接拿走了很多本应该属于地方的税务收入。而地方政府只能等待税收返还和转移支付，具体一年有多少还都是个未知数。其次，分税制只是中央政府与省级政府的税务分配规则，但省以下的收入划分由省政府决定。所以为了继续保持地方财政的增长，地方政府在“紧逼”下级政府的同时，也努力发展了除税收以外的预算外收入，或者说非预算资金。而这里我们所说的非预算资

① 周飞舟：“分税制十年：制度及其影响”，《中国社会科学》，2006年第6期。

金的主体，就是土地开发和土地出让的收入。这些资金的分配和使用，几乎是由地方政府一手管理的。

随着上个世纪90年代后期中央开始实施分税制，直至今日，地方政府对于“土地财政”的依赖性越发严重，驱赶效应明显：地方政府将财政收入的重点由预算内转移到预算外，由预算外转移到非预算。地方政府从过去的侧重工业化，转为了现今的侧重城市化。所以一个地方政府的政绩有多少，经济发展的是否快速，负债是多是少，一系列的问题都通通押给了房地产业。即使中央三令五申地出台红头文件限制房地产业的泡沫化，但是上有政策，下有对策，地方政府以及乡镇政府需要一边遵循着中央政策，一边想方设法地通过“土地财政”谋利，从而最终导致了我们开篇所说的，他们既希望房地产泡沫继续，又担心其破灭。

有多少资源可以重来

资源换项目

经济发展永远是一个政府在和平年代的头等大事。一个政府领导的履职水平的好与坏也往往与其执政期间经济发展水平挂钩。在现今千奇百怪的振兴经济行为中，鄂尔多斯等地的“资源换项目”的手法，尤其吸引笔者的眼球。

“十一五”期间，内蒙古自治区政府出台《关于进一步完善煤炭资源管理的意见》（俗称“50号文”）将“资源换项目”的意图表现得淋漓尽致。该文规定，“一次性完成固定资产投资额在40亿元以上的新建大型装备制造和高新技术项目”，可配置煤炭资源，标准是“固定资产投资每20亿元配置煤炭资源1亿吨，一个项目主体配置煤炭资源最多不超过10亿吨”。虽然配置的煤炭资源、资源价款一分都不能少交，但在国家煤炭政策不断收紧、煤矿整合一轮接一轮袭来之时，能获得煤炭资源配置，其意义显然不言而喻。按照2012年煤价，每吨煤至少可获利200元，1亿吨煤可开采资源大概为 6,000-7,000 万吨，企业可获利 120 亿-140 亿元。即使企业 20 亿元投资打了水漂，在煤矿上也可收获巨利。由此可见鄂尔多斯送出的“红包”有多大。但原煤不含税价格为 406 元 / 吨，单位总成本费用为 159.13 元 / 吨，每吨净获利 246.7 元。其回报可想而知。

也正是因为如此的优惠政策，从 2009 年到 2012 年的三年时间里，将近 40 家大型企业入驻鄂尔多斯，2,000 亿元的总投资让整个鄂尔多斯成为了一个迅速崛起的装备制造基地[①]。其中有头有脸的就包括：奇瑞、精工、中欧国际、世纪互联、中兴 ZTE。笔者与读者同样一头雾水，做这种亏本买卖的政府领导的心思到底是如何的？但在对鄂尔多斯的一番了解之后，笔者大概总结了其“资源换项目”的理由。

笔者在前文提到，作为鄂尔多斯经济支柱之一的煤矿产业，主导了鄂尔多斯这十几年的经济发展。无论是人均 GDP 的跃升，还是经济总量的屡创新高，其最坚实的后盾就是煤炭。但随着鄂尔多斯周边乌海、大同等当年也靠煤炭发家的城市，因为资源的最终枯竭而一步一步走向衰败，让鄂尔多斯产生了可怕的对于未来的恐惧。即使煤炭再多也有衰败的一天，所以鄂尔多斯政府早早就开始寻求城市的转型，“资源换项目”的上马就是在这样的环境中产生的。

在对鄂尔多斯民众的采访过程中，人们无一不提到政府正在打造的“工业园区”。之所以无论身处何方的鄂尔多斯人，都说自家门口天天有大车经过，工业园区的建设如火如荼，是因为在鄂尔多斯，像这样被人们谈论的工业园区，总共有 12 个之多。无论是汽车、信息电子行业，还是新能源，都与传统的采煤业没有半点关系。要是偏要说这些园区在这里安家有什么好处，笔者还是能努力找出来几条。廉价的电是每一个企业降低成本的好帮手，蒙网上网电价 0.3 元 / 度，到达工业用户后的收费 0.48 元 / 度，远低于国

① 王小乔：“煤矿陪嫁，鄂尔多斯招商秘方”，http://www.infzm.com/content/63117，2011 年 9 月 17 日，《南方周末》。

家电网对于内蒙古东部0.6元/度的电价，比同样产煤的河南电价低得更多[①]。气候不冷不热，比较适合大型发动机、计算机产业的发展。另外，在内蒙古这样人稀地广的区域征地建厂，要比东部简单得多，也便宜得多。同时相比于沿海地区动不动就好几千元的工人成本，鄂尔多斯也有它自身的优势。

可相对于这些优势，其期待转型的各种产业的劣势更加明显。就像笔者刚才说的，这里人员便宜，但更棘手的问题是，就是再便宜，合格的技术工人也大量缺乏。就以鄂尔多斯为例，除了起初的畜牧业，就是现今的采矿业，真正符合上述新能源、汽车或者信息产业的合格工人寥寥无几。更多的工人依然还是从东部请，代价也不低。其次这些装备制造基地的上游配套设施几乎没有，大型装备的生产链是不少，但所有的零件都只能从外地进。

优劣势一比较，显而易见，这些大企业在鄂尔多斯建厂其实是牵强之举。也让“资源换项目”的目的单纯了很多。各大企业的初衷都是朝着煤炭而来。奇瑞本是安徽省创收的大户，还是国有控股，去外省投资本是困难重重。但却最终联手了同是安徽省的淮北矿务局一同开发通过2009年在鄂尔多斯投资200亿元得来的16.6亿吨煤炭，可见这些煤矿的吸引力。京东方集团通过发布公告表示，公司计划在鄂尔多斯市投资建设一条5.5代AMOLED（主动矩阵有机发光二极管显示器件）生产线，项目计划总投资220亿元人民币。根据京东方的公告，鄂尔多斯政府承诺将为京东方配置位于呼吉尔特矿区巴彦淖井田的总量不低于10亿吨的煤炭资源。 而另一个方面，政府也在为企业的违约做着准备。政府承诺给各个企业配置的煤炭资源，最快需要3-5年才能完成探矿、采矿的各种手续。在此期间，如果企业投资额达不到当初约定的数目，政府随时准备收回煤矿资源。

这看上去相互制约的“资源换项目”的计划如果能“美好”地发展下去，笔者也不会如此关注此事。正是因为之后一场政府与企业之间的博弈，让设计好的计划却被一个企业——华泰汽车打破了平衡。早在2005年50号

---

① 刘东：《内蒙古资源换产业》，http://finance.ifeng.com/news/region/20120729/6835541.shtml，2012年7月19日，《新金融观察报》。

文件还未出台之前，鄂尔多斯就以两处煤矿，一块工业用地作为交换，将华泰汽车引入了内蒙古。2006 年开工的华泰汽车项目投资将近 70 亿元。看上去很美的“资源换项目”本来一切都在正常地进行着。华泰汽车如同他们承诺的一样，投资了生产线，建立了汽车城，具备了年产 15 万辆车的能力。他们也向中汽协上报，2008 年至 2011 年共销售了 18.3 万辆华泰汽车。正是由于华泰汽车“出色”的表现，鄂尔多斯政府也很愉快地向其交付了煤矿的采矿权。两方皆大欢喜，一方拿到了走上轨道的项目，一方拿到了利益颇丰的煤矿。

但看上去很美的合作，却由一份虚假的销量数据揭开了真相。由于中国汽车行业数据统计过程存在着严重的缺陷，中汽协、中汽研、乘联会三家国内公认汽车销量数据统计机构的上报途径不同，公安部的汽车上牌数也不与三家协会联网，给华泰汽车虚报销量提供了很大的空间。正是如此，这个自投产真正才卖了 2 万辆 SUV，在鄂尔多斯一号二号工厂内依旧荒芜的华泰汽车，利用虚假的数据讨到了政府发放的采矿权。而更具戏剧性的是，就在华泰汽车拿到采矿权的 2008 年，华泰汽车就将其中一块配置的碾盘梁煤矿矿权转卖给了“山西普大煤业”，瞬间获得了 10 亿元的利润。这时的鄂尔多斯政府才恍然大悟，自己的“资源换项目”计划，赔了夫人又折兵。

政府迫切追求转型的心情可以理解，但当一个“美好的项目”上台之前，最起码不要将自己放在一个“傻子”的位置上，才能真正地执行自己的政府职能。

政府为私有企业提供贷款、担保

就像我们在之前的段落提到的美国政府救助克莱斯勒汽车的案例一样，在一个企业生死存亡的时候，能否抓住政府这根救命稻草，成了很多企业自救的最后招数。之所以会把希望寄托在政府身上，无外乎是剪不断理还乱的瓜葛。就像当年亨特家族在遭遇“白银星期四”之后，蛮横不讲理地向政府索要长期贷款一样，那些与政府拴在一根绳子上的企业，总是抱着“不救我，就会彻底摧毁市场”的心态，让政府为自己的错误决定、疯狂行为埋单。而被当作傻子的政府，也在一次又一次地用纳税人的钱，为那些无良企业提供贷款、担保甚至更多。而到头来最终得到了什么呢?

就在笔者撰写这一章的时候，曾经的中国光伏巨人无锡尚德在 2013 年 3 月 20 日由于无法归还到期债务，依法裁定破产重组。但很多业内人士认为，破产保护重组，甚至是股权结构调整都不可怕，只要政府还能提供一个相对宽松的环境，使得银行和债权人依旧有信心，重组后的生产、人工和资产不受影响，这块无锡市的“招牌”依旧好使。

可看似并不十分关心民营企业死活的地方政府，又为什么不得不成为最终的救世主呢?这还得从无锡尚德的创始人施正荣和中国无锡市的结缘说起。曾留学澳大利亚，师从诺贝尔奖得主马丁·格林的施正荣，作为多个太阳能电池技术发明专利的持有人，2000 年回国创办了无锡尚德太阳能有限公司。起初的创业并不顺利，得不到政府的扶持，自己的产品又不盈利，让当年的无锡尚德看不到希望。但随着 2005 年国家振兴绿色产业、高举光伏产业大旗的时候，急于寻找符合国家政策项目的无锡市政府看上了施正荣的太阳能企业。毕竟在之前的 2004 年，施正荣的公司已经有了将近 2,000 万美元的利润，而其发展的多晶硅项目也很符合国家政府的“口味”。这一切自然而然地就将施正荣和无锡市联系到了一起。之后由无锡市政府出面，联系了 8 家无锡当地颇有名望的国资公司融资，一举成立了无锡尚德太阳能电力有限公司。套用一句 2008 年在无锡尚德清理国有股份退出尚德时，时任无锡市委书记杨卫泽的话:“假设一个星球上有三个人，两个男的，一个女的，如果只能选其中两个的话我们肯定会选一男一女，道理很简单——为了繁衍后代。如果一个国家有三家单位，一家企业、一个政府、一家事业单位，同样也只能选两家的话，那么我们只会选企业和政府，国有股应该从一般企业中退出。”[1] 就能看出尚德与无锡市政府之间的暧昧关系。在中国，一个民

① 许世英:“施正荣遭遇银行逼宫:为救尚德必须让出控股权”，http://money.163.com/12/1226/08/8JKSPO0700254SRA.html，2012 年 12 月 26 日，网易财经。

营企业在没有政府的支持下，想做大做好是十分困难的。可在得到政府支持之后，不疯狂不激进也是十分困难的。

当着政府的面，无锡尚德的掌门人是人们一次又一次提到的“环保英雄”、“能源拯救者”，曾经上过《时代》杂志的封面，公司股价也创下过85.16美元的历史。可背着政府，无锡尚德连续曝出了环球太阳能基金管理公司的反担保涉嫌欺诈案，通过其投资创办的亚洲硅业进行利益输送，利用尚理投资涉及私募投资领域等不光彩的作为，也让之前力挺他的无锡政府颜面无存。直到由于无锡尚德在连续对于市场的决策上出现错误，导致在全球光伏产业都在大面积亏损的时候，依旧增加产能。整个企业2010年的毛利率跌至12.3%，亏损10.18亿美元。直到2012年第一季度，尚德的负债高达35.75亿美元[①]。而作为一个不听话，曾经成绩优秀，但是现在差的一塌糊涂的“班级干部”，作为班主任的无锡政府依旧没想放弃。毕竟通过这些创造起来的无锡尚德品牌，已经成为中国乃至世界范围内光伏产业的代言人，都是无锡这个城市最好的名片。就看着这么堕落下去，损失将非常惨重。所以可以看到近期，无论是由政府出面进行重组，再让国开行注资救助，还是彻底让尚德退市，实施国有化，其根本的体现还是让政府来收拾无锡尚德留下的烂摊子。可收拾完之后又能怎么办呢？只要尚德自己不说，没人知道会不会有第二个反担保诉讼？即使救下来的尚德是否还有盈利能力？是不是有更多的巨额债务等着清偿？这些都是未知数，但作为“班主任”的无锡市政府为了无锡尚德这个品牌，也不得不更多地为其未来的发展操心。

在讨论完以上各种情况后，笔者大致用图表的形式展现一下，从2008年年初到2012年年底这一段时间，政府在宏观控制上，对于经济的影响，也将我们之前讨论的题目融入了影响的结果之中（图3-2）。

---

① 郝凤苓：“尚德最后的拯救”，http://finance.sina.com.cn/chanjing/sdbd/20121120/194213737665.shtml，2012年11月20日，《21世纪商业评论》。

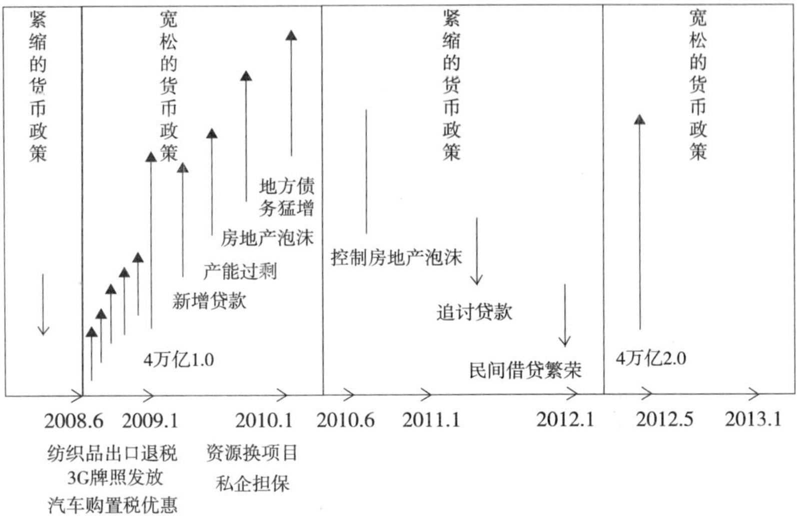

图 3-2　政府宏观控制对经济的影响

与一银行风险控制部负责人的对话

问：你们银行的主要业务是什么？

答：三大业务。第一，最主要就是吸纳存款，然后放贷，吃利差。因为存款利息和放贷利息是国家规定的，所以只有扩大规模才能赢取更多利益。这也是为什么国有银行越做越大的根本原因。也是为什么银行人员绩效考核最重要的因素之一是吸纳存款量的原因。每个银行最大的梦想就是某个部委把所有钱都存在他们银行，这样可以贷更多款出去，当然代价是安排部委干部的子女就业。第二，中间业务收入。代卖理财产品，代收水电费之类的。虽然国家鼓励发展中间业务，但是这个业务太琐碎，每笔赚钱不多，银行对此热情不是很高。第三，直接投资（很少）。主要是购买国债。

问：能简单介绍一下你们银行是如何处理坏账的吗？

答：已经发生、预计发生或怀疑发生的不能还款情况，必须层层申报，一直报到总部。总部的解决方法很简单：如果是政府相关项目或国有企业（或它的子孙公司）就很简单，直接找政府和国企。和他们说，你看我们银行是你们最大的投资者之一，如果你们让这个项目坏了你们的声誉，以后的贷款我们就再不批你们了！这招最管用，政府或国有企业基本能找到资金补上缺口。尤其是政府，实在不行就给块地皮。如果这个都不行，或者对象是民营中小企业，他们实在还不了钱，最后的办法就是把坏账低价卖给资产公司，让他们去追。资产公司的手段就不只是法律手段了，什么狠招都可以用。对银行的好处就是坏账从账面剥离，不用提取过多拨备了。

问：为什么很多银行不愿意给民营中小企业贷款？

答：举个例子，两个公司来银行借款。一个是国有企业的孙公司，一个是温州的民营企业。孙公司比民营企业规模还小，投资方向还不靠谱。但是贷款最后一定还是给孙公司。因为一旦出现坏账，可以找母公司，找政府，最后一般有比较理想的解决办法。但是民营企业就完全不一样了。他们给你提供的报表非常完美，抵押物非常充足。但是核心问题就是：你根本不可能通过法律的手段知道他的抵押物是不是已经抵押给他们村的亲戚朋友了（影子银行）。影子银行借款就是一张白条，只有当事人知道，银行根本无法得知。一旦运营出现问题，影子银行一定先知道，因为就是一个村的，天天到民营企业看着，比银行清楚多了。他们一定第一时间把抵押物通过各种手段拿走了。而且温州人最讲究的就是江湖义气。自己知道企业有问题，第一时间愿意偿还的也一定是亲朋影子银行。等到银行知道钱还不了，抵押物早就没了，根本没法追。我认为，影子银行和中小企业贷款难，是双生子，恶性循环。影子银行越发达，银行越不敢借款给中小民营企业。中小企业贷款越难，影子银行就越发达。

问：你们行是如何控制房地产风险的？

答：银行贷款的很多项目是投资于房地产的。在信托产品中，主要抵押物是房地产。在银行直接投资项目中，房地产项目也占很大比例。很多银行就有自己下属的房地产开发公司。房地产价格下降，所有业务同时受到影响。我们设立了房地产业风险预警系统，希望能够结合宏观层面和区域性特征来控制房地产风险。

问：您是如何看待政府平台公司贷款的？

答：政府、部委不能作为法人实体向银行贷款。但是很多地方政府的税收根本没有办法支付市政建设或其他项目。只能通过建立平台公司的办法向银行间接贷款。很多平台公司就是一个空壳，存在的意义就是帮政府贷款。如果你想知道政府到底借了多少钱，问政府的话，回答永远是 0，因为法律不容许。 但是从银行查的话，可以查得一分不差。银行非常清楚哪些平台公司是为地方政府借钱的。当然如果政府还从私人手里借钱，那就不好查了。

问：能举些银行违规操作的例子吗？

答：很多金融产品是通过银行非法销售给企业的。一个简单的例子，美国的美林银行很多复杂的金融衍生产品希望中国企业购买，他们宣称产品利润丰厚。银行就鼓励企业买。但是企业说我没钱啊。银行就说没关系，你不是申请贷款 20 万么？ 我批你 30 万，其中 10 万买金融产品。金融危机以后，美林都被卖了。10 万元血本无归。 但是不论是银行还是企业都不敢声张损失。一旦公开，都是丢乌纱帽的大事。 最后只能分摊，各自承担 5 万元的损失，不在报表中出现。

还有就是银行自己放高利贷。正常的用存储放贷的方法受到银监会严格的控制，还要提取拨备。很多银行以发行理财产品的方式来绕开监管。通过理财产品募集的资金被银行直接用来放高利贷了。有出事的，但是银行一般自己捂住，不敢声张，先用自己的钱填上，再去追债。

第四章　证券市场泡沫与投机

“我可以计算出天体的运动，却难以预料到人的疯狂。[①]”

——艾萨克·牛顿

对于证券市场泡沫的研究兴趣，起始于一次对天津滨海新区金融区的采访。这个人们耳中曾经的“私募天堂”，现在的“金融发展重镇”、“金融创新基地”，在短短的几年时间里，看穿了证券市场中的“谁主沉浮”，证券市场中的“宴请宾客”，也看穿了证券市场中的“人头落地”。

“于家堡”这三个字，作为身边有着不少“天津卫”的笔者来说，早就不算什么新闻了。毕竟有着与纽约曼哈顿岛几乎一样的地形分布，又被人们称作自80年代的深圳罗湖，90年代的上海浦东之后，第三个国家经济发展重镇，以于家堡、响螺湾为中心的天津滨海新区，早就成了“天津卫”们口中家乡的骄傲。

2013年7月，笔者以投资者的身份，首先拜访了天津滨海新区的中心商务区——于家堡金融区的投资管委会。在海河沿线的于家堡地区，这个用来招商引资、行政管理的于家堡金融区管理中心，算是这个半岛上为数不多的已经竣工的建筑。整个管委会中心，一层和二层都是用来展示滨海新区中

① “I can calculate the motion of heavenly bodies but not the madness of people.” -Isaac Newton.

天津滨海新区中心商务区

心商务区的沙盘和模型。有用来整体介绍商务区“十大战役”的，有体现地面地下结构的，有360度环绕的，有个别主要建筑物特写的，无论是一个访客、投资者、游客也好，都不禁想象，未来的天津滨海新区，会不会是新的上海陆家嘴，或者能真的成为又一个曼哈顿?

与投资营销部门的谈话是愉快的，在我们提出想以自然人身份建立一家证券私募投资类公司，或者以销售投资理念和策略的金融咨询类公司进驻于家堡后，我们从工作人员手中得到了一份“中心商务区股权投资基金类企业进驻审批流程”。从中了解到，任何非国有企业背景的公司，如果想以股权投资的形式在于家堡成立公司，是个复杂并且不大行得通的过程。由于前几年天津市对于投资基金类企业的“大撒把”，导致了众多的非法集资恶性事件，单拿2012年为例，就曝光了“盛华投资”、“盛世富邦”等30多家发生兑付风险从而关门大吉的私募基金公司。为了能肃清市场，上到天津市政府，下到于家堡的金融投资部门，都在用极为苛刻的眼光看待新进的投资证券基金类企业。不仅需要中心商务区投资局首先收集企业信息，还有安排金融局、天津股权基金协会进行座谈初审。像我们这种从境外出资的企业，还要被安排实地审核，并且由美国律师出具公司的实力证明。最后，即使一切申报完成了，还要经天津市政府批准，才能最终进行工商注册。连与我们交谈的两位金融区的工作人员也都一直劝告我们，尽量不要费这个劲，能最终批下来的可能性也很小。

这一下触动了笔者的神经，不禁发问："问题到底有多严重？"

天津作为国内唯一的综合金融试点区，受到了国家政策的允许和支持，成为了私募股权基金在内的各种新鲜金融形态和产品的试验田，在相当长的一段时间内，被很多投资者称为"私募的天堂"。2006年国务院发的红头文件，对于滨海新区的工作重点是这样描述的：

> "鼓励天津滨海新区进行金融改革和创新。在金融企业、金融业务、金融市场和金融开放等方面的重大改革，原则上可安排在天津滨海新区**先行先试**。本着科学、审慎、风险可控的原则，可在产业投资基金、创业风险投资、金融业综合经营、多种所有制金融企业、外汇管理政策、离岸金融业务等方面进行改革试验。"①

所以不难想象，当年在天津这个地界上，私募基金应该是相当的繁盛。根据数据统计，截止到2009年年底，天津共通过了174家私募股权基金，或者基金管理类企业。从一个都不知道什么叫私募的荒地，瞬间发展成了全国股权投资企业备案户数的第一名②。这让笔者突然感觉到了一种似曾相识的感觉——"一放就乱"。

而时间来到2012年，仅仅两年之后，天津人的私募梦就碎了。大批被卷走钱的维权者蜂拥而至，可到了天津才发现，自己也找不到地方说理。很多当年声势浩大的私募公司，根本就不在天津市发改委披露的备案管理机构名单中。从维权团队的维权名单中可以发现，在这场私募闹剧中，有超过30家私募公司，金额共计33.5亿元人民币的私募资金不知去向③。很多维权

---

① 国务院文件："关注：在政策环境下发展的天津股权投资基金有限公司"，《国发（2004）20号》，2004年7月26日。

② 盛战军："天津滨海新区私募股权投资发展领跑全国"，http://www.022net.com/2010/1-15/485727252245161.html，2010年1月15日，人民网天津视窗。

③ 李飞："天津私募天堂变私募病城，监管乏力难阻圈钱骗局"，http://finance.sina.com.cn/money/smjj/20120808/111612791626.shtml，2012年8月8日，法治周末。

者都说，自己根本不知道什么是私募，只是觉得既然是政府支持的，公司的实力看着有那么雄厚，回报率又那么高，可以保证月收益率在 7% 左右，自己才四处借钱进行的投资。可一转眼的工夫，当初从营业执照到审批程序都是合法的私募公司，就被定性为非法集资了。投资者的钱也就此被冻结，甚至一去不复返了。

笔者通过谈话了解到，当年天津总共有超过 2,400 家注册的私募公司，但在天津市发改委备案的不过十几家。同时，由于我国的企业法对于合伙制企业是不要求验资的，对于很多基金管理类企业而言，凭着一些空头基金文件就可以开始网罗投资者了。这样的监管和法制程度，在如此强大的私募潮中，很难不出问题。但在当年人民网的报道中，笔者又摘到了这样的语句：

> “天津开发区在为私募股权投资发展企业的服务和管理上，无论从法律、政策执行环境方面，还是工商税务登记、银行等配套服务方面，均走在全国前列，并且将在未来继续引领全国私募股权投资发展。”

这样前后矛盾、充满讽刺的文字，中国的老百姓应该早就见怪不怪了。

等笔者带着仿佛没有国企央企背景，就很难建立证券公司的答复走出金融区管委会的时候，就一直在想，如此规模宏大的中心商务区，如果是以各种集团总部、大型企业办事机构作为销售对象的话，能填得满吗？当初一放就乱的景象如今有了改善，但应该伤得够深，才有了现今“一铲就死”的后遗症。

私募狂潮只不过是中国证券市场泡沫的一个剖面图。中国的证券市场是一盘很大的棋，包含的金融产品种类繁多，从而导致其产生泡沫的原因也各种各样。在 2013 年诺贝尔经济学奖得主罗伯特·席勒（Robert J. Shiller）教授所著的全球畅销书——《非理性繁荣》（*Irrational Exuberance*）[①] 一书中，

① Shiller, Robert J., “*Irrational exuberance*”. Random House Digital, Inc., 2005.

就将市场中各种非理性的行为总结为三种因素：结构性因素，文化性因素和心理性因素。

在结构性因素中，促发机制首当其冲。无论是一夜之间成为人们生活必不可少的互联网，还是因为市场中交易量的猛增，信托基金的增长，抑或其他国家投资环境恶化所导致的资本爆棚，都无可厚非地成为了非理性证券投资行为的导火索。而证券市场自身的放大机制也是结构性因素的另一个关键。这一轮投资的高回报就会导致下一轮投资的高投入；高涨的投资者情绪，就会导致牛市的到来，例如这些没有人预谋的、自然而然产生的庞氏过程，让市场本身就充满着产生泡沫的倾向。而这些基于反馈理论所产生的自身放大机制，就会让市场在无人特意蓄谋的前提下，产生非理性的行为。

我们常说“物以类聚，人以群分”，但有时很难说清楚，是相同人群特性的聚集产生了文化，还是文化导致了相同人群特性的聚集，这是个哲学问题。但在非理性的证券投资中，这样的问题就都可以归结为文化性因素所致。新媒体的出现，让消息的传播开始以秒甚至微秒计算，太多的信息让人们应接不暇，从而就会导致人们的大脑自动选择那些它们想接受的，认为重要的，而排除那些复杂的，不想听的信息。反过来也会影响到媒体对于市场信息的传播重点。而与新媒体相同，由于对于市场消息更加便捷的掌握，人们对于投资的信心开始变得越来越强，导致现今的投资者也被一套新的经济思维所左右。

在 *Irrational Exuberance* 一书的最后，席勒教授也提到了心理性因素。在证券市场中，也有着与心理学研究相似的锚定效应。比如说很容易将未来市场的变化估计与已经采用过的估计联系起来。投资的决定并不是通过计量的方法所得，有可能是觉得反正是投资自己家公司的股票，这么了解“内幕”了，还担心什么？或者既然是前人成功的案例，我做同样的投资，就不会出什么问题吧？这样的锚定效应在非理性的市场中随处可见。同时，投资者很容易受一些人为因素影响，导致一窝蜂地出现一种举动，而并没有真的自己分析金融市场中的趋势，这种随波逐流而形成的羊群效应，也都是非理性投资者常见的问题。

席勒教授当年以美国市场为主要讨论对象所编写的著作，如今其一些主要论断被市场一一应验。具体到中国的证券市场泡沫问题，也有着不可忽视的参考价值。但作为本书所讨论的整个中国市场非理性投资行为的一个章节，我们在证券市场泡沫这一章也许无法像席勒教授一样写得那么详细，也很难突破教授当年定下的学术高度。但笔者希望，在通过对中国证券市场的一些具体分析之后，也能让您从古至今、相对全面地了解中国证券市场中所存在的泡沫。

中国历史上的证券泡沫

现代化的证券市场在改革开放后的中国，仅仅存在了二十余年。与欧美发达国家数百年的证券市场相比，算是稚嫩得很。但其实中国的股票市场很早就在当时的东方巴黎——上海存在并茁壮发展着。只是那一个世纪前的市场和一个世纪前的泡沫，需要我们屏气凝神，从文献中慢慢品味，品味当时的中国证券市场、当时的证券泡沫。

案例：上海橡皮股票风潮

我们将在市场操控章节提到的胡雪岩的丝绸操纵案直接导致了19世纪末的上海金融危机，连同这一章讲到的“橡皮股票风潮”，是将当时上海乃至全国金融业推向绝境的两大要素。

清朝中期，资本主义开始在中国萌芽，而时为中国金融中心的上海，也在兴起、繁荣直到疯狂后，体会到了证券市场泡沫的得与失。

由于20世纪初汽车工业的迅猛发展，作为汽车相关产业的橡胶产业也处于供不应求的境地。虽然在当时上海的股市中，也有橡皮股票的买卖，但直到一个叫麦边的英国商人将其创立的兰格志拓值公司的橡皮股票投入市场，人们的疯狂才被真正地激起。

由于橡皮业务和利润的丰厚，无论是外商银行，还是中国本地的钱庄和银行，都放宽了对于橡皮股票的抵押贷款标准。一个贷款买橡皮股票，再用橡皮股票抵押再贷款，再去买橡皮股票的循环形成了。当时每磅只有18便士生产成本的橡皮，到了1910年的时候，已经被炒到153便士一磅，并且势头只增不减。由于这样高利润的趋势，每个月都有众多的橡皮公司成立，上市，圈钱。上海街头无处不在的橡皮公司广告，各大银行、明星都加入了橡皮公司的宣传攻势。随着国际市场橡皮价格的上涨，银行钱庄的政策、广告的宣传、很多还未发行的橡皮股票，在上市前就被投机者疯狂订购。

通过当时上海钱庄的短期贷款数据显示，华商在橡皮股票的交易中，投向上海市场每月3,000万两白银，伦敦市场1,400万两白银。几乎所有上海钱庄都将自己手中的大量资金投入了股市，甚至是从外商银行进行拆借再投入股市。从而导致了当时上海的其他贸易活动出现了严重的资金缺乏。

和之后我们在世界证券泡沫中提到的法国密西西比事件、英国南海事件一样，橡皮股票成为了上海街头巷尾无人不谈、无人不感慨的热门话题。人人买橡皮股票，人人抱着发财梦，整个社会都处于疯狂的状态。

可天下没有不散的宴席，也没有不跌的股票。在持续走高将近半年的国际市场橡胶价格出现下跌倾向时，上海的橡皮股票就像吃了迷魂药，恐慌迅速蔓延整个市场，股价的倾泻也随即开始。而作为投机行为最为嚣张的上海钱庄，都纷纷因现金流的断裂倒闭。由于同行间拆借行为泛滥，一家钱庄的倒闭，就意味着这个行业的灾难。1910年7月，先是正元、兆康、谦余三家钱庄倒闭，之后森源、元丰、会丰、协丰、晋大五家钱庄被拖累倒闭。由于一时间上海钱庄信誉扫地，外国银行也开始追回拆借款。时至1910年年底，30多家钱庄陆续倒闭，整个上海金融界危在旦夕。

之后便是全国性的恐慌。由于那时的钱庄分号遍布全国，方便各路生意人拆借，而这样的网络经不起什么风吹雨打，作为金融重镇的上海一倒，北京、广州等全国各大商业城市都陷入一片恐慌。从而导致之后多年，橡皮产业无人问津。

中国股票泡沫与投机

对于一个国家的股市是否有泡沫，不同人有不同的看法。遥想 2007 年 10 月 15 日，上证综合指数历史上首次冲破 6,000 点，人们在疯狂的同时，也在一口一个“这是国富民强的表现，是在为老百姓提供共享的经济增长[①]”。即使2013年8月上证指数已跌破2,100点[②]，也有不少人在嚷嚷“中国的股市泡沫还没有结束”。但笔者认为，泡沫现象严重与否，不仅仅是从大盘数据上得到的，与投资者的投机心理、市场的投机氛围、国家政策、热钱的流动等诸多方面都有着联系。但归根结底，只要投机盛行，泡沫，至少针对某个或某些股票的局部性泡沫就会存在。而只针对中国股市的投机行为而言，以下两个因素能够很好地显示股市投机是否盛行，它们是极高的换手率和暴涨暴跌现象。

首先要提出来的是高换手率。作为一定时期内股市总成交股数与总流通股数比值的计量单位，换手率常常用来说明股票市场中股票交易的频繁程度，是一个衡量股市流动性的重要指标。换个通俗的讲法，一般换手率高的股市，流通性就较好，变现能力较强，但投机性也较大，股价起伏大，风险也随之加大。

---

① 白锐：“6000 点上回眸中国股市”，http://news.qq.com/a/20071018/001421.htm，2007 年 10 月 18 日，新疆日报网。

② “上证综合指数”：http://finance.sina.com.cn/realstock/company/sh000001/nc.shtml，2013 年 8 月 29 日，新浪财经。

表 4-1　A 股各板块 1992-2012 年换手率和平均值 [1]

	上海	深圳	中小板	创业板
1992				
1993				
1994	1,134.7%	583.8%		
1995	528.7%	254.5%		
1996	913.4%	1,350.4%		
1997	701.8%	817.4%		
1998	453.6%	406.6%		
1999	471.5%	424.5%		
2000	492.9%	509.1%		
2001	269.3%	227.9%		
2002	214.0%	198.8%		
2003	250.8%	214.2%		
2004	288.7%	288.3%	617.8%	
2005	274.4%	316.4%	999.7%	
2006	541.1%	609.4%	997.1%	
2007	927.2%	987.4%	1,048.8%	
2008	392.5%	469.1%	625.4%	
2009	504.4%	773.5%	1,084.8%	777.4%
2010	198.5%	557.4%	775.1%	1,762.2%
2011	124.8%	340.5%	413.0%	740.0%
2012	120.5%	386.4%	405.0%	806.0%
平均值	463.6%	511.3%	774.1%	1,021.4%

从表 4-1 我们可以得知，自从 1994 年我国股市开始统计换手率，上海股市和深圳股市的换手率几乎都在 200% 以上。深圳股市换手率在 1996 年达到了 1,350% 的峰值，16 年来的平均换手率为 528.7%。而上海股市在换手率计算开始的 1994 年，换手率就一度高达 1,134.7%。而 2004 年才建立的中小板和 2009 年创立的创业板换手率之高，十分惊人，其平均值分别为 878.4% 和 1,269.8%。而 2010 年创业板的换手率也破天荒地达到了 1,762.2%。光从换手率统计数据上看，中国股票市场以一种相对畸形的状态存在着。

① 中国证券监督管理委员会："股票——上海证券交易所基本情况，深圳证券交易所基本情况"，《中国证券期货统计年鉴 2012》，2012。

表 4-2　中国与美国、日本、英国股市平均换手率比较 [1]

	美国	日本	英国	中国
2008	404.1%	153.2%	227.2%	121.30%
2009	348.6%	127.1%	146.4%	229.6%
2010	189.1%	114.5%	101.9%	164.4%
2011	187.6%	108.9%	98.9%	188.2%
2012	124.6%	99.8%	84.0%	164.4%
平均数	251%	121%	132%	174%

通过数据对比，可以清晰地看出中国股市换手率与世界其他国家股市的现状。由于 2008 年金融危机的影响，美日英三国的股市换手率明显升高，而其影响在之后的 2009 年也波及了中国的股市。但在金融危机之后，三国的股市换手率呈逐步下降状态，而中国的股市换手率持续处于较高水平。

其次，暴涨暴跌现象在中国股市也很严重。从 1990 年 12 月 19 日，上海证券交易所正式开门营业至今，在 22 年的中国现代股票市场历史中，前前后后共经历了 8 次牛市与熊市的交替。在这 8 次的交替中，也经常出现在某一个阶段的数次暴涨暴跌现象（图 4-1）。而对于年轻的中国股市来说，短时间内的暴涨暴跌波动，很大程度上是由投资者的过度投机行为造成的。这一点已经在欧美发达国家的股市中得到了证明。而不同于西方资本主义国家股市发展的情况，我国股市的暴涨暴跌情况也与一条条政府新政策的颁布，有着最直接的关系。[2]

通过以下的图形和数据，我们可以清晰地发现，上交所的股票指数，可以在三天内上涨 350 点，也可以在 28 个月内从 998 点直线骤增到 6,124 点的历史最高点。同样的，上交所的股票指数也可以就用 6 个月时间暴跌 1,100 点，而在一年的时间里，从历史最高点 6,124 点下跌到 1,728 点，从整体的时间跨度上来看，中国股市的熊市牛市交替频率极快。在短短的 22 年历史中，熊牛市已经频繁换手了 8 次，而且明显的熊市平均持续时间较长。

① 数据来源："Stock traded, turnover ratio", http://data.worldbank.org/indicator/CM.MKT.TRNR, 2012, The world bank.

② "小康财智——中国股市的九次暴涨暴跌", http://finance.sina.com.cn/leadership/mroll/20120917/213213160582.shtml, 2012 年 9 月 17 日，新浪财经。

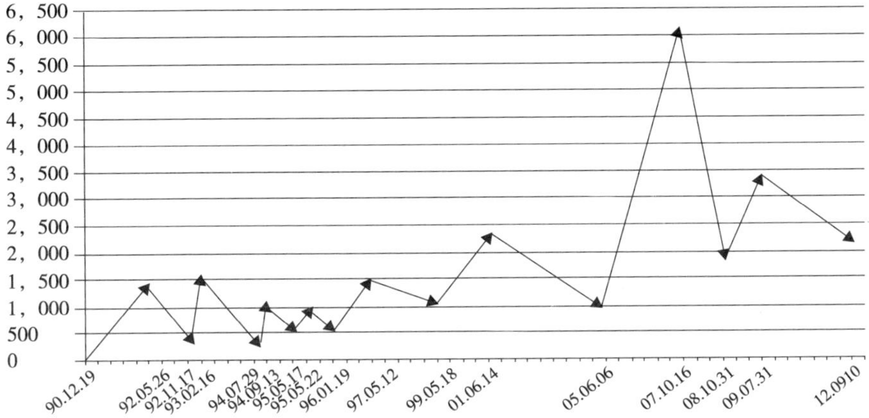

图 4-1 上证指数 1990 年至 2012 年 暴涨暴跌图[①]

通过以上对中国证券市场"换手率"、"暴涨暴跌"数据分析，我们也就能慢慢理解为什么外国人常常把中国的证券市场叫作"政策市场"，或者"消息市场"，甚至"庄家市场"了。而中国证券市场之所以有以上的这些表征，其产生的原因是多样的。而我们接下来就先从中国股市的结构性因素和文化性因素入手，分析股市泡沫和投机性股市的产生因素。

股市泡沫与投机猖獗的结构性因素

交易机制永远都是泡沫和投机活动猖獗的根本原因之一。中国股市在20世纪90年代初的产生，一定程度上是为了国有企业股份制改革融资所需，缓解地方政府筹资的困难，所以当时的证监会在分配各省上市公司的问题上，也沿用了分指标、分计划的方式。从而，自打有中国股市的那一天起，中国股票市场就不遵循市场规律。由于供求关系的失衡，导致股票实际价格往往高于市场基本值。换句话说，中国股市的泡沫打出生那天起就有。

数据表明，1996 年年底，拥有政府和国有企业背景的股份制有限公司，

---

① "上证综合指数"，http://finance.sina.com.cn/realstock/company/sh000001/nc.shtml，2013 年 8 月 29 日，新浪财经。

在沪深两市占有70%，这些企业通过新股和配股共筹集资金1,120亿元[①]。之后的三年，更多的原国有企业通过发行股票快速融资将近5,000亿元。也就是从那时起，“借壳上市”一词出现。而泡沫也因为一个个经营不善的企业借壳圈钱，变得越来越大。另外一个方面，由于这种国有企业的股份化行为，导致整个证券市场的信用基础就是国家的信誉，市场无法自行地进行风险拆分，所有的风险责任一股脑地压在了国家的身上。导致很多投资者利用这一点，肆无忌惮地进行投机行为，心中想着“反正国家不能让股市垮了。”

再加上由于中国上市公司分红的机会少之又少，绝大部分投资者都是为投机而来。作为股市的自身运作规律，当股票价格过高，超出真实价值时，其价格就会下跌。而低于真实价值时，就要上扬。但在我国的股票市场机制中，在很长一段时间内并不存在卖空机制，从而形成了典型的“资金推动型”特征，股票的涨跌与资金的流动关系重大。也就是说，当股票价格高于其内在价值时，股票持有人并不会轻易出手，阻止资金流动，从而使其产生了控制和操纵股票的能力，导致股票价格暴涨，产生泡沫。

市场的监管机制也亟待提高。在中国股市中，与政府投资行为并称为首要股市影响因素的便是我们的监管制度。只要在股市低迷时，监管当局释放利好消息，酌情放宽监管标准，股市就能立刻回暖。同理，如果发现股市中的投机气氛弥漫，为了防止崩盘的出现，监管部门加强监管，进行各种查处，便可以生生地把股市打压下来。由于国家法律在执行层面的缺失，监管体系就拥有了随时制定和下达文件精神的职责。从而形成了一个怪圈，让本来用于服务股市、维护市场秩序、规避风险的监管机制，成了股市行情的引导力量。

但由于成为“引导力量”的监管机制自身存在各种缺陷，又没有机构来实行监管机构的职责，从而导致中国股市的监管机制也成了股市泡沫的重要

① 数据来源：中国证券监督管理委员会，“股票——上海证券交易所基本情况，深圳证券交易所基本情况”，《中国证券期货统计年鉴2007》，2007。

影响力量。首先，由于中国证券市场的特殊性，大部分企业都有国有背景，对于中小投资者的保护不够。其次，多头监管无法保证监管的持续性和统一性。从证券的产生到监管的流程上看，中国财政部负责国债的发行和管理，国家发改委负责企业债券的发行审批，人民银行负责企业债券的利率核定，证监会负责企业债券的上市监管。《证券法》只适用于中国境内的股票、公司债券，而政府债券发行与监管并不适用《证券法》。同时由于我国还有相当一部分银行间的证券业务、交易所证券业务，所以通过对中国各大监督委员会的调查，最终拥有监督中国证券市场职责的部门分别有：中国银行业监督委员会、中国人民银行、中国证券监督管理委员会、地方金融办。以中国证监会为例，其三级监管制度的组成，在建立证监会大区证管办和特派办的同时，再一次分化了监管职责，书面上给更多的机构赋予了监管职责，但实际上削弱了每一个下属监管机构的执行能力，减少了监管机构对于市场的敏感度。

另一方面，监管部门无法建立一个独立的监管体系，反而常常在市场中引导着交易者进行投资行为，满是一副“跟着哥走，后顾无忧”的感觉。是说证监会主席推荐了蓝筹股，股民进行了投机行为，监管体系就可以不闻不问吗？还是说即使这样的投机行为产生了泡沫，政府会对其负责？

最后，上市机构自身的结构问题，也是泡沫产生的原因之一。其实每每说到中国的上市公司，不同人眼里的问题，着重点也不同。对于市场的监管者来说，中国上市公司的组成结构不合理，常常是导致证券泡沫的原因。对于投资者来说，上市公司的信息披露缺陷，才是真正让市场充满投机气息的原因。而对于企业本身来说，股权结构的不合理，也让其面对证券泡沫时无计可施。

股权结构的缺失是一个老生常谈的话题。而之所以总拿出来说原因很简单，它是一个问题，存在在那里，人人想管，但管不了。但因其产生的问题却从来没停止过。在我国的上市公司中，国有股权、法人股权的比重远超过合理的比重。这些国有股和法人股不能上市流通，但占据很大的比重，所以公司的股份制转变其实并不彻底，没有什么本质的变化。而作为被国家委托的国有股权的代理人，其根本的利益来自于行政利益，不同于其他股东的利益，从而代理人也不会真正地去关心公司的运营效率以及增值保值。另一方面，既然是被委托代理的，公司的董事会制度就没有严格意义上的独立性，从而牺牲投资者利益谋取个人私利的事件，在中国的上市机构中屡见不鲜。

说到整个市场中的上市公司组成结构问题，数据最能说明问题。在2012年年初，证监会公布的排队上市的515家企业中，14家城市商业银行集体出现，众多大型房企也要入市融资。列表中有很多传统产业，数量超过85%，而高新技术产业的公司却少之又少①。虽然这些企业不一定会最终都被核准上市，但市场的趋势是这样的。

在2010年所有新上市的企业中，传统制造业的上市公司共有251家，占所有上市公司的72.33%。超过了排名第二的信息技术业12.39%的比重60个百分点。同时，其他所有行业上市企业的总和，也还不到传统制造业的一半②。而从所有上市公司的整体性来看，稳居比重前两名的依旧是机械设备仪表企业，和石油化学橡胶塑料企业。这种行业分布的缺陷会导致某些行业的竞争过于激烈，无法得到足够的社会融资，而有些行业却无人问津，担心其风险。

最后从投资者的角度来看，上市公司信息披露的不完全以及内部人员操纵、利用内部信息也是导致证券泡沫与投机行为的重要原因。在我们掌握的一份《上市公司违法违规数据1991–2009》③中，673个案例有将近8成都与信息违规披露有关。出现最多的三个关键词是“涉嫌未按期披露年报”，

① 曾子建，李静瑕：“证监会公布IPO申报名单，近500家公司排队待审”，http://news.stcn.com/content/2012-02/02/content_4669230.htm，2012年2月2日，每日经济新闻。

② 数据来源：中国证券监督管理委员会，“股票——上海证券交易所基本情况，深圳证券交易所基本情况”，《中国证券期货统计年鉴2012》，2012。

③ 数据来源：“上市公司违法违规数据1991–2009”，http://bbs.pinggu.org/thread-905378-1-1.html，2010年9月9日，人大经济论坛数据交流中心。

“涉嫌虚假信息披露”，“未及时披露重大事项，或有严重误导性”（图 4-2）。可见上市公司对于信息披露上的懈怠与不规范。

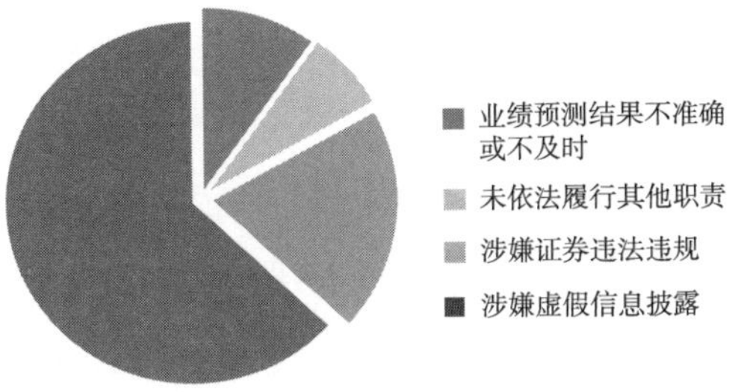

图 4-2　1991-2009 年上市公司违规统计

证券市场中投资者构成也会左右市场的泡沫情况。在现实的资本市场中，低买高卖的套利技术几乎都被大的专业化投资机构所掌控。这些专业投资机构不仅拥有大量的金融人才和高科技设备，同时通过人脉关系编织着专业的信息网络。从而使得其在股票投资中往往占据主导地位，也能体现出市场相对理性的一面。反言之，如果股票市场主要被投资阅历较浅、自身金融投资能力较薄弱的散户人群占据，很容易产生“羊群效应”。再加上散户本就是市场中的弱势群体，在信息、技术、资金上，在与投资机构的博弈中都处于劣势，产生短期投机泡沫的情况也就更加严重。而不幸的是，对于中国的股票市场而言，市场内主要的投资者恰恰就是这些薄弱的散户投资群体。

对于一些需要长时间足够资本来套利的投资，这些散户投资者很难也很少去关注。由于这些投资者过分地关注短期的投资回报，从而使得整个市场都处于一种非系统风险规避状态，从而导致整个中国股市在 22 年的历史中，市场出现牛市众多股民涌入，熊市大量股民退市的巨大流动性投资者结构。这样的流动性投资者组成，造成了大量的信息不充分、不对称，一定程度上助长了中国股市泡沫以及投机的产生。

在投资者结构中，中国股市中很重要的一部分便是我们常说的“庄家”。我们在《市场操纵》这一章，着重提到“庄家”在市场操控方面的作用。但谈到我国股市结构性泡沫产生的原因，“庄家”的行为不仅没有在我国股市被严厉打击，反而有纵容之势。我们之前认为，只有大的金融机构才有能力成为“庄家”角色的扮演者，但随着互联网技术和计算机科技的长足发展，一些投资者通过编造自身的背景，以论坛、博客、微博作为依托，可以在虚拟的世界里完成吸筹、洗盘、拉抬、整理、拔高、出货所有“庄家”行为。所以，一个拥有众多“庄家”行为的股票市场，必定会在“庄家”获利阶段产生（局部性或者某个或某几个股票的）泡沫，在“庄家”离场阶段出现泡沫的破裂。

最后，也是在很多人看来很重要的因素——政策引导。在股市发展成熟国家，证券市场的起伏与国家的GDP呈正相关趋势，即GDP增长较快，股市情况会呈现牛市，反之如果GDP回落，股市也会回落，而中国的情况稍有些不同，如图4-3所示：

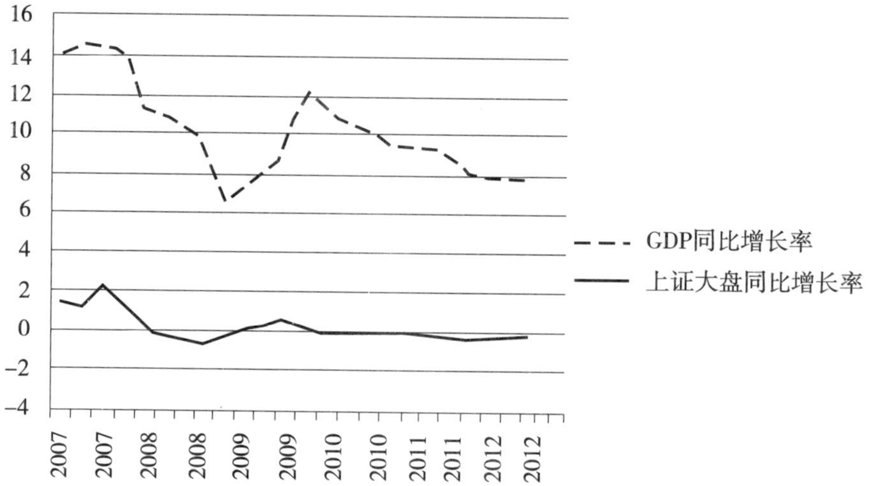

图4-3 上证大盘同比增长率与同期GDP同比增长率比较图①

通过以上这幅上证指数与中国GDP发展图形的对比，我们发现在某些特殊时期，中国股市的疯狂上涨并非是整个社会经济各个上市公司的基本价值的缩影，如图中2007年左右所示。而在2010年第三季度，GDP的平稳并没能阻止股市的突然下滑。相同的表现也发生在2012年。也许读者不禁会问：那到底是什么样的外力作用才导致的如此情况呢？跟中国的监管部门

① 数据来源："全国股票交易统计表"，http://data.eastmoney.com/cjsj/gpjytj.html，2013年9月17日，东方财富数据中心；"中国国内生产总值统计表"，http://data.eastmoney.com/cjsj/grossdomestic-product.aspx?p=1，2013年9月17日，东方财富数据中心。

有没有关系呢？在这里，我们先做一个关于中美证监会的职责比较，看看作为证券市场的监督者，它们的大体任务是否一样。

美国证券和交易委员会（SEC）在其官方网站上明确指出，其使命是保护投资者，维护公平、有序、高效的市场，并促进资本形成[①]。而中国证券监督管理委员会也在其官网上解释道：中国证监会为国务院直属正部级事业单位，依照法律、法规和国务院授权，统一监督管理全国证券期货市场，维护证券期货市场秩序，保障其合法运行[②]。而有趣的是，在证监会2013年的网站改版过程中，也将“保护投资者利益是我们工作的重中之重”放到了主页的醒目位置。但无论怎样，就单从中美两国证监会的介绍中，我们可以总结出，无论是SEC还是中国证监会，其主要的目的都是为了监督管理证券市场，起监督作用。而在实际操作中，中国证监会却发生了不少改变。

郭树清，前证监会主席，2011年年底上任。他以一句“监管很重要，但仅仅强调监管是不够的，好的金融体系不是监管出来的，机构内部的机制、市场结构体系才是最重要的”作为其工作的中心思想，开始了中国证监会的工作改革。在将中国“投机”味道浓郁的A股市场从散户型逐渐转化为“投资”性质的专业投资机构为主的过程中，广东省1,000亿元基本养老基金入市运营，新股发行体制改革，中小企业私募债业务办法，这一条条的工作成绩，都说明白了工作能力的强劲。但是，作为证监会主席，郭树清也干了些他的“分外”之事。

在2012年2月中国上市公司协会成立大会上，他抛出了“蓝筹股显示罕见投资价值论”，仿佛在以一个资深股评人的身份，鼓励投资者进场。他通过分析静态市盈率、动态市盈率，向大众展现了蓝筹股的投资价值，还比较了中国与欧美国家以及其他金砖四国的股票价格，进一步地向投资者展现中国蓝筹股的优势。可是，他的身份是中国证监会主席。

① “What we do”, http://www.sec.gov/about/whatwedo.shtml, 09.17.2013, U.S Securities and Exchange Commission.

② “证监会简介”, http://www.csrc.gov.cn/pub/newsite/zjhjs/, 2012，中国证券监督管理委员会。

如果一个中国监督证券市场的首席执行官公开推荐市场中部分产品的投资价值，不仅会违背其监管的初衷，反而让所有投资者有了一种走后门的感觉。换个角度说，如果由于一名政府官员而导致蓝筹股暴涨，泡沫化严重，这样的责任是不是该由政府来承担？像这样的例子，在中国的证券市场中数不胜数，本应该三缄其口的政府官员们常常越权，试图在中国证券市场中弄一回潮。但这些都体现了中国证券市场的泡沫化，不仅跟经济民生形势有关，也与政府的干预有着千丝万缕的联系。

股市泡沫与投机猖獗的文化性因素

在偌大的股市中，形形色色的投资者性格各异、千差万别。但大致可以简单地分为两类：风险寻求型和风险规避型。对于相同的预期回报率，风险寻求型的投资者会偏向于高风险的投资；而风险规避型的投资者则会选择低风险的投资。是什么影响着这两种人的风险偏好比例呢？

集体主义文化影响

西方的经济学家很早之前就把以中国人作为代表的亚洲群体和以美国人作为代表的西方群体进行了诸多行为经济学的测试，用来研究并确定风险偏好对于人们投资理论的影响，从而推进到对一个国家股市泡沫的预测。无论是奚恺元和韦伯（Hsee & Weber）1998 年的研究测试中对于中国人和美国人在风险偏好上的文化差异[①]，还是在 1997 年 Bontempo，Bottom 和 Weber 的联合期望风险模型中研究的金融风险方面的风险知觉的跨文化差异测试[②]，结果普遍表明了：在随机发生的概率的不同选项中，在金融投资方

① Weber，E.U. & Hsee，C. "Cross- cultural differences in risk perception but cross-cultural similarities in attitudes towards perceived risk". *Management Science*, 44, 1205–1218 (1998).

② Bontempo，R. N.，Bottom，W. P. & Weber，E. U. "Cross-cultural differences in risk perception: A model-based approach". *Risk Analysis*, 17, 479–488 (1997).

面，中国人更偏好高回报并倾向寻求风险，而美国人则更多地考虑投资失败后的后果而忠实于风险回避。

而这一现象的一种可能解释就是集体主义文化和个体独立主义文化的差别。虽然现今的中国社会一直处于人口控制状态，很多家庭都在遵循计划生育政策，作为投资主体的年轻人并没有太多兄弟姐妹，但由于中国的传统影响，即使是独生子女的中国家庭，其家庭成员和亲戚的关系网也依然庞大。最简单的例子就是在中国的言语中，时常将表兄妹、堂兄妹直接翻译成brother and sister，而很少明确地区分为cousin。导致外国人常常惊异地询问："既然你们是独生子女政策，哪里来的兄弟姐妹？"可见，家庭文化在中国根深蒂固。而体现在金融投资上，对于风险的恐惧会被家人的"怜悯"所抵消。所以中国年轻人的投资行为多是以整个大家庭的支持为背景的，提供了所谓的"缓冲"机制。

而相比于中国的投资者，美国投资者则更加独立化。很多美国年轻人从上大学开始，便自力更生，通过申请奖学金和助学贷款，脱离父母的供给，成为独立的经济个体。所以用到金融投资方面，他们的脑海中就很少有"缓冲"机制，失败了就是失败了，无论是在金钱或者物质上，都不会从家人那里得到任何帮助。

案例：奚恺元和韦伯文化差异实验

我们这里引用了奚恺元和韦伯在1998年的文化差异实验结果来举例说明。在实验中，被访者来自中国、美国、德国和波兰。德国和波兰被定性为实验的对比项。实验共设计了12种风险投资方案，将风险态度分解为风险寻求和风险回避两个部分，以均值方差为系数，体现被访者的风险认知度。

两个问题分别为：

1. 为了得到该投资方案的收益，您最多愿意出价多少？（若不想购买该方案，请标0）

2. 您认为该项投资方案的风险认知是多少？（用0–100的数字标出，0指毫无风险，100指风险极大）

其结果为[①]：

国别	风险认知	出价
美国	52.2	$320
德国	47.4	$315
波兰	46.8	$352
中国	41.9	$487

实验结果充分表明了作为中国和美国两个国家的被访者在投资风险上的明显差异。体现了我们之前说的，中美两国的投资者对于风险认知程度上的不同。

股民投资心理

说到股民的投资心理，我们时常在股市中听到“自信”与“幼稚”的比较。其实这两者的转变在中国的股票市场中体现得很明显。作为一个才有二十几年历史的股票市场，投资者们的心理很难说“不幼稚”。如上文所提到的，在经历了八起八落的股市牛熊市转换后，相当一部分的投资者成长了起来。但作为以散户为主的中国股市，这些成长很难成为系统化影响中国股市风险认知的体系。换句话说，散户投资者很难系统地研究自己的投资成败。更多地将自身能力的增加作为成熟的标志，而将失败归结为外界因素的变化。这样下去的结果往往会让投资者变得过于“自信”，从而再次走向“幼稚”。

从我们前文对中国股市换手率的研究就能看出，时而达到 1，000% 以上的奇高换手率，说明了股市中重复投资、短线操作、股民心理波动的情况极为严重。同时也体现了那些处于新手阶段的“幼稚”股民和处于过于“自信”阶段的“幼稚”股民的比重在中国的股市中甚大。举个幼稚股民的真实例子，笔者在北京的一个亲戚在 2007 年年初中国股市疯涨的时候，请假去银行买基金。在排队时，她听到一个“基民”问银行的基金销售员

① Weber, E.U. & Hsee, C. “Cross-cultural differences in risk perception but cross-cultural similarities in attitudes towards perceived risk”. *Management Science*, 44, 1205–1218 (1998).

应该买哪种基金，销售员回答道："我也不知道，你就随便买吧，买哪个都赚钱。"

同时，相比于欧美的股民，中国股民对于如何计算投资上，也体现出明显的差别。这不同的计算方式也体现着不同的投资心理。在欧美，投资者对于投资的基准是概率，这一点在普林斯顿大学教授 Eldar Shafir 和 Robyn A. Leboeuf 所写学术论文"Rationality"① 中就有体现。这样的概率计算方式是很少被社会或者经验因素所影响的。而中国投资者的投资基准则多是凭经验。也就是说，中国投资者常常通过一些基本常识性的经验，去判断是否投资或者投资多少。这就明显体现了理性和感性的区别。而放到金融投资中，就会导致不同投资心理的产生。

男女投资者比例差异

在人们的一般概念中，"男主外，女主内"的思想导致了涉及金融投资方面的"活儿"，就应该多由男子来主持，毕竟一个家庭的命脉就是金钱，而总是拿"大主意"的男人一定就会有更多的投资欲望，而事实真的是如此吗？

其实关于这方面的研究在欧美早就有，在著名学术研究论文"Boys will be boys：gender，overconfidence and common stock investment"中，作者就通过 1991 年至 1997 年间，对超过 35，000 个散户投资者的投资行为分析发现，美国男性确实比美国女性多交易 45%②。而这其中最主要的原因就来自于男性天生的过于自信的特质。而这种特殊的天生特质也正是市场泡沫形成的不可或缺的因素之一。

与此同时，在金融投资界的圣地美国华尔街，通过《华尔街日报》的报道我们也发现，每年新增的男性华尔街工作者的数量相比十年前增长了

---

① Shafir，Eldar，and Robyn A. LeBoeuf，"Rationality."，*Annual review of psychology* 53，no. 1（2002）：491–517.

② Brad，M. Barber and Terrance Odean，"Boys Will be Boys：Gender，Overconfidence and Common Stock Investment"，*The Quarterly Journal of Economics*，Vol. 116，No.1>，2001.06.

9.6%，但女性却减少了 2.6%。[①] 当然发生这样的变化的原因是多样的。比如女性在华尔街金融领域的主要集中行业——清算和行政管理已经大量地被外包或者被计算机取代，而对于体力要求较高的交易和投资工作，女性相对也更难支持。另一个方面，由于“同工不同酬”的情况在华尔街颇为严重，女性在巨大压力下会更多地选择家庭，而放弃在华尔街的工作。但无论怎样，事实摆在眼前，作为全球金融中心的华尔街，男女从业人员差异很大。

但无论是普通的投资者，还是华尔街专业的投资工作人员，这些研究和讨论的背景都是在美国，那在我们自己的投资市场中是怎样的情形呢？

就笔者自己身边的情况来看，仿佛女性的炒股买基金者要远远多过男性。每次去银行或者股票的交易大厅，总是有不少大妈在咨询师身边问东问西，对于那些似懂非懂的金融知识，听得津津有味，传播得头头是道。正是大妈们无论是在证券市场上还是在其他投资渠道中对于投资的不懈追求，才会导致 2013 年英文的词汇里正式收录了“dama”一词。毕竟在现今的中国社会，人们手头的资金富裕了，相比于男性的晚退休与忙碌，大妈们闲暇的时间更多，投资的闲心更多。

但这些表面现象也只是笔者的一些观察和想法，对于中国投资领域的男女分配情况，在学术论文“Individual investors and gender similarities in an emerging stock Market（在一新兴股票市场中的散户投资者和性别相似性）”中，有着相对比较科学的讨论。

文章的两位作者对全国 15 家金融交易的分支机构，51，218 个交易账户信息进行了分析。分别从不同性别对于账户的资产分配情况，总的交易量，家庭偏见，交易密度方面进行了大量的统计和相当专业的数学计算，得出了与美国学者截然不同的研究结果：在中国，女人和男人一样充满着对投资的热情。首先，在中国的投资者中，没有来自于家庭的偏见。也就是说，那种男人主外管财的老说法，在现今的中国社会已经变得无法立足。是女性的地

① “为什么女性在华尔街失去立足之地”，http://www.hongyicc.com/news1_content.php?cid/1020.htm，2011 年 8 月 30 日，沃顿知识在线。

位上升也好，是“妻管严”越来越多也好，在中国的证券市场中，男女比例起码是平衡的。其次，女性在投资规划和行为上，与男性的无显著差异。也就是说，男性和女性天生上自身性格的色彩并没有带到证券市场中来。最后，在女性掌握相关的交易规则和了解市场之前，中国的男性交易次数相对于女性要多，换句话说，就是投资行为在一定时间内更频繁，大概要多出20%①。但有趣的是，当女性也成为市场中的老手后，这样的差别便会消失。而这才是中国市场和美国最大的不同。

但性别对于中国证券市场泡沫与投机的影响问题随之而来，既然在男女性别上没有什么分别，那这是对市场有利的因素，还是不利的呢？如果中国男性投资者的冲动被女性投资者的相对冷静中和了，那听上去还是件好事。但如果在中国，冲动的投机行为也在乎男女性别的话，中国证券市场的泡沫会不会反而加速膨胀呢？

中国权证泡沫与金融衍生品投机

在中国的证券市场中，除了我们上面提到的股票市场，另外很重要的一部分就是金融衍生品市场。虽然中国的证券市场也发展了三十几个年头，但相对于发达国家的证券市场，中国证券市场中的金融衍生品选择依旧不是很多。究其原因，也许在于金融衍生品的高杠杆性、高风险性，让政府担心中国的投资者会出什么幺蛾子。所以在1995年，由于一起臭名昭著的期货操控案件，中国政府彻底关闭了证券市场中金融衍生品的投资。

中国权证投机

金融衍生品的种类众多，按照其原生资产的不同，可以分为股票、利率、汇率以及商品的金融衍生品。之所以笔者想在这里用以股票为原生资产

---

① Lei Feng, Mark, S. Seasholes, “Individual investors and gender similarities in an emerging stock market”, *Pacific-Basin Finance Journal* 16（2008）44–60, 05.04.2007.

而衍生出来的权证作为一个案例向大家介绍金融衍生品的投机行为，原因有二。首先，中国的权证衍生品市场的交易政策氛围是宽松的。权证交易可以按照“T+0”规则进行交易，也就是说，相对于股票市场投资者在卖股票之前，必须至少持有一天的“T+1”政策，权证可以在同一天进行交易。而在政策上，权证交易的跑马费又是很低的，每日价格的浮动限制也相对较宽，同时，由于中国金融市场的特殊性，对于权证产品不能执行卖空的操作，从而无法让投资者或者发放权证的公司从过高的定价中套利。由于这些政策性的规定，让权证成为了诱发金融衍生品投机行为的优质载体。另外一个原因，由于普林斯顿大学的熊伟教授和香港科技大学的 Yu Jialin 教授在“The Chinese warrants bubble（中国权证泡沫）[①]”中，对于中国的权证泡沫问题，有很深入的探究，笔者没有必要另起炉灶。归结于以上的两个原因，笔者希望通过一个权证金融衍生品的个例，与大家一起探讨一下中国证券市场中关于金融衍生品的投机行为。

权证的概念由来已久，在上个世纪初由美国电灯和能源公司引入市场。其存在的意义在于可以让认购权证（Call warrant）的投资者拥有在规定的期间内或特定到期日，有权利而非义务地以特定的价格向发行人购买股票。而认沽权证（Put warrant）则正好相反，其投资者拥有在规定期间内或特定到期日，有权利而非义务地以特定价格向发行人出售股票。而其形式可以分为到期日之前都可交易的美式权证，只能在到期日交易的欧洲权证和按照设定日期和到期日交易的百慕大权证。而在中国 2005 年重新开放权证市场后，总共有 18 只认沽权证，37 只认购权证面向公众发售。其中 39 只活跃在上交所，16 只活跃在深交所[②]。而正是这 18 只认沽权证，将中国的权证市场折腾得翻天覆地。

权证的价值其实来自于两部分，一个是其内在价值，即行权价格与当前标的股票价值之间的差价。另一个是时间价值，或者称之为波动性价值，

① Xiong, Wei, and Jialin, Yu, “The Chinese warrants bubble”, *American Economic Review*. 2011.

② 同上。

也就是说在任何情况相同的条件下，由于越长的存续期给持有者更多的机会得益于股价的波动，所以相应的权证价格就会高。换句话说，当权证越是临近存续期的尾声，其时间价值就该随即归零。而对于如何去确定一个权证的价格，在金融界有对期权定价最为著名的 Black-Scholes 模型。所以说，一个普通权证的价值应该是多少，在理论层面，其实相对好确定。从另外一个角度说，如果权证市场拥有泡沫，也容易从其价值的变化体现出来。而对此，我们就借用“中国权证泡沫”一文中对于五粮液认沽权证的研究，简单地说明一下中国权证市场的投机程度。

首先要说的是，五粮液认沽权证并非是一个特例，它是整个权证市场的缩影，所以其代表性很高。其次，其投机行为的特性又是非常明显，很值得读者一起品味。五粮液的故事是这样开始的。

2006 年 4 月的一天，我们耳熟能详的以造酒闻名的五粮液公司，在深交所发行了 313,148,160 份百慕大式认沽权证[①]。其存续期间为上市起的 24 个月内，也就是 2006 年 4 月 3 日到 2008 年 4 月 2 日，并规定 2008 年 3 月 27 日到 2008 年 4 月 2 日之间的五个交易日作为行权日。当时的股票价格是 7.11 元，而行权价格为 7.96 元。也就是说，在五粮液公司发行这些认沽权证的时候，这些权证都处于实值状态。即如果权证拥有者行使权利，他们可以从市场上以 7.11 元每股买入五粮液股票，然后以 7.96 元每股卖给权证的发行者，从而获得每股 0.85 元收益。

而神奇的事情发生在这之后，从 2006 年 4 月 3 日开始，一直到 2007 年的 10 月 15 日，五粮液股票自身的价格从当初 7.11 元，一路狂飙到了顶点 71.56 元，直到最后认沽权证的行权日结束，也都停留在 26 元左右的状态。也就是说，自打认沽权证发行后的第三个星期开始，这些五粮液发行的认沽权证都就处于深深的虚值状态，再也没能翻身。而尽管如此，并应该变得毫无价值可言的这些认沽权证，却也跟着股票的迅猛势头，从一开始的 0.99

① “五粮液认购权证和认沽权证上市公告书”（1）http://www.wuliangye.com.cn/pages/stockNews.xml?id=137，2006 年 5 月 18 日，宜宾市国有资产经营有限公司。

元的小幅提升，到 2007 年的 6 月，一路增长了 8.15 元，只是在交易日的最后一分钟才跌回了一分钱[①]。

熊伟和 Yu-JiaLin 教授的研究发现五粮液的认沽权证价格已经大幅超出了通过 Black-Scholes 模型计算的权证价格，同时为了进一步确定价格泡沫的存在，教授还发现五粮液认沽权证的价格已经超出了由股票自身价格和每日股票价值浮动限制所产生的理论上限值。但其实作为普通投资者，就单单从这只权证平均 140% 的日换手率和最后一个交易日 1，841% 的日换手率，及其将近 10 亿元的日平均交易量上，就能知道投机行为到底有多疯狂。而更让人费解的是，在 2007 年 7 月左右，由于五粮液股票的大涨从而导致几乎毫无价值的认沽权证单日的交易量可以高至 120 亿元！

无独有偶，活跃在市场中的 18 只认沽权证有 17 只经历了跟五粮液几乎相同的发展轨迹，或者说有过之而无不及。这 17 只认沽权证在其价值几乎为零的存续期间，都拥有着单日 318% 的换手率，12.9 亿元的单日成交量。其中最为疯狂的招行认沽权证，创下了单日 450 亿元的交易量，其单日收益的波动性可以达到我们之前例子中五粮液权证的 2，297%！

所有人都在思考：为什么会有如此疯狂的行为？是不是投机者都存有这样的信念：只要有比自己还“傻”还“大胆”的投机者，价格的接力棒就会一棒一棒地传下去，反正只要自己能赚钱就行。或者说这是因为发行方担心在牛市中的中国股市突然来个大转弯的焦虑所致？可一切正常的对冲行为，都不应该得到这样的实际情况吧。或者说这是中国金融衍生品市场自身机制的缺陷？由于没有卖空机制和异质信念[②]的工作作用，从体制上，权证就会沦为投机载体？这些其实都能解释投机行为的发生，但也不能完全地诠释，而对其原因的思考将会在中国的金融衍生品市场大环境下延续下去。

---

① Xiong, Wei, and Jialin, Yu, “The Chinese warrants bubble”. *American Economic Review*. 2011.

② 异质信念是指在对上市公司未来股票价格的预期上，投资者之间有意见分歧。

世界历史中的证券泡沫

在世界的金融历史中，荷兰郁金香事件、法国密西西比泡沫和英国南海公司股票事件，共称为欧洲三大经济泡沫事件。我们在后面的章节将谈到荷兰郁金香事件。所以在这一章节，我们会向大家介绍另外两个事件，让人们第一次体会“泡沫”的法国密西西比泡沫事件和第一次运用“熊市”、“牛市”的英国南海公司股票事件。

案例：法国密西西比泡沫事件

每一个证券泡沫的发生发展都会有它特殊的背景，而作为证券历史泡沫中的坐标性事件，密西西比泡沫事件发生在17世纪的法国。在经历了与西班牙、荷兰一系列的外战后，继承了王位的路易十五，也继承了路易十四将近30亿里弗尔的政府债务。但另一方面，由于在路易十四时期实行的重商主义国家政策，一套颇为完整的营利性和政治相结合的资本主义经济模式已经建立并完善。再加上世界上最早的公司立法《商事条例》的颁布，核准主义的创立，让当时法国经济的气息中，弥漫着一股浓浓的蓄势待发的泡沫味。

万事俱备，只欠东风。而这东风正是法国历史中的一位经济学家约翰·劳。由于当时的法国政府负债累累，对于市场中的经济又有很强的干预性，经济形势岌岌可危。而约翰则通过将以贵金属为本位制的体系，成功转换成了纸币本位制。在提供足够的通货支持经济的同时，也有利于国家进行宏观调控。也正是因为如此的妙计，约翰在法国倍受政界人士喜爱。

约翰在法国建立了第一家经政府特许的可以发行货币的私人银行，该银行发行的纸币可以用来缴税，这一特惠，让其银行事务蓬勃日上、币值稳定。逐渐垄断了烟草行业、金银币的铸造。随后在1718年被国家收为皇家银行。

而这一切，只是约翰商业帝国建立的第一步。之后，在从法国政府逐渐获得各种贸易特许权后，约翰建立的密西西比公司独揽了当时还是法国殖民地的密西西比河流域和路易斯安那州的贸易权。同时，公司发行的股票可以用国库券购买，第一波投机泡沫开始弥漫。之后，密西西比公司又将贸易的触角延伸到了东印度群岛，中国、南太平洋以及当时很多法国东印度公司的领地。由于垄断性海外贸易带来的巨额收益，让约翰的公司决定新增 5 万的股份，并保证每份 500 英镑的股票年红利 200 里弗尔。市场开始躁动了，据当时的不完全统计，至少有 30 万人参与申请了购买这新增的 5 万密西西比公司新股[①]。

也就是这一片法国民众的购股热情，让当时倍受政界宠爱的约翰有了将皇家银行的纸币和密西西比公司股票联合，实现国家的经济刺激计划，同时解除法国当时臃肿的政府负债问题。一场证券界的大泡沫事件，正式拉开了帷幕。

约翰先是向公众吹嘘了一番公司恢弘的前景，接着分别发行了三次 10 万股的股票。结果可想而知，股票一上市就被抢购一空，全民的发财梦都被寄托在了密西西比公司的股票上了。按照当时的记录，无论男女老少、豪门农民，人人都去抢购股票，股票价格也直线上升。最狂热时，密西西比公司的股价在半年内从 500 里弗尔涨到了 18,000 里弗尔[②]。而之前本应该用来偿还国债的纸币又流回股市，更多的纸币被发行用来配合股票的投机需求。就这样，密西西比公司的股价越炒越高，皇家银行的纸币越发行越多，证券泡沫被越吹越大。

而泡沫破裂的导火索，则是蛮横的孔蒂亲王希望用自己制定的价格购买密西西比公司的股票，却被约翰回绝了。一怒之下，就将自己的所有的皇家银行纸币换成了硬币。与此同时，精明的股票投机商们也明白，股票不可

① Jesse Colombo, " The Mississippi Bubble of 1718-1720" , http://www.thebubblebubble.com/mississippi-bubble/, 06.23.2012, The Bubble Bubble.

② 同上。

能一直涨下去，已经挣得腰缠万贯的他们，也纷纷将纸币兑换成硬币，运到国外藏匿。正因如此，国内的流通硬币一度到了极度匮乏的境地。即使政府推出了各种令人费解的政策，比如禁止使用超过 500 里弗尔的硬币，禁止购买金银饰品，但都无法阻止股票价格的下跌，曾经的密西西比股票神话，已经到了悬崖的边缘。

但政府不愿就此放弃，他们组织流浪汉佯装去美洲淘金，继续发行纸币保证货币流通量。但无论如何，当时全国的硬币价值加起来，还不抵纸币价值的一半。实在控制不了局面的约翰，不得不宣布了股票贬值 50%，同时银行停止了硬币兑换业务。而密西西比的股价，也从当年 18,000 里弗尔的高点，一路倾泻到 2,000 里弗尔，之后一年又跌回原先的 500 里弗尔[①]。一度繁荣的经济随着股票泡沫的破灭被彻底摧毁，法国经济进入了长期的衰退期和重建期。

案例：英国南海泡沫事件

“我可以计算出天体的运动，却难以预料到人的疯狂”。作为历史上最伟大的物理学家，牛顿也经历了当时的南海泡沫事件，所以才有如此的评价，而图 4-4 “牛顿的噩梦”[②] 风趣地呈现了股票是如何让牛顿伤心欲绝的。

与牛顿相同，当时英国社会中，因为这起南海泡沫事件受害的人，上至国王、大臣，下至老弱妇孺。可以算得上一次全国性的证券泡沫事件了。

与法国密西西比事件相似，17 世纪到 18 世纪的英国经济蓬勃发展。长期的兴盛让整个社会的私人资本不断聚集，人们的闲钱越来越多。但当时的投资方法却没有相应增加，人们有钱没地方投资的情况随处可见。而就在这

---

① Jesse Colombo, “ The Mississippi Bubble of 1718–1720” , http://www.thebubblebubble.com/mississippi-bubble/, 06.23.2012, The Bubble Bubble.

② Marc Faber, “Isaac Newton’s nightmare” , http://www.bullfax.com/?q=node-isaac-newtons-nightmare-%E2%80%94-charted-marc-faber, 04.022013, Business Insider.

节骨眼上，通过购买政府债券，换得烟酒商品退税资格，并拥有南美洲贸易交易权利的南海公司，在一片投资者饥渴的需求下，政府 1719 年允许政府债券可以与南海公司股票进行置换，证券泡沫的潘多拉盒子就此打开。

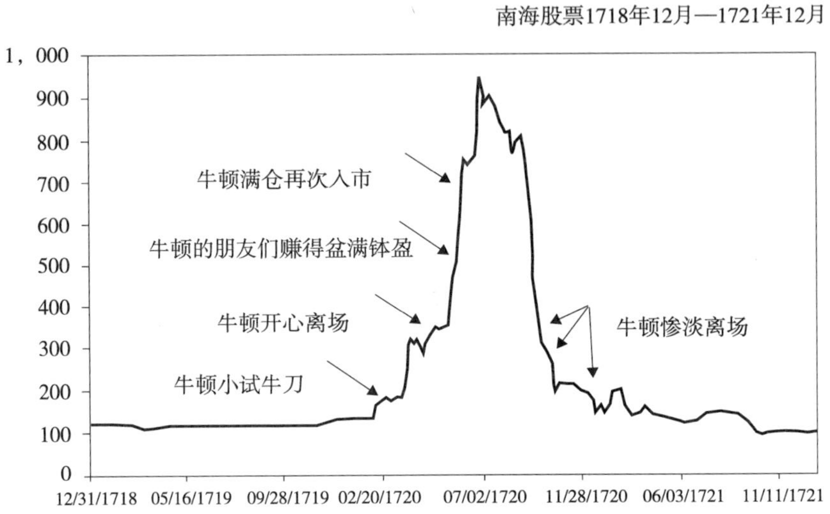

图 4–4　牛顿的噩梦

之后的一年，由于南海公司承诺负担全部国有债务，促使更多股票转换，南美贸易顺利，公众预期上扬，公司的股票已经在政府政策的帮助下，仅用两个月时间，就从起初的 129 英镑涨到了 390 英镑。如此疯狂上扬，让投资无门的人们找到了出手机会。包括当时的参议员、国王都纷纷购入南海公司的股票。到了同年 7 月份，南海公司的股票已经涨到了 1，000 英镑！

而这股由南海公司挑起来的股市热潮，迅速蔓延到了当时全英国所有的股票。投机的人们完全不在乎所买股票的经营范围、状况、负债、未来收益，只要是市场里的股票就买，认定到时候一定能涨，也一定能赚钱。一时间，英国所有公司的股票平均涨了 5 倍！当时的人们是疯狂的，市场也是疯狂的，但庆幸疯狂的环境里，政府体现了一丝理智。

为了控制公司股票和实际价值的严重脱节情况，英国国会通过了著名的《泡沫法案》。法案规定，首先，想发行股票的公司，就必须遵守《合伙法》，即股东要面对公司所有责任，并承担连带责任，如果任何股东被起诉，所有人都要承担法律责任。同时如果不是所有股东都同意，单独股东是不能擅自转卖自持股票的。

正是因为这项法案的出台，让大量滥竽充数的上市公司解散，公众也能稍微冷静地思考一下到底什么样的公司才值得投资。可是这样的冷静却坏了整个市场中的投机气氛，恐惧随即而来。先是自认为是弱势群体的外国投资者抛售南海公司股票，一星半点的下跌就会带领着大量的国内投资者一起抛售。从法案公布的 1720 年 6 月开始，半年后的 12 月股价就一落千丈，从曾经的 1,000 英镑，降到了 124 英镑。随着政府对破产的南海公司进行资产清理，其实际价值所剩无几。众多当初疯狂的投资者，变得一贫如洗，造成了当时英国市场中成千上万人的破产。

而更大的打击是这之后将近一个世纪的股市低迷。人们开始不再相信股市，谈股色变。政府和公司也无法通过任何形式树立人们的信心，无法融资，也导致了经济的萎靡和衰退。让整个欧洲大陆笼罩着泡沫破裂的阴影。

第五章　其他市场泡沫

“给傻瓜黄金，给恶棍力量，让财富的泡沫起起落落；那些播种、育花或种树的人们将超过一切。①”

——J. G. 惠蒂埃（美国19世纪著名诗人）

在众多西方学者的眼中，现今的中国经济本就是一个大大的泡沫。对于中国的经济泡沫何时会破裂的争论，从未停止过。各家众说纷纭，但无论怎样，在近些年的中国投资市场中，那些你曾经想得到的或者曾经想不到的东西，都被统统拿出来泡沫了一把。从大蒜到绿豆，从黄花梨到藏獒，花样百出，无奇不有。但看来看去，归结其中的缘由，无外乎因“物以稀为贵”中的“稀”而惹的祸，才有了今日市场中的多样泡沫。虽然产生的泡沫种类繁多，涉及的物品商品几百种，但归咎其中“稀”的原因，大致可分为“本就稀少”、“囤积居奇”两种类型。

“本就稀少”

这一类物品的投资，本应属于相对合理的投资范畴，例如市场中的黄

① “Give fools their gold, and knaves their power; let fortune ' s bubbles rise and fall; who sows a field, or trains a flower, or plants a tree, is more than all.” —John Greenleaf Whittier.

金、白银、钻石都是通过其存世量的稀少来提高人们对其占有欲的增加，从而达到投资升值的目的。而撇开这些我们常见的投资性商品泡沫不说，就单单以下几个如雷贯耳的投资品种类，就足以显示出本就稀少的东西在中国是如何泡沫化的。

茶

茶在中国，从念出这个字起，就不仅仅代表着饮品。茶传承着中国的文化，中国人的生活理念，甚至可以带着几许禅意。茶的起源说法众多，但无论是来自神农，还是西周，抑或秦汉，好茶自古都是中国人梦寐以求的。笔者能想出名字的就有很多：西湖龙井，洞庭碧螺春，安溪铁观音，信阳毛尖。而从品茶中幻化出的“茶道”，通过茶圣陆羽所著的《茶经》，在中国乃至国际上流传了多年。所以有着实物和精神双重特性的、代表着民族文化的茶，在泡沫横生的今日多少也逃脱不了人们的炒作。

说起茶，人们自然而然地会想到茶马古道。这条曾经连接中西方的商通要道，把茶从四川、云南等地，传遍了世界。而国人只要提起云南，就不会不聊两句自己对于普洱茶的理解。普洱茶也自然而然地成为了今日“茶泡沫”的主角。

通过最早关于普洱茶的记载，武王伐纣的时候，普洱茶就已经成为云南人民进贡的佳品①。通过三千多年的发展，到了清朝，普洱茶的流行达到了鼎盛。有着“夏喝龙井，冬饮普洱”的皇宫传闻。而普洱到了今日，也远远不再仅仅是强心、利尿这么简单的事情，已被医生、商家、百姓贴上了各种神乎其神的功效。减肥热的时候，普洱可以降脂减肥、降压抗硬化。防癌热的时候，普洱可以含有多种抗癌微量元素，防癌抗癌。美容热的时候，普洱又变成了抗衰老的利器，常被称作“益寿茶”。日本核电站泄漏，普洱可以防辐射。全国牙防组出问题了，普洱可以健齿护齿。反正无论怎样，普洱

---

① （东晋）常璩:《华阳国志》，重庆出版社，2008。

有着“兵来将挡水来土掩”之神奇功效。

但相比于这些神奇的功效，曾经关于普洱“比黄金还有升值潜力”的定位，让它不折不扣成为了一种保值的投资产品。笔者家住北京广安门，离北京著名的马连道茶叶一条街很近。也不记得到底是从何时开始，街中的商铺开始大肆张贴“极品普洱”、“高价回收”等标语，吸引着每一个过往的行人。一个个黑饼装的普洱茶饼堆积在每家店铺的门口。只要客人进门，店主二话不说，就让您先品品普洱，之后再说说其投资普洱的经验，或者展示一下“镇店之宝”：几个从清朝就传下来的普洱茶饼。家家如此，店店效仿。感觉全中国珍藏的清朝普洱茶饼都汇聚到马连道了一样。一股浓郁的名为买茶实为投资的风气，大概从 2006 年左右开始风靡全北京乃至全中国。

笔者并非爱茶之人，但也通过文献了解了不少关于普洱茶的基本知识。我们一般在市面上见到的普洱茶茶饼，大部分是由云南普洱地区的晒青毛茶制作而成。在过去都是通过自然的收藏、发酵而形成生茶，是普洱茶的一种初始状态，其实是绿茶的性质。而之后由当年的香港带动，有了今日通过人为作用再发酵加工，从而形成普洱茶熟茶。而两种茶本质是不一样的，生茶作为少加工的代表还是绿茶的本质，而熟茶则更加费事费力，最终形成了我们常见的普洱茶。其实在理论上讲，放置多年的生茶是会自然发酵成熟茶的，那些店家的“镇店之宝”，就应该是从清朝存到现在的老茶叶，不仅营养价值丰富，而且饱含岁月的沧桑，就有了商人宣传时常说的“存茶保值”的理论。

对于普洱茶本身的价值，笔者算是门外汉，但察觉普洱茶销售经营过程中的泡沫，笔者丝毫没有问题。2006 年时，普洱茶标杆产品“大益 7542”曾经卖到过 2.8 万元左右一大件（84 片）的天价。一时间全国各地的普洱茶店如雨后春笋般冒了出来。而2007年就跌到了4，000元一大件[①]。各媒体都在说，这样的黄金茶叶不是用来喝的，只是顺应了“请客送礼”的市场需

① 胡宏伟，李静：“云南普洱茶均价比去年同期下降 50%”，http://finance.sina.com.cn/consume/20080725/06455130645.shtml，2008 年 7 月 25 日，《新京报》。

求。而各有关方面的领导也纷纷表示，这样的普洱茶市场不健康，最终受害的一定是那些种茶的农民而非普洱茶本身。

而事实证明了泡沫的发展全过程，像所有泡沫的炒作形式一样，在2006年年末短短的几十天里，普洱茶就经历一整轮的价格疯涨和泡沫破裂的变局，投资者手里积压了上千万元的普洱茶，而山里曾经的名贵茶叶，茶农们一时间都不愿意去采，毕竟一落千丈的茶叶价格，还顶不过那些人工费用。有人欢喜有人愁。

萧条接踵而至，当年中国遍地开花的普洱茶厂，到了2007年只有200多家，2008年的时候仅存40多家了，更别提2009年时不足20家的窘境①。这让当年疯狂的商家和顾客，一下冷静了很多。无论是像七彩云南之类的大厂家做出的防止炒作、价格公开化的承诺，还是茶商不再简单地根据客户需求一窝蜂地定价，取而代之的是以茶叶产地的季候、产量等更客观的因素适应市场的需求。仿佛一轮沉痛的打击，让所有参与到普洱茶的人理智了很多。

但对于中国的任何泡沫，把它想得过于简单都是太天真的表现。一个又一个的教训告诉我们，曾经的普洱茶泡沫，在几乎没怎么变样的情况下，2011年又一次光顾了全国的普洱茶市场。一时间，天南海北的收茶人带着数以万计的游资，再一次杀回了云南。

当年参与炒作的资金，不再只是担任囤积茶叶、推动茶叶价格上涨的助力。新一轮泡沫中，这些曾经的广东茶商，直接拿着钱跑到老班章的山寨里收茶叶去了。让新茶还没出产地，就一点不剩地都收到他们手中。他们从最原始的渠道控制了全国的普洱茶市场。在对当地茶叶价格的了解中，2011年的普洱茶价格上涨幅度，不亚于2007年的那一回，甚至让很多种茶的农民都来不及惊喜，就糊里糊涂地把茶叶都卖了。

有了之前泡沫的教训，云南当地茶商也没像2007年时“那么傻”，自己也开始随着涨价的风头开始囤货。毕竟在普洱茶的圈子里，谁能弄到些从

---

① “普洱茶泡沫破灭”，http://finance.ifeng.com/money/collection/20101120/2920734.shtml，2010年11月20日，《扬子晚报》。

老班章古树上炒出来的茶叶，再加上游资这么一炒，之前几年经营的阴霾便全都忘到脑后面了，那些泡沫中的惨象也一点都回忆不起来了。

中国的泡沫有时就是这样，炒作者从不担心曾经的伎俩会过时，受害者也总是好了伤疤忘了疼。一轮又一轮，每次都是一样的情景，但人心就像着了魔，只看着利益，不计算代价。让本来传承文化的“茶”，也成了每一分利益中都带着血腥的资本玩具。

黄花梨

这种生长在中国海南、越南乃至同纬度的非洲、巴西等地区的落叶乔木科植物，在现今的中国以及全球市场，以家具、摆件、佛珠等形式，迅速成为了投资市场中的宠儿。但又因其价格成百上千倍的暴增，渐渐退去了其作为家具摆件等物品的使用价值，而正在一步一步地被市场中的泡沫烘托成新的非理性投资品。

作为木种中硬木的代表，黄花梨以木材的身份进入中国人的日常生活中，大致要追溯到明朝晚期。那时海南地区的黄花梨，由于入水即沉、不便于运输的特质，很难通过琼州海峡的阻碍运及北方地区。但随着当时社会中对于硬木家具图案和品质的追求，黄花梨的纹理、香气等特性，让很多达官贵族克服了对成本的忌惮，通过一层一层的运货商，将黄花梨正式推向了中国的上流社会。但以上这一切也只能说明黄花梨成为了家居界中的贵族，而真正的泡沫，还需要现代资本市场的推动。

原料的稀少被视为泡沫产生的基础。被称为黄花梨中极品的海南黄花梨，顾名思义生长在我国海南地区。但由于海南地区的气候状况，台风常常光顾，岛上的树木都以“易折”为特性，不会生长得太高，从而免去了被台风连根拔起的危险。正是因为如此，导致人们很难找到高大的用来做大型家具的黄花梨树。可另一方面，中国人做家具又喜好整块整块的大木料，能做个大桌子，做个大柜子什么的，两方面的冲突，让海南黄花梨的稀有变成了珍贵。与此同时，当年很难被运出琼州海峡的黄花梨，随着上个世纪 80 年代中期，王世襄先生《明代家具鉴赏》一书的出版，一下招来了大批认为蕴含着无限商机的抢货商。海南黄花梨就这样源源不断、前所未有地，一边砍、一边运、一边制作，从海南进入了整个中国的仿古家具市场。可想而知，价格也一定水涨船高。数据表明，直至 2006 年左右“海南黄花梨”新树的彻底绝迹，海南黄花梨的价格已然有了几百倍的增长。

而在另一层面，全世界的拍卖行都在如火如荼地进行古董黄花梨家具的拍卖，也为黄花梨的泡沫增添了不少作料。一对清末的黄花梨对椅，1996 年在纽约佳士得拍卖会的拍卖价格是 10 万美元，而同一件东西到了 2011 年纽约苏富比拍卖会就变成了 280 万美元[①]。2010 年中国嘉德秋拍卖会中的明式黄花梨家具精品专场，60 件拍品收槌共计 2.59 亿元人民币。其中就包括了 4,312 万元的黄花梨簇云纹马蹄腿六桩式架子床[②]。这一系列的天价都在庄严地告诉世人，黄花梨的价值，不能再简单地用家具的美观和使用性来衡量，其内在的金融投资价值，早已成为投资市场中不可多得的高收益保障，其真实的价值远远超出了人们的想象。

但是作为一个“合格”的炒作品，原料的绝迹绝对是个噩耗。所以为了给泡沫的产生铺平道路，市场中必须有推动泡沫胀大的替代品的产生，这也就是之后越南黄花梨、非洲黄花梨，甚至是巴西黄花梨产生的原因。为了持续刺激人们对黄花梨投资的冲动，木材商人们将眼光投向了国外，越来越多的商人跑到越南进口黄花梨，甚至出现了宛如“赌石”一般的“赌树”贸易。而随着专家们一边苦口婆心传授“如何辨别海南黄花梨与越南黄花梨”的讲座一场接一场，市场中对于投资黄花梨家具的热情就又增长了一分。随着商人们费尽周折从非洲、越南、巴西等地运回来各种各样的黄花梨，全世界的人们都了解到了中国人对于黄花梨这种木质黄金的热爱。随之而来的

---

① 邱家和：“价格飞涨 黄花梨家具收藏看什么”，http://finance.sina.com.cn/stock/t/20110422/05449734265.shtml，2011 年 4 月 24 日，《上海证券报》。

② 同上。

是，拍卖行中的黄花梨古董家具的拍卖成交价也越来越高，今天一个黄花梨桌子卖出天价，明天一个黄花梨的椅子被高价收购。黄花梨投资的神话，在最近 20 年里，正在以 400 倍的价格增长速度，一步一步地走向泡沫的顶峰。

最终的惨痛结果可想而知，但来得如此之快，依然出乎了很多人的意料。经历的 2007 年黄花梨的疯涨之后，一年后的 2008 年就已经是黄花梨的没落之年了。起初 9,000 元一公斤的海南黄花梨原料，几十万的家具，在 2008 年，已经到了每公斤 900 元无人问津的地步。成品家具更是沦落到在海口东湖花鸟一条街上被处理出售的境地。一切的一切都呈现着泡沫衰败后的景象。让学过经济的人们，仿佛置身于曾经的荷兰，想起了当年的郁金香事件。

归结其原因，和我们之前讨论过的大部分被神话了的物品一样，游资的侵袭、人们的无知、利益的驱使都是这场泡沫的推手。但在黄花梨泡沫之后，输的输、败的败，作为世界上为数不多用硬木做家具国家的子民，我们是不是该清醒地想想，到底是什么制造了黄花梨的“稀”？只是因为其木材稀少、交通不易吗？泡沫的破灭已经说明了这些并非主要原因。

不难看出，家具作为一种投资品，其艺术性的内在价值要远远超过简单的材质。一件传世的黄花梨家具作品也一定是品质、工艺、艺术等多方面尽善尽美的集合呈现所得。黄花梨这种本就稀少的木材，如果遵循着工匠们的刻刀和时间的打磨，必能焕发出其最高的价值。而那种急功近利的短期投资者，希望通过炒作而获得利益的投资人，是很难真正存活在黄花梨一般的世界里的。

藏獒

如果说稀少，藏獒的“稀”绝对首屈一指。而这里所谓的“稀”，也不单单是数量的多少，更重要的是品种的纯正。这种从雪域高原上降落凡间的东方神犬，在中国的投资市场中曾经掀起了一股不小的“非理性”波动。而这种宠物形式的投资泡沫在世界的投资领域中也算是“别具一格”了。

藏獒二字一进人耳便立刻有了种威严感。无数关于藏獒的故事，曾在我们耳边流传过。无论是“一獒抵三狼”的勇猛，还是“九犬一獒”极端的生存状态，藏獒都被我们一次又一次与勇敢忠诚的战士画上了等号。也正是中华民族对于“求贤若渴”、“忠贞不渝”精神的推崇态度，让藏獒成为了一种极具驯养价值的特殊犬种。因此，投资泡沫找到了其最好发展的载体：人们对于稀少的热爱。

现今的藏獒市场，有着种种关于纯种藏獒的说法，有些人说存世的纯种藏獒有 400 多只，这数据来自较为官方的说法。有些人说纯种藏獒不过十余只，藏人喜好放养藏獒，从而使得藏獒很容易与高原的其他犬类杂交，血统很难得到保证。同时大批大批的藏獒被藏獒爱好者或者藏獒投资者从高原带到了平原，气候的变化、繁育机制的不正规，导致更多的藏獒被串种了。更有悲观论者说，纯种的藏獒早已绝迹，不要自欺欺人了，其繁殖后代的基因不稳定，很大程度说明了这一点。正是这一种又一种关于稀少的说法，让各种所谓绝世精品的纯种藏獒身价倍增，被当作珍宝对待。

其中较为新闻化的例子便是藏獒界无人不知的神犬“赤古”。“赤古”在藏语中有王中之王意思，可见它在藏獒界中的地位之高。这位住在文成公主庙的青海省旅游大使，从两岁起就有稳定的“工作”，一天被人参观 8 小时，一个月工资 3,600 元。一年能为青海玉树藏族自治州带来 1,000 万到 2,000 万元的旅游收入。有着这样功勋战绩的“赤古”每一次离开青海，展览也好、交流也好，都要得到青海省政府的批文才能批准。坊间传言一位北京獒园的园主，通过各方关系的疏通，才有机会花上 200 多万元，让赤古在自己的獒园住了一个月。

另外一方面，由于大家对于纯种的追求，能让自家的母藏獒与赤古交配，已然是个事半功倍的好方法。所以到了每年藏獒的交配季节，赤古家外排队求亲的队伍延绵好几里地。在赤古的子女中，也不乏优秀幼崽身价高达 200 万元的传闻。就这样，一代神犬“赤古”的地位就此建立。人们与对能找到一条像赤古一样价值不菲的藏獒的想法，也越发变得根深蒂固。所以除了赤古，在藏獒界也有着自己的十大神犬排行榜和对众多“神犬”的身价定位。来自藏獒价格网的数据如下：

赤古	目前无价（最贵狗崽 200 万）	小王子	4,000 万	藏獒红利	3,000 万
黑狼	3,000 万	中原	2,000 万	獒王	390 万
江源霸主	380 万	藏獒西疆	800 万	藏獒雄豹	1,600 万
藏獒金蛋	3,000 万	西部一号	400 万	金毛狮王	1,000 万
天龙	120 万	雪狮	200 万[①]		

也正是这些神犬的存在，带动着整个藏獒投资领域的发展。

自 2006 年起，一个个当年青海玉树地区的贫困户，接连因为藏獒发了家。一次交配 2 万的价格，一只看似普通的藏獒几十万的身价，一些品相较好的藏獒开口就要几百万巨额的利润让整个藏獒界蠢蠢欲动。大量的藏獒商涌进玉树，开始了“非理性”投资的第一步，掠夺。投资商们将自己认为优秀的藏獒，高则几百万，低则几十万，源源不断地从高原带到祖国的内地。藏民们虽然在起初的藏獒买卖中也屡有博得高价出手的，但随后也会考虑到养殖的风险过大，竞争对手过多，最终也发展成了能出手的就赶紧出手的局面。

藏獒最初从玉树流传出来的时候，价格并不昂贵。但自从出了藏区，等待这些神一样的藏獒的不仅有一道一道的贩运商，还有各类“专家”的点评，以及参差不齐的藏獒大赛，在这一番折腾之后，当初几十万，甚至价格更低的藏獒，便能摇身一变，成了上百万的名犬，而这其中的泡沫利益，养活着投资网中一层一层的投资者。

而泡沫的产生总伴随有导致其破灭的导火索，对于藏獒也不例外。首先，藏獒在很多年前已经作为外交礼物，从我国西藏以及尼泊尔地区传到了欧美等地。在西方经历了长时间的科学繁育养殖之后，所谓的“美系藏獒”

① 数据来源：“纯种藏獒价格”，http://www.zangaojiage.com/zangaojiage/6175.html，2010 年 8 月 3 日，中国藏獒价格网。

已经逐渐趋于遗传的稳定，也成为了国际各大犬协会的参赛狗种。而现有的中国藏獒，由于基因的不稳定和无序的繁殖，导致了其后代品相的极大不稳定，也大大增加了投资藏獒的风险和难度。另外，由于中国人对于藏獒的理解和审美与西方人有着很大的区别，中国人养殖的藏獒很难进入国际主流犬协会比赛，除了自我消化以外，很难走出国门。其次，作为人类的朋友，人们养狗的初衷来自于喜爱并非交易，一条动辄价格上百万，除了上亿身家的人之外一般人都很难承受这样的价格。

那这些百万名狗存在的意义又是什么呢？更多是为了投资而不是爱好，正是这种对藏獒买卖初衷的改变，让其非理性投资的性质变得更加坚固了。最后，人们喜爱的藏獒是高原上神话般的勇士，可以对主人忠心耿耿、保护家园。但随着人们对其投资价值的追求，怎么让藏獒好看、怎么让其拥有更多的商业价值，成了左右藏獒投资的重要因素。当垂落的下颚无法再撕咬对手，憨厚的身形无法再急速奔驰，藏獒的美便无从谈起，价值也就随之削减，这也是导致泡沫破裂的最终原因。

可以试想，当藏獒泡沫破裂时，市场中已然出现了几百元的廉价藏獒。人们再不关注当年的马家军领头人马俊仁是如何养殖藏獒，如何对藏獒寄托热情。而对于真正藏獒的渴望逐渐都转移到了杨志军先生的小说《藏獒》和何马先生的小说《藏地密码》中时，剩下的对于非理性投资的思考，却让我们从藏獒的身上找到了很多答案。

投资的目的是为了低买高卖、获得利益，这个无可厚非。但是在选择投资品时，会不会由于投资行为本身的影响，就改变了投资品的内在属性，从而失去了投资的价值呢？一个在雪域高原存活了几千年的神秘犬类，在藏民们质朴的既能发家致富，又能延续物种的理想落空后，被划入了非理性投资的范畴，实属可惜。而那些为了追求更高利益的、商人手中的藏獒，还是不是我们认为的藏獒了呢？这些都无法肯定。但可以肯定的是，在藏獒的投资中，由于非理性泡沫的产生，导致了当初美好的愿望需要从头再来、从零开始了。

“人为囤货”

有些商品生出来就被扣上了大众货的帽子，由于其产量颇高、价格颇稳定，很少有人将它们作为投资品来看待，更别说非理性的投资品了。但内心的浮躁和对财富的渴望，让很多人很容易就打起了歪主意。而延续着几百年亘古不变的传统方式——囤积居奇，便成为制造泡沫最好的方式，横行在中国的非理性投资市场中。

大蒜

不知道从何时开始，这个在西方用来吓唬吸血鬼，在中国厨房里永远都是配角的大蒜，成了投机者的香饽饽。也不知道从何时开始，小时候被妈妈大把随意种到水中，等着吃蒜苗的大蒜，变成了在现今在超市里按颗计算价钱，让主妇们望而却步的高级食物。不禁感叹，这个每天在厨房里被用来大火炝锅的大蒜，终于翻身农奴做主人，成为左右中国人生活的投资品。

这股“蒜你狠”的风暴起始于2009年年初。民间传闻这场风暴的源头来自于几个大蒜重镇——山东金乡的装卸工人。他们以近乎甩卖的价格——每公斤0.24元，购入了七百多吨大蒜，在短短的几个月后，便以每公斤5.6元的价格出手，成了名副其实的暴发户。从此算起，这场甚至惊动了BBC的中国大蒜泡沫，正式从厨房走向了投资交易大厅。

导致大蒜价格起伏的原因很多，有些听上去正常，有些听上去有趣。2007年2008年两个年份，对于种植大蒜的农民来说都是小年。价格的持续低迷、不升反降的销量，让蒜农和经销商都蒙受了重大的损失。很多丧失信心和勇气的蒜农看到种蒜没了出路，就开始削减大蒜的种植面积，换上了其他农作物的品种。而对于2009年的市场来说，大蒜的供应就自然而然地减少了。这是大蒜价格抬头的主要原因，但其作用范围，却只应该是从曾经不合理的0.24元，涨回历史同期的价格——2–3元。

可不得不说时势造英雄，平凡的大蒜在那个年头偏偏赶上了“甲流”的爆发。由于有了当年 Sars 的爆发，这一次的全球性甲流疫情，也被各方特别关注。不知道是从哪个媒体透露出来的还是那位糊涂专家的胡言乱语，大蒜成了预防甲流的先锋军。“每日午饭学生必吃”、“超市大蒜被抢购一空”、“机关单位企业一次性集体采购大蒜”，在新闻媒体的推动下，大蒜的供求关系再一次被打乱了，价格的进一步上升也在所难免。

商人对于利益的嗅觉是超乎于常人的，当发现有利可图时，往往以惊人的速度、超人的胆识干起不为人所知的勾当。能防住甲流的大蒜也无法消除囤积居奇这病毒。大量游资开始进驻大蒜华尔街金乡。储存大蒜的冷库如雨后春笋般兴起。收货商开始大量从蒜农手中收蒜，3 元，4 元，5 元，一路涨了上去。使得本来减产的蒜农们在核算腰包后发现，不仅没亏反而赚了不少。与此同时，经销商也开始憋足力气，打算将前两年的亏损随着这一波“蒜你狠”的高潮都一并赚回来。

对于有点经验的老经销商来说，持续的价格上涨是可以被群体的人为作用所控制的。大家有了蒜都不出手，都存着，让市场上对于大蒜的需求空前高涨，制造出扑朔迷离的假象。就会有人继续叫卖，继续高价进货，继续不出手。就这样，大蒜带着人们的质疑与期望，一路高歌猛进，从 5 元每公斤涨到了 13 元每公斤。这也就是为什么大蒜能成为当年 BBC 对于中国投资市场的分析对象，也就是为什么一个普通的日常厨房辅料能成为全民话题的中心。

由于在外国大宗商品交易市场中，买空卖空、期货 / 远期之类的金融衍生产品等各项机制相对健全，蒜农、经销商、消费者三者间是一种相互制约、相互发展的状态，保证了商品价格的稳定。而在中国，囤积居奇之后的惨景要比当年赚钱时的窃喜惨烈得多。13 元的高峰还没持续一个月便瞬间跌回了谷底。所有人都说这是游资撤离导致的恶果，也说这样的跌落其实是更好地回归理性价格。但一波未平一波又起，一年之后的 2011 年，刚长好了伤疤就忘了疼的大蒜经销商们，就又开始了一波几乎一模一样的大蒜投机战。

作者有时不禁想问，到底是因为什么让大蒜成为了这一次又一次泡沫的载体？中国的游资那么多，从银行出来的贷款那么大，为什么就都投到了大蒜上？或者说，其实大蒜就仅仅是大蒜，换成辣椒、白菜、胡萝卜也都是一样的结果？中国人就喜欢这样，一亏一赚地折腾自己？前一年的减产就预测不到来年的起势？来年的起势就不会防范后年的低谷？无数个问题萦绕在看似简单的大蒜投资市场中，就这样一年一年地流传了下去。

绿豆

如果不是为了用特殊的案例更方便向大家阐述囤积居奇的效果，笔者更希望用农副产品来代替绿豆二字。无论是之前说的大蒜还是我们即将谈论的绿豆都不是个例。相同的叙述、相同的手法换成任何一种中国农副产品都是说得通的，行之有效的。只不过一些机缘巧合让绿豆成了人们心中农副产品非理性投资的替罪羊。

对于绿豆的关注来自一期央视的节目。隐蔽的摄像机对准了东北绿豆经销商大会的主讲台，一位身形健硕的穿白衬衫的男子，用低沉有力的声音跟与会的众多经销商们讲着："手里的绿豆先放一放，等价格再涨一涨，这对大家都是有好处的，谁不想卖个好价钱呢？"像这样目的明确的经销商大会，不出意外，应该在大江南北的很多地方都在召开着或者说上演着。对于一个经销商来说，自己手中的那几十吨、几百吨绿豆的卖与留，很难对整个绿豆行业产生什么影响。而通过这样的经销商大会、通过一个人的鼓动，将所有人囤货的想法集中起来，将成千上万吨的绿豆捂货惜售，这样产生的影响体现在百姓们的生活中就是：绿豆贵死了。

在中国，囤积居奇的例子数不胜数，手法也千篇一律，过多的讨论过程已经变得苍白无力。不如分析分析是什么导致了像绿豆一样的农副产品一次又一次地用囤货这一种招式，搅得整个中华大地不得安宁。

不健全的运营监督机制一定首当其冲。19 世纪初的美国，农副产品的价格波动也困扰着整个社会，交易的无序、价格的随意都让当时的交易商们怨声载道。但是在无奈中，由 82 位谷物交易商自发建立的芝加哥期货交易所的出现有着划时代的意义。随着 1865 年交易所开始采取标准期货合约的形式进行农产品的交易，美国农副产品市场形成了以期货交易为主，其他多种交易方式并存的科学合理的体系，从而形成了国际上公认的农副产品基准价格。也正是这种通过期货交易方式，体现了交易者们对于未来农副产品走势的预期，反过来指导了农副产品自身的价格变化。同时，这样的市场相对透明，不同交易商的交易价格都在大屏幕上显示得一目了然，增加了公平性，也得到了交易中的各方以至于市场的认可。现今的中国三大商品期货交易所中，上海期货交易所主要经营金属期货，剩下的大连、郑州商品交易所主营一些农副产品的期货交易。我们还没能有效地建立让大多数农民、交易商、市场三者衔接的机构，无法通过设立保障金、建立清算所（clearing house）等方式让农副产品的交易变得更透明，风险更可控，从而监督并控制囤货行为的发生。

其次便是中国生意人鼓起的腰包。坊间戏言，真正来炒绿豆的都是温州的太太们。平时在家闲来无事，老公们都拿着大钱去炒房地产或者工业原料去了，太太们就用些闲散的小钱炒些平时常能见到的主妇产品，例如说绿豆。而对于这种在温州商人眼里的小打小闹，不用多少钱，就能让整个绿豆市场变得混乱不堪。其实大概的方法网络里传得很多：太太们用市场价从经销商手里大量收购市场中的绿豆，然后再用低于市场的价格卖回给经销商，例如 2 元的市场价，他买个几亿元的，再用 1.5 元卖回给市场，看似亏了但其实制造了市场上绿豆供应充足的假象。之后太太会依然用市场价买进，低于市场价的价格抛售，反复几轮之后市场中整个绿豆的行情都会下降，原来 2 元的市场价也会不得不由于绿豆供大于求的假象而下调。同时人们也会急于出手手中价格不断下降的绿豆，放松了有人肆意囤货的警惕。等到价格降到太太们认为可以开始炒作的时候，一场血雨腥风的投机战即将拉开大幕。

太太们将会用下调的市场价格开始大肆收购绿豆，随着价格上涨，反而增加囤货的力度。之前被绿豆价格害惨了的其他经销商，在看到绿豆价格上升之后，不由自主地开始跟着收货存货，好让价格再高一些赚回自己之前的损失。一群本没有打算囤积的经销商，就这样被太太们的游资带进了囤积居奇的勾当。整个市场就会在一天一天高涨的价格中最终趋于疯狂，就在游资们继续进行着这样又买又卖的行为时，绿豆的价格涨到了每公斤 13 元。这样的价格之恐怖不言而喻。但更恐怖的是之后太太们游资的撤离。

虽然国家在积极地制定关于囤货、哄抬价格等方面的规定和办法，但如何去界定是否囤货，是否达到囤货的标准是件困难的事情。更何况绿豆价格的上升是个缓慢的看似供应需求上的正常现象，但价格的下跌则是瞬间的，无法合理控制的。惨烈的状况也让经销商、农户们无力抵抗。不到一个星期的时间，绿豆就从 13 元的高价又掉回了 2 元的曾经的市场价，中间大部分利益都让太太们带走了。

最后一个特点，便是中国社会里的那些妖怪们。如果说在众多农副产品中，为什么偏偏挑中了绿豆来炒作，笔者猜想这与它自身的“本领”也有很大关系吧。就在绿豆价格持续上涨但缺乏后劲的时候，一个叫张悟本的“中华神医”突然跳了出来，成为了一些中医养生节目的主角。他的一套“绿豆养生”理论立刻传遍了大江南北。“绿豆能治病”，“绿豆能抗癌”，“绿豆想干吗就能干吗”，已然成了高价绿豆叫卖的口号。那些在家没事看电视的老年人和主妇们，为了能保证疗效，即使绿豆的价格都从几块钱涨到了十几块钱，依然毫不吝惜，反而挑优质的、贵的买。不出意外，最终这名“中华神医”没能逃脱牢狱之灾，但平心而论，每每到某一种产品价格飞涨的时候，都会有这么个妖怪理论出现。无论是之前的大蒜能防甲流，还是现在的绿豆包治百病，在让人们好笑的同时，也总有让可怜的老百姓听信谣言助长炒作的功效。

第二部分

骗子—傻子

第六章　庞氏骗局

“这个世界可以满足人的需求，但无法满足人的贪婪。[①]”

——圣雄甘地

没人喜欢骗子，更不愿意被骗。但如果被问及“你是否曾经骗过人？”，我想多数人的答案都是肯定的。这并不可怕，“骗”在生活中随处可见。但是将骗提升到“骗局”的境界，并不是人人都有这样的能力。你也许听说过法国人拉斯提格将埃菲尔铁塔“倒卖”了两次的故事，也知道著名的骗术大师德马拉，但是在金融的世界里，说到骗局，人人都会点头一笑，异口同声的说：“你是要说庞氏骗局吧？”

对，虽然起了个洋名字，但庞氏骗局的触角已经渗透到现今中国社会的方方面面。就在笔者编写庞氏骗局这一章的时候，笔者自己的一位亲戚就正深陷庞氏骗局的泥沼中。2013 年夏天，笔者未曾想扮演了一回大款、平生第一次到公安局报了案，并促使警方了解到了一个大型的投资骗局[②]。笔者的一位退休亲人将自己的养老钱以 22% 的年利率借给了一个名叫“广州亿品电子科技有限公司”的企业。笔者通过网上研究，发现这个广州公司声称

① “There is a sufficiency in the world for man’s need but not for man’s greed.” —Mahatma Gandhi.

② 针对该骗局的具体描述发表在《上海证券报》：阎志鹏，“不要忽视眼前的大猩猩——投资风险与骗局”，2013 年 8 月 26 日。

自己是广州亿品电子科技有限公司旗下的品牌，是集研发、生产、销售为一体的现代化高科技集团公司，公司核心业务是电离子热水器，目前旗下拥有5家分公司，分布于西南、珠江三角洲等地。不仅如此，该公司产品已经拥有了自主研发专利技术，并先后通过了ISO 9001国际质量体系、GS等多项权威机构认证，以至于在国内获奖无数。

但是，就是这么一个听上去极其靠谱的公司，网站上显示的公司车间环境、办公环境等照片毫无一人。车间里只是放了两长溜桌子和椅子，桌子上空空如也；办公桌上没有任何东西，没有电脑、没有纸笔。为了进一步确定自己的疑问，笔者装作投资者，亲自走了一趟这个为众多退休职工带来“福利”的公司。到了办事处，一位经理接待了我。一上来就问我怎么知道这个公司的，我说是邻居介绍的，我刚从北京回到老家，有些闲钱想投资。经理非常警惕，一直和我讲他们的热水器，讲他们想如何做大企业，并告诉我公司8月2日刚刚在当地开了一家专卖店。

“我对实业投资不感兴趣，我是听说你们有融资产品才过来的。”我直接地切入主题。

“我们公司正处于高速扩张期，想在接下来的几个月再开几个专卖店，确实需要些资金。”

“年利息率多少？”

“20%。”

“我朋友说是22%。”

“那是我们做促销时的利率。”

“如果我投一百万呢？利率能否高点？”

“我们公司能够给出的最高利率是24%。如果您感兴趣，我这里有一份购销合同，您看看？”

“难道不应该是借款合同吗？”

“我们前些日子是用借款合同的，但现在改用购销合同了。您投了钱后，我们会将与您投资额等价的公司产品放在您那里作为抵押，一年以后您拿到本金后，将产品归还给我们。”

“哦，据我所知现在的实业非常难做，能够有 10% 年利润率已经不错了。你们怎么能付出这么高的利息？”我试探性地问道。

听到这个问题，经理立刻警惕了。他说，“公司现在扩张得厉害，公司董事长是四川人，最近在成都收购了四家酒店。您也知道现在民间借贷的行情，没这么高利息，融不了资。”

话说到这里，作为明眼人的读者都能感觉到：一个非金融机构向社会不特定人员吸收资金并公开承诺回报是典型的非法集资行为。但剖析开了如此显而易见的骗局，为什么让那么多大妈大爷“执迷不悟”呢？其实这也简单。

首先大部分骗局中的投资都是被“前人”介绍的。笔者的亲戚就是因为一位认识多年的老朋友介绍，参加了公司的宣讲活动。300 多人的大会，一手一张兑奖券，有人拿米，有人拿牛奶。除了这些小恩小惠，甚至还要组织集资者去珠海、澳门旅游，参观广州公司总部。对于这些退休的大爷大妈们来说，这些“小恩小惠”特别能蛊惑人心。其次，公司真的会带投资者们参观广州的公司总部，但时间永远定在周末。设立各种各样的优惠活动，投资 1 万元可获 300 元现金大奖，还有一袋大米。22% 的年利率，每个月发一次。如果投 1 万元，每月可拿 183 元；如果不拿月息，一年后可拿 13 个月利息。而且在笔者发现骗局之前，公司确实按照合同每月支付着利息。最后，作为几乎没有任何金融投资知识的老年人们，手里也因为房屋拆迁，子女补助等等原因有了些资金。觉得自己依旧有投资判断能力的老人们，也不像年轻人这样，可以上网查，可以跟同龄人交流，所以在利（息）的面前，他们忘记了本（金）。

直到笔者到当地公安局报案，接待笔者的民警都惊讶我们能这么早来报案，毕竟像这样的骗局往往会撑很久才会露出马脚。像这样的庞氏骗局，在现今的中国非常猖獗。当天笔者就从警局得到答复，这个广州公司的董事长早在今年 6 月就在广州因非法集资被警方抓获了，而其下面的爪牙依旧还胆大包天地打着公司的旗号、他的名头在千里之外继续行骗。

这番絮叨之后，您是否觉得庞氏骗局其实就在我们身边呢？不仅如此，庞氏骗局在金融的长河中，也从没离开过人们的视野。

庞氏骗局是一个名叫查尔斯·庞齐（Charles Ponzi，1878–1949）的投机商人“发明”的。查尔斯·庞齐是一位生活在19–20世纪的意大利裔投机商，1903年移民到美国。他在美国干过各种工作，一心想发大财。他曾经在加拿大因伪造罪而坐过牢，在美国亚特兰大因走私人口而蹲过监狱。经过美国式发财梦十几年的熏陶，庞齐发现最快速赚钱的方法就是金融。1917年，他注意到第一次世界大战给各国的经济带来了巨大的混乱，觉得有机可乘。于是，从1919年起，庞齐隐瞒了自己的历史来到了波士顿，开始策划了一个阴谋。

他在波士顿开设了一家所谓的“证券交易公司”，这实际上是一个子虚乌有的企业投资。但是庞齐向外界宣称该公司将从西班牙购入法、德两国的国际回邮优待券，加上一定的利润转手以美元卖给美国邮政局，以此赚取美元与战后货币严重贬值的法、德两国货币的“价差”。他许诺投资者两个回报率：45天的投资回报率是50%，90天的投资回报率是100%[①]。事实上这个计划根本赚不到钱，只要懂一点金融知识、理性的投资者都应该意识到在这么短的时间里有这么高的回报率是不可能的。但是人们的欲望是无止境的，还是有些人冲着50%–100%的回报率去尝试投资。让那些初期投资者感到狂喜的是，他们如期获得了红利。狡猾的庞齐把新投资者的钱作为快速盈利付给最初投资的人，以诱使更多的人上当。

这一难以置信的高额利润很快就一传十、十传百。庞齐成功地在一年内吸引了数万名投资者，累计获得的投资就超过了1，500万美元[②]。当时的庞齐被一些愚昧的美国人称为与哥伦布、马尔孔尼（无线电发明者）齐名的最

① Dunn, Donald Ponzi: The Incredible True Story of the King of Financial Cons (Library of Larceny) (Paperback). New York: Broadway, 2004.

② Zuckoff, Mitchell., “Ponzi’s Scheme: The True Story of a Financial Legend”. New York: Random House, 2005.

伟大的三个意大利人之一，因为他像哥伦布发现新大陆一样“发现了钱”。庞齐住上了有 20 个房间的别墅，买了 100 多套昂贵的西装，并配上专门的皮鞋，拥有数十根镶金的拐杖，还给他的情人购买了无数昂贵的首饰，连他的烟斗都镶嵌着钻石。

后来由于波士顿媒体的报道造成新投资者对公司的质疑和观望，使公司没有新的资金来源去支付先期投资者的利息。1920 年 8 月，庞齐破产了。庞齐只好关掉店门，带着数万名投资人的毕生积蓄逃之夭夭。被利益冲昏头脑的人们这时才清醒过来。

其实作为现代人的我们，这种“庞氏骗局”在生活中或多或少都有所耳闻。简单地用中文成语形容，就是“拆东墙补西墙”和“空手套白狼”的结合体。其最基本的设计无外乎为：第一，向投资者许诺一个高回报、低风险的投资项目。第二，向潜在的投资者体现一下自己这个投资的优越性，神秘兮兮地编个故事，满足贪婪人们的好奇心。最后，一定也要吹一通牛，说说自己的投资项目是多么独特，过了这村就没有这店了。

周而复始地利用新投资人的钱来向老投资者支付利息和短期回报，以制造赚钱的假象，进而骗取更多的投资。可支付给投资者的回报，并不是从企业赚取的利润，而是随后的投资者支付的金钱。所以一个庞氏骗局要想保持下去，就必须不断地宣传和吸引更多新的投资者，不断增加资金的流量。我们简单地举个例子，从数学角度分析一下。

假设你和你的好朋友说“我知道一个特别好的投资，只需要 100 元的投资，3 天之内可以翻一倍。”你的好朋友相信了你，给了你 100 元。而你下一步需要做的就是找到另外两个朋友，如法炮制，让他们每个人也“投资”100 元给你。 你自己留下 100 元，然后把余下的 100 元给你的第一个朋友（金字塔顶部的人）。 为了支付你许诺给在金字塔第 2 层的朋友每人 100 元利润，你要做的就是找到另外 4 个人进来投资。然后如法炮制，吸引更多的投资者进来。只要后面有足够多的投资者，金字塔就不会倒塌。 但是这在数学上是不可能的，在上面的例子中：

金字塔第一层：1个人

金字塔第二层：2个人

金字塔第三层：4个人

金字塔第四层：8个人

金字塔第五层：16个人

金字塔第六层：32个人

金字塔第七层：64个人

金字塔第八层：128个人

金字塔第九层：256个人

金字塔第十层：512个人

金字塔第十一层：1,024个人

……

以此类推，当金字塔达到第30层的时候，你需要每个中国人都加入才能维持这个骗局。

看上去结构不能再简单的一个骗局，居然成为了一个金融史的重要课题，在笔者撰写这一章的时候，心中总是有各种各样的问题浮现，是什么样的人能制造这样的惊天骗局？他们干了什么？能让这么多的人心甘情愿被骗？又是什么样的人被这看似简单骗局骗得倾家荡产？骗局中人性的比例占多少？技术的比例又占多少呢？

庞氏骗局的设计

亘古不变的高回报、低风险

只要是有点金融常识和社会经验的人都能理解对于大多数投资而言，预期收益越大，相应的风险也就越大。而对于那些没有太多投资经验、缺乏金融理财知识的老百姓来说，风险小的投资往往换来的是不多的收益。但这条既容易理解，又容易实现的理论，在贪心的人面前总是不那么完美。难道世上就没有高回报、低风险的投资？有，当然有，在庞氏骗局的世界里，处处都是“高回报、低风险”。

庞氏骗局的鼻祖威廉·米勒（William Miller），一个24岁的记账员，就曾用一个星期10%的回报率①，让催债的债主留下了100美元用来“投资”。一年52周，那岂不是一年有520%的回报？我们之前提到的庞氏骗局的命名人，也是用45天投资回报率50%、90天的投资回报率100%②这样的回报率创造了不可思议的高回报的世界。同样的案例在国内也屡见不鲜，您是否还记得当年电视里天天播放的一则广告。即使你不记得什么是蚁力神，也会想起来赵本山一副神秘兮兮的样子。当年红遍大江南北，宣传得天花乱坠，又能延缓衰老，又能改善睡眠，捎带手还能解决男性生理问题的神奇胶囊，投资的年收益能达到30%以上③。曾经打着植树造林大旗的“亿霖木业”，也借着葛大爷亲切的笑容，为投资者提供了将近40%的年回报率④。

现今的社会中，“泡沫”随处可见。我们之前提到了房地产泡沫，只要在一线城市买套房，放上几年卖掉就能换来成倍的利润。疯狂的民间借贷背后，也是月息10%，甚至更高的投资回报率。更何况现今的电视报纸中，常常可以看到有人用2元钱买彩票，中了500万的大奖的消息。老百姓的生活中随时都在发生“高得离谱回报”的奇迹，那从庞氏骗局投资者们的角度来看，凭什么就不能相信：这些轻而易举、唾手可得的钱财，这次就该轮到我了？

被庞氏骗局蒙骗的受害者中，不仅仅有缺乏金融理财知识的老百姓，不少高智商、高收入的金融精英们同样也躲不过骗局的诱惑，在著名的马多夫庞氏骗局中，马多夫将矛头指向了各大银行以及犹太俱乐部中的精英们。

---

① Swierczynski, Duane: *Frauds, Scams and Cons*. Penguin, 2002.

② Dunn, Donald Ponzi: *The Incredible True Story of the King of Financial Cons* (Library of Larceny) (Paperback). New York: Broadway. 2004.

③ 宁波商务法律服务网，“中国非法集资大案”，2008年12月30日，《世界经理人杂志》。

④ 黄长满：“亿霖木业集团近日被要求停业调整”，http://news.sohu.com/20060612/n243693351.shtml，2006年6月12日，《江苏商报》。

虽然马多夫只将骗局的投资回报月利率定在1%-2%，（虽然这样的年化利率依旧很高），但是他承诺："不管金融市场形势如何变化，其投资回报率每年如此。我在上涨的市场中赚钱，下跌的市场中也赚钱，只有缺乏波动的市场才会让我无计可施。"对于精英云集的犹太人乡村俱乐部的成员，对于美国甚至欧洲的专业机构投资者，对于很多精明无比的对冲基金管理者来说，这听上去相对合理的回报以及以马多夫名声担保的带来的所谓的低风险，让他们一个个陷入了庞氏骗局的泥沼，与此同时，也使整个庞氏骗局的泡沫越吹越大。

那就不可能有高收入、低风险的投资了吗？那我见到的那些真实的投资都是怎么来的？这样的投资一定没有，而那些看似真实的投资其实很好操作。我们就以国内现在火得不行的艺术品基金作为例子，给读者分析一下。

说起中国的艺术品基金，还是近两年的事。过去我们只是听说，某某大集团或者哪个大家族，出手阔绰，在佳士得买了幅字画，拍了件玉器。其根本不过是比谁更有钱，谁更有眼光，谁喜欢什么样的古董。但在2007年之后，一个陌生的名字进入了收藏爱好者的眼帘——艺术品基金。顾名思义，就是艺术品投资管理机构为艺术品投资市场建立的一种资本投资与运作形式，是指在艺术品投资市场有特定目的与用途的资金投资形式，是一种间接化的证券投资方式[①]。它架设了一座桥梁，将普通的投资者与专业性很强、投资门槛颇高的艺术品投资连结了起来。单单2011年一年的时间，国内近30家艺术品基金公司就成立发行了超过70只艺术品基金，基金的初始规模总计57.7亿元[②]。其整体收益均高于20%，一个高收益行业就在我们身边。

可如果我们收集些国外的艺术品基金信息就会发现，以投资失败而告终的惨案不在少数。巴黎国家银行在1989年至1991年投资的法国以及意大

① 西沐：《中国艺术品市场白皮书》，中国书店出版社，2009。

② "2011年中国艺术品基金排行榜"，http://collection.sina.com.cn/ystz/20111205/100947612.shtml，2011年12月5日，投资有道。

利绘画作品，在7年后，以低于投资价格800万美元终止。纽约大通银行、摩根建富投资集团都曾有过严重亏损的艺术品基金。可中国的投资基金，首先为了适应投资人的需求，快进快出，投资期限一般都在5年之内。其次，对于艺术品真伪的鉴定，国外也是非常严格，毕竟这是艺术品投资中最关键的风险之一。但在国内，很多公司都不具有真正鉴定的资格，有些时候甚至拍品都摆到了台上，还有人在争论其真实性。最后，操纵拍卖的例子并不鲜见。炒作一幅只值10万元的作品，用30万元的价格回收，拍卖时标价到100万，几年后再标更高的价格出售。而如果再加入艺术品基金的运作，拍卖过程就会变成以下的模式：自己的一幅作品，让艺术品基金高价买入，既让拍卖行、投资商有钱可挣，又能炒高艺术品的市场价格，制造泡沫。在艺术品基金的封闭期内，再发行另一只艺术品基金，以更高的价格买入之前的作品。前一只基金不仅可以盈利，又可以以相同的方式，再让拍卖行、投资商挣钱。一层一层地反复，这其中的每个人都在高兴地赚钱，但在不知不觉中，一个隐藏很深的庞氏骗局就此产生了。

要像每一个睡前故事一样，美好、可信

孩童睡前眼中对于新故事的渴望，促使着父母将每一个睡前故事讲得尽量完美。而对于一些庞氏骗局的投资者眼中的诸多好奇，“为什么会有这么高的回报率？”“你怎么能找到这样的项目？”“凭什么你说的话我就能信？”

而这个时候，一个好故事就变成庞氏骗局不可或缺的部分。历数国际上大大小小的庞氏骗局，有依托新金矿的，有依托互联网兴起的，有借着国际贸易说事儿的，也有响应国家政策号召的。而对于编故事，中国人从不落后。也正是因为一个“美丽”的故事，让中国的第一非法集资案水落石出。

这是一个荒诞的、曾经被誉为传奇的中国非法集资第一案。小个子沈太福本是一个天资聪慧的科技青年。30岁便因为在吉林省创立第一家科技开发咨询公司、研发了众多新颖产品而在吉林当地小有名声。随着1993年一

波全国性质的投资潮兴起，苦于没有资金投入生产高效节能电机的沈太福，终于为自己之前进京成立了很久的长城机电公司找到了融资渠道。如果故事就此发展下去，当年的沈太福撑死算是一个民间借贷的弄潮儿。当不了这个第一，也不会掉脑袋。但是聪明人有时就会想出些别人羡慕的“好点子”，一步步把自己送进火坑。

当时的国内动态是只要跟节能沾边的项目，都是香饽饽，更何况长城公司的新型电机项目。在1992年的钓鱼台国宾馆国家科技成果鉴定会上，沈太福的节能电机不仅成功通过鉴定，还得到了当时计委的大力肯定。也正是因为这样，才壮了沈太福的胆，走出了非法集资的第一步——“技术开发合同”。合同的内容大致是这样的：“集资金额的起点为3,000元，高者不限。投资者可随时提取所投资金，按季支付‘补偿费’，年‘补偿率’可达24%。”[①] 加之打着高科技节能旗号，疯狂的集资就在全国17个城市依次展开。在这份合同公布后短短的20天时间里，沈太福便成功集资2,000万元。

在这场声势浩大的全国集资活动中，编故事是很重要的部分。有媒体的鼎力相助，有国家领导的帮忙宣传，有专家学者的赞赏，有社会学家的积极评论，一切的一切，都将这个高科技节能电机当成了拥有无限前景、值得大力投资发展的神器。越来越多的资金被卷进了这场风潮中。据统计，截至1993年年初，沈太福的公司已经在全国设立了20多个分公司，雇用了3,000多名员工，全国集资将近10亿元，投资人达到10万，个人集资款占到了总额的93%[②]。为了能让这样庞大的金字塔体系维持下去，沈太福的故事也不得不编造得更加吸引人，也无法顾及其漏洞百出的宣传。但对于那些情绪高涨、盲目乐观的人来说，神乎其神反而能让他们心安理得。就这样，当年的高效能电机，现在摇身一变成了拥有300多项专利技术，全国订货量超过了15亿的神话。长城公司也变成了全国唯一一家纳入国家行业管理的企业。

---

① 漆浩“沈太福贪污、行贿案”，http://www.chinacourt.org/article/detail/id/17921.shtml，2002年11月4日，中国法院网。

② 同上。

时任国务院副总理的朱镕基警觉地意识到，这样的金融骗局如果继续发展下去，将会是怎样可怕的金融活动。于是一纸通报，就直接指出了长城公司变相发行债券、投资风险大、担保形同虚设、资金用途不明等问题，要求清退所有集资款项。本以为庞氏骗局就算到此为止了，可没想到，膨胀中的沈太福居然一纸诉讼将人民银行行长告上了法庭。这样的民营企业状告中央政府，在国内还真是第一次。以一副各方利益争斗受害者的样子示众，通过开发布会，增加投资者利息，希望能挽回“颓势”。但骗局终归是骗局，而对于庞氏骗局来说，最终露馅的地方都发生在投资者挤兑的时刻。随着政府的管制越来越严厉，全国各地曾经坚信不疑的投资者出现了大规模的挤兑事件。这也一下瓦解了沈太福苦心经营的金字塔结构。在沈太福打算带着钱逃窜到国外之时，在首都机场被警方截获。

所以，一个好的庞氏骗局故事，要有创新，要具备独一无二的元素，也要满足大众对于投资的好奇。在现今的社会，任何的手段都用来编凑故事，也让看上去结构简单的庞氏骗局变得越发的扑朔迷离。

骗局的推广

对缥缈骗局的坚定信念

在现实的社会中，取得别人的信任实属困难，在金融的世界里亦是如此。面对一个本就不存在的金融投资骗局，如何取得投资者坚定的信任，算是将庞氏骗局发展下去最关键的一步。而这里首当其冲的便是语言的艺术。当众多专业投资人士和基金管理者质疑马多夫为何能“永远赚钱”时，一句“独有的投资策略不能公布”就能征服所有人。作为前纳斯达克的主席，这句话简单、神秘、极具诱惑力，支撑着整个庞氏骗局的发展。而更多的骗局中，则是标榜着“稳赚不输”、“只赢不赔”的标语。另一个方面，很多我们见到的庞氏骗局都将子虚乌有的投资项目，打造成“基金”、“私募”这些看上去很专业化的名字。更有甚者，会在普通老百姓的面前，拿出各大证券期货黄金市场的历史数据，用专业的金融衍生品术语进行一通铺天盖地的分析，告诉大家历史是怎样的，未来又会是怎样的，尽显“专业”术语的多样性和丰富性，在庞氏骗局里体现得淋漓尽致。

中国人喜欢说“事实胜于雄辩”，放到庞氏骗局里，便是另一种取得别人信任的好方式。用已经成功的“案例”，刺激那些潜在的投资者。很多推销人员都会一手拿着对未来美好的憧憬，另一手拿着已经发家致富的数据，跟投资者娓娓道来：“您看我们的这个艺术品基金项目，之前炒作一幅只值10万元的作品，用30万元的价格回收，拍卖时标价到100万，几年后再标得更高。这个项目已经让之前所有的投资者盈利好几倍了[①]。”“当时我的钱只够买半辆夏利，但邹培劼每月返还我4,000元，10个月就能赚回本金，再之后的返利就是纯收入了！[②]”如果这样不争的事实放在投资者的面前，是不是人人都会心动？如果再加上“投资”前期准时快速的利息返还，是不是作为投资人的您就全然放心地坐享盈利了呢？更重要的是，作为一个已经被骗得晕头转向的潜在投资者来说，都几乎放弃了利用高成本的验证手段去证实这些事实背后的危险。

在宏观上，巧妙的说辞能扬长避短，让潜在的投资者只关注庞氏骗局好的方面。而微观上对于成功案例的细致描述，反而能隐藏投资中不理性的部分，让投资者将注意力专注在如何把握机会获得独一无二的投资机会上。但如果还能戴上一副天衣无缝的“面具”，信任便更加唾手可得。有些行骗者的面具是自己加上的，就比如吴英的本色集团，美女子如天仙下凡，一夜间成了街头巷尾的热门话题。一口气买下了浙江东阳世纪贸易城的三层，700多间的店铺，自主光彩事业500万，一次性购入高档汽车20多辆，开发了12家大型实业[③]。翻看当年的新闻，在全国都震出了响动。这样的面具戴

① 艺术中国：“中国的艺术品市场（地震）了”，2011年9月19日，《证券日报》。

② 宁波上午法律服务网：“中国非法集资大案”，2008年12月30日，《世界经理人杂志》。

③ 陈青：“吴英涉嫌非法吸收公众存款被刑拘”，http://big5.xinhuanet.com/gate/big5/zj.xinhuanet.com/special/2012-02/07/content_24657384.htm，2012年2月7日，南方报业网。

得迅速响亮。又比如我们之前提到的沈太福，一个钓鱼台国宾馆国家科技成果鉴定会，众多司局长的顾问团，依旧无形中戴上了“科技创新、国家保证”的必胜面具。而有些人的面具是被别人“烘托”出来的，在马多夫的名头前，被投资人加上了各种各样的名衔，“前纳斯达克主席”，“纽约第三大经纪公司创始人”，“曾经最大的纳斯达克可独立从事证券交易的交易商老板”，这样的面具戴着，谁能不相信他会创造奇迹？

如果这以上三点骗局的推广做得尽善尽美，一个成功的庞氏骗局就要孕育出世了。

一切“关系”都会助力骗局的推广

在中国，人们喜欢讲“关系”。在生活的方方面面，“关系”的力量往往强过金钱，强过实力。其实在世界范围内也是一样，把钱交给自己熟悉的人投资，总要比投资一个陌生人的项目让人觉得放心不少。所以如何开拓自己的关系网，成了一个庞大骗局的另一个核心工作。

关系中最常见的是亲戚朋友关系。在一个庞氏骗局发展过程中，一个人的投资往往能带动整个家族的投资行为，或者说一个受害者最先拉下水的往往是自己的亲戚朋友。以讹传讹的故事我们都知道，在关系亲密的人面前，信口开河也是常有的事。往往在朋友关系的骗局中，“神秘”、“特惠”都是必不可少的特性。在中国上海出租车庞氏骗局中，骗局的最开始就是以干女儿找干爹，提供“更加优惠的出租车投资价格”和“更稳定的资金返还”作为诱饵的，才有了之后由干爹推荐更多朋友的模式开展的。

其次便是商业关系。这个更好理解，作为一个投资公司的客户，在第一时间得到公司的投资产品并选择是否投资，是一个非常正常的投资流程。但在庞氏骗局发展的商业关系中，“排外”这个因素是必不可少的。“对不起，对于这个投资项目，我们暂时还无可奉告”、“不好意思先生，这个投资项目由于门槛的限制，并不是所有人都有权投资的”这样的说辞，也许会丢失一些小的客户，但同时会让那些有实力的大客户更加坚定地深陷骗局之中，毕竟自己的投资，不仅能获得可观的利润，还能得到特殊身份象征。这一点，在马多夫的庞氏骗局中，体现得尤为明显。身为犹太人的马多夫将骗局的起始站定在了著名的棕榈滩乡村俱乐部。这个始建于 1916 年的乡村俱乐部，是棕榈滩最好的俱乐部之一。其本身的特质太符合庞氏骗局的需要了。由于渐渐成为富有犹太人的领地，从此开始对普通人紧闭大门，成为了棕榈滩最神秘的俱乐部。再加上马多夫精通揣摩投资者的心理，他刻意营造出一种排外气氛，并实行“非请莫入”的政策，只有经过邀请的投资者才能成为公司客户。这意味着成为马多夫的客户有点像加入一个门槛很高的俱乐部，光有钱没有人介绍是不能进的。

最后笔者想提及的是一种群体关系。在众多的庞氏骗局案例中，我们常常会发现，一个教会以“神”的名义促使整个教会的会员一起投资，将不正常的高额回报当成“神”对子民的奖赏。听上去荒谬，但在实际的生活中比比皆是。一群不同公司的基金经理，在没有任何沟通的情况下，都会对某些特殊的标着“高回报”的投资项目产生兴趣。这与正常股市中，要抛大家都抛，要投大家都投的群体行为相似，用中国话说就是“物以类聚，人以群分”。在庞氏骗局的投资者中，既然能因为各种原因深陷其中，其本质的特性属于一个群体。相反，作为做局的人，他们本身相似的特性，也会让他们不由自主地寻找几乎具有相同特性的“猎物”。而更加具体的群体关系，我们将会在之后的部分分析。

这里我们为读者举一个很实际的关于“关系”的例子，有中国版马多夫骗局之称的——上海女主犯出租车空手套白狼 。

上海奇女子邹培劼，在十年的时间里，通过一套又一套的说辞，通过精心设计的故事与背景，让 252 人心甘情愿地掏光了 8.5 亿元人民币。其涉案时间之长，包装之缜密，都能很好地让我们了解到庞氏骗局在推广中的来龙去脉。

事情最早发生在上世纪 90 年代中期。骗局的主犯邹培劼与丈夫离婚后，和儿子暂无住处。儿子的游泳教练陈立汉一家好心收留了他们。邹培劼母子在陈家住了一两年，双方渐渐熟悉起来，陈立汉索性认了邹培劼为“干女儿”。而邹培劼当时正是上海申江旅游服务有限公司的副经理，虽然只是管理该公司的旅游车队，但手中的权力很大。1994年邹培劼以“干女儿”的姿态私下告诉陈立汉：“自己所在的‘上海南亚出租车公司’要投资出租车运营，回报丰厚。”只要投资一辆8万元的夏利出租车，投资后陈立汉每月能享受4,000元的返利。一通花言巧语之后，54岁的陈立汉将4万元积蓄交给了邹培劼。事后陈立汉回忆：“当时我的钱只够买半辆夏利，但邹培劼每月返还我4,000元，10个月就能赚回本金，再之后的返利就是纯收入了！这是多好的一个投资啊！”

时间到了1996年，“干女儿”又找到陈立汉，鼓动其投资出租车。邹培劼告诉他，自己的“申江旅游服务有限公司”车队，隶属于申江公司，而申江公司又挂靠在大名鼎鼎的强生公司名下。正好赶上公司的车队要扩充买车，跟之前投资夏利出租车一样，投资者出资购买车辆，每辆车18万元，申江公司第一年每辆车每月给予投资者回报7,800元，第二年每月回报7,500元，到第五年，就每月回报5,700元。之前有过亲身经历并且尝到甜头的陈立汉，毫不犹豫地将自己的所有积蓄都投了进去。而变本加厉的是，从那以后，无论在各种场所，陈立汉都以一个过来人的口吻，不遗余力地向别人推荐“出租车投资”项目，又是数据，又是亲身体会，导致了一时间，各种亲戚朋友都纷纷主动找上门来投资“项目”。看到了市场一天一天地变大，邹培劼索性鼓动陈立汉把这个投资项目做大。要是陈立汉能招揽到更多客户投资、推销出更多车子，就可以用更低的价格从她那里买车。别人的投资成本是16万-18万元一辆，可邹培劼答应给他最低的价格是14.5万元，但返利是一样的。悄无声息中，陈立汉成了这个骗局最好的、最生动的宣传推广工具。

最终的后果可想而知，在投资者规模不断壮大的同时，邹培劼的资金周转发生了困难。2007年12月，投资者每月的返利没有拿到，而老板邹培劼却仿佛人间蒸发，失去了联系。陈立汉等人纷纷报案。5,000辆出租车的投资骗局揭开了谜底。至2007年12月，邹培劼潜逃案发，这宗投资骗局共卷入252名投资者，涉案金额达人民币8.5亿余元，扣除之前已返款的款项，仍有165人利益受损，金额高达1.6亿余元。与邹培劼一起制造骗局的陈立汉、傅春修、李国文、李正芳、夏恒珍5人分别因涉嫌集资诈骗罪、诈骗罪和非法吸收公众存款罪被起诉。

骗局的成功

每个行骗者都像是企业家，把骗局当成梦想来运营。

毋庸置疑，一个骗局能有多成功，就看参与者会放多少心思进去。有些人把庞氏骗局看成银行，存进去些钱，看到利润了，就取出来，无所谓挣多挣少。有些人把庞氏骗局看成股市，分析消息做研究，通过别人的行动，判断自己下一步的走势。总是揣着糊涂装明白，盯着细节也看着大盘。有些人把庞氏骗局当作生意，而自己是销售、是交易员。他们根据“市场”的需要，来调节自己的策略，把业绩换来的收益，当作自己推销的奖励。他们真的会去讨价还价，为了虚无的业绩。而最高级的行骗者，却将庞氏骗局看作自己的企业。而自己作为企业家，需要不断创新，需要为客户提供独一无二的项目。他们保持乐观，起码前期是这样的，会为了达成目标去送礼，会为建立信誉去搞慈善。

最可怕的是行骗者将庞氏骗局当作梦想来运营。如果他们自己都将骗局信以为真，那梦想将会让所有的行骗者言语变得自然，行为令人信服。在我们看到的众多庞氏骗局中，除了虚构的金矿、煤矿，其他的一切都是真实的。像我们之前提到的亿霖木业，本来是为了做木材种植销售一条龙服务的企业，在收到大量“种植保证金”后发现，这么靠金字塔结构得来的利益，比单纯的种树、卖树快多了。再加上本来就有的国家相关许可证，不同于其他庞氏骗局仅仅四层的销售体制，让亿霖木业的员工们自己都不相信，他们是在搞庞氏骗局。所以前期刨坑种树造林只用了1,000万，之后的16.8亿[①]全变成

---

① “亿霖木业传销案涉及资金达16.8亿元”，http://news.sina.com.cn/c/l/p/2007-05-23/190113058912.shtml，2007年5月23日，CCTV新闻调查。

了庞氏骗局。2008年在北京很火的“圣瑞投资”，旗下经营各种业务的公司多达11家，有网络视频的新媒体，健康管理的体检中心、房地产公司、影视传播公司等等，而公司的立足之本，就是在黑龙江虚无的油田、钼矿的开发权①。

但起码有两点，行骗者和企业家是不同的。作为企业家来说，无论承担怎样的风险，无论如何回报投资者，无论如何贡献社会责任，其生存的根本是通过努力得到的真实的利益。而行骗者不是，即使行为再像企业家，其亡羊补牢的行为特性不会变。其二，投资给企业家也有亏钱的可能，但所有的投资抉择都是在有风险、真实的信息下得到的。而在庞氏骗局中，投资者很难听到真话（即使他们认为那些是真话），他们做的投资决定也是不合常规的。

但话说回来，一个骗局的成功同样缺不了我们之前提到的骗局的设计与推广。而这里一切都可以用庞氏骗局里最有影响力、最轰动世界的马多夫庞氏骗局案加以总结。

博纳德·马多夫（Bernard L. Madoff）是一位华尔街的传奇人物。他是美国前纳斯达克股票市场的董事会主席，开设了马多夫对冲基金，并以此公司左右投资骗局的挂牌公司。委托马多夫投资的客户包括苏格兰皇家银行、汇丰银行、西班牙和法国最大规模的两家银行——西班牙桑塔德银行（Santander）和法国巴黎银行（BNP Paribas），以及瑞士私人银行Reichmuth。这些机构在马多夫那里遭受的损失高达几十亿美元。马多夫将庞氏骗局发挥到了极致。

马多夫于1938年4月29日出生在纽约一个犹太人家庭。从纽约长岛的霍夫斯特拉大学法学院毕业以后，1960年马多夫用他做救生员和洒水安装工作赚来的5,000美元和从岳父那里借来的5万美元创立了自己的伯纳德·马多夫投资证券公司（Bernard L. Madoff Investment Securities，LLC）。这家

① 周治宏：“中国版庞氏骗局三年高调敛财，投资者不信被骗”，http://news.qq.com/a/20110607/000123.htm，2011年6月7日，《北京晨报》。

证券公司建立时主要是交易价格低于 5 元的股票（ penny stock trader ）。在做会计的岳父和朋友的帮忙下，羽翼未丰的业务开始增长。经过多年的摸爬滚打，马多夫凭借其聪明才智渐渐成为华尔街经纪业务的明星。上世纪 80 年代初，为了和在纽约证券交易所的大公司竞争，马多夫一直致力于倡导场外电子交易、跨市场交易，将股票交易从电话转移到电脑上进行。1983 年，马多夫公司在伦敦开设了办事处，并成为第一批在伦敦证券交易所进行交易的美国公司。他的公司与另外 4 家券商一起推动了纳斯达克证券交易所的创设。1991 年，伯纳德·马多夫成为纳斯达克董事会主席。在其带领下，纳斯达克成为足以和纽交所分庭抗礼的证券交易所，为思科、Google 等公司日后到纳斯达克上市做出了巨大贡献。据 1992 年《华尔街日报》描述："他已经建立了一个高盈利的证券公司，马多夫投资公司每天平均有 7.4 亿美元的电子交易量，占到纽约证券交易所总交易量的 9%①"。到了 2000 年，伯纳德·马多夫公司已拥有约 3 亿美元资产。2001 年，马多夫公司被称为纳斯达克股票市场的三大提供上市咨询的经纪公司之一，纽交所第三大经纪公司。马多夫的投资证券中介公司，曾为 350 只纳斯达克股票提供服务，包括苹果、eBay 和戴尔计算机等。 马多夫的投资公司曾经是纳斯达克股票市场最大的可独立从事证券交易的交易商，2008 年的时候是整个华尔街第 6 大可独立从事证券交易的交易商。

马多夫将不少家庭成员安排在了公司的主要职位上。他的弟弟彼得·马多夫是公司的高级董事总经理兼首席合规官。彼得的女儿莎娜（Shana Madoff）1995 年从父亲的母校毕业后进入公司，负责合规部门。马多夫姐姐桑德拉·维纳的儿子查尔斯·维纳（Charles Wiener）1978 年加盟公司，担任行政主管。马多夫的长子马克（Mark Madoff）毕业于密歇根大学，1986 年加入公司，主管上市交易；幼子安德鲁（Andrew Madoff）毕业于宾夕法尼亚大学沃顿商学院，1988 年进入公司，主管纳斯达克交易。正是他们

① Smith, Randall (December 16, 1992), "Wall Street Mystery Features a Big Board Rival". The Wall Street Journal.

二人揭发了父亲的诈骗行为。尽管不少人相信马多夫的庞大骗局不可能是一人所为，但目前尚没有充分的证据显示他的家族成员涉足其中。

成名后，马多夫精心设计了一个巨大的“庞氏骗局”，以稳固的高投资回报率使自己再次成为华尔街的传奇人物，直到2008年12月初露馅。

这个骗局的起始站在棕榈滩乡村俱乐部。乡村俱乐部始建于1916年，是棕榈滩最好的俱乐部之一。早期的乡村俱乐部因为美国著名漫画家Rube Goldberg定期举行全美艺术家及作家高尔夫球赛而闻名。而从1960年开始，渐渐成为富有犹太人的领地，从此它开始对普通人紧闭大门，成为了棕榈滩最神秘的俱乐部。

马多夫很轻松地就打入了精英云集的乡村俱乐部，并吸引了众多富有的犹太会员。马多夫很会揣摩投资者的心理，他刻意营造出一种排外气氛，并实行“非请莫入”的政策，只有经过邀请的投资者才能成为公司客户。这意味着成为马多夫的客户有点像加入一个门槛很高的俱乐部，光有钱没有人介绍是不能进来的。

这一策略非常成功。在很多人看来，把钱投给马多夫已成为一种身份的象征。马多夫从不解释投资策略，而且如果你问得太多，他会拒绝接受你的投资。随着客户的不断增多，马多夫要求的最低投资额也水涨船高，从最初的100万美元升至500万美元，然后又到1,000万美元。至少有1/3的俱乐部会员投资了马多夫旗下的基金[①]。

马多夫被很多人视为投资方面的“上帝”。马多夫的基金被圈子里的人简称为“犹太人基金”。一些犹太老人称马多夫是“犹太债券”，指同财政部发的短期国债一样牢靠。可见他的信誉有多高。他能给出每个月1%–2%的投资回报，而且每年如此，不管金融市场形势如何。

95岁高龄的俱乐部成员、服装大亨卡尔·夏皮罗是此次骗局的最大受害者之一。夏皮罗旗下的公益基金向马多夫的基金投资了1.45亿美元。此外，夏皮

---

① “Madoff Sought, Got Cash in Days Before Arrest”.SmartMoney. January 9, 2009. Retrieved January 29, 2009.

罗及其家人还将另外4亿美元交给马多夫管理。夏皮罗是笔者的母校布兰迪斯大学的最大捐款人之一。他在马多夫骗局的惨重损失直接导致了布兰迪斯一度资金紧张，几乎要卖掉“玫瑰艺术博物馆”价值3亿美元的藏品才能运作。

就像所有的旁氏骗局一样，马多夫的骗局破灭也只是一个时间问题。稍微有点金融常识的人都应该清楚月增长1%–2%，十几年如一日的直线上升增长速度是不可能的。至于为什么在别人不赚钱的岁月里，他可以赚钱，马多夫则用几个字简单做了解释：“内部消息”。就是靠这几个字，马多夫征服了众多美国与欧洲的机构投资者。很多精明无比的对冲基金管理者、专业投资人士，竟也被“内部消息”这几个字给轻而易举地征服了：如果前纳斯达克主席都不能获得一些内部消息，那么这个世界也就真正完美了。

2008年12月初，马多夫向儿子透露，有一位客户要求赎回70亿美元投资，令他出现资金周转问题。12月10日，马多夫向儿子坦白称，其实自己“一无所有”，而是炮制了一个巨型金字塔层压式“庞氏骗局”，前后共诈骗客户500亿美元。10日当晚，马多夫被儿子告发，引爆史上最大欺诈案。12月11日，马多夫被捕。 在案发前，人们信任马多夫，马多夫也没有让他们失望；他们交给马多夫的资金，都能取得每月1%–2%的固定回报，这是非常令人难以置信的回报率。但事实上，马多夫并没有创造财富，而是创造了别人对他拥有财富的印象。顾客们并不知道，他们可观的回报是来自自己和其他顾客的本金——只要没有人要求拿回本金，秘密就不会被拆穿。但当有客户提出要赎回70亿美元现金时，游戏结束了。

2009年3月，马多夫表示对包括证券欺诈、洗钱等在内的11项刑事指控认罪，欺诈金额累加起来达到650亿美元。 2009年6月29日，纽约联邦法院判处马多夫150年有期徒刑，这意味着马多夫将在监狱中度过余生。

做局者的特点

对于做局者的分析，听上去特别像FBI分析犯罪嫌疑人。将所有的庞氏骗局做局者，都拉到镁光灯下，看看面相？分析一下微表情？当然可以，但其实可以更简单。只要我们将全世界各地的庞氏骗局做局者简历和生平一对比，就能很清晰地发现共有的特点。

我是独一无二的——自恋

我们常听人说自私，意思是只为自己的利益着想，不在乎别人的感受。有时我们也会说自信，是因为自身的能力、魅力等多方面因素的集合。而说到自恋，就不得不添加很多负面的因素，比如说不切实际的梦想和过于贪婪的野心。

自恋这个词来自于希腊神话，一个特帅的帅哥，每天就知道沉迷于欣赏自己的美貌，而全然不在乎一个女神对他的倾心。主认为这很伤他们神界的面子，为了惩罚这位帅哥，就让他自己爱上了自己水中的倒影。从而这位帅哥的名字，就变成了今日我们所说的自恋。放到庞氏骗局里，做局者的自恋往往体现在将自己放在金字塔顶端的荣耀和投资者在得知这份稳赚不赔的买卖时的崇拜感。

有兴趣的读者不妨在网上搜索几位历史上臭名昭著的庞氏骗子的照片，包括庞氏骗局的鼻祖庞齐，最著名的庞氏骗局做局者马多夫，以及艾伦斯坦福——美国另一桩巨型庞氏骗局的始作俑者。你很可能会认同笔者的看法：三人的神情，眼睛里的光彩，几乎都是一样的。这是长期被人捧在云端后培养出的神情。一份对自己所做“骗局事业”绝对有信心的感觉，这样的人其实天生适合做领导，只不过他们的聪明用错了地方。

冷漠

庞氏骗局的做局者不会去关心骗局会给投资者带来何种伤害。他们不能感同身受，所以也从不在乎。相比于对投资人的关心，他们更看重自己做的“局”是否完美，能够持续多久。也正是因为这种冷漠，让做局者可以一次又一次地推销骗局而从不感到愧疚。到底是重复导致了他们的麻木，还是麻木让他们可以重复行骗，我们无从知晓，但可以肯定的是，他们的“冷漠”注定了骗局的发展。在英国历史上最大的庞氏骗局中，做局者的首脑考迪亚普鲁西，将圈钱的触角不仅伸向了球星、银行家，更多的是来自泰国等落后地区的不同阶级的普通百姓，有些甚至是残疾儿童的救命钱①。

可为什么这些做局者又常常以大慈善家的身份出现在公众的眼中呢？他们表面上看起来谦逊平和、充满魅力，甚至可以双眼直视投资人说：请相信我。做局者有自己的社交理论，这往往与常人“多交朋友”的想法有偏差，更多的他们是希望通过交流而控制潜在的投资者。大部分做局者即使在骗局破灭的时候都会高呼：“我将一切做得都很完美，我可以让我的顾客购买我的项目十次！”②

自我辩解

在很多做局者看来，他们做的事情与众不同，只是世人并不理解。他们角色很多变，既是替人排忧解难，又在“帮助”那些有梦想的人实现梦想。就像我们之前说的，他们把自己看作一个企业家，也有着自己的“职业操守”和“尊严”。当有人指着他们的鼻子指责的时候，他们会辩解说：“难道你没看见吗，我是多么努力地在工作？”不可否认的是，大多数的庞氏骗局做局者都有努力奋斗之后曾经的辉煌。只不过现在做的事业特殊，用一个微笑就能帮更多的人挣更多钱，何乐而不为？

做局者对于“否定”有着特殊的理解。当有人说：“你这是犯罪？”做局者会说：“不是，只是我的运营模式你们不理解。”当有人问：“你凭什么骗了那么多人的钱？”做局者会说：“我没有，是我的项目让他们心甘情愿地投资的。”在田纳西大学对 47 名电话传销人员的研究中，只有其中五个人承认

---

① 张倩：“英国超 11 亿元庞氏骗局曝光”，http://finance.sina.com.cn/world/ozjj/20120309/115811552165.shtml，2012 年 3 月 9 日，环球网。

② Don Jacobs，“Telemarketing con artists do not see selves as criminals Telemarketing con artists do not see selves as criminals”，KNOXVILLE NEWS_SENTINEL，12.10.2001.

自己所做的事情应该涉及犯罪行为，而其余的所有人都拒绝将他们视为“罪犯”，或者用犯罪行为去解释他们所做的事情。[①] 毕竟在他们的眼里，再大的企业也有走错路、看走眼的时候，自己不过是运气不好、项目失败罢了，跟犯罪一点儿关系都没有。不过这也是人之常情，所有正常人都希望别人对自己的工作保持尊重，并且希望自己能在自己的事业中得到自我满足，而不是愧疚感。

很多做局者在面对审判的时候都会重复说一句话：“如果再给他们些时间，一切都会走上正轨，这个项目就会成功。”“真正的罪犯是政府和法律，他们没有权力终止我的项目。”[②] 事实是他们的投资项目本身并不创造任何价值，现在没有，将来也不会有。当年的沈太福曾经一纸诉讼将人民银行告上法庭，成了中国民营企业诉讼中央政府的第一案。圣瑞投资也曾逼着撰写自己是庞氏骗局的新闻媒体发专版致歉并承认错误，不能影响其项目的发展。

投资人的特点

轻信

在看过了大量的庞氏骗局案例之后，无论作为普通的老百姓，还是专业的投资人士，能有机会被带入庞氏骗局的圈套，最主要的特点就是轻信。老百姓方面好理解，看惯了别人投资房产，投资借贷，一夜就能蹦出好多个百万富翁的社会，觉得自己为什么不能也走一回运，赚一次大钱？本来在现今的中国，投资渠道的限制，让老百姓们不得不抓住这转瞬即逝的被骗机会。无论是投资种树，还是投资买矿，反正各种庞氏骗局的把戏，对于老百姓来讲，考察的成本太高了，个人的力量太单薄了。可新闻天天有，今天一个实力超群的本色集团，明天一个胡润富豪榜的大企业家，为了挣大钱，老

---

① Don Jacobs, “Telemarketing con artists do not see selves as criminals Telemarketing con artists do not see selves as criminals”, KNOXVILLE NEWS_SENTINEL, 12.10.2001.

② Lisa Singh, “Fool's Gold”, *Dallas observer*, 11.16.2000.

百姓眼睛一闭，除了相信，也没有更好的办法。

可说到专业的投资经理人，轻信的话题就可以说很多。作为长期在金融圈子里摸爬滚打的专业人士，什么样的话该信，什么样的话不能信，应该心知肚明。但为什么还轻信？当然，马多夫的一句“内部消息”会让任何人踏实不少。但专业人士用毕生所学都看不破骗局里的伎俩吗？

笔者认为，这些人多数是乐观自信的。大的投入，大的风险，获得的回报也是最大的。鉴于自己的分析和研究，凭借自己的专业经验，自己的投资抉择一定会获得好的回报。相对的，这些人也一定能承受更大的风险。他们甚至会爱上不合理、不合法的投资，因为只有这样大风险的行为，才能获得最大的回报。最后，他们的轻信一定也有环境的因素。这个世界上努力的人很多，每一个投资经理都是如此，但有“天赋”的人很难找。在投资人的圈子里，如果谁能有“特殊的能力”稳赚不赔，很多受过良好金融教育、从事很多年金融工作的人士的心理防线就会瞬间瓦解。在这个圈子里，很多人都是靠“消息”过活，而专业反而放在其后。

贪婪

在一个庞氏骗局里，每个人都是贪婪的。这种贪婪是一种瘾，就像赌博一样，即使明知道赢的概率不大，也要倾家荡产地赌一把。这与受教育的程度无关，很多时候反而高等教育带来的是大贪婪，老百姓们只是小贪婪。这与犯罪的轻重无关，因为庞氏骗局的经济犯罪，可能会让做局者一辈子待在监狱里，而投资者不仅失去金钱，也得不到人们的同情。这与成功也无关，众多的庞氏骗局参与者，本就过着舒适的生活。那贪婪代表着什么？

在庞氏骗局中，有这么一群人，他们本来是投资者，怀揣着贪婪的梦想，试图捞一笔走人。但当聪明的他们发现自己所投资的项目其实是个骗局，根本就没有什么盈利的时候，起初的投资者不仅没有停止，去告发这样的骗局，而是摇身一变，成了做局者的同谋，在明知最终结果的时候，依旧招募更多的投资者来填补无穷无尽的资金陷阱。这样的贪婪让人恐惧。

庞氏骗局中的大多数人都活在别人的世界里，让自己贪婪。他们想要别人有的生活，别人过的日子，因为那些是他们梦寐以求的。为了完成这样的梦想，有钱是最好的解决办法。但当一个梦想实现之后，就会出现另一个梦想，以此类推，贪婪会让他们永无止境地追逐下去。

最后的这个案例讲的是庞氏骗局最初的鼻祖威廉“520%”米勒，他展示了一群贪婪人的游戏。其实早在庞齐之前19世纪末的时候，庞氏骗局的形式就已经存在了。威廉·米勒（William Miller）这个24岁的记账员和怀孕的妻子住在纽约布鲁克林一个小小的公寓里。1899年米勒在华尔街附近的一家茶叶公司工作，他总是听股票经纪人说股市是一个让人暴富的好途径。本就一心想暴富的米勒，想到自己就要出世的孩子，也正是用钱的时候。于是他借了100美元迫不及待地跑到当地一家投资公司，买了经纪人向他推荐的一只“稳赚不赔”的股票。6天以后，经纪人给他带来了坏消息：他的投资全军覆没了。更不幸的是，第二天米勒的债主就上门要他偿还100美金的借款。本来要为自己的贪婪付出代价的米勒，在走投无路时急中生智，他告诉债主他在华尔街附近听到一个交易秘密，如果现在不收回100美金的借款而让他投资的话，一个星期就可以有10%的回报！债主也是一个贪财之人，听了以后，飞快地在头脑中做出了计算：一个星期的回报率是10%，一年52周，那岂不是一年有520%的回报？（威廉“520%”米勒的外号就是由此而来）。债主当即答应，做起了发财的美梦。

之后的情况可想而知，米勒的骗局就成了第一个典型的庞氏骗局，只不过比庞氏骗局早了很多年。他用后来加入的投资者的钱来偿付之前投资者的利润。一周10%的利润很快吸引了无数的投资者，富裕了的米勒终于可以满足自己的虚荣心，添置了新的西装，租了他公寓附近的写字楼，开始了“辉煌”的人生。在骗局维持的11个月中，米勒赚了48万美元，和他做记账员时每周15美元的薪水比起来，简直是天壤之别。

和所有的庞氏骗局一样。米勒的骗局被揭穿只不过是时间的问题。终于，一个名叫爱德华的警官走进了米勒的办公室：“你有麻烦了，我的孩子”，这个 50 多岁的警官对米勒讲：“除非你听我的，不然你一定会坐牢。”爱德华说只要米勒可以分一半利润给他，他就可以帮米勒摆脱纽约警察局的调查。被吓坏的米勒，二话没说就分了 24 万美元给爱德华警官。过了几天爱德华带着米勒去见了一个名叫艾梦的律师。律师提了意见和建议给他们：他们最好把钱都交给他来保管，这样就算警察来抓他们的话，不能人赃并获，也很难给他们定罪。于是他们约好第二天两个人把自己的钱交给律师保管。不过这也是米勒最后一次见到爱德华。因为爱德华带着米勒的 24 万美元逃到了德国，并在那里悠闲地度过了后半生。而米勒傻傻地把“自己”的 24 万美元都给了艾梦律师“保管”并在律师的建议下逃到了加拿大。

不过警察放出风说米勒的儿子病了，米勒思念儿子，偷偷返回美国看望儿子。他被警察当场抓住，并判了 10 年刑。1909 年米勒刑满释放，他以前受雇的茶叶公司依然聘请他做了记账员，他又过上了平淡的日子。

第七章　内幕交易

“任何参与股票市场的非内部人就和在月光下买母牛的人没有两样。[①]”

——丹尼尔·德鲁（美国19世纪金融家）

我们都知道，在玩牌这种“零和”游戏中，有人赚肯定有人亏。任何玩牌的人都不会和戴着可视眼镜、看得清底牌的人一起打牌，除非他自己也戴着可视眼镜。道理很简单，在这样不公平的游戏中，即便普通玩牌者有着足够的聪明才智，也很难摆脱输的困境。

在证券投资中，进行内幕交易的人就如同知道底牌的赌徒一样，要么不出手，一旦出手，很少有不赚钱的。与玩牌稍微不一样的是，玩牌如若作弊，利益受损的只是同桌的几人，而内幕交易则可能波及成千上万的投资者。如果一个证券市场到处充斥着利用内幕消息交易的人，这个市场将很难有持续的发展。和玩牌的道理一样，绝大多数明智的投资者都会退出这个市场。没人愿意被蒙在鼓里，成为击鼓传花游戏的最后一棒，让风险和损失在音乐终止的那一刻，停在自己手中。所以在近一个世纪关于内幕交易的研究、分析和争论中，如何打击内幕交易，如何制定相关法律法规，如何有效监管等问题逐渐被各国看作左右证券市场健康程度的重要因素。

① “Anybody who plays the stock market not as an insider is like a man buying cows in the moonlight.” —Daniel Drew

多数读者对内幕交易都有基本的认识，但也许会有疑问，内幕交易到底是什么，什么样的交易才能算作内幕交易呢？其实，这其中有两个重要概念：内幕信息和内幕交易人员。内幕信息普遍被认定为是未公开的且一旦公开能对市场价格产生重大影响的信息。而内幕交易人员的定义各国都有不同的标准，例如美国的规定就包含了公司内部的董事、经理、大股东和外部可能有途径获得内幕信息的人，从过往的案例看，其中不乏受雇律师和会计人员。

随着市场的发展，内幕交易成为越来越严重的问题，越来越多的人以身涉险。它就像一味致瘾之毒药，一旦尝到了一点甜头，就会想要尝试第二次、第三次……仅 2012 年，美国证券交易委员会（Securities and Exchange Commission，SEC）就提交了 55 个内幕交易行为，司法部对 31 位涉及内幕交易的个人提出刑事指控[①]。一些世界著名的大型内幕交易案被控金额更是高得可怕。据不完全统计，2011 年中国证监会共调查 227 起内幕交易，立案 61 起，移送公安机关 16 起，其他 166 起案件进行非正式调查[②]。香港中文大学教授黄辉认为中国有 80% 的证券案都或多或少与内幕交易有关联[③]。国务院发展研究中心吴敬琏先生则将中国证券市场称为投机者的天堂，比赌场还严重[④]。

从 20 纪以来，世界各国纷纷修订完善禁止内幕交易的法律。美国在内幕交易立法方面一直是领导者。1930 年以前，在美国并没有限制内幕交易的法案。人们对于内幕交易的好与坏，是该禁止还是提倡都还没有给出最终的结论。但残酷的现实并没有给当时的美国证券市场太多思考的时间，1929 年美国股市大崩盘，随之而来的经济大萧条不仅严重打击了人们对于证券

① Morrison & Foerster LLP，“2012 insider trading annual review”，mofo.com，2013.

② 郎咸平：“证监会‘内幕交易零容忍’能否说到做到”，http://blog.ifeng.com/article/15106038.html，2011 年 12 月 5 日，财经郎眼。

③ Huang，Hui，“The Regulation of Insider Trading in China：A Critical Review and Proposals for Reform”，Australian Journal of Corporate Law，Vol. 17，pp. 281-322.

④ James H. Thompson，“A Global Comparison of Insider Trading Regulations”，International Journal of Accounting and Financial Reporting，Vol. 3，No. 1，2013.

市场的信心，也对由于内幕交易而导致的泡沫与不平衡变得异常地愤慨。这迫使美国国会不得不在 1933 年和 1934 年分别出台了《1933 年证券法》和《1934 年证券交易法》，确定了反欺诈规则，无不针对内幕交易而设置，从而保护了投资者的权益。其中就有最为著名的规定短线交易的禁止条款 Section 16（b）。与此同时，在 1935 年，随着《1934 年证券交易法》一同问世的还有美国证券交易委员会（SEC）。随后的 1942 年，SEC 制定的 10b-5 规则以兜底性条款的形式，发展出了禁止内幕交易的含义和基础，使之成为至今为止美国内幕交易法律中最重要的规则之一。无独有偶，也正是因为 2008 年美国金融危机的影响，2010 年奥巴马政府签署了《多德-弗兰克华尔街改革与消费者保护法》，进一步地完善了内幕交易的法律法规体系。值得一提的是，各国虽都建立了相应法律保护投资者，但法律的严厉程度有所不同，具体就表现在刑事处罚的判罪年限和最高罚金，我们之后会用中美两国的立法来详细说明。不过，各国针对内幕交易的立法普遍都有越来越严苛的趋势。

辩证地看内幕交易危害

除了显而易见地损害一般投资者的利益，内幕交易到底还有哪些危害致使各国如此看重这个问题？

事实上，学术界对于是否应该严格监管内幕交易一直存在着争论。Manne 教授就在其著作中提到了三点为内幕交易辩护的理由。第一，他认为内幕交易是让企业家获得激励补偿的有效方式。企业家为公司做出贡献，内幕交易使得他们获得额外利润，从而对其创新管理做出补偿。第二，内幕交易可以帮助公司股价回到正常的水平。一旦知晓消极的内幕消息，内幕人员就会抛售手中股票，造成股票价格下跌。而价格下跌又会给一般投资者信号，从而抛售股票减少损失。如若不允许内幕交易，一旦待到信息公开，股票价格大幅下降，将会使投资者遭受更多损失。第三，监管内幕交易成本高，难度也大。举个例子，上海证交所每天早上有60人不断翻阅报纸，排查可能的内幕交易，进行汇报，之后还要经过多个机构的审查，却不一定能够发现所有内幕交易。部分学者因而认为政府花费人力物力去做这些是不经济的[①]。

不过，抛开文献不说，实践中的主流观点依旧是主张禁止内幕交易的。最重要的是，内幕交易违背了市场良好发展所需要的公平和效率原则。

对于前者，道理颇为明显，公平即为正义，正义是需要法律在社会体制中体现的。内幕交易的双方本来在地位上就不平等，如果在交易信息中再因为内幕交易而加剧这样的不平等，那整个交易就很难再被称之为交易了，反而应该叫做欺诈、行骗。虽然我们心里也明白，既然有竞争，就会有差异，但起码大家是在一个游戏规则下进行的。试想体育竞技中，有时还要规定不同的级别。这都是公平正义的一种体现。用这个观点来看内幕交易，大家用各自的规则游戏，就不能称之为交易。同时，从另一个角度讲公平，那些利用内幕消息交易的人所使用的内幕信息，其实是所有投资人共有的，不属于任何一个个体，而如果一个人占据了共有的财产而剥夺了其他人使用的权利，这也是不公平的。任何一个交易人员在使用公用信息时，如果不是将公共利益放在第一位，那对于其他人来说，这就是不公平的。在这样一个没有公平性可言的证券市场，必然使得中小股民的信任度降低，对市场的信心受挫，不再敢于投资，就像玩牌一样，一旦知晓有人看得到底牌，谁还会想碰运气继续玩下去呢？长此以往，势必不利于市场的良好发展。

而对于效率问题，有效市场假说表明，内幕交易使得市场对于变化的反应时间变长，价格发现的过程也受到了很大影响[②]。因为内幕交易人员为了让自己获得最大的利益，总是会处心积虑地控制信息，拖延内幕信息的公开时期甚至不公开，以保证内幕交易的顺利完成。这使得市场不能迅速地将价格调节至合适的水平，造成了市场的低效率。虽然中小投资者在对市场分

---

① Henry G. Manne, "The Case for Insider Trading." *The Wall Street Journal*, 03.17.2003.

② Roddenberry, Stephanie, and Frank Bacon, "Insider trading and market efficiency: Do insiders buy low and sell high?", *ASBBS Annual Conference*, 02.2011.

析充分的情况下，也许可以利用公开信息获得高利润，但是如果内幕信息本身就被延迟公开，受损的还是中小投资者，市场效率问题并没有得到弥补。

另外，道德问题也是内幕交易一个普遍关注的焦点。之前说过，内幕消息本该是所有投资者共有，而内幕交易人员利用并不属于自己的消息进行投机从法律上来说已经违背了道德标准。本质上，我们也可将内幕交易归结为“利己主义”，公司股东和交易人员千方百计地掩饰内幕交易行为、操纵公司股价，只为中饱私囊，完全将公司利益和其他中小股东利益抛之脑后。这样的道德风险所导致的损失，最终又将是中小股民来承受。

所幸，世界上 103 个有证券市场的国家中，87 个国家都认识到这样的危害，继而建立了法律法规来禁止内幕交易，其中 30 多个国家都有强制措施来保证执法。[①]

中国的立法时间不长，比起领跑的美国等国家的法律，尚有许多需要完善的地方。为了让读者对内幕交易有更具象的认识，下面我们就通过几个案例来比较说明美国和中国的内幕交易监管。

以下两个案例都是较为著名的美国内幕交易案，操作手法和编织的网络之复杂都令人惊叹。同时，SEC 的强硬态度以及严格监管也得到了淋漓尽致的体现。

美国案例一：对冲基金公司帆船公司的翻船故事

故事开始之前，我们先介绍一个“斯里兰卡”最富有的人——拉贾拉特南（Raj Rajaratnam）。出生于斯里兰卡首都科伦坡的拉贾拉南，是当地一名受人尊敬的缝纫机厂商的儿子。先后在英国的萨塞克斯大学和美国宾夕法尼亚大学的沃顿商学院就读。从在投资银行 Needham & Co.，担任半导体行情分析师，到 34 岁成为这家银行的总裁，再到自己在纽约创办的帆船集团成

① Aktas, Nihat, Eric de Bodt, Ilham Riachi, and Jan de Smedt, “Legal Insider Trading and Stock Market Reaction”, *Insider Trading: Global Developments and Analysis* (2008): 385.

为华尔街最大的对冲基金之一，当年52岁的拉贾拉特南的这半辈子，对得起他的名字在印度语中的意思——王中王。有趣的是，他的英文名字中间夹着一个老鼠“rat”，将他比作一个硕鼠也不为过！

而就是这个在2009年《福布斯》富豪榜上拥有13亿美元身家的斯里兰卡王中王，伙同英特尔投资公司战略投资主管吉夫·戈埃尔（Rajiv Goel），麦肯锡咨询公司董事阿尼尔·卡马尔（Anil Karmar），纽卡斯尔对冲基金集团合伙人马克·库兰（Mark Kurland），投资经理丹尼尔·基耶西（Danielle Chiesi），IBM高级副总裁罗伯特·莫法特（Rober Moffat）等5人[①]，创造了当时华尔街历史上最大的内幕交易案！

当2007年纽约证券交易所对异常股票交易进行盘查时，希尔顿酒店股票的异常表现，引起了SEC的注意。可这一查不要紧，牵出的是2006年至2008年间，拉贾拉特南与同伙们多次内幕交易的犯罪事实。但是苦于内幕交易证据的收集艰难，对于拉贾拉特南的起诉，拖到了2010年才完成，这一切还要归功于美国联邦调查局的电话录音系统。在检方提供的45份录音材料中，林林总总地记录着多起有拉贾拉特南参与的、网罗了美国商界各种关系的内幕交易案，其中就包括宝利通公司、希尔顿酒店、谷歌、IBM、AMD等多家上市公司。内幕消息的范围也包括投资、并购、收益等信息。这不禁让人们对帆船公司之前一直自诩高超的企业分析能力，唏嘘不已。

更能引起我们兴趣的是，这些案件涉及了我们熟知的两家IT界的巨头：生产芯片的AMD和IBM。

2008年8月15日，拉贾拉特南从麦肯锡咨询公司董事卡马尔那里获悉，在2008年10月初，当时的AMD公司将拆分为两个部分，一个专注处理器，一个专注生产。同时来自中东的阿布扎比财团还会对两家拆分后的公司进行至少60亿美元的投资。而依靠于FBI的电话录音系统，我们可以确切知道当时拉贾拉特南和卡马尔的详细对话：

① “华尔街：金钱永不眠　记美国最大对冲基金内幕交易案”，http://www.hroot.com/hcm/242/205193.html，2009年12月，人力资本管理。

卡马尔:“昨天相关方已经握手，并且说他们将推进这笔买卖。”

……

卡马尔:“我认为你可以买。”

这样确切的消息渠道，这样振奋人心的数字，立刻让拉贾拉特南通过公司账户大量买入了 AMD 股票。虽然之后由于 2008 年经济危机的到来，没能让拉贾拉特南在 AMD 股票上大赚一笔，但是无论怎样，他利用关系网获得内部消息的事实已经被确定。这里还要重提一句，也正是由于这些内幕交易的谈话被 FBI 监听，才为之后的审判提供了强有力的证据。

另一起拉贾拉特南涉嫌的内幕交易案是关于 IBM 收购 IT 及互联网技术服务公司 Sun Microsystems 的。这回为拉贾拉特南提供内幕消息的人是 IBM 的高级副总裁莫法特。对于这个人，中国的 IT 迷应该都不陌生，就是他将 IBM 的个人 PC 业务出售给了联想集团。作为公司的元老级人物，被视为 IBM 下一届 CEO 的人选，莫法特在 IBM 的前途本来一片光明。在 2000 年出任 IBM PC 部的主管之后，通过对 IBM 台式机的外包和 PC 业务的出售，已经将这个蓝色巨人拖出了低谷。但谁也没有想到，这次莫法特却在内幕交易上栽了跟头。FBI 的监听证据表明，莫法特曾多次向纽卡斯尔基金的合伙人丹尼尔提供 IBM 的内部信息，包括 IBM 即将收购 Sun 前将公司财报当做内幕消息传递给他人，言语中涉及了很多类似“收益好于预期”的话语。从而导致纽卡斯尔基金在第二天便大量买入 Sun 的股票，共计 78.4 万股。并在财报发布后股票大涨 8% 之时迅速脱手，赚取利润 90 多万美元[①]。

当 AMD 和 IBM 两块大石头落入水中之后，激起的涟漪一波接一波，揭露的内幕交易也源源不断。就在 2009 年 10 月底，AMD 的前董事会主席也被内部调查，原因是在 AMD 拆分的事宜中透露给某对冲基金经理内幕消息。而最终向警方提供证据的正是这名得到消息的基金经理。2010 年 11 月，第二批与帆船案有关的，利用到内幕交易的 14 名嫌疑人被美国司法部起诉，

① 袁源:“华尔街最大内幕交易案终落锤”，http://big5.cnfol.com/big5/news.cnfol.com/111018/101,1278,10923487,00.shtml，2011 年 10 月 18 日，《国际金融报》。

并被警方逮捕。这批嫌疑人中包括基金经理、公司高管、律师、分析师、IT工程师等各色人员。当然这其中依然不乏很多帆船集团的员工。可见，通过内幕交易获利，已经成为了拉贾拉特南集团中的企业文化，渗透到了每一位员工的日常工作中。

最终，美国检方指控拉贾拉特南在2006年至2008年期间，伙同其他5人，获得宝利通公司、希尔顿酒店、谷歌、IBM、AMD等10家上市公司的内幕消息，共非法牟利7,200万美元①。拉贾拉特南于2011年10月13日获刑11年，也由此成为了有史以来华尔街内幕交易中刑期最长的一位。在对待这些案件上，美国政府的态度十分明确，通过一些诉讼中的言辞，我们就能知晓。“这类犯罪是不被容忍的，并且会从严惩罚。”“他代表了最恶劣的内幕交易犯罪。”“内幕交易不是在钻空子，是在践踏法律。”

美国案例二：天罗地网的华尔街内幕交易

古滕贝格尔—富兰克林和克里斯托弗—兰迪案被称为华尔街历史上最为复杂的内幕交易案。在2011年3月12日，美国联邦检察官对在华尔街从业的13名人员，提出了涉嫌证券欺诈、贿赂、内幕交易等罪名的指控。而在这13人中，不乏瑞士银行、美银证券、摩根士丹利等大牌企业的工作人员。在2001年至2006年的6年时间里，他们彼此勾结，非法获取、泄露商业信息，共牟利1,500万美元②。如此之大的成员规模、网络分布，再加上行动的隐秘性、持续性，算得上是华尔街最有渗透力的内幕交易了。

在描述这个内幕交易网的时候，我们不得不借用一张图向大家展现其中的各种关系，才能说明他们之间的瓜葛（图7–1）。

---

① 袁源："华尔街最大内幕交易案终落锤"，http://big5.cnfol.com/big5/news.cnfol.com/111018/101,1278,10923487,00.shtml，2011年10月18日，《国际金融报》。

② "华尔街：内幕交易团伙曝光　牟利1,500万美元"，http://news.xinhuanet.com/world/2007-03/03/content_5794047.htm，2011年11月28日，新华网。

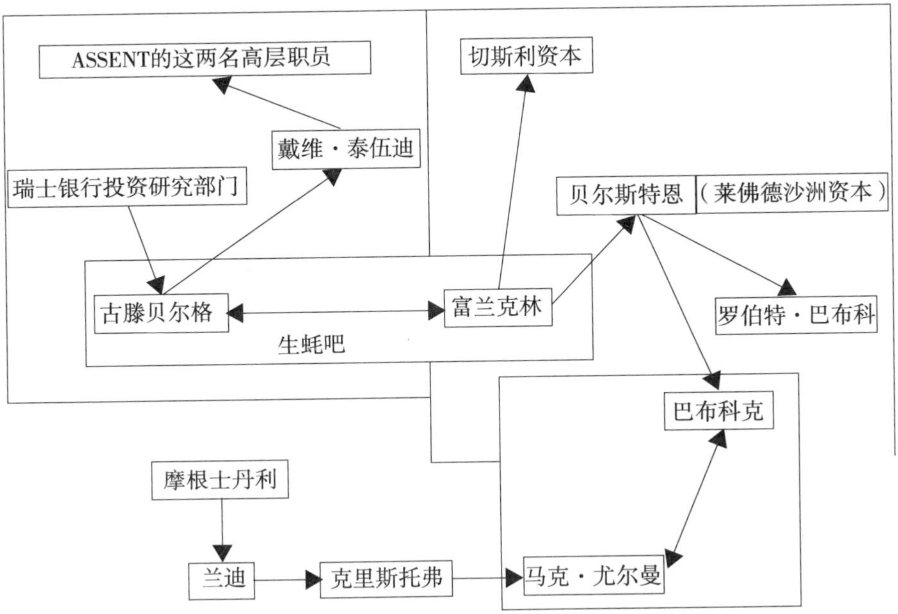

图 7—1　华尔街最复杂的内幕交易案交易网络

一切错综复杂的根源来自于 2001 年在纽约中央车站“生蚝吧”饭店的一次会面。故事的两个主人公叫做古滕贝格尔和富兰克林。两人之间是朋友兼债主的关系。当时还是瑞士银行投资研究部门董事的古滕贝格尔，欠了富兰克林 2.5 万美元，手头有点紧的他跟富兰克林提议，利用股票评级消息为其挣钱，从而抵消这 2.5 万美元的债务。而这一句话可算是说到富兰克林的心坎里去了。当时正在贝尔斯特恩证券交易经纪公司担任对冲基金管理人的富兰克林，正在发愁自己的“莱弗德沙洲资本”运营不善的问题，但如果有了如此珍贵的内幕消息，不仅可以让基金生存下去，还能让自己赚足银两。所以两人一拍即合，跨出了所有复杂关系中的第一步。

美国 SEC 的证词中说：“从 2001 年到 2006 年的 5 年时间里，富兰克林分别利用古滕贝尔格提供的不同股票升降级建议，分别通过‘莱弗德沙洲资本’和‘切斯利资本’共不法获利约 500 万美元。不仅抵消了当初 2.5 万美元的债务，两人还将之后的利益平分。但内幕交易的诱惑并没有这么简单，在富兰克林之后，越来越多的人争先恐后地飞进了这张内幕交易的吃人大网中，眼盯着金钱，被深深诱惑着，却一步一步走向灭亡。

在富兰克林这一边，当年一同在“莱福德沙洲资本”工作的同事巴布科克，一直就在监控富兰克林的账户，早对其料事如神的交易产生了怀疑。就在2001年到2003年期间，巴布科克也通过这些内幕消息获利66万美元。虽然涉案金额不多，但就是因为他这个点，在整个案情的破获上，起到了至关重要、相互连接的作用，我们一会儿会再次提到他的。

而另一方面，在古滕贝格尔那头，网络的编织也从未停止过。这其中就包括他的另一个好朋友泰伍迪。这名38岁的自营交易员通过古滕贝格尔提供的消息非法获利近600万美元，而相当一部分是在其证券经纪公司被美国股票经纪公司Assent并购之后。而最为荒唐的是，当泰伍迪在Assent任职期间进行内幕交易时，他的两名主管早已发觉情况不对。但这两人不但没有制止，反而以封口费的名义向泰伍迪索要15万美元，把职业的操守统统扔到了脑后。

虽然古滕贝格尔和富兰克林都在各自发展着内幕交易的网络，但两人之间的信息传递还是极其小心的。他们利用密码发送短信，用一次性手机进行通话，通过现金交易，一切都在极其保密的措施中进行，悄然无息地进行了5年。但令他们万万没有想到的是，一个暗中监视他们交易的人，最终成为了他们的死神，让美国监察机构顺藤摸瓜地发现了整个内幕交易网，而这个人就是巴布科尔。

作为一个靠内幕消息吃饭的交易员，窃取内幕消息就跟吸毒上瘾一样。有了第一条，就会想要第二条。所以在监视富兰克林账户的同时，巴布科尔还通过一个叫尤尔曼的人倒卖内幕消息。而尤尔曼的消息则来自自己的高中同学——自主挂牌营业的律师克里斯托弗。之所以克里斯托弗能有这么多消息，还要多亏自己在摩根士丹利上班的老婆兰迪。就这样，两个本来没有任何关联的内幕交易网络，通过巴布科尔连接了起来。也正是因为这样的连接，才让美国证券交易委员会能有机会从一个网络中寻找信息，追捕到另一个网络的疑犯。

故事结束了，是不是有些不可思议？上面这两个案例中无论从金额还是刑期来看，SEC 的处罚都是前所未有的严格。调查阶段正是 FBI 的从旁协助，才使得内幕关系网露出破绽。在将近一个世纪的磨练中，SEC 提交司法部的内幕交易案件不计其数，涉及的人员，也不仅仅是银行家、会计师、金融的相关工作人员，很多记者、医生、律师，只要是一切会涉及内幕消息的人员，都一并被 SEC 归到了监管制裁的体制之下。随着金融业的发展，内幕交易的犯罪行为也变得越发的隐秘与复杂，无论是执法者还是交易者的心态都不同于几十年前的人们，发生了诸多的变化。但依照中国武侠小说中的说法“魔高一尺道高一丈”，SEC 依旧在用孜孜不倦的行业精神管理着全球最为繁荣而复杂的美国证券交易市场。

至此，我们再来反观中国。不大为人知的是，中国的内幕交易并不像我们臆测的自改革开放后才滋生，事实上，在 100 多年前的晚清，内幕交易就已经登上历史舞台了。当时的中国刚刚经历鸦片战争，国门被迫向各种资本势力敞开。而股票这种在西方世界已经存在了很久的新鲜玩意，也在中华大地上掀起了一波又一波的涟漪。

中国第一只股票带来的第一次内幕交易

1872 年，中国近代历史上的第一家发行股票的公司——轮船招商局，在李鸿章、朱共昂、容闳的共同联手下成立。轮船招商局得到了当时老佛爷的准奏，在造船界巨子朱共昂和大学士李鸿章的联手下，以容闳所著的《联设新轮船公司章程》为基础，正式面向社会筹集资本，创办股份制企业。从而也得到了“中国第一股”的美名。

轮船招商局的原始股价是每股 100 两白银，价格之高，令人叹为观止。但这还不是最疯狂的时候。1876 年轮船招商局规划改组，以清政府贷款为支持，用 222 万两白银的巨资，收购了当时气焰嚣张的美国旗昌轮船公司。在没有监管、没有法规的中国股票市场中，这次惊世骇俗的收购，不仅仅是扬我国威，同时也将内幕交易的魔爪带进了中国股市。

事情的败露来自当时纪检部门的几份官方报告。第一份是当时的御史董俊翰所书，其中将中央过于扶持招商局作为指责重点。各级政府官员大肆在招商局安插亲信、相互勾结不说，很多还都只是徒有虚名，只拿钱，不干活。第二份报告则是由翰林院侍讲王先谦发起，意在抨击招商局的阴谋，指出其内幕交易的本质。而其论述的理由有三，第一，当时的招商局领导（用现在的话来说就是总经理）唐廷枢以弥补亏损为由，从北洋政府借了 50 万银元，在招商局重组之前，全部买了其股票，从而在并购重组之后，大赚了一笔！第二，本来对于这次并购，李鸿章并不积极，但如果这个背后的大佬不同意，这桩生意很难做成。所以当时的招商局盛情款待并游说了两江总督兼南洋大臣，以回扣等由头，以南洋大臣的名义，借到了百万银元公款，凑齐了并购资金。第三份报告说的则是，在并购结束之后，从美方那里获知，为了能达成并购案，他们送了很多回扣给招商局的官员们。

而只有这些指证还不够，在当时的历史环境中，信息的传递多以口头、书信为主，不会留下太多证据。但当这个内幕交易的窟窿开得足够大，大到谁也瞒不下去的时候，一切才会水落石出。1883 年，大清国的金融危机爆发。由于操纵股价，内幕交易情况猖獗，上海股市泡沫化严重。扛到当年 9 月，招商局股价已经从鼎盛时期的 265 两，直线跌落至 34 两每股[①]，公司市值瞬间蒸发。与此同时，招商局在金融危机到来之前，早就资不抵债，运营困难。由于官员腐败、各自勾结，不在乎国有资产流失，已经为金融危机的发生奠定了基础。

再加上当时的股民还处于懵懂状态，觉得只要是股票就能挣钱。所以借亲戚朋友的钱，借银行钱庄的钱，任何的资金就都放进股市。大街小巷到处都有人在谈论股市。就在这么一个疯狂的氛围中，第一家大商号金嘉记轰然倒下，导致的连锁反应是为其提供贷款的四十多家钱庄中，有近一半也

① 雪珥："投机的国度"，http://news.cb.com.cn/life_12_4849_1.html，2011 年 12 月 26 日，《中国经营报》。

随之关门歇业。这时钱庄本来资金链就极其紧张，互相拆借的情况又十分严重，一家倒了，就意味着整个民间借贷系统的瘫痪。虽然它们是当时中国银行业的一分子，但自己的生命并不掌握在自己手中。与那些外资或者国有银行相比，规避风险的能力几乎就是零。再加上这些小钱庄之前为了能应付超负荷的运营状态，又买了不少当时内幕交易的股票，其中就包括之前提到的轮船招商局。一方面外贷的资金要不回来，另一方面股票被深深套牢。除了关门破产，也没有其他退路可走了。

晚清的教训并没有让投机者们停下贪婪的步伐，在中国改革开放股市逐渐发展后，依然有许多利用内幕信息获利的人。只是，直接用自己的账户实名套利的越来越少，伪装的环节倒是增加了不少。

中国案例一：银河证券肖时庆案

代表案例便是一度被各界关注热炒的银河证券原总裁肖时庆事件。2011年4月底，曾经如日中天的银河证券原总裁肖时庆，被法院认定，因内幕交易获利约1亿元，并受贿1,546万元，最终判处死缓。而这持续了近两年的内幕交易审判大戏，又是怎么开头的呢？让我们回到多年前，看看事情的始末。

肖时庆，1964年生人，管理学博士，曾在中央财政管理干部学院任教。他在自己的职业生涯中两进两出证监会。一进证监会，辉煌时期担任中国证监会发行部副主任职务。2001年第一次下海，担任东方证券党委书记、董事长、总经理。但在短短两年后，就因为营业利润亏损8,500万元，资产总额等各种指标达不到董事会要求，主动提交辞呈。2004年又二进证监会，升迁至股改办副主任。可到了2007年，耐不住寂寞的肖时庆，再次下海担任银河证券总裁、党委书记。而就是这第二次下海，将肖时庆推上了风口浪尖，也最终推进了铁窗牢笼。

1997年由北京化工集团发起的北京化二股份有限公司，于同年5月登陆深交所。2002年，化工集团将北京化二在内的全部乙烯系列生产厂股转让给了东方石化。而这其中的北京化二决定在2007年进行资产重组，银河证券正好担任中石化下属上市公司财务顾问。得到内幕消息的肖时庆在化二公司停牌期间，指使其家人，用五个账户，买入了430万股北京化二股票，卖出后非法获利1.04亿元。而也就是这1.04亿元，为曾经两进两出、背景坚实、人脉广博的肖时庆埋下了牢狱之灾的种子。

但仅仅是这1.04亿元的内幕消息获利，还不足以让肖时庆这么快身陷牢笼。因为在中国的证券交易中，内幕交易频现，涉案金额一个比一个高，是什么让肖时庆这么快就走到了风口浪尖呢？这里有个人不得不提，他的老上司、国家开发银行原副行长王益。王益曾经是中国证监会原副主席，是肖时庆的老领导。可想而知，一个巨大的利益圈在这两个人之间盘旋着。王益提拔肖时庆担任股改办副主任，肖时庆就帮王益的利益集团发行信托，倒卖股份，牟取暴利。可当处于这条利益锁链一头的王益，因为东窗事发，锒铛入狱之后，有着千丝万缕利益联系的肖时庆，也在第一时间被卷进了调查。

可这一调查，查出的就不仅仅是一个内幕交易这么简单了。2009年4月，在证监会的一间会议室里，肖时庆终于结束了其13年的股市生涯。随之而来的是贪污、受贿、以权谋私、内幕交易等一系列的罪名。这位当年叱咤风云的股市人物、资本界的硬手腕，最终的结果是一辈子的牢狱生活。

之所以拿这个例子举例，其目的有三。第一，在中国现今的金融结构与制度下，一个与证监会有着嫡系血统的银河证券总裁，曾经担任过众多证监会要职的大佬级人物，却因为通过内幕交易的方法获取暴利，最终身败名裂。这值得我们对监管部门自己的执法体系提出质疑。那些对我们的制度了如指掌的人，或者根本就是制定者，他们对相关制度的了解比一般投资者清楚得多，也思考得更多。也正是因为这种对自己十分的自信，才给了他们利用内幕信息作案的胆量。他们是最清楚制度哪里最不明确，哪里最容易出现混淆的人。第二，在体系内部，如果能从源头遏制住信息的外泄，是不是就会减少肖时庆般的悲剧？虽然不能肯定，但起码在客观上是需要的。将企业的重组过程尽可能地减少审批环节，冗长的一环扣一环的抉择链，无形中就增加了内幕消息扩散的可能性。第三，我们说回这个案例，之前一个好好做研究的学术派，最终也没有逃过利益的诱惑，没有耐住象牙塔的寂寞，迈入了商海，走进了政坛。是什么驱使着他们这样做？是人心的丑陋，还是污染的体系，或者对于金钱、权力的向往？

中国案例二：中国首富——国美黄光裕案

这个案例，在中国内幕交易的历史上有着非凡的意义——中国首富、涉案金额最多、罚款金额最多、国美黄光裕案。

其实这是个复杂的案件，单单因黄光裕案下马的官员就能抓一把。俗话都说："一个富豪身后，总是会有几个官员撑腰的。"更何况一个全国首富呢？商务部条法司巡视员郭京，国家外汇管理局管理检查司司长许满钢，公安部部长助理、经济犯罪侦查局局长郑少东，公安部经侦局副局长兼北京直属总队总队长相怀珠，广东省政协主席陈绍基，浙江省纪委书记王华元，这一个个官员的命运都深深地被一个人的生死牵连着，这个人就是黄光裕。

简单地介绍一下案情的成员结构。黄光裕，1969年生人，中国最大家电连锁企业国美集团创始人，三届胡润"中国富豪榜"的首富，旗下还有中国鹏润、新恒基、三联商社、金泰等上市企业。黄光裕妻子杜鹃，本案的主要操作人、被建议人。黄光裕下属、中关村科技发展股份有限公司董事长许忠民，利用内幕信息操纵股票交易，接受黄光裕命令，并继续指使他人开户投资相关股票。以黄光裕为董事和实际控制人的北京中关村科技发展股份有限公司，在这次的内幕交易中，股票"中关村"发行者，欲通过并购进行资产重置以及股权重组。被中关村科技发展股份有限公司收购，并进行了全部股权重组的北京鹏泰投资有限公司。这次内幕交易的载体之一三联商社，另一只由于黄光裕介入而有神奇表现的股票。

在这起案件中，黄光裕的位置和特点很明确。作为上市公司的实际控制人，是任何相关资产置换项目或者收购的策划人、决策者；毋庸置疑是最核心的内幕消息知情人；也是最应该遵守市场交易原则，严格保守内幕消息或者实时披露非公开消息的人；更应该是把上市公司利益摆在首位的人。但事实并非如此，2007年4月，我们之前提到的两个公司，中关村科技发展股份有限公司与北京鹏泰投资有限公司，打算进行资产置换。但在该信息披露之前，黄光裕建议并指令自己妻子杜鹃以他人名义开立个人账户，在之后的两个月中，累计购入中关村股票976万余股，成交额共计9,310万元，获取收益348万元[①]。

之后的2007年7月8月，黄光裕故伎重施，采用一样的套路、一样的建议，但这次是用79个个人股票账户，累计购入中关村1.04亿股，成交额13.22亿元。这一次，之前的下属许忠民也加入了这个疯狂的抢购行动中，在2008年5月7日信息公告日之前，之前所有股票的账面收益已经达到9,021万元[②]。

三联商社的交易手法，可以说是如法炮制了之前的中关村。2008年2月14日，黄光裕假借山东龙脊岛建设公司的名义，在情人节这天，与三联商社第一次结下情缘。最终以2,700万股、10.69%的股权成为三联商社的第一大股东。就在拍卖当天，三联商社的股价从7元飙升至19.9元，不过用了区区8分钟[③]。

最终黄光裕被判入狱14年，但这其中真正因为内幕交易而导致的处罚不超过5年，这样的处罚力度很难同投资者们的巨额损失画上等号。在黄光

---

① 数据来源："黄光裕内幕交易案"，http://www.csrc.gov.cn/pub/newsite/jiancj/jywlz/aljs.html，中国证监会纪委。

② 数据来源："黄光裕内幕交易案"，http://www.csrc.gov.cn/pub/newsite/jiancj/jywlz/aljs.html，中国证监会纪委。

③ "三联集团出面摊牌 黄光裕炒作三联商社细节曝光"，http://business.sohu.com/20090213/n262216265.shtml，2009年2月13日，《21世纪经济报道》。

裕刑事案件处罚结果公布后，民事诉讼索赔案件开始接受审理。粗略估计，损失达到三四十万元人民币的民事诉讼者大概有100多位，如果算上所有跟案件有牵连、蒙受损失的股民，人数保守估计会达到13万之多。最终的经济赔偿数额会是多少，还需要时间去证明。但股民对于市场信心和信任的丧失，却很难用数字来衡量。在股票这个你赢我输的均衡游戏中，众多投资者一辈子的辛苦钱，就在一朝一夕之间被卷走了。换来的只是下一个轮回，等这些内幕大鳄重获自由后，又开始新一轮更疯狂的掠夺。

可以看出，以上所举的中国的两个例子，都习惯于直接或间接地开设账户交易，自己再从中获利。相比较而言，美国的内幕交易手段就显得更为多样化，波及的范围更广，参与的人员关系更为错综复杂。这就更让我们深思，一个市场中，如果内幕交易的操纵者无须多费心思就能瞒天过海，是说明内幕交易者太傻，还是这个市场监管力度不够，太好混迹了？

美国SEC监管何以广受赞誉

在监管力度上，美国SEC一直是公认的强硬手腕。这和SEC注重细节、刚柔并济的运作模式不无关系。

细节决定成败

从1934年的《证券交易法》出台以来，SEC对有关内幕交易的法案一再细节化。例如，SEC常用“市场透明度”来规定内幕交易的基本充要条件是内幕人员利用未公开的信息进行证券交易。对利用未公开的信息进行交易的行为，SEC又区别性地提出了“有意图”和“无意图”的选择性披露行为。那怎么叫做进行了证券交易呢？SEC判定内幕人员的交易时间不是最终的证券执行交易时间，而是内幕人员发出指令交易的时间。简单的一句定义，在一次又一次反复的实践论证中被如此地细化，成就了SEC今天的地位。

刚柔并济的监管政策

在美国，法律可以存在于任何细微的地方，比如，因为邻居聚会声音过大，就能把对方告上法庭。但对于执法的措施却是刚柔并济的。笔者就曾经因为高速公路行车超速，被带上了法庭。但连法官的面都还没见，就被叫到法庭旁的小屋里，问是否愿意交一笔钱，在庭外和解。如果同意，真到了庭审时，简单地向法官认罪，出门交钱就可以回家了。而如果谁超速行车，撞到其他车，又不肯接受警察的执法，被当场毙掉也是有可能的。这样的新闻最近半年就有好几起。所以同理，在对于内幕交易的执法措施中，也体现了美国刚柔并济的一贯作风。

首先，和行车超速类似，庭外和解措施也被广泛运用于内幕交易案。内幕交易的被告接受 SEC 的执行措施，但既不承认也不反驳起诉中的指控。这样的措施能让受害者相对迅速地获得赔偿，也不会打击市场的信心，不会将案件拖入冗长的审理过程中。将近 90% 的内幕交易案件，最终都以庭外和解的方式结案。

其次，对于内幕交易的惩罚上，美国证监会却也有让人生畏的“手段”。早在 1988 年，里根政府就出台了《内幕交易及证券欺诈制裁法》，将行政罚款制度带入了证券市场。无论内幕交易是否有利益所得，都一概予以处罚。自然人罚金为 10 万至 100 万美元，法人最高可罚 250 万美元[①]。这在 80 年代末的美国也是一大笔金额。而到了 2002 年更进了一步，通过《公众公司会计改革和投资者保护法》，任何人通过信息欺诈或价格操纵、内幕交易在证券市场获取利益，最多可监禁 25 年或处以罚款；对违法的注册会计师可判处 10 年以下监禁或罚款。同时还延长了对证券欺诈的追诉期，起诉时间可以延长至非法行为发现的两年内，或者非法行为实施后的五年内。帆船公司内幕交易案的始作俑者拉贾拉特南，最终获刑 11 年，成为有史以来

① 马欣，刘慧：“内幕交易”，《海南金融》，2011 年。

刑期最长的内幕交易罪犯[1]。曾经轰动一时的 IBM 公司收购莲花软件公司内幕交易案，23 名涉案人员中，有 19 人受到了法律的制裁，其中三人宣布个人破产。

为了避免“惯犯”再次危害市场，SEC 还可以请求法院颁布禁止令，让被告终生不能再从事禁止令所禁止的行为，如果再次踏入市场，则要承担刑事责任。一方面简化程序，让受害者尽快得到补偿；一方面让严重危害市场的内幕交易者永远不能抬头，松和紧的控制，让执法变得艺术化很多。

而另一方面，SEC 对于提供内幕消息的奖赏也是独一无二的，比如近期出台的“打小报告政策”，只要公司的内部员工向 SEC 举报公司的内部交易行为，在案件成功破获之后，就能最高拿到因内幕交易而非法获利的 30% 作为酬金。从 2011 年 8 月到 2012 年 4 月，已经有 1,000 多个“小报告”交到了 SEC[2]。

坚韧廉洁文化

有了法律和体制，最终可行有效的执法还是靠 SEC 的坚韧和执着。在对内幕交易的调查与诉讼中，两个大问题困扰着全球各国的证监会，一个是难以取证，另外一个是贪污腐败。先说贪污腐败的事儿。对于官员和商人的同流合污，我们也许早已见怪不怪了。在美国，对行政机构有着“二十年一轮回”的说法，随着行政机关的设立和演变，都会经历从成立伊始的秉公执法，到最后的同流合污。但 SEC 在 70 多年的历史中，却很少有丑闻发生，深受美国公众和司法机关的认可。这一点，和中国香港的廉政公署一样，廉洁的职业操守更多的是与一个机构的文化与精神相关。

取证难，成本高，通常被一些学者拿来为内幕交易辩护。可是已经将

① 袁源，“华尔街最大内幕交易案终落锤”，http://finance.jrj.com.cn/2011/10/18011811314108.shtml，2011 年 10 月 18 日，《国际金融报》。

② Scott Patterson and Jenny Strasburg，“Source’s cover blown by SEC”，http://online.wsj.com/article/SB10001424052702303459004577363683833934726.html，04.25.2012，WSJ.COM.

内幕交易案当成首要任务之一的SEC，则拥有令人羡慕的辩方举证体制。也就是说，如果一般投资者怀疑公司有内幕交易，公司就要举证说明自己没有这样的行为，说不清楚就是犯法。这样的制度将取证的难题交给被控方，大大节约了监管成本，提高了执法效率，在中国香港也得到了广泛应用。同时一切可以利用的调查方式，电话录音、监控录像、内部邮件都可以被SEC征用来调查。SEC与FBI，与纽约证券交易所、纳斯达克的合作，为就一层一层关系复杂的内幕交易调查，扫清了很多障碍。

中国市场高效监管“难”

说了这么多SEC的运作模式，结合中国近几年的内幕交易案，我们不禁拿来和中国的证券交易机构对比，何以有学者会说中国是投机者的天堂？我们的监管体系和力度还有哪些亟须完善？

在笔者准备这一章内容的时候，对国内一些知名的律师进行了采访。说到中国证券市场的内幕交易，律师们的言语大致是这样的：

> “中国的法制道路走得毕竟短，我们的证券市场出现时间也短。这些关于内幕交易监管的法律也定了一些，定得不够细，或者缺乏操作性。再加上我们证监委下面的调查也缺乏经验。真正的法律在实施起来就大打折扣。我们都知道关联交易、内幕交易是违法的，要受到法律惩罚，但实际执法过程中，受到法律惩罚的仅仅是很少的一部分，大部分人认为都没什么事，能躲得开，避一避都能做到。这就是中国目前的现实情况。”

这就是中国目前的现实情况？刚刚卸任的证监会前主席郭树清，在上任伊始就将“内幕交易零容忍”当做了新官上任最强的一把火，烧向了中国证券市场。两年过去了，郭主席卸任去了山东当副书记，可现代中国的内幕交易又变成了什么样子呢？

在我国的《证券法》中，对于内幕交易，也有着明确的规定。内幕信息是指“证券交易活动中，涉及公司的经营、财务或者对该公司证券的市场价格有重大影响的尚未公开的信息”①。也严格界定了内幕信息知情人员的范围，及公司内部人员、准内部人员、第一手直接获取信息人员及国家公务人员。《证券法》中也将内幕交易行为具体量化为五种类别，分别是：知情人员利用内幕消息直接或者间接地买卖证券，像上述各界关注热炒的银河证券原总裁肖时庆的内幕交易案件就属于这类行为；知情人员向他人泄露内幕消息，使他人利用该信息买卖证券，曾经的中国牛市内幕消息第一案——杭萧钢构内幕交易案，就属于这第二类；知情人员建议他人依内幕消息买卖证券，在黄光裕案中，其利用自己的亲戚进行内幕交易的行为就叫做建议他人依内幕消息买卖证券；非法获取内幕消息的人员利用内幕消息买卖证券或者泄露内幕消息给他人或依内幕信息建议他人买卖证券；其他内幕交易行为。

不仅仅是《证券法》对内幕交易有着制度规范，从《刑法》《股票发行与交易管理暂行条例》《禁止证券欺诈行为暂行办法》《证券公司管理暂行办法》《上海市证券交易管理办法》，到《深圳市股票发行与管理暂行办法》，林林总总这么多法律条例，体现了我国证券监管当局对内幕交易行为的禁止态度。而对于内幕交易的处罚，中国《证券法》在第202条规定：对内幕交易者，没收违法所得，并处以违法所得一倍以上五倍以下的罚款，最高处罚300万元人民币；没有违法所得或者违法所得不足3万元的，处以3万元以上60万元以下的罚款。

看上去拥有如此详细和系统的内幕交易监管治理体系，为什么中国的证券市场内幕交易问题依旧严重呢？在对律师的采访过程中，另外一段话引起了笔者的注意：

---

① 范建，王建文：《证券法》，第67条，法律出版社，2010。

“小股东告大股东，告董事会啊，告他们内部交易啊，侵犯小股东利益的行为。这种诉讼都大量存在。但对于个人股东掌握的资源有限，对于大股东内幕交易的东西，没法掌握证据，所以很难告。这就需要证监会人员多、资源多、权力够，他们才查得出来。需要特殊途径才能查出来，内幕交易是很秘密的东西，一般小股东根本没法知道，没办法查到的。小股东的诉讼都是靠证监会查到了，报纸上公开了，小股东才依据调查的结果告大股东。”

律师的话一下提醒了笔者，中国的证券会在运行制度上与美国 SEC 有着本质的区别。首先，我们现行的制度，需要一般股民搜集证据，状告内幕交易，可以说是控方举证。换句话说，我们的法律没有要求涉嫌违规的投资人自证清白的规定。即使是逻辑、情理上都觉得有问题，只要是监管层没有证据，就没有任何办法。试想，如果某投机者持有公司股票，原本打算出仓，但因获知了内幕消息知道股票要涨，继而按兵不动，最后大赚一笔。这种情形是观察不到交易行为的，要检方取证就是难上加难。而美国正好相反。只要是政府怀疑你有内幕交易的嫌疑，被怀疑人就要自己找证据，找证人，说服公众自己没有利用内幕消息，钱挣得都是合法的。即使如此，辩方举证的制度，依旧需要 SEC 动用大量的人力物力去调查。那在中国，一介草民如何能调查得了？那为什么中国证监会不愿意使用辩方举证的方式？是人力物力不够，还是有些事有些人查不得？证券市场的 PE（私幕）腐败现象众所皆知，中国国际金融公司直投部董事总经理陈十游就曾直言：“中国证券市场的 PE 啊，还是不要查了。”这样的话，就给人一种监管机构互相包庇、利益权力纠缠不清的印象，如此又怎么会用辩方举证呢？

其次，我们的惩罚力度，对于动辄几千万，甚至上亿元的内幕交易，是否够大？在“Do Insider Trading Laws Work”一文中，作者通过数据论证，证明了监管执法越有强制性，内幕交易案发生频率就越少[①]。国美老总黄光裕案，最终因为内幕交易所处罚的刑期只有5年，而受到影响的股民将近13万人。杭萧钢构内幕交易案，4,037万元的大案子，主犯们获刑一年六个月至两年六个月不等[②]。虽然美国的SEC也不会对每一起内幕交易都进行调查，但只要调查一起，就会一查到底，罚得翻不了身。这样的威慑力正是中国刑事处罚所没有的，因而以儆效尤的效果自然不如美国明显。

---

① Arturo Bris, "Do Insider Trading Laws Work?", European Financial Management, Vol. 11, No. 3, 2005, 267–312.

② 姚燦坤："内幕交易精神原因：缺失羞耻感"，《上海证券报》，2008年2月5日。

第八章　财务欺诈

“诚信为本，操守为重，坚持准则，不做假账。”

——朱镕基

在笔者讨论的众多章节中，财务的欺诈行为，算是最贴近老百姓生活的。只要有公司，就会有财务部门，无论是骗还是被骗，都难免要与财务欺诈打交道。虽然财务欺诈在各类新闻中总是一次又一次地被提及，感觉都快成了人们生活中家长里短的“琐事”，但在金融欺诈的世界里，只要报道出来的财务欺诈，又不乏惊世骇俗的大事件。所以这一章，我们来聊聊“既严重又琐碎”的财务欺诈。

什么是财务欺诈?

什么是财务?

在说清楚什么是财务欺诈之前，我们先聊聊财务。将财务展开了讲，应该称之为财务会计。作为企业会计分类中与管理会计并行的两大分支之一，财务会计的主要目的是为了编制财务报表、大致包括资产负债表、损益表以及现金流量表。而财务会计制作这些表格的主要目的，是要为企业的那些外部人士，包括投资者、债权人、监管机构和税务机关等，提供公司在特定时段内的经营业绩以及在某个特定时间点的财务状况等经济信息。所以归根到底，财务会计的根本目的是为了满足企业外部有关方面的决策需求，提高企业透明度，规范企业行为，从而减少欺诈的行为。进一步说，老祖宗们创造“会计”这门手艺的目的，就是为了防止在财务上出现欺诈行为的。

会计的起源大概可以追溯到公元前3,600年。当时的希腊和罗马已经出现了用某些会计概念来记录当时经济情况的文本。但很难说这就是什么会计理论，因为现代的学者们普遍都将复式簿记[①]作为会计思想的起始点。会计的出现、发展与发达与经济环境和社会制度有着必然的联系。当人们有了私有制观念，有了多余的资金累积或者出现了借贷现象，会计学的出现也就势在必行。11世纪到13世纪，随着十字军东征耶路撒冷，意大利的经济飞速发展，最早的复式簿记法出现在了意大利热那亚商人的账本中。

如今，现代会计学成为了一门全球性互通的学科。随着社会制度的变革与经济形势的瞬息万变，会计也变得复杂与繁重。大量新的财务问题也对原有的会计基本理论提出了各种挑战。创新，废弃，再创新，再废弃，让这门我们每天生活工作必不可少的学科，无论是从理论还是实践中都产生了很多的缝隙。也正是因为这些缝隙，让“欺诈”有了可乘之机。

财务欺诈的表现形式

对于财务欺诈最为简单的解释就是通过财务进行的欺诈行为。而相对学术的解释也不难理解：通过蓄意错报、漏报或者泄露以欺骗需要使用财务报表的行为[②]，我们称之为财务欺诈。在财务欺诈中，活动相关人员的目的各有不同，有的为了包装上市，有的为了逃避税款，有的为了政绩荣誉，但无不事先经过了周密的部署从而蓄意制造虚假会计信息，以图掩人耳目。在

① 复式簿记是商业及其他组织上记录金融交易的标准系统。现代复式簿记系统是由意大利数学家卢卡·帕西奥利在他的 *Summa de arithmetica, geometrica, proportioni et proportionalità*（1494年于威尼斯）一书中最早制定的。

② “在财务报表审计中对欺诈的考虑”，美国注册会计师协会（AICPA），SAS 82，http://www.baike.com/wiki/%E8%B4%A2%E5%8A%A1%E6%AC%BA%E8%AF%88.

现代财务欺诈的研究中，学者们大致将财务欺诈行为总结为了三种：收益操纵，关键指标障眼法，以及通过扭曲资产负债从而避免显示公司运营的恶化。听上去好像有些抽象，那不妨让笔者通过三个具有代表性的案例，形象地解释一下财务欺诈的表现形式。

首先是收益操作，我们将提及的案例，与当年让全中国人骄傲不已的北京2008年奥运会息息相关。2008年奥运会前夕，美国的一家电视制造企业Syntax-Brillian Corporation，与中国电视企业SCHOT签订了一份巨额电视分销合同。由于Syntax-Brillian Corporation与美国的ESPN和ABC两家电视台刚刚签订了最新的市场合作合同，并且随着2008年北京奥运会的临近，中国群众对于高清电视的需求预期日益增长，Syntax-Brillian Corporation非常看好未来中国的高清电视市场，准备借着天时地利人和大举进军中国电视市场。从而催生了与中国电视公司SCHOT这份将近1亿美元的电视分销大合同，让中国的SCHOT公司来销售Syntax-Brillian Corporation的高清电视①。

但天有不测风云，就在2008年2月，离北京奥运会开始还有不到半年的时间，本来指定为奥运村电视提供商的Syntax-Brillian Corporation，由于种种原因，无法按照原计划完成这笔生意。可另一方面，Syntax-Brillian Corporation已经将大批高清电视发给了为其分销的中国SCHOT公司。所以在生意黄了之后，Syntax-Brillian Corporation又不得不从中国分销公司再将这批高清电视回购回来。

可问题就出自于此，按照财务会计准则对于回购商品的规定，这一部分回购电视的金额是不能计入Syntax-Brillian Corporation的当年收入的。可就在半年前，自中国分销公司SCHOT收到电视的那一刻起，Syntax-Brillian Corporation就早早地将收入计入，从而使得其公司2007年的销售额达到了近7亿美元，比前一年的公司业绩翻了近两番。而本应该重新计算的销售

① Brendan Pierson, "Syntax-Brillian Execs Cost Co. $300M: Creditors", http://www.law360.com/articles/78360/syntax-brillian-execs-cost-co-300m-creditors, 11.26.2008, Law360.

额，Syntax-Brillian Corporation 也希望通过其中国分销商 SCHOT 公司的掩护，蒙混过去。

对于 Syntax-Brillian Corporation 这样的行为，在财务欺诈中，我们就可以将其归为收益操纵。虽然这只是收益操纵众多类型中的一种——过快的记录收入，但已经很明显地让您感受到，只是计入收入的时间不同，就会彻底混淆投资者对于公司的判断。在收益操纵中，除了这种影响现阶段收益的欺诈行为，其他如直接计入虚假收入的，转移现阶段成本到未来某个时期的，还有影响未来阶段收益的欺诈行为，想来读者也会跟笔者一样“哈哈”一乐，这种行为我们已经见得太多，都不觉得是欺诈行为了。

其次我们聊聊财务欺诈形式中的**关键指标障眼法**。顾名思义，既然是障眼法，就是希望通过改变会计各类报表中的数值达到掩人耳目的效果。这些数值可以被“放大”、“缩小”，或者是“隐形”，从而误导投资者对公司的运营状况作出错误的评价，在业界，也有学者喜欢管这种行为叫“粉饰”。其实这些对于读者来说应该都不难理解，从一个公司运营的业绩指标上看，其收入（Sales）、利润（net Income）、负债（Debt）以及现金流（Cash Flow）都是至关重要的。如何让这些指标被投资者看上去“有信心”，就是障眼法的“真谛”。而在这方面，谁都不敢跟当年叱咤风云的美国安然公司叫板。

安然公司的管理层采用了一种分离的、单一目标实体的会计处理方式，称之为特别目的实体（special purpose entities，SPE）。其目的就是为了隐藏其快速发展的债务，同时产生影子收入。一般情况下，SPE 多是用来让公司稳定地持有被金融化的公司资产。而在安然公司的财务欺诈案件中，SPE 却成了一个完美的制造各种假象的财务欺诈工具。

其具体操作过程是：安然公司会先建立起一个 SPE，从而能保证得到可观数量的银行贷款。这笔贷款额一般占其总融资额的 97%，剩下的 3% 则由股权组成，由第三方合伙公司拥有，从而避免了 SPE 被整合。它通过借款和发行新的股票保证了母公司负债不会增长。通过售卖一些劣质的公司资产，从而提高了公司的收入。通过建立境外公司，调配资金、避税。通过重新定义大量的借款和融资为客户存款增加了公司的现金流，并以此为担保从银行借得更多的资金。

就这么几句话的案例，就让一个公司从收入到现金流的所有方面都做得“尽善尽美”，而看上去轻松之极的粉饰过程，却也少不了安然公司的精心策划。

最后一种形式叫做**通过扭曲资产负债从而避免显示公司运营的恶化**。无论是操纵收益，还是障眼法，其实都是玩弄数字的欺诈，也算是小偷小摸，那扭曲资产负债的行为就可以直接算是明抢了。这些扭曲包括直接错记应收账款、篡改库存数据、扭曲金融资产和负债数据等。也许您会问：好端端的公司，真的需要这么大动干戈地进行财务欺诈吗？难道不畏惧风险吗？笔者觉得这还得从“上市”两字说起。

对于很多公司来说，上市就意味着发财。无论是从地方政府拿到的补助，还是在融资上一马平川，上市对于企业的发展都意义重大。那如何上市，上市后又如何不被退市，就成了各家公司的烦心事。在我国的《公司法》中有这样的规定：

1. 股票经国务院证券管理部门批准已向社会公开发行。
2. 公司股本总额不少于人民币 5,000 万元。
3. 开业时间在 3 年以上，最近 3 年连续盈利；原国有企业依法改建而设立的，或者本法实施后新组建成立，其主要发起人为国有大中型企业的，可持续计算。
4. 持有股票面值达人民币 1,000 元以上的股东人数不少于 1,000 人，向社会公开发行的股份达公司股份总数的 25% 以上：公司股本总额超过人民币 4 亿元的，其面向社会公开发行股份的比例为 15% 以上。①

从中不难看出，上市的门槛还是挺高的，比如说连续盈利 3 年，公司股本总额不少于 5,000 万元。上市后不被退市也确实是件难事。如果无法

① 《中华人民共和国公司法》，第四章第五节，2006 年 1 月 1 日。

像规定中那样实现盈利的各种标准，企业就得通过扭曲数据这样的途径留住“上市”这块金字招牌。

2012年4月浑水公司（muddy water）发表的报告中显示[①]，国内已然出现了专业的“金融诈骗学校”，专门帮助准备上市的企业篡改财务数据。其实这样的工作，在很多准备通过财务欺诈手段达到上市资格的公司内部都已经悄悄进行了。只不过很多的中国企业并不是那么熟悉上市，甚至是海外上市的各种规定，也做不到“天衣无缝”的状态。但如果稍微借助一下“诈骗学校”在会计师事务所和律师事务所间的关系网络，很简单地就能把对自己企业的不利数据，改得既好看又实用，不仅达到了上市的目的，获得了私募融资，甚至直接就能成为股市中的一颗明星。

财务欺诈为什么会发生?

舞弊三角论：压力，机会，借口

借用美国注册舞弊审核师协会创始人、前任美国会计学会会长史蒂夫·阿尔布雷科特（W. Steve Albrecht）[②]的话：就像必须同时具备一定的温度、燃料、氧气这三个要素才能燃烧一样，企业的舞弊行为是由压力（Pressure）、机会（Opportunity）和借口（Rationalization）三要素组成，缺少上述任何一个要素都无法形成企业舞弊行为[③]。而作为企业舞弊行为最为主要的组成部分、财务欺诈，也遵循着这样的理论。毕竟在这样的环境里，

---

① 是冬冬：“浑水揭秘中概股股灾：‘金融诈骗学校’指导民企造假”，2012年4月13日，《东方早报》。

② W. Steve Albrecht is the Andersen Alumni Professor at the Marriott School of Management of Brigham Young University（BYU）. He is a former president of the Association and was previously president of the Association of Certified Fraud Examiners. *Wikipedia*, http://en.wikipedia.org/wiki/W._Steve_Albrecht.

③ 于小雪：“新准则下的管理层舞弊行为分析——基于舞弊三角理论”，*JOURNAL OF HUNAN FINANCIAL AND ECONOMIC COLLEGE*，2008。

很多人都希望用最少的投入获得最多的利益，不仅满足企业的需求，也可以捎带满足内心的渴望。所以想弄明白为什么财务欺诈会发生，不如就让我们从压力、机会和借口三方面入手讨论。

舞弊三角论之压力

对于财务欺诈者的压力要素，我们也可以理解为行为动机。在笔者看来，这样的动机是从内向外同时又从外向内的双向流动所导致的结果。所谓的从内向外，我们可以理解成个人因素。毕竟一个独立的人，通过为企业工作，不仅仅希望得到最底层的物质基础，也希望能得到某些保障，或者叫做工作安全，而对于一些公司的高层管理者来说，个人精神层面上的荣誉感，也是个人因素的组成部分。而正是这些渴望，产生了进行财务欺诈的动机，比如说：如果在同行业基本工资差不多的情况下，通过个人的“努力”企业的业绩搞上去了，是不是就有机会得到晋升？要是能拿到些公司的股票最好了，不仅在短期内能捞到些现金分红，也可以作为公司股东享受股票升值带来的利益。到了职业生涯的末期，是不是更好的公司业绩也能为自己赚到更多养老金？所以对于个人来说，推高企业的业绩是有百利而无一害的事情。

而从外向内的过程可以解释成整个市场对于财务欺诈者的影响。美国前证监会主席阿瑟·里维特（Arthur Levitt）[①] 在1998年的一次讲话中提及一个大型上市公司，因为实际盈利低于分析师的预期1美分，公司的市值在一天内跌了6%！正因为如此，与其这样被百般折磨，经理们还不如稍作修改，填上财务上的各种缺陷，让世人看一份符合分析师预期的财务报告，剩下的烦心事便可从长计议了。

所以我们可以开玩笑说，在财务欺诈的战场上，不是那些掌管公司的经理一个人在战斗，这里有市场分析师在助阵，有无形的利益之手在推波助

① Levitt, Arthur, “The ‘Numbers Game’”, September 28, 1998.

澜，由外及内的因素很多。插一句题外话，笔者认为“分析师们的预期”是个很有意思的东西，它本来不过是一种推测与分析。但是当“华尔街”分析师们的力量越来越壮大，这些分析就成为了一种公众引导，最终与公司的利益直接挂钩起来①。在公司季度、年度报告发布之前，分析师们会根据之前自己对公司各项数据的了解，结合当下的经济形势、政治因素，给公司做一个全面的财务分析。如果公司最终的财报与预期相符，便皆大欢喜。但如果不符，这对于公司的经理们来说，便是一个透顶的坏消息。巨大的压力会接踵而来，无数的质疑与责问会打击投资者的信心。

所以，为了能让公司的业绩处于稳定的增长状态，时不时地润滑一下财务状况，也成为财务欺诈中外部因素的一部分。究其根本，不得不说我们现在对一个公司的评判标准过分依赖于账面收入。诚如阿瑟·里维特所说，“我们现在的财报系统，原本是为了告诉投资者公司运营状况，现在却逐渐变成了一个数字游戏。”②

舞弊三角论之机会

小时候我们常被教导“99%的努力，加上1%机遇，才能获得成功”。虽然这句话谁也不知道从哪里传来的，用来解释财务欺诈也有些许的讽刺，但道理还是说得通的。无论一个企业想做多少财务欺诈的坏事儿，但市场就是不给这机会，企业也是怎样也完不成的。反过来说，之所以在现今世界上有着这么多的财务欺诈行为，还是因为“机遇”太多了。

就拿中国来讲，**经济环境**就为财务欺诈提供了不少机会。“高质量的财务报告不仅是高质量会计准则的产物，它也是依赖一个具有支持作用的基础机制来运作，以保证准则能够被严格运用和理解。③”这句话浓缩了欧美世

---

① 不少投资者在分析师盈利预测和推荐的基础上，设计了各种投资战略。感兴趣的读者可以阅读笔者所著的《反思华尔街》中的第三章“定量交易战略”。

② Arthur Levitt，“Who Audits the Auditors”，*New York Times*，2002.

③ Lynn Turner，美国SEC首席会计师，1999年6月。

界里经济环境对于会计影响的评价。一个相对成熟的执行机制是保证会计信息真实性的要素。而在我国，很多大的上市公司都是由国有企业改制而来，国有股权比重大拥有“中国特色”的内部控制，弱化的产权控制，没有控制力的董事会，从而导致大量的信息不对称，发生利益冲突。由于会计信息的生成与披露会被经理层和大股东牢牢掌控，而他们又不是这些信息的使用者，所以当涉及利益分配时，他们就有可能对会计信息进行修正，从而导致财务欺诈的发生。

而说到欺诈的机遇，一定少不了**政府因素**。这是全世界都会遇到的问题，所以中国也不例外。从一组 2010 年至今部分地方政府对于上市企业的鼓励政策中，我们看到企业有着“百万”种理由尽一切可能去上市，如果欺诈是理由之一也就不足为怪了。

1. 2011 年 5 月，浙江宁波，对于通过买壳或购并等方式实现上市，并把上市公司注册地迁入宁波市的企业，市政府一次性奖励 500 万元。
2. 2011 年 4 月，深圳市科技和信息局对列入深圳市“创新型企业成长路线图计划”范围的企业，以费用报销形式 10 万–300 万元不等的补贴。同时，深圳市上市办出台规定对拟上市企业在改制、辅导、上市阶段分别给予 310 万元资助。
3. 2010 年 9 月，四川省对上市企业奖励 200 万元，成都市对上市企业奖励 500 万元，若企业属于成都高新区，区政府再奖励 300 万元。总共高达 1,000 万元的政府奖励可以完全弥补企业的上市费用，实现企业零成本上市。
4. 2010 年 8 月，山东德州，IPO 成功的企业，市政府奖励 70 万元，企业所在县奖励 20 万元，市主管部门奖励 10 万元。通过配股增发等实现再融资的，市政府奖励 30 万元。对于企业通过买壳上市将上市公司注册地迁至该市并在市内纳税的，市政府奖励 30 万元[①]。

---

① 黄晨：“成政绩工程，企业上市可获多少补贴？”，《财经报》，2011 年 6 月 9 日。

地方政府的本意我们可以理解：集中支持大型企业改革，加大创新企业的发展，适应国际化的竞争。所以各级政府部门就以无偿财政拨款、税收返还或者财政贴息等形式，大力扶持企业上市。可如果在再呈现些其他数据，政府提供的“机遇”立刻就显现了：

ST南化，2008年度以及2009年度连续亏损两年，直到2010年第三季度，依然还有2亿元的账面亏损。本来退市就在眼前，但2010年的第四季度，南宁市政府给了3.35亿元巨额补贴，理由是由于政府的相关活动影响了该企业正常运作，从而导致停产限产。无独有偶，像这样起死回生的ST公司，在2010年上市公司年报中，共有67家，总共获得政府财政补贴22亿元[①]。

所谓的ST类型公司，“特别对待”（special treatment）是因为其在财务状况或者其他状况上出现了异常，或者上市公司经审计连续两个会计年净利润均为负值，或者公司最近一个会计年经审计每股净资产低于股票面值。换句话说，ST类型的公司就是濒临退市的被股市淘汰的公司。如果符合市场经济的原则，依据《公司法》的规定，正常的股市新陈代谢就应该让烂公司退出，让好公司进入。但我们很容易看出在企业上市退市问题中所触及的政治背景。本来很正确的鼓励企业市场化行为，由于跟政府的政绩评测挂钩，从而出现了隐性作用。“地方企业有多少上市了”，“有多少上市之后还能保持不退市”，“‘壳资源’如何保持住从而继续拥有重组的机会”，这一切都成了政绩考核的一项标准，而同时也给了企业实行财务欺诈的机遇。

无论是经济因素还是政治因素，这都算是外部的宏观氛围为企业提供的机遇，而说到公司自身相关的**监管制度**，包括公司内部监管和第三方的监管[②]，也为财务欺诈提供了各种各样的机会。

公司的内部监管体系主要是由三方面组成：内部控制环境、管理层责任

---

① 黄晨：“成政绩工程，企业上市可获多少补贴？”，《财经报》，2011年6月9日。

② 当然，外部监管这一点也可以算做外部的宏观氛围，但为了便于统一监管制度的影响，笔者一并放在这里。

分离以及独立的董事会。我们这里所说的内部控制因公司而异，但大部分都包括建立一个诚信的公司内部会计环境，拥有一套完整的风险评估系统，以及公司相关活动的沟通、监督与管理。而具体到实际操作上则会涉及很多具体问题。例如，是否明确了公司内各个部门的权力范围，规范和优化审批程序，建立会计上的审查与复核机制？是否建立了教育培训体制，随时在公司内部宣传财务欺诈的危害？这些方面如果做得不好都会影响公司内部监管的进行，从而给财务欺诈可乘之机。同时，如果公司内的高管一人身兼数职。权力的集中会为监管制造困难。缺少信息的流通性会让管理层很容易将重要信息封锁或者转为己用，而不被监管系统察觉。

董事会在财务欺诈中的影响最主要体现在其独立性上。作为公司的常设最高决策机构，董事会代表所有投资者的利益。很多财务欺诈案件的发生都是因为管理层的意愿干扰董事会，从而导致公司在决策时被错误的会计信息所误导。研究①发现非财务作假公司的董事会相对于财务作假公司的董事会要有更多的独立董事。如果董事会或者董事会内的审计委员会有财务专家担任的独立董事，公司重编财务报表的可能性将会下降②。

而我们所说的外部监管体系则由会计师事务所、证监会、投资银行、评级机构、债权人（如银行）、海关、税务等部门一起组成了企业的外部监管体系。之所以外部监管部分成为财务欺诈的高发区有其客观环境的约束性。例如，很多时候，被审计人（公司）花钱委托审计机构来审计自己。作为委托人和被审计对象的公司，只要是想将自己知道的真相掩盖起来，审计人对于那些间接的、不充分的信息的判断就会有失偏颇。所以在很多财务欺诈案例中，作为审计人的会计师事务所，既是外部监管体系中最重要的一部分，也是明显的弱势群体。但不可否认的是，作为至关重要的外部监管部

① Beasley, Mark S., "An empirical analysis of the relation between the board of director composition and financial statement fraud." Accounting Review (1996): 443–465.

② Agrawal, Anup, and Sahiba Chadha, "Corporate Governance and Accounting Scandals". Journal of Law and Economics 48.2 (2005): 371–406.

门，会计师事务所在自身的行为规范上，也必须为财务欺诈行为的泛滥承担很大的责任。

舞弊三角论之借口

在企业的财务欺诈中，真正形成欺诈行为的潜在因素是借口，很多学者也将其解释为自我的合理化。也就是说，欺诈者怎么都要找到一个理由，无论这样的理由是否合理，是否合法，都要能释放其欺诈的压力，并且结合其欺诈的机会，形成一个欺诈者自身道德观念和行为准则相吻合的合理化借口。笔者就用当年意大利帕玛拉特财务欺诈中最后采访其创始人的对话，给大家举个形象的例子。

当年帕玛拉特的财务欺诈事件闹得沸沸扬扬，其资产负债 143 亿欧元，股票瞬间停牌，董事长锒铛入狱，仅仅两周时间，曾经的牛奶帝国毁于一旦[①]。在对公司创始人坦齐的采访中，他是这样为自己找借口的："虽然他曾经向自己的家族公司转移过 5 亿欧元的资产，但也是希望用自己持有的公司股票偿还给投资者。"也就是说，虽然知道挪用资产犯法，但他觉得只要神不知鬼不觉地还上了就行。坦齐还说："对于财务欺诈，自己只是知道个大概数字，具体的操作全是由公司的 CFO 执行的，自己并不过多追问。"但公司的 CFO 却说："伪造银行文件以虚增资产、制造复杂财务结构隐瞒以负债等财务欺诈都是坦齐授意的，他只是执行而已。"这些相互矛盾的解释无论谁对谁错，都是推卸责任的过程，从而让其在内心找到合适的借口。

而对于中国企业的一些经营者，像这样"胡搅蛮缠"的借口，明显无法达到其"崇高道德"的精神要求。高级作假者能够从历史、教育和会计制度本身来找借口。

比如说："我的财务欺诈行为虽然不对，但这是经济历史渊源流传下来的'精华'，我为什么不能稍加利用呢？"所以历史原因也成了欺诈的借口

---

① "帕玛拉特财务大丑闻曝光"，http://finance.sina.com.cn/nz/parmalat/，2004 年 10 月 24 日，新浪财经。

之一。宋代的严苛刑罚在中国历史上都是出了名的，再加上是中国历史中规章制度最为纷繁的时期，所以对于会计的欺诈行为，本应该有了不少震慑，但实际情况并不然。在我国古代，各级政府都设立了“吏胥”一职，其目的就是为了用来辅佐官员干各种的杂活。具体到会计方面就是帮助官员收租记账了。这种宛如助理一般的工作，其实地位很低下，挣得也很少，几乎没有什么升职的机会。但这种编纂税租簿账的工作本就复杂，再加上其他更高级的官员由于工作流动性大，就让唯一熟悉编纂税租簿账的吏胥有了可乘之机，在会计上作假，从而谋取利益。在《水心别集》中有这么一段记载，体现了当初吏胥财务欺诈的严重，“吏胥之害，从古患之，非直一日也，而今为甚。”① 从这句话里也能看出，财务欺诈这件事情的历史因素，已经超越了单纯的立法和制度层面了。

再比如说：“既然在学校里教了做两套账的会计方法，那就是让我们用的嘛。既然其他公司都在用，我不用不就亏了？”**教育原因**也成了欺诈的借口。让我们重提一下本章开篇时任总理的朱镕基在国家会计学院成立演讲中提出的口号：“诚信为本，操守为重，坚持准则，不做假账。”言下之意，在我们现今的会计教育中，已经埋下了财务欺诈的苗头。这与我们现行教育机制中的侧重点是分不开的，重知识的传播，轻思想内涵的传递。

最后比如说：“我这样进行财务欺诈也是无奈之举，是因为社会本身的会计制度存在缺陷。我的行为虽然看上去是钻了政策的空子，但其实是在帮助完善制度改革！”但又不得不说，**会计制度**问题确实是个很好的借口。在美国和欧洲很多国家，会计准则一般都由会计团体制定，相关经济法律只起到最后的审判作用。这些准则虽然不强制受到法律形式的规定，但是在结构合理、法制健全的社会环境下，注册会计师、证券交易委员会、司法部之间相互配合，会让公司受到极大的压力，从而乖乖地遵守公认的会计准则，尽

① 叶适：《水心别集》卷十四，中华书局，1960。

量少踏入财务欺诈禁区。但从我国现有的会计制度与法规来看，其本质更注重行政责任和刑事责任，民事责任很少很薄弱，从而让那些通过会计信息进行投资选择的投资者在被欺骗后无处说理，深受财务欺诈之苦。

综上所述，这些借口是由当事人编造的也好，客观存在的也好，都形成了舞弊三角论的第三个因素。也正是这样，凑齐了三个要素的中国企业帮助我们解答了“为什么财务欺诈会发生”的疑问。而以下，笔者很想借用非常著名的美国安然公司以及为其审计的安达信公司作为总结这一部分的案例呈现给大家。通过这个世界著名案例，我们不仅可以找到舞弊的三要素，还可以更加深刻地了解到财务欺诈对于金融界的影响。

案例——安然—安达信事件

安然公司曾是一家被誉为“新经济”企业的创新能源电讯公司。一度被称为美国最受尊重的公司、最适宜工作的公司。2000 年时，位居世界 500 强第七位，营业额超过 1,000 亿美元。而就在之后的 2001 年，公司申请了破产保护，走下了财富的神坛。时至今日，安然这个词，俨然成为了财务欺诈的代名词，成为了每一个研究财务欺诈的学者和教育公司诚信制度的培训主管不得不提的最好教材。

我们前面提到安然公司的管理层大量使用了一种和母公司分离的“特别目的实体”（special purpose entities, SPE），其目的就是为了隐藏其快速发展的债务，同时产生影子收入。在能源行业，由于期货等金融衍生产品的大量使用，很多合同的履行给公司带来的利益需要很长时间才能体现出来。所以为了体现出公司每一季度持续的盈利，公司都要将未来合同的收入计入当前，同时将更多的当前支出算到未来。以此类推，只要这个骗局无人识破或者一直可以维持，公司就可以一直“吃”未来的利益，股价就会一直上涨。但是一旦骗局被识破或者某种不可抗力使得骗局无法持续下去，所有的问题将会一并爆发出来。

2001 年 3 月 5 日，记者贝萨尼·麦克莱恩（Bethany McLean）在《财富》

杂志撰文[①]质疑安然如何能保持畸高的股价？她指出分析师和投资者不知道安然究竟是如何赚钱的。麦克莱恩发现安然公司的季报中暴露出“奇怪的交易”、“不稳定的现金流”和“巨大的债务”。她在发布文章之前，打电话给安然公司总裁斯基林（Skilling），希望双方能够讨论自己的发现。但斯基林认为她没有很好地研究安然，“缺德”。公司的财务总监法斯托（Fastow）引用两位“财富”记者的话说，“安然不能详细地透露盈利细节是因为公司有超过1,200本各类商品交易账簿……公司不想让任何人知道究竟有哪些东西在那些账簿上。我们不想告诉任何人我们是如何赚钱的。”

真相究竟如何呢？2001年10月16日，安然公司发布2001年第二季度财报，亏损总计达到6.18亿美元，在这之后，公司的信用评级一路下滑，美国证券交易委员会也开始介入调查公司内部会计细节。2001年11月8日，公司被迫承认从1997年以来，虚报盈利近6亿美元，同时拥有近130亿美元的债务。到了11月30日，安然股价已经从年初的80美元，跌到了0.26美元，市值也从800亿美元跌至2亿美元。[②]

自此，安然公司大量的财务欺诈行为一一浮出水面。公司高管控制第三方公司牟取私利。管理层长期隐瞒公司财务状况，虚报公司各项会计数据，用尽了我们之前提到的所有财务欺诈方法。与审计公司狼狈为奸，迷惑投资者。公司高管悉数入狱，巨大的耻辱感和一落千丈的声誉会伴随着“安然”两个字，长久地记录在世界金融史中。

说完了安然公司，我们再说说这起旷世骗局中的另一个主角，安达信会计师事务所。没有它的存在，这起旷日持久的骗局，不会瞒这么久，有这么大的危害，殃及这么多的受害者。

安达信公司成立于1913年，这家由著名芝加哥大学教授阿瑟安达信先生创建的会计专业服务公司，从建立初期就以诚信稳重的形象示人。在20世纪90年代之后，与另外四家会计师事务所普华永道、毕马威、安永、德勤

① McLean, Bethany (2001-03-05). “Is Enron Overpriced?”. Fortune (CNNMoney.com).

② 白晓红，刘刚，孙建波：“安然事件的回顾与启示”，中华人民共和国财政部网站，2007年。

一并称为全球五大会计师事务所。直到2001年东窗事发前，安达信在全球84个国家和地区拥有4,700名合伙人，77,000名员工，业务收益高达93亿美元[①]。

而与安然公司的结姻，从安然的成立之时便已开始。20世纪90年代中期，安达信包揽了安然公司几乎所有的内部审计工作。与此同时，安然公司的所有咨询业务也都由安达信负责。就在安然公司因财务欺诈出事的那年，安然向安达信支付的审计费用共计2,500万美元，咨询费用为2,700万美元[②]。这也是之后人们多方诟病的利益冲突所在。在2001年向SEC提交的8-K报告中，安然公司对过去五年的财务报告进行了重大修订，体现了其利用众多关联公司内部交易、不断隐藏债务和损失的事实。而具有戏剧性的是，负责安然公司审计工作的安达信会计师事务所，却在2000年为安然公司出具了无保留意见加解释性说明的审计报告，以及安然公司内部控制可靠的评价报告。而这些报告在安然公司缴械投降之后，也变得荒诞可笑。从侧面证实了安达信所谓的无保留意见、真实可靠的评价是严重错误的。

如果事情就此结束，我们也只能说安达信犯了个审计错误，但并没有参与造假。但是之后的种种数据表明，安然与安达信之间的关系是一起狼狈为奸的合谋财务欺诈行为。由于每年大量非审计费用的发生，安达信已经失去了对安然公司审计的独立性。一年2,700万美元的咨询费拿在手里，难道就不能给人些便利？与此同时，从安然公司的首席会计官、财务官，到公司发展部经理，无不来自安达信公司。如果算上安然公司中低层管理人员，将这两个公司说成亲姐妹一点也不过分。虽然安达信首席执行官一再强调安达信为安然做的审计工作都是恰当的，安然公司的倒闭不是因为财务问题，而是经营不善。但这样的情景已经无法改变安达信在公众眼中丧失独立性的

① “对安达信事件的思考”，CCTV《今日证券》，2002年4月10日。

② Mary Virginia Moose, John Crampton, “Arthur Andersen: Challenging the status quo.”, http://www.anbhf.org/pdf/moore_crampton.pdf, *The Journal of Business Leadership* (American National Business Hall of Fame) 11 (3): 71–89. Retrieved 2008-05-05.

事实，正因为如此，其不得不承担相关的民事责任。

后来通过调查证明，早在 2001 年 2 月，安达信为安然出具 2000 年会计报表审计报告之前，安达信已经发现了安然公司的会计报表存在严重问题，并与其资深合伙人讨论过是否解除与安然公司的审计关系。而就在安然事件东窗事发之后，安达信在第一时间销毁了数以千计的审计工作底稿，并解释称这样的销毁行为仅仅是某些会计师的个人行为，并不是公司集体行为。但正因这样触碰到审计职业道德底线的举动，成为了将民事案件上升为刑事案件的导火索。促使美国司法部、联邦调查局、SEC 联手展开了对安达信的刑事调查。也正是因为这样销毁证据行为的披露，让投资者更加认为安达信已然参与了安然的造假行为，这一定是一起两者串通好了的财务欺诈。

2002 年 6 月 15 日，陪审团一致认定安达信阻碍政府调查罪成立。2002 年 10 月 16 日，休斯敦联邦地区法院对安达信妨碍司法调查作出审判，禁止其五年从事任何相关审计业务。为了逃避株连，安达信各大海外公司各自寻求出路，用最快速度脱离安达信全球网络。2002 年 3 月，安达信（香港），安达信（中国）加盟普华永道。树倒猢狲散，紧接着，安达信（俄罗斯），新西兰、新加坡、菲律宾、中国台湾等国家和地区的安达信相继并入安永。日本、泰国等国家安达信并入了毕马威。百年的安达信的基业，一夜之间毁于一旦。

如何降低财务欺诈的可能性?

就像在介绍财务欺诈为什么会发生时一样，既然财务欺诈的发生分别需要从由内至外和由外至内两个方面分析，那针对如何降低财务欺诈的可能性，从内外两个方面去讨论也更加合理。总的来说，在公司内部，可以通过改变公司不合理的运营、奖惩机制，加强内部监管，以及加强相关法规，降低公司内部各层员工对于财务欺诈的欲望。而在公司外部，通过制定新的法规，监管会计师事务所，协调各个部门的工作，辅以媒体的舆论监督作用，将外部监管体系尽量完善。同时要对整个社会的诚信守法意识进行教育，创造一个良好的大环境。

减少企业的“压力”与“借口”

首先，一个企业合理的运营机制，将会大大减少产生财务欺诈的压力。从以上安然公司的案例中，我们不难发现，当一个公司的管理层拥有了过大过强的权力，就会使得他们可以为追求自身利益而放弃公司名誉，助长财务欺诈行为。由于在公司内部，从经理到分析师、审计员、公司的股东，一个相互限制、相互激励的公司运营机制，才能保证这其中的每一环都能为了公司的利益最大化而努力。在安然案例中，就至少有三名董事会成员存在权力与管理层相互牵扯，缺乏独立性，为安然事件埋单[①]。

但在现今的中国，我们不得不面对一个相对严峻的问题。长期以来，无论是中央还是地方，大家都在谈论和实践着两权分离。其中的重点集中在如何分清政府与国有企业的关系。20 年来，随着国有企业股份制改革的进展，政府和国有企业的关系是越来越清晰了。但是作为企业的真正管理者很多都是直接由政府任命的。他们对于利益的认识跟所有者存在着分歧。管理者不是通过自己的行为，实现对所有股东权利给予的承诺，而是将组织的追求作为外部因素，自己的利益作为内部因素，在经济面前，给了管理者牺牲前者的机会。

遏制欺诈的“机会”

加强公司各方面的监管，包括内部的，外部的，这也是由内及外的减少财务欺诈的好办法。以上的安然—安达信的案例中，我们很明显地发觉，正是因为安然与安达信公司之间各种业务的相互勾结，才导致了内部监管的形同虚设，才让公众对审计作用的独立性产生了怀疑。是不是拿了客户非审

① Arthur Levitt, “ Who Audits the Auditors?” , http://www.nytimes.com/2002/01/17/opinion/who-audits-the-auditors.html, 2002, NewYorkTime.

计的钱，就会对审计工作手软，言听计从？我们不敢妄下结论。但是从安然这个事件上来看，确实提供非审计服务的注册会计师会参与客户的管理抉择，其角色需要时常互换。同时为了在非审计业务上争取客户资源，注册会计师也会压低审计费用，进而在审计意见上作出让步。然而审计人员最先应该忠于委托人和投资者的利益。这就是为什么在安然—安达信事件之后，美国在一片舆论压力下，通过了著名的《萨班斯—奥克斯利法案》，其中就有一条为："强化注册会计师独立性，对注册会计师非审计服务业务予以限制[①]。"其目的就是为了禁止注册会计师为审计客户提供诸如财务信息设计、投资报告、资产评估、公司内部管理等业务。所以在国际上，"四大"都纷纷将自己的非审计业务拆分，形成专门的部门。但是随着近些年欧洲经济危机的发生，人们认为会计师事务所简单的审计与非审计业务的拆分，依然起不到建立民众信心，强调独立性的目的。所以欧盟内部市场委员会正在力促出台更加严格的政策，干脆让大型会计师事务所放弃非审计工作[②]。

在这个方面，作为财务欺诈事件的高发地，而制度相对于世界也处于领先位置的美国老大哥，可以给我们介绍不少经验。所以笔者非常想向大家介绍一下著名的《萨班斯—奥克斯利法案》。

这部法案的诞生与出台充分表达了美国投资者对于财务欺诈的整治之心。这个法案的全称叫做《2002 年公众公司会计改革和投资者保护法案》，由参议院银行委员会主席萨班斯和众议院金融服务委员会主席奥克斯利[③]联合提出。法案总共分为 11 章，前六章主要针对就是公司内外部行为的监管。其中具体包括：

1. 建立独立的"公众公司会计监管委员会"（PCAOB），对上市公司审

① Michael, A., "Legislative Aftermath: Some Reflections on the Deterrence Aspects of the Sarbanes-Oxley Act of 2002", *Working paper*, *Columbia Law School*, 2002.

② 盛媛，杨倩雯："欧美发难四大会计师事务所非审计业务或被拆分"，《第一财经日报》，2011 年 9 月 29 日。

③ 刘峰："萨班斯法案由来、影响及争论"，《中国企业海外发展中心》，http://www.ceodc.org/list.asp?unid=294，2006 年 3 月 18 日。

计进行监管。

2. 通过负责合伙人轮换制度以及咨询与审计服务不兼容等制度，提高审计独立性。

3. 对公司高管行为进行限定以改善公司治理结构，增进公司报告责任。

4. 加强财务报告的披露。

5. 通过增加拨款和雇员提高 SEC 的执法能力。①

由于在诸多丑闻中，公司的管理层有着不可推卸的责任，所以在法案中明确指出了公司管理层要对公司内部控制进行评估等具体化的要求。同时由于 PCAOB 五人监督组的成立，所有的会计师事务所为上市公司出具的审计报告必须都向五人监督组备案。从而使得公司与会计师事务所之间，不再是隐秘的相互“帮助”的简单关系。一个鲜明的信号在美国审计界打响：政府要开始介入监管了。这对于一直崇尚自由市场规律，政府尽可能少干预经济问题的美国来说，可算是一件惊天动地的事情。

作为投资人的普通股东，他们缺乏对审计报告质量的掌握能力及手段，为了不让审计人与被审计人串通一气，社会需要一个能代表公共利益的主体对审计进行监督，PCAOB 正好弥补了这个漏洞。由于有政府撑腰，其经费来源于会计师事务所登记费年费，公开发行证券的公司拨付。所以要比经费来源、权威性独立性都受到一定限制的会计师行业协会，更能代表社会公众的利益。

虽然各方学者也在担心政府管制的作用是否会那么明显，到底是增加的社会成本多，还是降低的财务欺诈案件多，争论从来没有停止过。PCAOB 的监管形式属于政府的间接监管，从而在一定程度上避免了过多的行政干扰。起码从根本上还依然想遵循自由经济的特性。将之前以披露为主的执法模式，转换成了现在的实质性管制。

《萨班斯—奥克斯利法案》第八章到第十一章则主要针对公司高管及白

---

① Cohen, Daniel A., Aiyesha Dey, Thomas Z. Lys, 2003, “The Effect of the Sarbanes Oxley Act on Earnings Management: What has Changed?” *Working paper*, *Northwest University*.

领加大了法律责任。在一定程度上提高法律责任，从以往的经验上来看，对于会计职业质量的提高是有很大帮助的。同时为了强化高管对报告的重任，要求公司高管对于自己的决定做真实性宣誓，如果提供的报告不具有真实性，其分别设定了 10 年或者 20 年的刑事责任。

在美国，不仅会计师事务所这个主体会接受 PCAOB 的处罚，像最近普华永道和安永公司，就因审计工作中存在违规操作分别吃到了来自 PCAOB 的天价罚单。一些会计师事务所的高管、注册会计师也会受到相应的民事诉讼。但是在中国，人们理所当然地认定，注册会计师或者公司管理层，并没有义务接受民事起诉。因为他们都在执行公司下达的任务，自己的是客观的、被动的。同时由于公司内部结构的不明晰，很多在财务欺诈中受到牵连的投资者起诉审计人员时，法院也很难界定到底谁是主要负责人。从而导致在大部分对于我国会计师事务所的民事案件中，对于某些个人的起诉都以退案、证据不足无法调查为由不了了之。所以，中国建立自己的《萨班斯—奥克斯利法案》，完善《会计法》以及相关的民事和刑事发案势在必行。

我们以新的《会计法》举一个实际的例子。《会计法》第 41 条中说到"财政及有关行政部门的工作人员在实施监督管理中滥用职权，玩忽职守、徇私舞弊或者泄露国家秘密、商业秘密的"行为，说是要承担相应的法律责任，但是对于这些行为的度，没有真正的划分。怎样是监管不作为，怎样是监管效率低下，怎样是玩忽职守？对于那些工作人员的主管人员、直接负责人员，是不是也要有相应的惩罚？采用多重的惩罚？所以如果可以对《会计法》第 41 条进行一些修改，例如扩大负责人的范围，将直接负责人员、直接主管人员，甚至是企业负责人都加入工作人员的范畴，将会计信息的真实性、完整性也列入责任范围。从根本上断绝，下一级人员为上一级人员承担责任，以保全企业为借口的传统思想。同时如果能大幅提高对于会计造假企业的惩罚力度，将处罚金额起码提高 5 倍。从法律条例中，就杜绝了保护国有企业，罚一罚就行了，别让企业倒了的思想，才能真正让法律作用到我国的会计体系中。

另一方面，笔者建议大力发挥媒体监督的作用。从安然的案例中，我们也能感受到，光是建立一套完备的法律法规体系就想实现全面的监管是不现实的，还需要有社会力量的介入。媒体就肩负了很大的重任。一般来说，媒体的传播范围广，很多时候又在披露公司丑闻和指出疑点方面毫不留情。当年安然事发，美国证监会介入调查前，《华尔街日报》就曾看到了安然季度财报的背后，在短短二十天内就撰写了 20 多篇披露的文章。美国主流媒体电台也都对安然事件中的欺诈手法做了详尽的披露[①]。这样的社会反应造成了强大的社会舆论，让利益追逐者提心吊胆，促进执法机构迅速调查，可谓贡献不小。从监管可能性来说，依靠媒体也是现实的。首先，媒体人员为了挖掘有料信息，必定想方设法获取公司发生财务欺诈行为的细节资料，这样的情况下，公司的欺诈行为若想要逃过媒体敏锐的眼睛十分艰难。再者，媒体和企业存在较少的利益相关，让其作为外围监管很大程度上能够保证相对独立性。

最后需要加强道德以及专业教育。我们这里有一组从北京大学中国经济研究中心得到的数据，在 1991 年至 2009 年这 18 年，违规操作总共 674 件，违规类型包括虚构利润、虚列资产、虚假叙述、延迟披露、重大遗漏五个大类[②]。随着公司违规事件的增多，人们对公司自身审计工作的要求和质疑也越来越多。越来越多样隐蔽的欺诈手法，要求我们的审计人员有过硬的专业素质。但中国作为一个快速发展的经济体，短时间内并不能有大量的高素质审计人才来满足市场需求。因而加强专业培养也成为当务之急。

同时，中国自己的股份制企业，无论是发展时间，还是组织结构，需要走的路还很多很远。与专业并重的是一直强调的道德教育。唯有专业的会计师有了良好的道德理念，才能人尽其才，不至于用错了地方。我国现有的

---

① 左小蕾:《从安然崩塌透视社会监管》，中国国债投资网，03.05.2002 http://www.bond-china.com/printpage.asp?ArticleID=8421.

② 数据来源:CCER 上市公司违法违规数据库，北京色诺芬信息服务有限公司，北京大学中国经济研究中心，2009 年。

职业道德规范体系中，大部分的规范准则都比较空泛。就像2006年发布的《企业会计准则》，很多条款都只是一些基本的要求和规定，不具有可操作性。比如，其中第二章第四十四条，财务会计报告是指企业对外提供的反映企业某一特定日期的财务状况和某一会计期间的经营成果、现金流量等会计信息的文件①。虽然之后又进行过多次的修订，但其重点依然在于会计规范上，而针对企业的职业道德规范，几乎还是一片空白。

一名优秀的注册会计师或者一个成功的会计师事务所懂得如何累积自己的声誉，才是其成为优秀或者成功的根本。这种无形的力量很难用数字和时间衡量。所以在会计审计的世界里，大大小小的会计事务所都将声誉看做最大的财富，它一切盈利的保证。同时也将声誉看做最大的风险，声誉的损毁是不可逆的，无法挽救的。

采访实录：两位资深保荐人

笔者在2013年6月14日和16日分别采访了两位有着超过10年投资银行经验的资深保荐人。我们涉及的话题并不限于财务方面。在他们本人的要求下，这里隐去他们的身份和公司信息，而是用X和Y分别代表两位保荐人。

笔者：你是如何选择会计师事务所和律师事务所的？是否倾向于选择发审委委员所在的事务所？

X：如果企业已经选择了事务所，我们通常尊重企业的选择。如果企业没有选择，我会选自己熟悉、以前合作过的事务所。这样沟通起来比较方便，我需要会计师、律师告诉我企业的真实发展情况。现在市场上有过多的猜测，林子大了什么鸟都有。我不否认，可能会有些公司倾向于选择发审委委员所在的事务所，但是上市过程可能很漫长，有太多的不确定性。你今天是

① 数据来源："企业会计准则——基本准则"，财政部，2007年1月1日。

发审委委员，但不保证企业上市过发审会时还是委员。

Y：律师、会计师和券商是三位一体，如果出现问题，券商要承担主要责任。我们会选择认真负责的所，在这个前提下，我们会向企业重点推荐发审委委员所在的所。但是，如果委员所在的所工作能力不强，我们也不会推荐，出发点是为发行人负责。

笔者：从非财务或财务角度看，拟上市企业哪些方面最有可能造假，或者说，水分比较大，并且不容易发现？

X：最近的财务大检查下来，发现造假的公司并不多。我个人认为造假可能呈现区域性。在经济发达地区，像浙江、江苏和上海，基本没有发现造假公司。造假本身并不容易，需要很多的外部支持和配合。比如，增值税牵涉到上下游企业。目前，主板上市要求并不高，只要求三年有3,000万元的利润。符合这个要求的企业在经济发达地区太多了，地方没有太多动力去配合造假。在经济不发达地区，符合条件企业在当地经济发展中可能比较重要，企业外部也会有更多的动力来支持企业造假。一个记者朋友告诉我，某个被查处的造假上市公司老总私下承认自己并不想造这么多。言下之意，不是自己想干，而是身后有不少利益相关者推着他干。

三年利润比较接近3,000万元的，估计在1,000家企业当中不到10家。我接手的企业每年的利润多在5,000万元以上。多1,000万元或少1,000万元，对我来说没有大区别。我在辅导企业时，尽量不给企业太大的预期。如果企业通过种种方式将今年的利润做得很高，你能确保明年就一定能够发行？万一明年上市不成怎么办？你是否在明年要继续做高利润？如果不做，利润下滑，反而对企业上市严重不利。

Y：企业财务造假分几类。第一类，鉴于现有的申报审批体制和硬性规定，企业不得已而为之。证监会不少审核人员从学校毕业后就直接进入政府部门工作，并没有在企业工作经营的经验。他们制定的一些规定比较理想化，有些和企业的实际脱节。比如，企业发展需要拓展市场，有些公关费用在财务上是用其他名义来处理的。如果企业上市这部分费用就需要“粉饰”一下。这就像监管部门需要标准的瓜子脸，但是企业本身是圆脸。为了达到上市要求，企业不得不进行整容。在我看来，这种类型的造假本身问题不严重。第二类造假是由于企业盈利下滑。企业上市成本非常高，在正常情况下，证监会希望企业的盈利是逐年上升，如果去年的盈利是5,000万元，证监会希望今年的盈利至少是5,500万元。如果企业由于内外部原因，今年的盈利只有4,000万元。这时，企业就处于很尴尬的境地。如果如实申报，很可能就上不了市，前期为上市所做的投入可能就白费。在这样的情况下，一些企业就选择虚报营业收入等财务造假。这种造假是不对的，但是可以理解。第三类造假是纯粹为了圈钱而造假。一些圈钱企业在过去监管不严的时代通过造假成功上市，骗取了大量财富。后来的一些企业就以这些企业为“榜样”，想通过类似方式造假上市圈钱。举个例子，在湖南岳阳，有些企业家直截了当地就是想通过造假上市骗钱。这种属于恶意造假、非常恶劣！

笔者:IPO审核流程中，最关键的人物有11个，包括预审员2人，发行部处长2人，发审会发审委委员7人。你是如何与他们沟通的？传闻是企业要上市，要给每个委员50万元现金，是否属实？

X：这个是胡扯，怎么可能明码标价？在发审会之前有一个初审会，发行监管部在初审会结束后出具初审报告。这一步是由证监会控制的，初审会就是证监会用来约束发审委的。如果有利益交换，主要的利益交换应该是通过证监会，而不是发审委。

当然，中国是个人情社会。如果一个项目是领导打招呼的，基本没有问题。如果是证监会领导打招呼的，那最好，县官不如现管。

Y：钱是给的，钱数不等。有些是审批前给，有些是审批成功后给。这些钱是企业出，我们只是牵线搭桥。

笔者：感觉现在公司上市出了问题主要责任在保荐人，您觉得这个合理吗？为什么发审委委员不承担责任？

X：现在券商的责任“无边界”。我不可能既当保荐人，又当会计师，又当律师。但是现在上市公司造假了，我们也要承担责任。理论上，如果我们尽职了，上市公司自己刻意造假，上市公司应该承担责任，保荐人不应该受处罚。但是这在现实中行不通。券商是受证监会监管的，我们逃不了证监会的五指山。

Y：理论上讲，一切造假都是可以被发现的。现在规定我们要核查企业前十位的客户和供货商。我们可以核查所有的客户和供货商，但这样做成本太高，不可行。我们通常是凭经验来判断，我们会和企业不同部门的人交流，如果所有人的回复都很一致、及时，那可信度就高。如果回复经常是"我回去问问"、"让我准备准备"，那我就要打个大问号。还有，就是看企业在行业中的地位，如果企业是行业的龙头老大，那问题相对就要小些。

在现行的上市规则下，券商的责任很大。我们的思路是逐步改变自己的主导业务方向。现在IPO的风险高，预计今后的IPO的数量也会降低。我们只有在有把握的情况下，才会去做。我们打算开拓其他业务，例如，企业的并购。对于一些拟上市企业，如果上市无望，另外一个战略就是将自己卖给其他公司。

笔者：现在太多的独立董事"不独立"。根据上海证券交易所的报告，2011年沪市共有3,081名在任独董，报告期内，共有26家公司的38位独立董事对相关事项提出异议，分别占沪市上市公司总数的2.77%以及独立董事总人数的1.23%。你是如何选择或推荐独立董事的？

X：绝大多数是企业自己找独立董事，寻找渠道有几种。第一，通过行业协会。企业家通常自己有个圈子，他们会在自己圈子里寻找适合人选。第二，地方政府机关或监管部门的推荐。比如上市办和证监局向企业推荐人选。第三，以前和企业打过交道的个人。比如，曾经为企业审计过的会计师。通过保荐人推荐的独立董事非常少。

独立董事制度是从国外学来的。但中国是个人情社会，在中国这个社会环境下，独立董事很难独立。如果你今天反对CEO了，你明年还想当独立董事吗？我觉得这需要一个发展过程，就像现在禁止行人闯红灯一样，不是一下子能实现的。

笔者：有些投资者能够在上市辅导期前夕低价入股，比如陆擎投资广东佳隆食品股份有限公司。这样的情况是否普遍？

X：上市前突击入股不是主流，上市企业不是傻瓜，为什么会在上市前低价转让股份呢？突击入股有几个原因。第一，企业对政策缺乏信心，对是否能够上市不清楚，对何时上市也不清楚。但企业发展需要资金，因为报了会就不能再引入投资人了，所以会在上市辅导期间引入投资者。第二，企业主要股东面临资金压力，特别是补税。举个例子，企业改制之前，公司CEO个人的投资额为2,000万元，在改为股份制后，或者引入风投、战略投资者后，该CEO的投资增值为5,000万元了。有些地方政府就要求该CEO补交投资溢价（3,000万元）部分的税收。

笔者：简单描述一下你是如何判断企业整体素质的。

Y：首先看企业所在的行业是否具有前景，如果行业不是很好，那上市可能性就低。其次，看企业的规模和在行业中的地位。如果企业规模大、在行业中排名前列，那可能性就高。再有就是和企业高层交流，看他们的上市理念是否与我们的理念吻合。我们是要将所有材料做完整才推荐上市，而有些企业老板有着赌一把的心态，这个我们就避而远之。如果在接触过程中发现一些造假行为，我们会让企业整改，如果企业不听我们的意见，我们就撤退。在上市之前，我们券商是属于强势地位，因为我们随时都是可撤退的。

笔者：券商利用内幕信息进行交易是否普遍？

Y：可以说，在这次严查之前是比较普遍的，朋友间、同事间询问“消息”的还是很多的。但现在完全不一样了，我现在即使有并购项目，向公司老板汇报，也不提名字，而是用代号。公司老板也不让我提公司名字。

第九章　市场操纵

"（我们）需要一个能够检测和阻止市场操纵的监管系统。①"

——爱丽丝·沃尔特（美国证监会主席）

对于金融人士来说，没有什么能比透视市场、提前预知未来收益更让人兴奋的了。这样的兴奋可以用强势制造市场假象，从而牟取利益的方法得来，也能从偷偷摸摸地低价建仓，然后用公有资金拉高的老鼠仓行为中获取。也正是由于人们对于利益的渴望，让市场操纵渗透了金融市场的每一个角落：股票、期货、债券甚至是利率无处不在。

对于市场操纵，笔者想把巨大的危害说在前面。无论是在证券市场，还是商品市场，有人赢就会有人输，但市场没有因为输的人而消失，也没有因赢的人而癫狂，原因就在于市场的公平性。但是如果因为市场操纵而使得市场中的公平性缺失，其结果不敢想象。久而久之，市场会让遵守游戏规则的交易者人心惶惶，最终选择退出市场，导致整个市场的交易量萎缩，流动性消失，市场将会自行瓦解。在被操纵的市场中，操纵者一般都是有权有势有财力的大投资者，他们人为地改变市场的发展方向和价格的波动，扰乱着中小型投资者的投资策略，让本就形单影只的中小型投资

① Elisse Walter, "(We need) a regulatory system that is capable of detecting and deterring market manipulation." 网址：http://www.sec.gov/News/Speech/Detail/Speech/1365171492364#.UnVxQPlwpYU.

者，更处于投资战的不利地位。有效的市场机制是通过投资者竞争来体现的，而竞争的对立面就是垄断。垄断的形成常常伴随对市场中证券或者商品的价格扭曲，从而使得投资者根本无法做出合理的投资抉择。由于又不能反映正常的供求关系，不能合理地配置市场总的资源，从而会使投资者与市场相脱离。

对于如此巨大危害的判断，并不是骇人听闻，无数的过往案例都一次次地证明了这一点。更何况市场操纵行为也经历了自己的发展史，使得现今操纵变得更加复杂，危害更加剧烈。在不同国家，不同的历史年代，也有着不同的特性。笔者想先借用以下几个著名的案例，为大家慢慢说明“精明”的金融人士是如何利用看似深奥操纵，祸害投资者的。

案例——银行操纵 Libor 利率案

2013 年 9 月 25 日，作为全球最大银行间交易经纪商，英国毅联汇业集团（ICAP）成为了继巴克莱银行、苏格兰皇家银行和瑞银集团后第四家因为 Libor 利率操纵案而受到处罚的金融公司。而之后的包括荷兰合作银行、德意志银行在内的其他参与操纵制定 Libor 利率的银行，还在继续调查中。

Libor（London Interbank Offered Rate），伦敦同业拆借利率。用于银行间短期借贷的利率，是国际金融市场中很多浮动利率的基础利率。Libor 利率的制定，通常是由英国银行协会中 6 到 18 家银行提供各自的每日借款估算值，排序后去除最高和最低 25% 区域的数值，剩下的数值取平均值所得。全球总共有多于 800 万亿美元的证券、贷款和 Libor 利率息息相关。换句话说，Libor 利率的细微不正常变化，都会带动全球经济、金融市场的风云突变。对其操纵的价值与意义，远远超越了我们普通人的想象。

而就是这样一个关系到全球金融走势的 Libor 利率，在普通人眼中庞大到应该不会有人斗胆妄想进行操纵的 Libor 利率，却爆出了由 18 家利率制定银行参与的操纵市场基准利率丑闻，震惊整个金融世界。就以最先露出马脚的巴克莱银行来说，2006 年多封银行内部电子邮件的分析表明，巴克莱银行内部交易员在 2006 年至 2009 年期间，数次以 Libor 利率定价人员的身份，为公司内部人员提供信息，违反了"中国墙[①]"规定，将其衍生品市场部门同事的请求纳入了设定 Libor 利率的考虑范围。从而使得巴克莱银行在 2008 年金融危机中，账面一直处于良好状态，获得了市场和投资者的认可。2012 年 8 月，巴克莱银行接受了英国和美国监管机构共计 4.53 亿美元的处罚，承认了自己之前对 Libor 利率的市场操控行为。但不仅仅巴克莱银行做了这样的勾当，除巴克莱银行之外，包括花旗银行、德意志银行、摩根大通、瑞士银行等世界性大银行，都因这些内部邮件的曝光，被监管部门指控涉嫌 Libor 利率的市场操纵。

而对于 Libor 利率的市场操纵，普通民众感觉需要动用很大的人力物力和财力，需要 18 家拥有制定权力的银行联手才能最终完成，但实际情况其实不然。这些有资格提供借款利率估算值的银行完全可以在不用任何辅助的情况下，自行完成对全球最重要的 Libor 值的操纵，其原理和过程，连高中生都能理解。

我们先要提出一个趋向性的前提。在制定 Libor 利率的过程中，每家银行其实都有自己的顾虑，如果自己制定的利率远远高于其他银行，就会让公众产生错觉，仿佛自家银行由于某种特殊的原因，与主流银行的判断出现了偏差，从而可能发生了什么财政问题。所以为了避免或者叫隐瞒这样的错觉，每家银行在制定 Libor 利率的时候，总是会考虑别家银行可能会提供的数值，从而尽可能地让每日的 Libor 利率上下浮动减小。

正是基于以上的前提，耶鲁大学的吴安卓（Andrew Verstein）教授用了一个相对简化的数学案例分析方式[②]，向我们展示了仅仅依靠一家银行是如

① 中国墙：同一家银行不同部门之前信息不能共享的规定。

② Liam Vaughan, Katie Linsell, "Libor Flaws Allowed Banks to Rig Rates Without Conspiracy", http://www.bloomberg.com/news/2012-07-16/libor-flaws-allowed-banks-to-rig-rates-without-conspiracy.html, 07.16.2012, Bloomberg.

何操纵 Libor 利率的。

好比 Libor 利率在最近一段时间内是由八家银行共同制定完成的。我们以 ABCDEFGH 分别代表这八家银行。市场操纵发生的第一天，八家银行分别给出了 0.17、0.19、0.21、0.22、0.22、0.24、0.25、0.26 的各自银行的借款利率。除去最高的两项和最低的两项，剩下的四项取平均值，我们可以得到（0.21+0.22+0.22+0.24）/4=0.2225 的当日 Libor 利率。而市场操纵的第二天，银行 C 的 Libor 定价人员收到了自家银行衍生品市场部门同事的请求，希望能在制定 Libor 利率时调低其数值，从而提前购买利率互换（swap①）金融衍生产品，然后从中获利。所以银行 C 的 Libor 利率定价人员，就人为地将今日本银行提出的借款利率从昨日的 0.21 降低到了 0.18，而其他家银行的数值由于之前提到的趋向性都没有发生变化。很明显，这样的行为会导致由于银行 C 的利率变成了最低的两个数值之一，被排除出了计算 Libor 的四项平均值，而原本最低两项中的 B 银行的借款利率被划进了计算 Libor 利率中。所以市场操纵第二天的 Libor 利率就变成了（0.19+0.22+0.22+0.24）/4=0.2175，Libor 利率降低了 0.5 个基准点。我们上文提过，由于 Libor 利率的设定，关乎全球下至车贷、房贷的微小资金，上至国家间贷款的大量资金，所以 0.5 个基准点的变化，对于世界经济市场来说，已经算得上是巨变了。而其变化结果的由来，只是因为银行 C 内部，两个部门同事在违反了“中国墙”后的几封邮件。

而相比于第二日银行 C 的市场操纵行为，还有更加“血腥”的操控隐藏在 C 银行的行为之后。如果说市场操纵的第三天，银行 A 也通过人为的操纵，编造了一个理由，将其借款利率调高至 0.22，原本不会被用于计算平均值的银行 A 借款利率，在前一天的基础上将会取代银行 B，加入到 Libor

---

① Swap 是一种金融衍生品，指交易双方约定在未来某一期限相互交换各自持有的资产或现金流的交易形式。

的计算中来，从而会得到（0.22+0.22+0.22+0.24）/4=0.225的Libor利率，对比第二天的Libor利率，产生了0.75个基点的上升。而如果银行A将自家的借款利率调高，超过八家银行中最高的H，无论最终高过多少，都会迫使之前被排除计算的银行G的借款利率，加入到Libor利率的计算中来，从而得到（0.22+0.22+0.24+0.25）/4=0.2325的Libor利率，较前一天相比，将会发生1.5个基点的巨大变化！

当然，在金融市场中这种单一因素的变化一定会伴随着很多其他因素的同时变化，但其市场操纵的原理其实就这么简单。也正是因为如此，如果我们前文提到的巴克莱银行的“金融大师”们，靠着对Libor利率变化的准确把握，利用互换和期货的利率方向变化操纵，赚取了大量的资本。

市场操纵在中国

在中国，人们喜欢讲故事。而最近让投资者热衷的故事中，也不乏关于市场操纵的：

故事一：2013年8月16日，中国光大证券因为72.7亿元[①]的自营部门交易系统“乌龙”，把高频交易是否会操纵市场的思考带到了普通投资者的面前。这种通过以毫秒计算买卖速度，配上几十年市场数据作为基础的统计模型，而进行的程序自动调整买卖交易方式，在近些年，已经成为了美国、欧洲、新加坡等证券市场最为主要的交易方式。好处不言而喻，虽然每单的利润可能只能用厘来计算，但是仗着极快速的自动交易策略，高频交易每日的总体收益非常可观。与此同时，高频交易就像人体的血脉，无时不刻地保持着市场的流动性。

但无论是因为这次的光大事件，还是三年前美国市场著名的“瞬间崩盘

① “光大证券异常交易事件的调查处理情况”，http://www.csrc.gov.cn/pub/newsite/jcj/aqfb/201310/t20131014_236116.htm，2013年8月30日，中国证监会。

（Flash Crash）[①]”事件，由于之后市场的反应和其他普通投资者的损失，让高频交易对市场操纵的弊端凸显出来。首先，在世界上很多国家的证券市场，对于取消交易并没有任何处罚措施，高频交易者可以同时发出众多买单，但只成交一笔，取消其他所有。就能造成一时间众多购买者的假象，误导其他投资者。其次，在正常情况下高频交易会提高市场流动性，但一旦出现例如“Flash Crash”般的问题，就会反其道而行之，让市场流动性瞬间消失。

但稍微令人欣慰的是，美国SEC已经设立了新的限制规定：在任何5分钟内，只要股票波动超过10%，就要停止交易5分钟。适时限制了高频交易的进入与退出。同时SEC花重金购买了一个高频交易系统，为了保障市场安全，就要成为曾经不容易监控的高频交易的“一分子”，在第一时间找到问题。而对于同样开始受到高频交易困扰的中国证券市场，管理层的举动又会是怎样，我们拭目以待。

故事二：从2009年至今，陆陆续续有12宗“老鼠仓”事件发生在深圳、上海的基金公司。一个个当年的明星基金经理，如今都成了“硕鼠”。这里有著名的史上金额最大的“老鼠仓”事件——10.4亿元的博时基金“马硕鼠”。也有前赴后继飞蛾扑火的“黄硕鼠”、“张硕鼠”等。过去的老鼠仓行为很难被发现，手法隐蔽、信息转化快、高科技，再加上违法成本过低，让很多道德意识薄弱、经不起金钱诱惑的“硕鼠”们频频就犯。而如今，深交所有了十几人的监控室，有了微博微信这样的“举报”利器，老鼠们的日子越发不好过了。

在故事的背后是中国年轻的证券交易市场和并不年轻的市场操纵行为间的博弈。市场操纵的种类很多，在中国可以粗略地分为对于证券市场和商品市场的操纵；或者现货市场和期货市场的操纵。在中国证监会颁布的《证

① 2010年5月6日，由于美基金公司Waddell对当天希腊局势的担忧，率先卖出价值超过40亿元的E-mini S&P期货，程序化高频交易者在买入后又大量卖出，再加上NYSE交易系统交易信息的超负荷状态而导致的连锁反应，不知情投资者的跟风行为，股价大跌后高频交易退出，使得市场流动性瞬间剧减，50分钟内道琼斯指数暴跌将近1,000点。

券市场操纵行为认定办法》中，对于市场操纵行为的定义是这样的："当证券交易价格或者交易量偏离真实供求条件下投资人自主买卖所应形成的正常水平时，可以认定交易价或交易量受到了影响。当这种影响程度严重时，可认定形成对交易价和交易量的操纵[①]。"

但无论什么样的形式、怎样的定义，只要市场操纵算是"骗"的一种，那对于中国人来说就都不算陌生。有时我们甚至不得不自嘲地说，"谁不是从小被骗大的？"所以在研究中国的市场操纵问题中，"庄家"、"黑金"、"黑嘴"这些字眼伴随着市场的成长也一次次地出现在我们面前，经历了它们自己不同阶段的"发展"。

就拿"黑嘴"来说，2011 年的汪建中算是一个典型。作为北京首放投资顾问有限公司的法人，汪总每日的固定"工作"就是召集公司的业务部门开会。每日上下午各一次的分析会上，各个分析员都会拿到汪总钦点的股票，有时是个股，有时是多只，有时是某一个板块。分析员们会各自收集股票的相关利好消息，按照汪总的"指示"撰写特定股票利好的文章。而让分析员也不解的是，在选股的过程中，既没有集体的讨论，也没人敢问为什么汪总要挑这只股或者那只股，分析判断的依据又是从哪里来？作为业界影响很大的首放公司，每日十几万的网站点击率带来的"控制力"可想而知。而作为负责人的汪建中，在 2007 年 1 月至 2008 年 5 月期间，就靠这样"黑嘴"的手段，先后买入"工商银行"、"中国联通"等三十八只股票[②]，再通过首放公司在各大门户网站财经版以及自己官网散布的利好消息，待等股票交易时抢先卖出相关股票，获得非法收益。最终的牢狱之灾，和 1.25 亿元的罚款都算是"黑嘴"应有的下场，但这样"中规中矩"的黑嘴，也随着时代的发展变得越发具有戏剧性。

---

① 中国证券监督管理委员会："证券市场操纵行为认定办法"，证券市场操纵行为认定指引的通知，证监稽查字 [2007] 1 号。

② 涂铭、李京华："'股市黑嘴'汪建中一审被判 7 年 罚金 1.25 亿"，http://news.xinhuanet.com/2011-08/03/c_121784005.htm，2011 年 8 月 3 日，新华网。

一年之后的2012年5月，另一个“黑嘴”案发，让之前的“汪总们”不禁感叹“长江后浪推前浪”之势。一个中南财大无任何背景的毕业生，仅仅用了4年时间，凭借着从父母朋友那里借来的30万元本钱，靠着“黑嘴”的功力和“抢帽子”[①]的手法，坐拥了7,000万元的身家，从“贫民”变成了“土豪”。根据这位“后浪”余凯自己的交代，在2005年年底至2008年年初，身为武汉一家公司研发部主管的余凯，假借多个证券分析师的名义在各大财经网大量发表荐股文章，而立竿见影的次日股票价格高涨，让其尝到了不少甜头，身家也从起初的30多万元，在两年时间里暴增至2,200万元[②]。而之后的一年，屡试不爽的余凯，干脆自己招聘了三名分析师，假借另外两名知名分析师的名义，专门按照他的意思写股评，坐收渔利。人的贪心是难有极限的，就在余凯再一次通过禧达丰的平台发表荐股文章，获利6,000万元的时候，法院的逮捕令也随之到来。

相比于“黑嘴”的外露与直接，常被称作的“黑金”的基金操纵黑幕，更让操纵变幻于无形。就像我们在开篇故事中提到的年年增长的“老鼠仓”事件，大部分的“黑金”事件都是基金经理所为。而在中国证券市场的早期，著名的《基金黑幕》一文，曾让整个基金圈震动，也给早期的投资者上了一堂刻骨的基金投资课。

文中讲道：自从1993年第一只基金证券——淄博基金，在上海交易所正式上市，中国的证券市场进入了“基金时代”。这个当初被看成“稳定市场，健康投资”的神器，发展到1995年，全国的范围内已经有了75家基金[③]。随着之后的整顿，改革，清场等一系列举动，根据1999年年底的统计，市场上十家基金管理公司管理并上市的新基金总数达22只，资产总值

---

① 抢帽子：拉抬股价后抢先卖出。

② 陈春林：“黑嘴4年30万炒到7,000万 律师质疑轻判”，http://news.xinhuanet.com/finance/2012-05/29/c_123207973.htm，2012年5月29日，《扬子晚报》。

③ 陆一：“基金黑幕的背后”，http://www.ftchinese.com/story/001043009，2012年2月7日，FT中文网。

为 574.22 亿元[①]。

随着 2000 年 10 月《开放式证券投资基金试点办法》的出台，曾经的封闭式基金“升级”为了开放式基金。而就是在这时,《基金黑幕》一文横空出世，作者用单个基金和整个基金行业的各种数据，加上各种市场上真实活动的分析，不仅告诉了中国投资者如何通过对倒、对敲、洗售等市场操控的方式掏空他们兜里所有的钱，也将之前拥有光辉形象的基金公司描述成唯利是图的市场操纵机器。让当时圈内自成规矩的各家基金管理公司坐不住了。出来否认的公司一家接一家，说该篇文章是诋毁，是误导消费者。出来告状的也有不少，说这文章是否定中国基金业的改革，是失败者的报复。但舆论如何评价都是虚的，在 2001 年证监会的集中调查整顿中，当年被披露后最折腾的 10 家基金公司，有 8 家存在严重的违规操纵行为。基金公司将本来为了稳定中国金融市场的应长期持有的证券基金投资产品，变成了短线投资的投机行为。

而在这些严重违规操纵的基金公司中，其中大部分都存在“对倒”行为,“对倒”可以被解释为：当供不应求的时候，为了保证自家基金的交易量，自家公司会买卖自家公司的股票基金，这一种严重违法的行为。看过香港电影《窃听风云 2》的观众应该很清晰地记得，刘青云主演的基金经理在最后时刻为了达到大佬们的交易量要求，自卖自买的情景，这样的行为也直接导致了角色的锒铛入狱。而在当年的基金黑幕中，这样的做法比比皆是，都快成了行业的“正常手段”。而相比于“对倒”、“倒仓”的行为发生了一点点进化。从当初的自买自卖，变成了同一间公司管理的两只基金相互买卖，操纵的本质还是一样的。

这场十几年前的市场操纵闹剧，让曾经的中国基金市场混乱不堪、黑幕不断。但更为要命的是，当时的市场就只能任由这些违规操纵者胡作非为。人们行骗的能力和速度明显高于监管者的监控能力，一场没有监管的市场操纵在新世纪的中国证券市场上呼风唤雨。这就是为什么到了如今，每当基金

---

① 陈燕：“基金黑幕”，http://news.hexun.com/2008-07-11/107356926.html，2008 年 7 月 11 日，《财经》杂志。

经理的老鼠仓事件增多了，市场就会反应：是不是“基金黑幕 2.0”来了？被整怕了的证监会，就要第一时间出来重申：一切都在自己的监控中。但作为研究证券市场的笔者有时也在思索，中国现在这么好的“投资形势”，随便就能翻倍的投资回报率，让谁看了不眼馋？可那些拥有专业知识和丰富资源的基金经理按照规定又不能参与其中，眼看着自己每天的工作在为别人赚钱，而自己却赚不到，难道基金经理们能忍得住？如果忍不住了又能怎么办？这是“老鼠仓”、“抢帽子”等诸多基金黑幕的内在原因吗？

在中国的证券市场操纵行为中，有另一种听上去就很霸气的方式，“坐庄”。就像金庸小说里的人物，市场里的众生们喜欢给本来就爱隐姓埋名的操盘手或者做庄人，起一些响亮的外号。比如“不死鸟”、“张大户”等，在拥有财富排行榜的一席之地的同时，也让当年的中国证券市场有了各种势力。随着中国证券市场早期 327 国债事件、中科系的兴起与灭亡以及中期股改的影响，市场中形成了一些实力不凡的“庄家”，他们靠着中国市场早期的不规范，成为了“知情人”和“有钱人”密谋的桥梁，利用信息和资金的优势，共同操纵股价。毕竟在 2000 年的时候，上市深市的总市值不过才 5 万亿元，实际流通也不过三成，想坐庄并不是那么难。

但到了如今，上市深市的总市值翻了几番，不流通的股票反而成了少数，庄家的形式也发生了不少变化。当年那种“人傻钱多”的坐庄方式很难再操纵市场。但时过境迁，坐庄的方式也随之进化。无论是通过新闻报道，还是行业内的风言风语，很多“小喽啰”都在反映，由于自己仅仅一个多亿的私募实力不够，没法和那些随随便便就能调动十几亿资金、市场中“有权有势”的分析师，一同参加特殊的“茶话会”，让他们苦恼不已。而这里的茶话会一般特指那些持股相同人的聚会。席间的谈话内容都是不公开的，可想想都能知道，就算不直截了当地一起商讨如何操纵股票，也起码能试探一下其他人的想法，揣测一下持股的态度。种种“君子协议”之后，随即见效的个股暴涨，让外人心知肚明，这里面不仅仅是吃饭喝茶这么简单，而是新“庄家”在操控市场。

其实说来说去，证券市场操纵是个亦浅亦深的事。它可以看似简单、直截了当地骗。也可以看似复杂，调动关系，调动资金。所以防范总是辛苦的。当年的朱镕基总理就直接让惹得同行一身不满的“基金黑幕”的策划人主管基金的监管事宜，也留下了“既然他们不让你挣钱，你还是来给我当官吧”的小玩笑。如今的证监会主席上任，只要是跟证券相关的活动都要一遍又一遍地重申“要严打市场操纵”的口号。市场操纵对于依旧很年轻的中国证券市场来说，是场要一辈子打下去的持久战。

在开篇我们提到，市场操纵可以按照种类分为证券市场的操纵和商品市场的操纵。上面我们讲了不少关于证券市场的案例，下面聊两句对商品市场的操纵。

对于平常百姓来说，商品价格的变动、市场供应量是否充足，虽然仅仅是柴米油盐的小事，但却是生活的核心。不像证券市场的金融产品，社会中的每一个人都会对商品市场的操纵深有感触。您是否记得当年的“非典”，让大蒜成了可以预防病毒的英雄？您是否还记得曾几何时，商场里的绿豆都脱销了，就因为某位神医宣扬“绿豆能包治百病”？其实这些行为，在中国早已延续了百年，而我们现今学着在用一个新名字概括它叫——囤积居奇。

物以稀为贵的道理谁都清楚，但真正稀有的东西如凤毛麟角。所以商品市场的操纵者总是想着法地制造一些稀有的假象。除了大蒜绿豆，您还能想起来哪些？所以笔者将这一部分的具体内容，统一放到了第五章“其他泡沫”中，为您细细讲述，中国的商品市场中的各类操纵问题。

中国历史上的市场操纵

每次聊到“骗”这个话题，我们总希望从中国历史中找些久远的相关案例，温故而知新。中国虽然建立现代市场经济的时间不长，相关市场操纵法律法规的建立也还处在摸索阶段，但是19世纪的中国上海，已经拥有了自己的金融市场，成为了亚太地区的金融聚集地，各大国际公司也在这里发展了很多自己的贸易。当时的中国金融市场还处于混乱的清政府统治时期，经济形势相当薄弱。也正是如此，薄弱的金融环境使得市场操纵行为横行，为我们留下了不少值得借鉴的经典案例。

案例——胡雪岩丝绸操纵案

19世纪60年代，刚刚完成了工业革命的西方诸强，都纷纷进驻中国市场，想方设法在这块贸易的处女地分到自己的一杯羹。由于工业革命带来的技术创新，西方丝绸商将中国人引以为豪的传统手工缫丝技术改良为效率更高、质量更好的工厂机械缫丝，严重打击了中国本土缫丝的发展，让中国曾经高枕无忧的本土丝绸商们如坐针毡，无论在技术上还是质量上，传统技术都处于绝对的落后位置。与此同时，由于西方诸国的工厂进驻，以上海为中心的蚕丝出口市场，也因洋商们对劳动力和原料的掠夺，进而压低生丝价格，抬高厂丝价格，成为了各国牟取暴利的中心，直接导致了生丝价格在中国的暴跌。数据表明，1868年时的生丝价格还在517两每担，可到了15年后，已经被打压到200两每担①。

这样的事实已经能体现出当时的中国商品市场操纵的横行情景，但这只是故事的开始。一个中国人的出现，将这段市场操控的故事，推向了另一个高潮。

胡雪岩，中国近代著名的红顶商人，安徽绩溪人，年幼家境贫寒，但有幸在杭州学徒时攀上了当时的浙江巡抚左宗棠。为其担任采运官，筹钱筹粮二十余载，借机也为自己的财富积累奠定了基础。同时依仗着左宗棠的权势，在各省建立阜康银号20余处，并经营着中药、茶叶等当时中国的暴利产业，坐享家产2,000万两，良田万余亩，得到朝廷信赖的同时，也成为了清朝历史中唯一一个穿上了黄马褂的商人②。

---

① Li, Lillian M. China's Silk Trade: Traditional Industry in the Modern World, 1842–1937. No. 97. Harvard Universiry, Asia Center, 1981.

② 方言:《胡雪岩全传》，华中科技大学出版社，2010。

由于有着大把大把的闲钱，看着当时中国市场中纺织业被外商牢牢地控制着，深谙经商之道的胡雪岩发现，缫丝产业日益繁荣，而生丝价格却一年跌破一个价。华商经常各自为战，而洋商却有着自己的商会组织。如果拥有万贯家财的胡雪岩能集合华商之众力，借着欧洲农业危机的时机，必能在与洋商的丝绸竞争中获得一番成就。至此，中国历史中最大的中外市场操纵对决，一触即发。

1882 年 5 月，当时的中国还没有现今流行的新鲜名词：轧空，洗售，或者囤货。但是庄家对于如何控制市场似乎都有着相似的心得。胡雪岩的市场操纵也是从大量收购生丝现货开始的。据史料记载，当时胡雪岩的收丝队伍相当庞大，在江南等地见丝就收，出手大方，目的就是为了切断外商进货的货源，从而垄断市场。到了 1882 年 10 月，1.4 万包的生丝囤积数量，已经让明眼人嗅到了“商战”的硝烟。凭借着自己的广泛人脉，再等第二年新丝上市，市场中的生丝无一例外地又都存到了胡雪岩的库房里。同时胡雪岩还组织当地的同行组织行业协会，齐心协力，对抗外强，一边收丝囤货，一边拒绝外商高价的收购。在胡雪岩 1,500 万两的投入之后，市场进入了相互对峙的僵持阶段。

但人算不如天算，世事变幻莫测，本来借着欧洲生丝减产时机的囤货行为，却因为第二年意大利生丝的大丰收，缓解了洋商的货源供应危机。让本以为坐等洋商投降的中国商人整日人心惶惶，如鲠在喉。无论当年意大利是真的丰收，还是洋商想出来的信息战，但无论怎样，这一切都让对峙双方的心理发生了微妙的变化。华商这边由于当时中法战争的爆发，民众提款迁避事态严重，很多借着钱号贷款的丝绸商人，一边受到催还贷款的压力，一边受到金融危机爆发商品物价暴跌的压力，使得囤积在手中的生丝，俨然成了一个大负担。也正是如此，当年 11 月，胡雪岩精心组织下的华商同盟宣告瓦解。

就像每一个市场操纵案例的结局一样，一个人的财力总是无法对抗整个市场的变化。随着华商陆续开始抛售手中的生丝，胡雪岩的庄家优势早已荡然无存。越是抛售，生丝价格就会越低，民众的紧张情绪越是高涨，胡雪岩的信任危机就会越发严重。生丝操纵的失败，也直接影响了其钱号的信誉。再加上官府催逼官饷，曾经富可敌国的胡雪岩，被生生击倒在了中国金融危机和市场操纵的重拳下。最终死在了官府的逮捕之前。一场中外私商的斗争也以中国私商的完败而结束。

市场操纵在美国

与市场操纵的斗争，自从美国有了资本市场开始，已经过去了几百年。在这几百年中，大大小小无数起市场操纵的案件，不仅让美国政府在对于如何定义市场操纵，如何在行政和法律层面遏制市场操纵，什么样的部门来调查市场操纵、处理市场操纵，都有了相对清晰的概念。并且在真实的司法案件中，得到了宝贵的实践经验。

美国对于市场操纵的研究，其实是从如何成功进行市场操纵开始的。成功的市场操纵可以用五个词及五个不同的要素简单概括：Access（介入），Anonymity（匿名性），Scalability（可扩展性），Time（时间）和Impact（动力）。也正是由于对于这些市场操控要素的准确把握，才让美国可以从多个方面不同层次研究市场操纵。在美国，对于操纵的定义是多方面的，从司法界、学术界到行政界。在司法界，对于操纵的概念有两个，前者是针对证券价格的，以对敲、对倒、锁定价格等方式，通过人为行动影响市场交易，从而误导投资者。而后者则特指一种手段，将操纵定性为人为控制影响价格欺骗和欺诈投资者的故意行为[①]。而通过美国证监会对于一些市场操纵案件的处理中，可以将操纵行为定义为对市场自由的供给关系的故意干涉[②]。 而学术界则相对简单地将操纵定义为对证券市场自由供给关系

① 马江河："美国证券市场操纵认定标准研究"，《证券市场导报》，2005年第8期。

② Securities and Exchange Commission, "Administrative Proceeding", *Pagel, Inc.* 48 SEC 223 (1985).

的有意干预[①]。而现今活跃在市场上的各种各样的市场操作形式，在美国也被赋予了很形象的专有名词，大体可以归纳为：Price Manipulation（价格控制），Corner（囤积居奇），Squeeze（轧空），Wash sale or Wash Trading（洗售）[②]。

在美国的电影里，与“坏人”作对的常常是那些超级英雄，无论是蜘蛛侠、蝙蝠侠或者美国队长，由于他们具有得天独厚的天赋，所以承担了更多的责任。而在美国的金融市场中，对待“市场操纵”这个“坏人”，美国政府也有自己的行业执法者。

成立于1934年的美国证券交易委员会（SEC）是伴随着《证券交易法》的出台而产生的，算是最早的行业执法者。由于1929年股市崩盘导致的全美金融危机，美国政府在通过《证券法》和《证券交易法》的同时，建立了以当时总统罗斯福为首任主席的美国证券交易委员会，专门负责美国证券市场的管理与监督工作。意在加强证券市场的信息披露，保护投资者的利益不因虚假信息或个人利益追求而受到侵害。美国证券交易委员会是美国最高的证券行业监管机构，所有的证券交易所都在其委员会的监管之下。而最重要的是，美国证券交易委员会拥有独立的执法权以及准立法权、准司法权。让其有别于之前的各种相似委员会，提高了其在金融市场中的作用。

另一个比较重要的执法者是美国商品期货交易委员会（CFTC）。由于在美国的交易市场中，随着金融创新的不断发展，商品与期货的交易地位已经上升到与证券等同的位置。同时，因为美国商品和期货交易本身的性质所致，让市场操纵行为在这两个领域发生尤为频繁，所以历史中大量的市场操纵案例都出自于商品与期货市场。虽然成立于1974年的美国商品期货交易委员会（CFTC），从资历上看只能算是SEC的小弟。但其仍然是美国政府的一个独立监管机构，负责监管金融期货期权、商品期货期权。其存在的目的和任务与美国证券交易委员会也很相似，就是为了保护公众投资者不受到

---

① TWENTIES CENTURY FUND, INC., *STOCK MARKET CONTROL 107*（Alfred L. Bernheim, Evans Clark, J. Frederick Dewhurst & Margaret G. Schneider eds., 1934）.

② “Investment Income and Expenses”. *IRS Publication 550*. 2011. p. 60. Retrieved 14 Sep. 2012.

不正当经营、市场操纵等活动的侵害，从而保证整个市场的可靠性和投资者的信心。

通过对以上两个组织的简单介绍，可以看出在美国的市场中，不同的组织各司其职，对不同市场性质的操纵进行着管理与监督。但是即使在这样相对完整的监管结构下，再加上不同层面对于操纵的细致定义，美国市场仍然一而再再而三地爆出市场操纵的丑闻。而最让美国的超级明星刻骨铭心的应该算是亨特家族的白银操纵案了。

案例——亨特家族白银市场操纵案

对于“亨特”这个名字，中国观众熟悉的应该就是十几年前火遍全中国的《神探亨特》电视剧。就在这部电视剧上映的1980年代，也是我们这里要提到的亨特家族最为强盛的黄金时期。而就像一部电视剧拥有跌宕起伏的剧情一样，一宗世界白银的操纵案囊括了一个家族的成与败。

在1980年白银市场操纵案发生之前，亨特家族算是这个星球上最为富有的家族之一。由于第一次世界大战从而导致的农产品价格上涨，以经营棉花种植园为生的H. L. 亨特，淘到了人生的第一桶金。之后随着1950年以本人和家族财产基金模式建立的亨特石油公司的崛起，亨特家族这个响当当的名号就此进入大众的视线。据1957年《财富》杂志的估计，当时的H. L. 亨特拥有4亿–7亿美元的家产，居美国最富有人排名前八[①]。

而我们将要提到的白银市场操纵案则发生在亨特家族的第二代。拥有14位继承人的亨特家族，借着雄厚的家产，开始了多元化的投资发展计划。尼尔森·亨特致力于开发利比亚油田。卡罗林·亨特创建了酒店旅馆集团。拉马·亨特参与组建了北美橄榄球和英式足球联盟，并提出了之后家喻户晓的“超级碗”。斯万尼·亨特在哈佛大学肯尼迪学院任教，并担任过美国驻奥地利的大使。如此繁荣的家族发展景象让当时的美国上层社会一听到亨特

① John Simkin “Haroldson L. Hunt”, http://www.spartacus.schoolnet.co.uk/JFKhuntHL.htm, 09.1997, Spartacus Educational.

家族的名号，都不得不与金钱、权力紧密地联系起来。

尼尔森·亨特作为亨特家族中最具商业头脑的第二代，在继承家族传统石油生意的同时，也钟情于富人运动，良种马比赛。即使在现今，中东的油王或者王子们，也常常放言说："我才不在乎什么克里斯蒂亚诺·罗纳尔多，一个踢足球的身价不过才 9,000 万欧元，我的一匹良种马起码就值一个亿！"可见这样的比赛不仅可以赚到钱，也是提高身份的好方式。在尼尔森·亨特对于赛马最为疯狂的时期，在欧洲和美国的马场中，他拥有着多达 8,000 匹的良种马。也曾在 20 世纪 70 年代的英国平地赛中两度称王，又赢得过英国德比大赛的冠军。

也正是这份骨子里的激情，如日中天的尼尔森·亨特将自己下一个投资目标，锁定到了期货交易上。上个世纪 70 年代的美国期货交易市场，大部分的期货产品还都只是小麦、大豆、玉米等农产品。而唯一的可交易的贵金属期货，就是我们之后会提到的主角：白银。尼尔森·亨特在期货市场的敲门砖并不是白银，而是大豆。由于 1952 年到 1955 年的洋葱期货事件，以及 60 年代的"植物油丑闻"，让尼尔森·亨特发现，只要拥有巨额的财富，控制足够多的巨大的期货合约，就能很简单地操纵期货市场，从而获取巨大的利益。而之所以先挑中了大豆作为操控对象，跟其作为美国重要的出口商品，民众大量的日常需求有着密不可分的联系。所以我们在这里先简单地描述一下尼尔森·亨特在大豆期货市场的操纵行为，因为在之后的白银事件中，一切都像是重演，但却拥有了不同的结果。

芝加哥期货交易所是当时全世界最大的期货交易所，众多的投机商都聚集在此，尼尔森·亨特也不例外。但与其他财大气粗、准备操纵市场的金融大鳄不同，尼尔森·亨特联手自己的弟弟威廉·亨特并没有使用我们以上提到的囤积居奇办法，囤积现货的同时买进期货合约，而直接大量收购期货，只将囤积居奇的办法落实到期货合约上。这样的行为既省去了收购大豆的烦恼，也不用租用仓库储存，将成本降到最低。但这样做也有其致命的风险，因为现货市场中的大豆其实并不短缺，空头们可以用现货大豆与亨特家族的期货交割，只要他们认为期货价格与现货价格差距过大。同时，芝加哥交易委员会也有规定，每个交易商的期货拥有量不能高于全部合约的5%，从而限制市场操纵的发生。

但以上一切不好的设想和委员会的规定都没能阻止整个亨特家族的力量。在短短不到一年的时间里，亨特家族控制了当时期货市场中大豆期货合约的40%。再加上这样大规模的投机行为的刺激，很多唯利是图的投机商人都跟风加入了大豆的期货交易中，使得1977年的芝加哥交易所几乎快成了为大豆设立的专门交易所。而大豆价格也从前一年的5.15美元，翻了一番，疯涨到了10.30美元①。

虽然亨特家族这次的市场操纵行为，并没有真正地囤积大豆现货，不过是凭借着对市场心理的良好把握，制造了大豆期货的紧缺，必然要产生现货涨价的假象，使得真正市场中大豆价格也跟着上涨了很多。如此大规模的、明显的市场操纵行为，没能逃过美国商品期货委员会对亨特家族提出的诉讼。不过当时的美国期货市场并不像今日这样，没有那么多可采集的监控数据，相应的法律法规也不够健全，虽然全天下的人都能看出来亨特家族的操纵行为，但就是没有过硬的证据去指控他们。也正是因为如此，最终法院没有对亨特家族进行任何处罚，期货监管部门的权威受到了重大挑战。

如果说在大豆市场上超过一个亿的收益，对亨特家族来说是个天大的好消息的话，那之后对于白银市场的觊觎，却为这个家族的没落埋下了不可置疑的伏笔。美国历史上最大的市场操控案，从现在开始，才真正进入我们的视野。

白银，一个在古装电视剧里经常能听见的名词。虽然在中国的货币历史中占据了很重要的位置，但在世界的货币历史中，却总抵不过黄金的魅

① Jerry Knight, " Soybean-Buying Spree Costing Hunts A $500, 000 Fine", http://news.google.com/newspapers?nid=1755&dat=19810721&id=bvIcAAAAIBAJ&sjid=CGgEAAAAIBAJ&pg=6810, 3151624, Sarasota Herald-Tribune, 07.22.1981.

力，常常被市场淡忘在角落里。随着遵循金本位制的国家越来越多，国际黄金贮备和交易越发地繁盛，白银的价格呈直线下落的趋势。但在上个世纪60年代之后，随着通货膨胀的日益加剧，美国政府规定禁止个人持有黄金，投资者只好被迫选择白银的投资。再加上美国放弃了金本位，允许汇率自由波动，这一起才让白银的价格符合了当时的市场规律。

上个世纪70年代，在亨特家族大量持有白银之前，白银的价格一直保持在2美元每盎司。在白银价格处于最低点的1973年，亨特家族已经大肆地在市场中购买了3,500万盎司的白银现货。但不同于上次的大豆操纵，这次亨特家族也同时购入了2,000万美元的白银期货。这一举动立刻导致了白银在市场中的短缺。由于白银在之前市场中的疲软表现，很多银矿因此关门，市场上对白银的需求弹性又很小，随着亨特家族的市场操控开始，短短的两个月内，白银的价格直线蹿升到了每盎司6.7美元①。

本以为一切都会像当初的大豆一样顺利，但这一回故事发生了波折。当时囤积了5,000万盎司白银的墨西哥政府见到白银价格攀升，立刻选择了脱手获利，从而导致由亨特家族建立起来的囤积效果，一下子被摧毁了，银价瞬间又跌落到每盎司4美元。不甘心就此退出的亨特家族，借用着自己在中东石油生意中建立起来的关系网，成功地将已经因为石油富裕起来的沙特王室们拉进了白银的期货市场中，继续保持着对白银市场的垄断。

随着时间来到70年代末，通过各种方式囤积白银的亨特家族，已经控制了数量惊人的白银现货和期货，保守估计几亿盎司的现货那是一定有了。相比于因为全球通货膨胀而飞涨至500美元每盎司的黄金来讲，白银价格依然算是处于低点。也正是在此时，已经卧薪尝胆六年的亨特家族，做好了一切准备，准备一网打尽，战胜所有交易商的白银战就此拉开序幕。而冥冥中期货市场中历史规模最大的惨剧，也悄悄登上了历史舞台。

1979年的夏天，尼尔森·亨特从纽约和芝加哥的期货交易所一次性下

① Jeffrey Williams, *Manipulation on Trial.* Cambridge University Press, 1995.

达了买入 4,000 万盎司的指令。当然这是借用了华尔街众多经纪人手，这当中也不乏很多大型的投资银行。巨额买盘出现后，白银价格顺势上涨至 11 美元。当人们顺藤摸瓜地发现背后的庄家其实是亨特家族时，众多的小额投机者也加入了这场白银收购战。因为所有人都还记得上一次的大豆事件，上一次的“大丰收”。所以到了 1979 年年底，白银价格就这样从 11 美元涨到了 20 美元，从 20 美元蹿到了 30 美元，从 30 美元变到了 40 美元[①]。人们都在问，白银价格到底涨到多高才会是尽头？

截止到 1979 年年底，拥有 1.2 亿盎司现货、5,000 万盎司期货的亨特家族实际上已经切断了全球的白银交易。因为当时全球每年的白银交易量，也不过 2,000 万盎司左右。与此同时，全世界的白银生产商都在加速寻找新的银矿以满足市场上对白银的需求。整个美国和欧洲的民众都在翻箱倒柜地找银制品送去熔炼，然后趁着高价出售。简单地说，亨特家族的操控实力正在跟全世界疯狂出售银制品的人们对抗。

当白银价格达到 50 美元的时候，与亨特家族作对的空头们几乎都已经认输出场，但由于本身白银价格已经过高，如果想继续拉升价格，就需要更多的资本、更多的钱。没人知道为什么在这样的高位，亨特家族不收钱离场，也许是野心作祟吧。所以当时美国的好几大银行都趁着亨特家族融资之际，以高息贷款捆住了亨特家族，让这场历史性的市场操纵游戏得以继续下去。

难道美国政府、期货委员会看着如此疯狂的行为就撒手不管？当然不会，只是时机未到。没有一件商品可以拥有如此之长、如此大幅度的大牛市，白银也不例外。躲在这虚假繁荣下的阴谋眼看着就要浮出水面了。芝加哥交易委员会首先采取了措施，将白银合约保证金由过去的 1,000 美元提高到了 6,000 美元。同时，新的美联储主席为了控制通货膨胀，提高了贷款融资的难度。一边是急需钱补上保证金的压力，一边是怎么借也借不出来的银行贷款，亨特家族被活生生地困在了“白银”中间。

---

① Macey, Jonathan R., “ Manipulation on trial: Economic analysis and the Hunt silver case”, *Journal of Economic literature*; Mar. 1997; 35, 1.

而就在这时，美国政府出招了。通过对那些沙特阿拉伯背景的投资人的调查，美国商品期货交易委员会加强了对外国投资者的管理，从而为了避免国外政府控制美国白银市场。而真正让亨特家族兵败如山倒的还是纽约交易所的一条临时新规定：即日起，禁止建立新的白银期货合约，只允许旧合约平仓！换句话说，亨特家族再也无法买进期货白银合同了。亨特家族的一切阴谋，就此结束了。

1980年3月27日，在期货历史上被称为"白银星期四①"。随着几家贷款给亨特家族的拥有其白银期货抵押的公司开始疯狂抛售白银期货，仅仅一天的时间，850万盎司的白银被抛入市场。在当日收盘前，从之前50美元的高点，一落千丈跌倒了15美元。而亨特家族这一边，为了能偿还将近10亿美元的银行贷款，也不得不开始抛售白银，同时大量出售自己家族的其他产业从而弥补贷款的亏空。而另一方面，随着亨特家族一步一步出现危机，如果对美国经济有着众多联系的亨特家族破产了，那势必会带着一群银行和企业的破产，美国的经济也会出现大问题。

所以在之后尼尔森·亨特在与美国财政部的谈判中，言语中竟是"彻底摧毁市场"、"拉大家一起下水"措辞，满是一副要不就给我长期贷款让我活下来，要不就同归于尽的嘴脸。而迫于无奈，美联储在最后时候决定为亨特家族提供一笔11亿美元的长期贷款，而亨特家族也把当家的产业石油，抵押给了银行集团。

随着之后白银价格回落，亨特家族的财政发生恶化，一个曾经的富豪家族逐渐走向了衰落，那个在商界如日中天的亨特家族，也慢慢消失在了人们的视野中。

就这样，史上最大的白银操纵案也随着1980年的结束而结束，在为期货市场创造了无数个新鲜词汇的同时，也让人们看清了市场操纵对于一个国

① "Silver Thursday and the fall of Bunker Hunt, the world's richest man", http://www.theweek.co.uk/politics/24173/silver-thursday-and-fall-bunker-hunt-worlds-richest- 05.25.2009, The week with Firstpost.

家、一个市场乃至人民生活的危害。所以在政府部门加强监管，加强相关规定的同时，各大投机商也明白了：这些金融的期货产品，不仅是发财的好去处，也会成为更多人的坟墓。

市场操纵在欧洲

英国作为一个曾经的世界霸主在金融界的地位是不可忽视的。相对于美国各个层面对于市场操纵的不同定义，英国采取了不对市场操纵进行明确规定的方法，目的是为了让法官能够具体问题具体分析，从而给予法官最大的自由度。在1939年英国颁布的《禁止欺诈法》中，简单禁止了误导性陈述的市场操纵行为，但言语相当概括。1986年，英国颁布了《金融服务法》，可以算作英国运用法制手段对证券市场中的市场操纵行为的一次较为规范和严厉的举措。1998年，在英国金融服务管理局颁布《市场行为守则》之后，"市场滥用"一词正式与市场操纵行为挂钩。而在2000年，英国颁布了针对市场操纵问题的相关法律《金融服务市场法》，在确定了怎样的具体行为可以定性为市场操纵的背景下，间接地定义了市场操纵的含义，即"由一个单独或多人串通或合谋进行的扰乱市场秩序的行为[①]"。

而对市场操纵的认定与执法部门是英国金融服务管理局（FAS）。在1998年之前，英国没有一个专门的针对市场操纵的管理部门，都是采取分别管理、分别监管、分别治理的方法。证券市场中的主要行政执法部门是证券与投资管理局和贸易工业部。而监管部门分别为：英格兰银行的审慎监管司（SSBE）、证券与投资管理局（SIB）、私人投资监管局（PIA）、投资监管局（IMRO）、证券与期货管理局（SFA）、房屋协会委员会（BSC）、财政部保险业董事会（IDT）、互助会委员会（FSC）和友好协会注册局

① "Financial Services and Markets Act 2000 (Market Abuse) Regulations 2008", http://www.legislation.gov.uk/uksi/2008/1439/contents/made, Legislation of UK.

（RFS）[1]。但在1998年之后，由于英国金融服务管理局的成立，全面整合了之前多个监管部门的职能，统一了银行业、证券业、保险业三部分的监管权限，成为了英国金融界唯一的监管机构。

同时，英国金融管理局还被赋予了新的职责。为警方打击金融犯罪提供帮助，增加了执法的权限。负责对公众的宣传与教育，让社会公众了解市场操控危害，了解那些高高在上的金融产品，让公众更深地了解其自身利益与市场操纵的关系与风险，增加了社会公益职能。最后，作为英国金融市场的大使，英国金融管理局需要建立人们对于英国金融市场的信心，增加了外交职能。

同样是在欧洲，但世界上另外一个重要经济体——欧盟，在对市场操纵的管理上有着与英国截然不同的做法。由于从欧共体时期，欧洲就已经提出了相关的《欧洲证券交易行为准则指令》，对市场中的操纵行为进行了规定。再通过几十年的发展以及欧盟的建立、欧洲一体化的加速发展，希望通过立法和监管而减少市场操纵的呼声也越来越高。从而使得今日的欧洲在对于市场操纵上的定义与监管变得相对的健全与有效。

欧盟不仅将市场操纵大体分为三种类型，并对每一类市场操纵进行了一般性的描述，还通过《证券及期货条例》举出了四种特有的市场操纵行为：虚假交易型操纵，制造短缺的交易型操纵，特定时间内的交易型操纵，以及信息型操纵。同时也通过制定《关于内幕消息的定义及披露，操纵市场行为定义的欧盟委员会指令》确定了多种即将发生市场操控的信号[2]。欧盟在对市场操纵的定义与分类上，尽量做到事无巨细，将每一种可能性都立法管理。原因也很好理解，毕竟监管操纵市场的行为是整个欧盟建立统一金融服务市场的重要内容，为了能建立统一的欧洲金融市场，就要进行更多的资

---

① "Financial Services and Markets Act 2000 (Market Abuse) Regulations 2008", http://www.legislation.gov.uk/uksi/2008/1439/contents/made, Legislation of UK.

② Hansen, Jesper Lau, "New Proposal for a European Union Directive on Market Abuse", U. Pa. J. Int'l Econ. L. 23 (2002): 241.

本自由流动，让各个成员国都能有理有据地将欧盟的立法与各自国内的立法相结合、相融合，降低在磨合中产生市场操纵的机会。同时，由于统一的概念所致，不同于其他国家与地区，欧盟将内幕交易、市场操纵等所有的市场不当行为归结为同一个监管部门，统一建立《欧洲反市场不当行为监管体制》，再一次推动了欧盟一体化的进程。

案例——世界证券交易的发源地：阿姆斯特丹证券交易所

之所以欧洲的市场操纵监管体系较世界其他各国的更加严谨与详细，与其几百年的发展历史是分不开的。市场操纵一定是发生在市场中的，越早拥有一个交易市场，就会越早发生市场操纵，从而就会有更多的机会研究市场操纵，建立更完善的监管制度，彼此环环相扣。所以既然讲到了欧盟的市场操纵，不如让我们将时钟拨回到四百年前，看看最早的市场是什么样子，最早的市场操控又是什么样子。

1602年，世界历史上第一个股票交易所在阿姆斯特丹成立。而荷兰东印度公司也成为了世界上第一家发行股票通过证券交易所向公众融资的公司[①]。这两件事情的发生标志着世界金融证券交易市场的形成。对于当时的社会来说，新兴的股票市场作用主要被认定为：筹集生产资金、优化资源配置、促进国有化改革和分散风险。当时的阿姆斯特丹交易所里活跃着一千多名股票经纪人，不仅吸引着本国的大资本家、普通民众的资金，也大量通过公共债券的形式，收集着整个欧洲的流动资金。正因为如此，阿姆斯特丹证券交易所成为了当时欧洲资本最活跃的交流场所，让大量的荷兰人富裕了起来。

无独有偶，繁荣的市场就会助长市场操纵的发生，几百年来都是这样，而开端就在荷兰的阿姆斯特丹证券交易所。他们不仅创造了证券交易所和股份制公司，也创造了宛如今天我们才知道的卖空、对敲、轧空等市场操纵方

---

① Mackay, Charles, Extraordinary popular delusions and the madness of crowds. Barnes & Noble Publishing, 2004.

法。而这些最早的市场操纵伎俩，都随着之后荷兰“郁金香泡沫”的爆发，为我们展现了最早的市场操纵形态。

17世纪，作为荷兰的国花，郁金香还是个稀有花卉物种，这种早年传入荷兰的名贵花种是当时贵族们展现地位和奢华的最佳体现，也自然而然地成为了市场操纵者们的宠儿。投机商人们以囤积郁金香球茎的方法控制着郁金香的市场供应，在提高其市场价格的同时，也导致全民对郁金香产生了病态的追捧。仅仅一个月时间，一支市价一千美元的郁金香花根，就被炒到了两万美元[①]。而追逐利益的阿姆斯特丹证券交易所也为郁金香专门开设了交易场所。一个证券交易所，一种全民追捧的商品，一群唯利是图的投机商人，市场操纵的三个要素随即形成了。

就像我们之前介绍的生丝、白银和铜发展曲线一样，几百年前的第一起市场操纵案件也有着相同的发展历程，但缺少了监管，使得当年的操纵更加放肆和大胆。

1637年，郁金香一年的价格涨幅可以达到百分之五千九百！一支郁金香的价格，可以等同于一栋豪宅、一个普通家庭40年的收入[②]。作为卖家的荷兰人民，所有人都放弃了自己的真正职业，农民、工匠、渔夫，大家都一股脑地钻进郁金香市场中，想方设法地满足来自全世界富商们的郁金香订单。

投机商们口口相传着骇人的流言，为公众做着美丽前景的演讲，真正的有效信息只掌握在为数不多的大鳄手中，他们控制着郁金香的供给，他们给郁金香定价，他们封锁着生产和销售的消息。随着如此强势垄断的到来，市场操控的发展曲线走到了顶点，随时准备着陨落。

1637年2月4日，市场操控历史上第一个“黑夜”。随着庄家的大规模

---

① Mackay, Charles, Extraordinary popular delusions and the madness of crowds. Barnes & Noble Publishing, 2004.

② Dash, M, “Tulipomania, the story of the world ’ s most coveted flower and the extraordinary passions it aroused (London 1999) ; Cf. also EH Krelage. ” Bloemenspeculatie in Nederland, de Tulpomanie van 1636–1637 en de Hyacintenhandel 1720 1736 : 1940–1942.

抛售，郁金香价格一夜之间崩溃，市场进入恐慌状态。不同于今日的证券或者商品市场，当时的阿姆斯特丹交易所是没有任何强制性实权的。即使是荷兰政府出面，以协议价格收购终止郁金香合同，都没法阻止恐慌的民众停止抛售郁金香。仅仅一个星期的时间，当年价值一栋豪宅的贵族宠儿郁金香，变得还不如一颗洋葱值钱。如此跌幅，就算是放到今天，也能说是历史之最了。郁金香大鳄赚满腰包，抽身离场，而留下了一堆烂摊子、一群无助的民众和下滑的荷兰经济。

历史上的第一次市场操纵案件的发生，预示着在未来的金融发展史中，人们与市场操纵的斗争将不会停止，而事实也是这样。几百年来，随着监管制度的建立、法律法规的完善，不仅没能彻底禁止市场操纵的发生，反而因为金融的各种创新，给了市场操纵更多的生存机会。人们在金融市场中不断膨胀的贪婪，预示着市场操控的根源很难就此切断，而未来的市场又该如何发展呢?

从美国、英国和欧盟过往的市场操纵案例中，我们可以看出一些值得中国借鉴的对于市场操纵行为的监管经验。亨特家族操纵白银案就至少说明了两点。第一，当市场上出现大规模的异常交易行为时，就应当及时采取必要的措施以防止市场操纵牵连甚广导致市场危机。第二，政府适时适当的干预是必要的。如非是美国政府加强对商品期货市场的管理，亨特白银操纵就不会这么快被瓦解；也正是因为美国政府最后给予亨特家族 11 亿美元的长期贷款，才没有使期货市场步入崩溃。当然，光是事后监管显然不足以应对金融市场日益变化多端的投机手段，交易所内部的风险控制能力只有达到一个高度才能在市场操纵案的初始将其遏制。随着我国金融市场的发展，风险控制系统也势必要经历不断更新完善的过程。以上我们所举的例子，多数都是通过大量囤积现货控制价格来操纵市场。这些手法随着商品期货法律的不断完善变得不那么得心应手了，于是野心家们利用各种创新的金融衍生品企图进行新一轮的市场操纵。有足够证据表明要想杜绝市场操纵行为，就要对股票和衍生品市场实行限制仓位，严格控制大户交易。另外，各个金融市场间需要紧密联系，确保快速准确的信息共享[①]。然而无论如何，只有交易所坚持完善自身监管，政府适当干预，不断细化创新的金融产品的相关法律，才能做到让投机者们不敢妄下赌注。

① Robert A. Jarrow, *Derivative Security Markets, Market Manipulation, and Option Pricing Theory*, Vol 29, No.2, 1994. Journal of Financial and Quantitative Analysis.

第十章　股东残杀与内部人控制

“如果人们只是因为害怕处罚、希望得到奖励而行善，那我们真可悲。[①]”

——爱因斯坦

对于中国上市公司的治理问题，大家讨论最多的就是大股东和/或内部人侵占小股东和一般股民的利益。事实上，公司利益相关者之间的利益侵占，并不只有大股东才能“欺负”小股东或者内部人侵占股东利益。股东可以侵占债权人利益，强势债权人也可赶走股东和内部人，在有些情况下，小股东也能拳打脚踢大股东，当然这样强势的小股东往往是公司内部人或者是政府。

这里有几个例子，第一个是笔者亲身经历的。笔者在2000年应聘大鹏证券公司投行部上海总部时，部门总经理非常自豪地对笔者说，“大鹏证券有45个股东，没有一个股东的股份超过5%，我们没有像其他公司出现的一股独大，小股东权利得不到保护的问题，大鹏证券可以说是市场化程度最高的大型券商。”笔者当时觉得他说得很对。现在想来那时的想法比较天真。是的，一股独大的问题是没有了，但是没有一个强有力的大股东来监管经营者，作为小股东的公司管理层侵占股东权利，为自己谋取私利的问题却

① “If people are good only because they fear punishment, and hope for reward, then we are a sorry lot indeed.” —Albert Einstein

突出了。2005 年，大鹏证券因公司高管挪用客户资金、操纵股票、贪污导致亏损 44 亿元人民币，公司经济业务整体转让给长江证券，公司 12 名高级管理人员于同年 8 月 12 日被捕入狱……

第二个是笔者的老同学讲述的，他现在是一私募基金的合伙人。他们在投资一个公司之前，往往会花大价钱雇用私家侦探将企业主要管理者的背景查个底朝天，包括民间借贷关系、几套房子、几个情人等。他举了几个案例，其中印象比较深的是，经过调查发现一个公司的老总伪造材料，将一个小股东的股权非法转换到自己名下。他知道这个事实的第一秒，就取消了投资计划，虽然他们基金前期已经花了 200 万元做了各种审计、调查。

另外一个例子发生在中欧地区的捷克共和国。1991 年，美国投资者罗纳德・纳达尔（Ronald Lauder）通过其控制的公司拥有了捷克当地一电视台 TV Nova 99% 的股权。当地合伙人弗拉基米尔・泽勒兹尼（Vladimir Zelezny）拥有 1% 的股权。但在 1999 年，泽勒兹尼不仅通过自己成立的公司，接手了 TV Nova 的节目运营，也通过自己在捷克的地位和相关法律的不健全，将拥有 99% 股权的纳达尔一脚踢出了捷克的电视圈。这个例子被哈佛商学院的德赛（Desai）教授写成了案例。我们会在本章里详细讨论这个案例。

内部人侵占股东利益

我们这里所说的"内部人"，往往都是在法律上或者事实上掌握公司控制权的人。由于在现今股份制公司中大多公司所有权和控制权是分离的，公司的资产所有者往往不是内部人，而是一群拥有企业家才能的职业经理人。公司的所有者，也就是股东，希望通过尽可能低的委托成本，让这些职业经理人帮助获得公司收益，从而达到双赢的局面。但从另一个角度讲，由于权力的倾斜、监督不力等种种原因，在道德风险的压力下，内部人也很有可能利用经营的决策权做出只对自己有利的抉择，而放弃以股东利益最大化为目标的承诺，从而导致股东利益受损。

内部人侵占股东利益的表现有多种，常见的有下面几种。第一，不得已而为之型。当内部人的薪水甚至乌纱帽与公司业绩考核标准紧紧挂钩时，有时在无法创造足够利润的时候，内部人会通过财务做账、处置公司资产等真假财务手段，人为提高公司短期的收益，从而达到匹配自身考核的要求。爱因斯坦曾说过“如果人们只是因为害怕处罚，希望得到奖励而行善，那我们真可悲。”如果我们因为害怕处罚或希望奖励而作恶，那我们算什么呢？第二种在我们的生活中更常见——损公利私型。我们总是听“中某油”一边在抱怨自己是亏钱做生意，自己是多么多么的不容易，但那些“中某油”的下属企业内部奖金一点也没少发，各种名目的公款报销一点也没少，高档消费一点也没收敛。公司的收益不多，但是内部人的收益不少，这种“亏损”最终都是由股东们来承担。举个例子，2009 年中石化以大约每桶探明及可能储量石油 16 美元的价格收购 Addax 石油公司①，整体收购价为 88 亿美元。2009 年，全球石油平均价格②为每桶 61.69 美元；2008 年的平均价格为 99.57 美元一桶，在 2008 年 7 月达到历史最高价格——145 美元一桶。而在 2008 年，类似的交易在非洲和中东地区平均价格低于 5 美元一桶。为什么在石油价格低的 2009 年，中石化愿意花 16 美元去收购；而别人在石油价格高企的 2008 年却只用不到 5 美元就能搞定？读者自行判断。当然，中石化并不是第一个有钱乱花的主，在 80 年代中期，国际一些著名石油公司以每桶 20 美元的代价勘探新石油储备，而当时在市场上购买探明的石油储备只需要 6 美元一桶。最后，明偷暗抢型。作为公司消息的掌握者，内部人在经营上的短期行为和信息披露不规范行为，很难被股东发现。内部人常常利用关联交易和重组等行为将公司的资产或利益输送给自己控制的企业或个人。无锡尚德前 CEO 施正荣涉嫌转移数亿美元资产到自己控制的公司即是一例。

① Denning, Liam, “Kurds May Get Their Way With Sinopec”, The Wall Street Journal, June 25, 2009.

② 在美国石油价格通常指的是西德克萨斯中质石油（West Texas Intermediate, WTI）价格。数据来源：美联储 St. Louis: http://research.stlouisfed.org/fred2/series/OILPRICE/downloaddata.

上段所述现象各国皆有，但中国有其特殊的问题。比如，针对中国国有企业，内部人控制较为显著的表征其实是国有资产的流失和会计信息的失真。了解国有资产产权体制的人都知道，所谓在国有企业的内部人，其实就是一些官员。由于我国的国有资产事实上是由各级政府机构代表国家管理的，作为内部人的官员们经济上的责任要比政治责任小很多，其不顾股东权利和收取收益的行为也得不到资产部门的有效监督，所以内部人侵占股东的行为在国有企业中较为普遍。为此，笔者想先跟大家分享一下中国股份制公司形成的背景和过程，介绍一下大部分国有背景股份制公司的特点，分析出在中国内部人控制问题的成因。

中国企业的股份制改革起始于20个世纪80年代末，由于国有企业常年处于亏损状态，生产力低下，始终无法建立自我约束机制，国有资产大量流失。随着市场经济的推行，西方先进公司管理理念的引入，一股国有企业股份制改革的大潮，涌向了中国的各大国有企业。

先是在深圳、珠海等地试行，随后扩大到整个广东以及海南，随着各地政府的支持，之后又在江苏、湖北、山东等地掀起一股狂潮，根据不完全统计，时至1993年年末，全国已经有了各类股份制公司3,800余家[①]。大规模的股份制改革，给当时的中国企业打了一针兴奋剂，积攒了大众手中的闲散基金，让全民都成为了国有企业的小股东。

但问题也随之而来了。股份制改革的实质是什么？应该不仅仅是一张现代化股份制企业的组织结构图，也不仅仅是在原有公司名称后加上“股份有限公司”这么简单。最起码应该保证企业的所有权和经营权分离，企业的员工进行现代化重组，作为内部人的管理层拥有股东权益至上的理念。而这些在当时兴起的中国股份制公司里本就是隐性的因素，不容易被市场察觉，所以都很难真正落实。而最容易被市场发现的，只是当年的国企，现在可以从市场上融资了，变得有钱了。

---

① 鹿小楠，张卫东：“中国民营上市公司发展研究”，上海证券交易所研究中心，2004。

首先的问题主要从管理层说起。作为企业日常经营的决策者，管理层的成员应该包含为股东长远利益着想的职业企业家们。但在我国的股份制公司中，管理层的重要成员都是由原国企的领导班子组成，由政府调配。同时很多公司的董事长和总经理又时常由一人兼任。从而产生了企业的管理层既要完成政府部门的“行政任务”，也要满足投资人利益的双重责任。但可想而知，作为仕途上的重要一站，自身收益也并非真正与企业的利益挂钩，作为内部人的官员们，在必要时会牺牲企业的经济利益来获取自身的政治和经济利益，形成了一种侵占股东利益现象。

另一方面便体现在股东的监督上。我们知道，股份制公司的监事会是通过股东大会选举而产生，作为公司监督与检查的最高机构，用来保护所有股东的利益，防止高级管理人员滥用职权的，是现在股份制公司所有权和经营权分离的一种表现。而在中国企业股份制改革初期，管理层是指派委任的，监事会人员也是如此，公司的内部监管职责几乎形同虚设。

而对于外部监管来说，由于企业都是原有的国有企业，建国初期的中国股票市场谈不上什么兼并与收购，政府也不会允许这样的事情发生。很难发生企业做不好，股价下跌，就会被别的企业买走，原有的管理层会被统统赶走的情况。所以成熟股票市场所具有的外部监控功能在中国也处于真空状态。而本来需要竞争“上岗”的职业经理人，又是由于政府的干预，让竞争中的监管丧失殆尽。

从以上中国股份制的改革中我们发现，不同于西方股份公司家族或者经济实力雄厚的内部人，其权力基本来自于资本的积累，中国企业内部人的权力，其实是沿袭了我国计划经济下“全民所有制”中官员们的权力。他们也许不是什么金融大鳄，也不一定真懂企业的生产建设，但是他们的确具有鲜明的行政色彩，比普通的经济上的特权更具有资本性。

案例——蓝田事件

在中国，内部人侵占股东利益的事件数不胜数。相比于西方公司的内部人，中国企业中内部人特殊的行政权力，从上任的第一天起就为之后的悲剧埋下了伏笔。“绝对的权力，导致绝对的腐败”，而腐败最直接的受害人就是公司的股东们。如果简单叙述一下轰动2002年中国经济圈的蓝田事件，大体可以描述为：一个被称作“中国农业第一股”的蓝田股份，创造了一个又一个股市传奇，但却被一名中央财经大学的信贷研究工作者的600字文章揭穿了公司无任何创造现金流能力的事实。在经历了一番恐吓、抵赖、挣扎后，“蓝田”的真相被揪了出来。企业领导们被捕，国家官员们被问责撤职，股东们成了最伤心的人。

但如果事情就这么简单，那中国的企业中，天天都在发生大事件。这不是讽刺，是血淋淋的事实。而之所以我们要把蓝田事件拿出来作为例子，是因为无论是从蓝田事件的内部、外部，还是整个股份制体制、社会风气，都能体现出在中国股东们的利益与内部人间的密切关系。

关于蓝田事件，笔者想先从这样一个空壳公司是如何上市成为“中国农业第一股”的说起。1987年成立的沈阳市新北副食商场，1988年成立的新北制药厂，1991年成立的莲花大酒店，加上这三家隶属的沈阳市财贸干部学校，经沈阳市体改委批准，形成股份制有限公司。其中国家股1,828万股，法人股3,525.6万股，内部职工股1,342.4万股[①]。随着1995年农业部的批复，这1,828万国家股由沈阳国资局转拨给农业部，再从农业部通过流通股配额转嫁给蓝田股份，从而形成了蓝田经济技术开发公司为第一大股东的股份制改革。而看上去简单的传统国企股份制改革，并没有这么简单。

1996年，公司的全资子公司洪湖蓝田水产公司成立。随即，整个蓝田公司的重心从沈阳偏向了洪湖。其中最明显的表现就是之前农业部拥有的1,828万股份，那时已经划在洪湖蓝田水产公司名下。之后，蓝田股份的第一大股东，沈阳蓝田经济技术开发公司更名为洪湖蓝田经济技术开发公司。而蓝田股份中的另一个公司——中国蓝田总公司，开始频频出现在普通观众

---

① 罗昌平：“蓝田神话出演始末 四名司局官员是造假案主角”，http://finance.qq.com/a/20101128/001062_2.htm，2005年9月27日，《新京报》。

的电视广告里。而从财务报表上看，在蓝田IPO之后的三年，公司年利润连翻三番。营运收入从起初的46亿元人民币，仅仅用了五年时间就飙升至184亿元[①]。

当初股份制改革中，农业部内部有五大热门候选企业：中国水产总公司、中国农垦总公司、中国畜牧总公司、中国乡镇企业总公司、中国农业物资供销总公司。每一个听上去都有坚实的国企背景。但是真等股改浪潮扑到农业部，鬼使神差地就蹦出来一个“蓝田”，战胜了所有国企，成为了第一个上市的拥有农业部背景的企业。为什么？从事件发生多年后的调查中，我们发现，当年时任农业部财务司司长的孙鹤龄，在蓝田股份上市后，为其女儿和妻妹，分别认购了共计10万股的内部职工股，最终获利将近500万元。副司长万燕华在蓝田事件爆发后的第二天，便逃到了美国。之后，组织部法规局局长、曾经的洪湖市市长都纷纷因受贿入狱。

其次，在蓝田股份上市的三年后，爆出当年股票发行的申报材料作假。伪造了沈阳土地管理局的文件和批复，虚增资产，伪造银行对账单，虚增银行存款。可见蓝田股份不仅买通了拥有推荐公司上市的农业部，也在审计部门和核查部门里做了不少功课。

蓝田股份董事长的身份也疑点重重。从蓝田股份的董事长瞿兆玉的人事关系变更就能发现，蓝田公司的发展也有着很大的行政意图。无论是当年沈阳电信局的宣传部部长，还是到最后关系落到农业部，在中国当时的社会里，每一步的变更都本应该是很艰难的。瞿兆玉明白，在中国的企业里，如果没有什么政治色彩，那就意味着对于企业的控制形同虚设。不管股份制还是集体制，权力的归属才是最为重要的。而就在这些对于普通百姓难于登天的人事关系变更中，蓝田公司一定被各大利益的获得者，保驾护航维持了许久。

之后，随着蓝田公司生意一步一步地做下去，既然是个空壳子，为了

① Li. T and Liu, X., “ Lantian Myth, Destroyed by 600 words”, People’s Daily, Overseas Edition, 07.09.2002.

能维持住“内部人们”的利益，一次又一次地配股，一次又一次地贷款融资，其实所有人都知道，世上本没有奇迹，那为什么所有部门却都在合作呢？无论是通过蓝田股份从股市里圈钱，还是通过蓝田总公司从银行里贷款，就算是证监会在当年已经对蓝田股份的违规行为发出了警告和罚款，其依然能如鱼得水生存着。

最后，我们来说说这揭穿所有谎言的600字短文。作为刊登在内部机密刊物《金融内参》上的这篇分析蓝田公司，其实在用银行贷款冒充公司增长的文章，瞿兆玉本是无权看到的。可就在文章发表之后，瞿兆玉就能明目张胆地拿着文章的复印件找到原作者刘姝威，进行恐吓威胁，还能以此为证据状告作者诬陷。这样的事情在之前就发生过。只不过当初举报蓝田总公司虚假注资的举报信被瞿兆玉截了下来。只不过这次由于媒体的出现，才将这600字的作者保了下来。但不可否认的是，内部人又一次成为了一个公司生存，股东利益受损时的关键词。

我们不妨用作者刘姝威在央视《新闻调查》中的一段话总结这一部分：

“现在我要考虑的问题是什么呢？这么简单的问题，银行不会发现不了。那么为什么不应该发放的贷款发放出去了呢？应该停发的贷款停发不了呢？这就说明一定是有其他的因素在干扰。没有人说出这件事。银行没有及时采取行动的原因，不是因为技术上的原因。要是在一个健康的市场经济当中，这些因素是不可能存在的。这些因素会威胁到我们国家社会主义市场经济的健康发展[①]。”

大股东侵占小股东利益

无论是在股权较为分散的英美，还是在股权以集中模式为主流的拉美和亚洲国家，股份制公司里股权集中现象都屡见不鲜。大股东们作为公司的

① 孙玉胜：“与神话较量的人”，http://www.cctv.com/zhuanti/newsprobe/dangan/dangan76.html，2008年3月23日，中央电视台《新闻调查》。

实际控制者，在积极管理公司的同时，也很有可能利用自己手中的权力谋取其私人利益，从而损害其他小股东利益，降低公司的价值。在发达国家，股份制公司相对于其他公司组织形式一个重大优势就是能够方便地筹集社会资金、集中投资。所以在传统的公司管理问题中，曾经的主要矛盾多来自于我们上一部分提到的外部投资者和企业内部人的矛盾。由于公司高管对于自身利益的需求往往不能完全与股东们的利益重合。大股东的存在其实在某种程度上能够控制经理层为自身牟利的行为，是可以产生正面效应的。但是如果大股东通过手上的控股权，过分强调自身利益，而忽视全体股东利益，这样的企业最终会被投资者所唾弃，被资本市场所淘汰。

研究表明，在对发达国家最大公司的最终股权控制权调查中，除了英国和美国外，约有 64% 的大企业存在控股股东[①]。在西欧，分散持股的模式在英国和爱尔兰较为流行，而在德国、意大利等国家，将近 50% 的企业拥有控制权超过 50% 的第一大股东[②]。在美国，标准普尔 500 指数成分股中有 1/3 企业的股权，控制在创立者或者其家族的手中，同时家族成员出任 CEO 的情况也很普遍[③]。而我们的近邻日本，企业的控制权多在以金融机构为单位的大股东手中，同时还盛行交叉持股和主银行持股的标准模式[④]。

大股东控制并积极行使控制权来管理企业，对于中小股东来说并非是有害的。所谓的“激励效应（Incentive effect）”，就是由于大股东所带来的决策和财富效应导致企业在管理和监督上的卓越性，从而能让大股东获得更多的收益，这是将权力转化为资本的正能量。由于大股东拥有更大的动力来获得收益，更集中的权力会降低代理成本、监督成本，如果大股东能和小股

① La Porta, “Investor protection and corporate valuation”, *Journal of Finance* 57, 1999.

② Faccio, M. and Lang, L., “The ultimate ownership of western european corporation”, *Journal of Finance*, 2002.

③ Holdeness, C. G. and Sheehan, D. P., “The role of majority shareholders in publicly held corporation”, *Journal of Finance Economics*, 1988.

④ Prowse, S., “ institutional investment patters and corporate financial behavior in the US and Japan”, *Journal of Finance Economics*, 1990.

东的利益趋于一致，公司的价值便相对提高了。同时由于大股东可以有效地控制公司的经理层追求私利，大股东的权力在一定程度上是提高了企业的收益。

但事实往往事与愿违，大股东也会利用垄断性的控制地位做出对自己有利但有损于小股东的行为，我们管这叫“盘踞效应（entrenchment effect）”，即不管大股东做何决策，其他股东和外界都无法改变与监督。这是权力的负能量。由于在信息资本等方面，大股东与小股东存在着绝对的不对称，大股东可以在小股东不知情的情况下，通过“掏空（tunneling）”的行为，将公司的资源转移向大股东或者直接侵占小股东的额外利益。

之所以这两种正负能量会在大股东和小股东间交替存在，其主要的变化标准体现在大股东的控制权（如重大事件的投票权）与现金流权（如获取现金分红的权利）之间[①]。大股东们会通过高额薪水、协同效应、股权稀释、关联交易等方式，获得那些小股东无法知道也无法获得的独有的控制权收益。这也就是为什么即使在股权较为分散的美国或者欧洲国家，依然存在着大股东侵占小股东利益的情况。

大股东侵占小股东利益的事件在中国也常常发生。原因和手段与我们之前说的几乎相同，但形成负能量的路径与西方有着很大差异。从根本上，西方的权力负能量在于股东的分化、对于利益的追求、公司的偏离发展上，逐渐形成的大股东独享的权力资本。而由于中国各大国有企业的股份制改革是以融资功能为辅以改变国有化企业机制为主要目的[②]。股东们权力的形成很大程度上有着官方背景，行政色彩往往浓于经济因素。

在众多中国大股东通过关联交易等手段占用上市公司资金、编造虚假报告欺诈小股东的案例中，最主要的表现形式有两种。首先，我们总是能发现在某一个庞大集团公司名下有那么一两个名字几乎差不多的股份制子公司，

① Nenova, T., “The value of corporate voting rights and control: a cross-country analysis”, *Journal of Finance economics*, 2003.

② 何清涟：《中国现代化的陷阱，社会主义的免费午餐：股份制改造》，博大出版社，2003年版。

它们凭借着集团公司注资可以顺利地完成上市融资的过程。而在母公司通过配股、分红等各种手段将曾经的注资再送回集团后，这个上市的子公司只剩下满载债务的壳等着中小股东一起来负担了。其次，大股东可以通过上市公司为其提供债务担保或者抵押。而如果这些抵押和担保来的资源被随意支配最终惹出事端，上市公司也会成为被告承担大股东的债务。最后，就是我们常听说的大股东通过关联交易或者资产重组的方式侵占小股东的利益。由于这两种方式经常出现在各种各样的侵占行为中，我们不妨先聊聊关联交易和资产重组。

关联交易

在我国的《公司法》中，将关联交易描述为关联关系，定性为“公司控股股东、实际控制人、董事、监事、高级管理人员与其直接或者间接控制的企业之间的关系，以及可能导致公司利益转移的其他关系。但是，国家控股的企业之间不仅因为同受国家控股而具有关联关系”。[①] 而在《会计法》中是这样规定关联方的：“关联交易是指关联方直接转移资源、劳务或义务的行为，而不论是否收取价款。在企业财务和经营决策中，如果一方控制、共同控制另一方或对另一方施加重大影响，以及两方或两方以上同受一方控制、共同控制或重大影响的，就构成关联方。”

关联交易的形式众多，国际上最常用的关联交易方式是“掏空（Tunneling）”，大股东利用关联交易转移公司资产并剥夺中小股东的利益。像我们熟知的安然公司的惊天会计欺诈案件，其中就包括着大量的“掏空”行为。除了大股东的“掏空”行为，关联交易也可以用来进行资产重组改造，或为作为公司资格和业绩的粉饰工具，又或转移利润，逃税漏税。甚至有些大股东会通过关联交易骗取贷款，等等。但无论哪一种形式的关联交易都是在一方得到利益的同时，另一方的利益受到了侵占。所以关联交易也成了最常见的大股东

① 顾功耕：《公司法》，北京大学出版社，1999。

侵占小股东的表现形式。

是什么影响了市场中各个企业关联交易的多与少呢？从国际和我国的情况对比来看，主要有几个大方面控制着关联交易发生的频率。

首先是企业存在的形式。在西方对“掏空”行为的研究中，发现集团式企业的金字塔式股权结构，存在着巨大的力量将处于金字塔底层的公司的资源向金字塔顶层的公司转移。而相应的终极控制者，一般都是以大股东的形式出现的，资源的转移对其增加个人财富有着绝对的正作用。这种现象在韩国、印度这种集团金字塔形式颇为突出的国家更加明显。数据表明，韩国最大的 30 个商业集团公司中，均存在大股东通过关联交易侵占小股东利益的情况，进而提高大股东的个人财富[①]。所以关联交易的发生频率与企业的形式有着密不可分的关系。

其次，董事会的监督作用及效果。作为公司的最高决策机构，董事会不仅起到了监督管理层的作用，也影响着大股东是否通过关联交易侵占小股东的利益，有着最直接的责任。在西方，公司常常通过设立独立董事，并将其在董事会的比例设置得较高来确保董事会的独立性和有效性。所以独立董事的存在也可以有效减少关联交易的发生。而从我国的情况来看，即使中国证监会在 2001 年 8 月颁布了《关于在上市公司建立独立董事制度的指导意见》，重申了应赋予独立董事对关联交易的认可权、提议权、发表独立意见权、知情权，并规定独立董事的数量不能少于董事会成员的 1/3。但实际的情况却是独立董事们多数以大学教师为主，一人常常兼任多个公司的独立董事，更有甚者还违反了国家最多同时兼任 5 个企业独立董事的规定。这些看上去很有学识的独立董事，大部分都没有企业经营经验，但与企业有着千丝万缕的关联，仔细调查总能发现谁是谁的亲戚，谁是谁的领导。同时，这些独立董事们也很少真正参与董事会的决定。多数只为挂名，让企业符合国家的要求。由于对于独立董事的激励和约束机制也不完善，很难真正调动独

---

① Bae, Kee-Hong, Kang, Jun-Koo, Kim, Jin-Mo, Tunneling or Value Addition? Evidence from Mergers by Korean Business Groupe, *Journal of Finance*, 2002,（57）: 2695–2740.

立董事们的积极性。所以，在我国，独立董事给民众的直观感受是“既不独立，也不懂事”。

最后，行政性作用。与西方很多的企业不同，我国企业发生关联交易的目的，往往是多重的，不单单是为了企业利润的最大化。我们在之前也比较详细地讨论了中国的企业在股份制改革中与西方企业的不同点。无论是为了解救处于困境中的其他集团企业，还是由于当地政府的控制，股份制企业需要以当地情况为大局，为其他企业谋求些福利，一股独大的情况都很严重。所以毋庸置疑，行政性手段的频繁使用，会很大程度上增加关联交易的发生。

案例——安然公司编织的精密关联网

关联交易在世界每一个国家的每一个股市中，都或多或少存在着。说要举例，便有成千上万。但在众多的例子中，曾经的巨人安然公司的轰然倒下，其关联交易的复杂与缜密，都可以被后人津津乐道许久。所以我们不妨研究一下安然公司当初编织的关联网，看看关联交易对于企业股东们的“利益”与危害。

安然公司是靠能源产业起家的，但真正将其变成业界巨无霸的还是金融衍生品和电子商务这些新兴产业。一个大公司有着它的苦恼，经济好的时候，拼命地发展，所有人都很欣喜。但风水轮流转，经济总会来到低谷，可谁都不想看到公司不盈利或者亏损。所以管理层就要想着法地让股东们高兴，让外界觉得公司还在迅猛地发展。而到了安然公司这里情况也一样。不过不同的是，安然公司用的方法着实“高明”，也着实危险。

如果说一个企业有个三五个关联企业，这不足为奇，仿佛每个像样的公司都在这么做。不过说到安然公司的企业结构，其复杂的公司网络里，拥有着超过 3,000 个子公司或者合伙公司！这些公司交叉融合到一起，编织成了一个金字塔状的关联企业集团！而安然公司在编织这张网的时候，也颇费了心思。

首先是通过纵向持股的方式。安然公司一般都会通过子公司做关联交易，同时融资。但是公司的融资能力有限，没法持续为安然的母公司提供“养料”。所以子公司会再成立一个子公司，以新的名义再去融资。这样反复下来，本来作为母公司的安然公司，对其第一层子公司的控股率为51%，第二层就是25%，第三层是12%，如此推算下去，到了金字塔的末端，母公司其实只占有其第N层子公司的几点几的股份了，但控制权却牢牢掌控在安然公司手中。可以通过每一层的公司融资，转移利润，为母公司增添业绩。

其次，是通过横向持股的方式。各个层次的子公司，不仅可以持有自己层次公司的股票，也可以跨层持有其他公司的股票。这样就在每一个层次与层次之间设立了无数多个节点，利润和负债的关联转移变得更加平常。更重要的是，监管者根本无法搞清这其中的关系，对于审计也无从下手。另一方面，如此的控股方式也让作为母公司的安然公司可以利用那些底层的公司粉饰财务报表，将所有利润都计到安然公司头上，而债务则一层一层下放，隐藏起来。

再次，在子公司的形式上，安然公司也颇费心思。由于不同组织形式的税收政策不同，大量的关联交易就意味着大量的税收。为了能减轻这部分的开销，安然公司在建立子公司的时候，也有精心计划，比如说LLC类型的公司作用就是为了减税，而其他类型公司也能各司其职。同时，在公司股东的设置上，很多安然公司的高管兼任下层公司的股东，或者子公司间的管理人员相互兼职，在让个人获得巨大利益的同时，也加强了公司的每一个分子进行关联交易的动机。

最后，就是多样化的关联交易方式。总结一下，最常用的有四种方法：第一，使用股票提供担保，从而进行融资。第二，在关联企业间相互出卖资产，以明显高于市场价格的方式，虚增利润。第三，通过制造新的概念，让投资者持续相信公司处于高增长高盈利状态。第四，通过各个子公司同时哄抬或者打压的对倒投资方式，制造利润。

通过这些总结，我们发现，即使在法律法规相对严密的美国，关联交易的触角不仅在那些相对简单的小公司间漫游，也存在于众多历史悠久的大公司中。越是复杂的、层次多的大集团公司，越是有机会通过关联交易侵害普通股东的利益。最终随着安然公司的财务欺诈问题曝光，公司轰然倒下，那些被蒙在鼓里的中小股东们在一夜之间便损失了所有。而那些赚得盆满钵满的大股东和高管们，早已以各种形式将自己的资产转移。这些也正是我们之前所说的，在关联交易的背后充满了大股东对小股东们的欺骗和侵占，这样的行为在金融世界里一刻都没有停止过。

资产重组

资产重组在西方公司中主要的目的是为了将原有企业的资产和负债进行重新划分、调整、合并、配置等。企业通过资产重组可以更加适应经济环境。在降低成本，提高各部门之间协作的同时，充分利用公司的资源。同时资产重组也会伴随着技术的更新、竞争力的提高、增强抗风险能力。

所以无论是以资产优化组合为主要目的的内部重组，还是以收购、兼并、互换为目的的外部资产重组，其根本目的都是为了优化企业中股东的利益。由于西方各大公司 CEO 的薪水与公司的重组、兼并有着直接的关联。往往企业做得越大，高管的收入也越高，无论这个“大”是企业自己长大的，还是通过重组或并购拼凑大的。所以在西方，公司的资产重组随时随地都在进行着。而在我国，由于当年国有企业股改的进行，大部分企业的资产重组都是国有化改革的一个阶段，所以资产重组的方式也多种多样，其中比较有中国特色的就有承包、托管、中外合资等。

而也正是因为这些资产重组的行为在某些方面给了大股东实现自身利益、损害小股东利益的机会。在我国，由于国家体制和经济体制的限制，企业很难百分之百地实现完全自主的资产重组。我国已经基本上度过了通过行政政策撮合企业进行资产重组的阶段。但如果没有政府部门的资助与支持，无论是原国有企业还是纯民营企业都很难发展壮大。所以我国的资产重组无论是在形式上还是方法上，都与西方国家企业的资产重组有着较大的区别。所以进而产生的问题也在很大程度上不同于西方国家。

这里有一个发生在我国深圳的真实资产重组案例，向大家讲述了利益方是如何在资产重组的复杂过程中，将国有或者股东的利益一步一步划归到自己名下的。从而让看似平常的资产重组行为，最终成了股东间相互残杀的行为。

案例——“中国第一家中外合资股份制上市公司”

之所以用这个例子来为大家呈现资产重组对股东的侵害，很大原因是作为中国企业重组改革的第一家中外合资公司，其侵占行为之严重、荒谬都为中国至今资产重组之最。同时，也正是由于这件事的曝光，才为年轻的中国企业改革敲响了警钟。作为国有企业的改革，更容易因为资产重组的发生，而损害股东的利益。

深圳原野事业股份有限公司被中国人民银行确认为“中国第一家中外合资股份制上市公司”。众多神奇的数字，都展示着这家公司“辉煌”的过去。“150 万元起步，2 年时间净资产增长 60 倍。可最终落得国有资产只占有 1.4%[①]。”就在当年中外合资的浪潮中，全国 8,550 家合资企业，有将近 5,000 家企业未经评估或者未经正确评估就与外商合资，从而使得国家、股东损失共计 460 亿元[②]。原野公司，就是这波浪潮中的弄潮儿。

原野公司成立于 1987 年，注册资本 150 万元，由两个国营企业——新业服装、深海贸易各占 30%，由港商香港开生占 20%，两个独立个人各占 10%。看上去以国有企业为大股东、外资注资的企业模式，其实没有那么复杂。两个独立人分别与两个国营企业有关联，而港资企业的股本也是新业服装代付的。所以简化一下，实际的 150 万元股本，深海占了 60 万元，新业投了 90 万元。

1988 年 1 月香港开生退出原野，将从未投入的股权转让给香港润涛，2 月深海贸易的退出，其股权转让给新业，原野公司的股权结构就变成了书面

① 何清涟:《中国现代化的陷阱，社会主义的免费午餐：股份制改造》，博大出版社，2003。

② 同上。

上的：新业 90 万元，香港润涛 30 万元，两个独立个人各 15 万元。而在同年，随着原野公司的一纸增资协议，香港润涛增投 270 万元，成为公司大股东。而这 270 万元其实来自于新业公司的下属企业高柏。随着深圳经济特区对原野公司的评估，其资产升值为 2,754 万元人民币。随着公司董事会对升值部分的变现处理，香港润涛获得了升值部分中的 2,467 万元。其中的 1,107 万元被直接计入润涛盈利，减去之前 300 万元的股本，剩下的 807 万元则又通过关联交易运作出境外。

之后在 1988 年年底，原野公司正式将企业性质转化成中外合资股份有限公司，注册资本 2,000 万元，股权结构为：新业公司 90 万元，香港润涛 1,660 万元，另外三个独立人占据剩余部分。但等到 1989 年政府审批结束后，三个自然人都将自己的股份转让给了香港润涛。随着股票上市的需求，原野公司进行了第二次资产评估，这次公司的升值达到 4,553 万元。而其中的 4,550 万元，再一次作为润涛对原野的增加投资。至此，本来一分钱也没出的香港润涛公司，就这样在企业的几次重组、再评估后，以 98.6% 的总股本获得了公司的控制权。而之前国有企业投资的资金，最终只占到了新公司的 1.4%[①]。

这样的案例通过梳理，会让所有人觉得有些“天方夜谭”。但这种通过资产重组而瓜分国有资产的事，在市场化初期的中国时不时地就会蹦出来几个。有时候笔者自己都会发笑，在那个年代，如何做生意其实都还没学会，但如何侵占他人的利益却总是无师自通。这也算是老祖宗给中国的股份制改革留下的“遗产”吧。

小股东侵占大股东利益

在股东残杀的世界里，“大股东”和“小股东”的身份是相对的。会随

① 何清涟：《中国现代化的陷阱，社会主义的免费午餐：股份制改造》，博大出版社，2003。

着关键性资源的变化而随时变化。而这些关键性资源的独断问题，更是解决企业管理、实现股东利益一致的关键问题。笔者在前面就提到了著名的“捷克伴侣”事件，作为典型的小股东侵占大股东利益的案例，在这里细细道来再合适不过了。

案例——“捷克伴侣”

作为一起轰动全球，跨度长达数年的小股东侵占大股东的股权转移案例，捷克 TV Nova 的名字，已经被世界各大商学院作为研究案例，研究了一遍又一遍。毕竟在商业世界里，无论是通过掏空还是资产重组，获益方一般都是企业的大股东。而在这个案例中，作为绝对的小股东“CET21”却最终因为捷克薄弱的法律制度和关键要素的控制权让企业的大股东损失严重。在一次又一次的兼并重组、股权再分配后，只拥有 1% 的 CET21，最终将拥有 99% 股份的 CME 集团扫地出门，而这其中的故事[①]又是怎样的呢？

作为捷克电视台私有化进程中第一批拥有执照的电视台，TV Nova 的成功让所有人震惊，70% 的节目收视率，年收入 109 万美元，这在当时的中欧简直就是天方夜谭。TV Nova 隶属于 CNTS 电视台，CNTS 起初是由 CME 集团、CET21 电视台和 CSB 三方共同组成的。CME 在 1991 年成立于荷兰，致力于发展欧洲多地区的商业电视节目，其投资人是大名鼎鼎的雅诗兰黛继承人罗纳德·劳德（Ronald Lauder）。而另一个重要投资人 CET21，则是由捷克资深的电视人泽勒兹尼和另外五名合伙人组成。泽勒兹尼在电视台私有化进程之前，就已经是捷克家喻户晓的明星人物，所以在 TV Nova 成立之后，泽勒兹尼自然而然地坐上了总裁的交椅，成为了名义上电视台的拥有者。而之所以 TV Nova 是由三方结合，原因也不难解释。CME 有钱，有着一系列拓展中欧电视市场的计划，捷克是不可或缺的一部分。而另一边，作

---

① 对于本案例的介绍主要基于 Desai 和 Moel 的文章：Desai, Mihir A., and Alberto Moel, “Czech mate: expropriation and investor protection in a converging world”. Review of Finance 12, no. 1 (2008): 221-251.

为相对来说可以较为简单获得电视执照的 CET21，如何得到足够的资金支持，从而实现泽勒兹尼的电视哲学，“智者坚信捷克是独特和老练的，实际上我们证明了这种认识是错误的——我们发现捷克人像所有的其他欧洲人，他们最感兴趣的是足球，下来便是色情。”再加上另一个出资人 CSB，一个捷克历史上最受欢迎的电视台 TV Nova 就此诞生了。

但从公司开始经营的 1992 年算起，直到我们后来知道的“捷克伴侣”事件发生的 1999 年，公司的股权形式，总共进行了三次比较大的资产重组，我们可以通过表 10-1① 大致了解一下。联合公司 CNTS 在建立初始，CME 占据 66% 的股份，CET21 占 12%，CSB 有 22%。但在 1996 年，CSB 将自己 22% 的股份卖给了 CME，从而让公司的股权结构变化成了 CME 占 88%、CET21 占 12%。这是 CNTS 的第一次股权变化。之后的 1997 年，电视台的总裁泽勒兹尼，又用从 CME 借来的钱，买下了之前 CET21 另外投资人的所有股份，并将其中一部分卖给了 CME，自己留下了 5.8%，让 CET21 留下了 1%。这是第二次的兼并过程。而最后一次股权的变化是在 1998 年。泽勒兹尼说服 CME，买下了他个人拥有的 5.8% 的 CNTS 股份，从而使得 CNTS 的最终股权结构形成了 CME 占 99%、CET21 占 1% 的局面。一个看上去绝对一边倒的股权组成结构就此形成。

表 10-1　捷克伴侣事件始末

日期	事件	公司 CME 占股比例（%）	公司 CET21 占股比例（%）	其他占股比例（%）
1992 年	CNTS 开始运营	66	12	22（CSB）
1996 年 7 月	捷克媒体委员会对 CNTS 的无照经营提出行政诉讼	66	12	22（CSB）
1996 年	CSB 将自己拥有的 22%CNTS 股份卖给 CME	88	12	

① 表 II，Desai，Mihir A.，and Alberto Moel，“Czech mate: expropriation and investor protection in a converging world”. Review of Finance 12，no. 1（2008）：221–251.

续表

1997年5月	CNTS同意改变与CET21的协议，使得CET21不再拥有“独家播出执照使用权”，但以“执照专利权”代替。	88	12	
1997年	泽勒兹尼用从CME获得的贷款，买下了CET21创始人手中的原始股，再把大部分转卖给了CME，自己最终只留下了占CNTS 5.8%的股份。	93.2	1	5.8（泽勒兹尼）
1998年	泽勒兹尼说服CME以2,850万美元的价格收购了自己5.8%的股份，从而泽勒兹尼没有了任何CNTS的直接股权。	99	1	
1999年2月	泽勒兹尼在CNTS的股东大会上宣布CNTS不再继续成为TV Nova的独家节目提供商。	99	1	
1999年3月	SBS与CME达成兼并协议。	99	1	
1999年4月	泽勒兹尼被CNTS以总裁的身份解雇。	99	1	
1999年8月	CET21终止与CNTS的合作，不再提供节目播出执照。	99	1	

但之后的事件又为什么会发生呢？其实说起来也简单，CME作为一个外来投资者是没有资格获得捷克电视台执照的，很像咱们国家汽车制造产业，想做生意，最好的方式其实是中外合资。所以多年来，为了能保有电视执照，CME一直在用金钱安抚着泽勒兹尼，希望他能保持一颗平常心，继续跟CME合作，让事业发展下去。但是随着电视台一年一年的兴盛，无论是在股东利益上，还是外国投资者和捷克本国收视群体上都发生了越来越多的分歧。

其中最要命的两件事都发生在1999年。先是3月，SBS和CME宣布合并，同年4月，董事会决定将CNTS总裁泽勒兹尼开除。这两件事情中的各方利益争夺，我们不再多说。但本以为拥有99%股权的CME却忽略了所有权和控制权的概念。一直的股权并购，却在1999年8月，随着CET21将电视执照抽离出CNTS，让一切都失去了意义。而在这期间，泽勒兹尼不仅通过自己成立的公司接手了TV Nova的节目运营，也通过自己在捷克的地位和相关法律的不健全，轻而易举地将拥有99%股权的CME一脚踢出了捷克的电视圈。

但作为雅诗兰黛的继承人，罗纳德·劳德当然不会善罢甘休。无论是在《纽约时报》和《华盛顿邮报》上刊登警示外国投资者小心在捷克投资的广告，从而让当时捷克领导人造访美国变得尴尬无比，还是之后将CET21和泽勒兹尼分别告上三个国际法庭，在体现其背景深厚的同时，也表现出了在这桩小股东侵害大股东的事件中的无奈。虽然最终罗纳德·劳德得到了相应的赔款，泽勒兹尼也全身而退。但“捷克伴侣”留给我们的启示值得每一个股东深深思考。股东们的利益倾斜都来自于某一方对某一种资源的独自占据。我们之前谈论的大部分例子都是因为大股东拥有资金、消息、背景等多方面的独断优势，才会在企业经营中侵占小股东的利益。而在“捷克伴侣”的案例中，虽然作为小股东的泽勒兹尼只拥有整个电视台的1%的股份，但是作为一种特殊情况，捷克电视台的经营执照却成为所有资源中最为至关重要的一个。也正是因为如此，纸面上99%对1%的局面，其实转化成实质内容更应该看做“有执照”对“无执照”的对比。

股东侵占债权人利益

其实在我们一般性的理解中，股东和债权人应该是拴在一根线上的蚂蚱。作为企业共同的出资人都希望通过企业的良性运转获得相应的利益。只不过债权人的利益是固定的，并在企业进行清算时会优先偿还债权人。而对于股东来说，其收益会随着公司业绩的好与坏进行浮动，而其拥有的权益也是在债权人权益之后的剩余权益。但无论怎样，只要能让企业价值体现最大化，股东和债权人之间的利益在多数情况下是不存在冲突的。

但如果仔细分析，股东和债权人在公司中的权益还是有很大不同的。第一，债权人只是借债给企业，并不参与企业的日常经营，而股东却拥有直接指派委托人管理企业的权利，参与到了企业运营中的权利，一般称之为剩余控制权。第二，股东在公司经营期间除了依法转让外，不能私自抽回资金。而债权人却拥有确定的债务偿还日期。

但这些权利来权利去的不同，怎么也让人理解不了，为什么作为公司投资者的股东和债权人会彼此残杀？那不妨让笔者用一段真实采访解释一下这其中的奥秘吧。

由于一些关于中国银行间风险管理的研究，笔者有机会对中国某银行高层管理人进行了采访，在说道“如果当初认定的小风险项目最终出现了问题，该如何解决”时？作为贷款方，也就是债权人的银行，道出了自己的无奈。就在 2013 年年初，这家银行参与了一个银团贷款项目。由于项目的承办方拥有央企背景，并且新开发的项目受到了地方政府的大力支持，银行这个债权人本以为可以坐享其成。但谁知道，就在笔者采访前不久，这个项目的最大股东向这家银行在内的银团债权人提出了修改还款规则的申请。其大概意思是：过去的还款规则规定，总长 10 年总额 20 亿元的贷款，每年需要通过营业款偿还贷款额的 10%，也就是 2 亿元，并加利息，总共 10 年还清。其中的细节我们不过多追究。但由于整个项目的情况危急，当初的设想恐怕无法完成，所以希望在总还款年限不变的情况下，将前几年的还款额下调至每年 500 万元，等到之后项目缓了过来，再还后面的。而让笔者感到不可思议的是，这是明目张胆的侵占债权人利益行为，银团对这样的申请却欣然接受了。

银行高层管理人的解释是这样的：作为一个银团贷款项目，各个银行之间的博弈很有意思。如果银团中所有银行都决定不同意如此的申请，迫于压力，就会让借款方再去想更好的方案，毕竟不能将 20 个亿全部违约掉，各个银行的利益都不会被债权人侵占。但只要银团中的任何一家银行担心借款方破罐子破摔，彻底将自己银行之前的贷款违约，而继续跟其他家合作，从而导致这个项目的负责人因为不良贷款问题而被问责，他们就会无条件地同意借款方要求，虽然受到了股东的“欺负”，但起码在短时间内不会让问题暴露，而10年之后的问题，就让10年之后的负责人再去解决。而那些不愿意同意借款方申请的银行，就会面临被银团抛弃，独自面对借款方耍赖的情形。所以既然是这样，所有银行干脆心照不宣地都一起同意了，虽然银行的利益就此受到损失，但起码问题没有被公开，还不至于掉了乌纱帽。

其实也不难理解，即使大家是拴在一根线上的蚂蚱，在出现危机时，也都只能各自保命，不在乎什么共同利益了。当股东为了追求自身财富最大化时，股东为了保全自己而侵占债权人利益的事件自然会时有发生。

但实际上，像笔者采访银行这样“不伤筋动骨”的侵害，已经算是不幸中的万幸了。在更多的案例中，股东对于债权人的侵害是毫不留情的。股东通过自身拥有的控制权和监督权，可以选择、指派、更换公司的所有管理人员。虽然债权人在公司破产时能通过清算程序把最后的控制权掌握在手中，但这种相对的控制权只能算是一种“事后”的保障，是无法控制股东在“事前”就已经采取的对债权人的侵害的。换句话说，往往债权人是先得到了侵害，才拿到了控制权，这样的控制权也是打了折扣的控制权。所以有时会看见股东在肆无忌惮地进行高风险的商业投资行为，其原因就在于其早已通过控制手段将所有资金进行了转移，而如果投资失败了，剩下一个空壳的企业也会让债权人承担所有风险。

而在业界，我们也时常能看见为了保证债权人利益实行的“以股抵债”的设计方案。这种创新的初衷就是为了让没有控制权的债务人能从股东那里获得一种保障。但这样的创新并没有得到相关法律的支持，如何定“股”的价格，直接影响了能抵多少“债”的问题。也会看见为了保护自己，债权人在制定合同伊始，就规定了如果做出什么样的投资决定变更，债权人相应地拥有怎样的权利之类的条款。但归根结底只要企业的绝对控制权一直在股东手中，债权人就会一直处于被侵害的边缘。

债权人夺权

上一部分笔者讲了作为债权人这样的弱势群体是如何被股东或者内部人欺诈侵害的，到了这一部分就要讲讲债权人是如何夺权的了。在我们老祖宗的文化里，“物极必反”被无数次拿出来说事，但也无数次应验了。笔者是个球迷，对于全世界都在议论的“宇宙队”巴萨有着特殊的兴趣，这跟它赢了多少冠军，折磨了多少球队无关，反而是因为“物极必反”理论。在巴萨横空出世之前，欧洲足坛有着本来不正常但久之又觉得正常的现象，用最好的价格买来最好的球员，用最好的球员组成最好的球队，然后战无不胜、攻无不克。无论是当年场上一个英国球员都没有的英国球队切尔西，还是被称作“银河战舰”的皇家马德里，都以蔑视一切的强势横扫了整个欧洲。就在所有人认为金钱攻势可以主导一切的时候，一个几乎全班人马都是自己青训营出来的巴萨成为了欧洲足坛的新霸主。曾经弱小的自身培养体系，就这样打败了不可一世的金元主义。关于足球里的门道，我们在这里不再多谈，但无论是在足球界还是金融界，“强势”、“弱势”这样的概念常常是模糊的。上一部分我们提及的弱势群体债权人，在这一部分就成了“一方霸主”。

我们开玩笑地说，曾经借钱的黄世仁是强势群体，而现今的强势群体则是杨白劳。所以在现今的法律中，对于债权人的保护都是相对严格的。比如说在中国的法律中，就有如果因债务人怠于行使其到期债权，从而对债权人造成了伤害，债权人就有权利向人民法院请求以自己的名义代位行使债务人的债权权利，在行业里管这叫“代位权”。而在美国的商业圈里，这样的权利更是比比皆是。如果债权人认为债务人没有能力继续实现之前承诺的盈利计划，就有权利通过债权人投票的方式，自行更换公司董事会成员，对公司管理进行重组，或者甚至可以决定卖掉公司。但这一切的本意是为了保护债权人的利益不受到损害。

但在商业的世界里，任何有利可图的事情都被人用来赚钱，只要有漏洞或者有不合理的地方，就会被人利用。而债权人的权利也是如此。而说到如何利用债权人的权利，笔者认为所有都得向一个人致敬：卡尔·伊坎（Carl Icahn）。

案例——卡尔·伊坎

提起这位，心中会隐隐作痛的人很多。但无论这些公司的下场如何，被称作“企业掠夺者”的卡尔都让这些曾经不可一世的企业尝到了作为一个小股东和/或债权人，原来可以拥有这样的力量。

卡尔有着自己一套独特的经商哲学，与很多人喜欢在企业有下跌趋势的时候购买不同，卡尔总是在最坏的时候购买。他认为顺势注定着与机会擦肩而过，只有逆袭才能在不被大众喜欢，甚至不被行业喜欢的公司身上挣到钱。而卡尔作为债权人夺权的方法看上去也没那么复杂。利用自己创建的对冲基金公司，通过购买债券、股票等方式，成为目标企业的股东和/或债权人，在公司业绩糟糕的时候谋求对公司管理层的改变，换CEO也好，争取董事会席位也好，对公司进行夺权。再等被低估的企业升值后，转手牟利。这也就是为什么我们之前提到的那些名声显赫的CEO对卡尔这样恨之入骨。而卡尔也偏向于将一些房地产、石油储备、不依靠开发新品的技术公司作为“掠夺”的对象，因为这样企业更容易盈利和转售，其企业资产也常常被市场低估。另外，他也会通过私人投资基金，以足够低的价格买入一些濒临破产的公司，对其进行全面的重组，在获得市场青睐后转手卖掉。卡尔惯用的手法是：用自己的钱，用自己的分析，买一家被低估公司的债务，成为债权人，然后逼着公司过去的领导人都滚蛋，自己成为控制者，重新布局企业，然后高价卖掉。

对自己这样的“掠夺”行为卡尔却不以为然，他常说自己是“维权投资者”，自己所做一切目的只是为了让被公司虐待的债权人拥有对公司慵懒以及臃肿管理的办法，虽然很多业内专家也将美国严重的失业现象和缓慢的

GDP 增长归结于卡尔这样的“掠夺”，但作为商业界里的巴塞罗那队，卡尔从没有怀疑过自己作为“弱势”应该享受的权利。

2009 年，卡尔作为美国最大商业贷款公司 CIT 集团的最大债权人，曾公然提议集团其他少数债权人投票反对集团高层提供的债转股意见，而让自己以最低确保价格收购所有人的债权，这与 CIT 高层的想法产生了很大的分歧。而高层的心里也明白，只要少数债权人同意了卡尔的计划，卡尔将拥有“处置”集团高层的权利。几乎相同的案例也发生在米高梅影业和百视达身上。同样作为米高梅最大的债主，卡尔直接声称在米高梅公司破产重组后，自己应该有权利指定公司的负责人并且负责公司管理层的大换血，一夜间成为了公司的救世主，避免公司过多的损失。对于百视达公司，卡尔也是如法炮制。2004 年鼓励百视达（Blockbuster）和好莱坞影视公司（Hollywood Video）合并，卡尔批评百视达的 CEO 昏庸无能，所以要故伎重施，自己来确定谁是以后的领导。

但在这些夺权的背后，卡尔的日子也没那么清闲。首先，公司之前的管理层都在状告卡尔的恶意收购行为，公司小债权人也认为自己的利益受到了损失，也在对卡尔不依不饶，官司一个接一个。但有意思的是，已经七十几岁高龄的卡尔，不但没有就此收手，反而越发精神起来，最近又重出江湖，对赌博产业产生了浓厚的兴趣。曾经被圈内人视为被动挨打的债权人，就在卡尔的带动下，变得“生机勃勃”了。

第十一章 其他欺诈

“所有欺诈都因快速赚钱的欲望而起，这个是行骗人和被骗人的一个共同点。①”

——米切尔·朱科夫（美国作家、波士顿大学新闻学教授）

笔者2012年6月趁着在北京参加学术会议之机将未满周岁的儿子带回国，让父母见见。不巧的是，带回国的婴儿推车没用一两天就脱落了一个轱辘。笔者由于研究需要独自先期回美国，遂打算将损坏的推车一并带回美国。笔者明白航空公司的政策是如果有婴儿乘飞机，婴儿推车是免费托运；但是并不清楚如果没有婴儿一同乘飞机，婴儿推车是否还是免费托运。于是决定打电话确认。笔者在百度上搜索“美联航客服电话”，好家伙！一下子蹦出若干电话号码。排在第一的是400-8114-229，第二位的是400-8114-189。笔者很快拨通了第一个电话，工号为012的客服人员非常礼貌地了解了笔者的情况，告诉笔者托运是没有问题的，但是要先期支付10元钱的舱位预订费。得知笔者没有国内信用卡后，012告诉笔者一定要国内的信用卡才能支付舱位费。笔者立刻请在北京的岳父再打客服电话和012联系。没过一会儿，曾经是老公安的岳父就打电话告诉笔者这个客服电话是骗人的。刚

① Every swindle is driven by a desire for easy money; it's the one thing the swindler and the swindled have in common. —Mitchell Zuckoff

开始岳父也没有怀疑，但是012让岳父走到最近的取款机前，按照他的指令向一个账号汇钱。一听这个，岳父就机警了，问客服中心在哪里。“在朝阳区”，012回答道。“那我到你们那儿直接将钱交给你，行吗？”岳父问道。“不行！”012生气地回答道。听到这儿，岳父就将电话给挂了。笔者后来惊出一身冷汗，也许是在海外生活了太久，人变得太简单、太单纯了。

后来发现，列在第二位的免费电话也是骗人电话。为什么排在国内最大搜索引擎第一、第二位搜索结果的竟然都是欺诈电话呢？令笔者欣慰的是，2013年6月再次搜索“美联航客服电话”，笔者看到的是唯一经过“百度安全认证”的官方客服电话。

欺诈在我们的生活中以各种各样的形式存在着，随着人类历史的发展，也花样百出，涉及各个领域。根据Kroll全球欺诈报告（Kroll Global Fraud Report），无论什么样的欺诈都被归结到一种或者多种不同的欺诈性质。大致分为：信息窃取、腐败和贿赂、有形资产盗窃、管理层利益冲突、供应商或采购欺诈、违反监管或法规、知识产权盗窃、财政管理不善、内部财务欺诈、市场勾结、洗钱[①]。这里很多性质的具体表现，我们已经在之前的章节讲了很多。

其实，无论是在金融市场中，还是与金融市场相关的很多产业都充斥着各种各样的欺诈。我们时常能在网上看见贩卖虚拟货币的，无论是现在新兴的比特币，还是运用范围极广的Q币，也可以跟真钱一样用来骗钱；或者是电话通知中奖的，要不就是告诉你明天即将涨停的几只股票，一种好运来了挡都挡不住的感觉。更有甚者，用电话短信通知家人当事人遇难，赶紧打钱，否则就家破人亡了。笔者想把这一章节分成两个部分——其他金融欺诈和其他市场欺诈，着重讨论一下在我们当下生活中有系统、有规模的各种各样的欺诈。

上部分：其他金融欺诈

暑期一回到国内，我们就被铺天盖地的投资理财产品所包围：短信引

① “Kroll Global Fraud Report”, http://www.krolladvisory.com/fraud-report/2011-12/press-only/, 2011.

诱、电话劝导、电视促销，超市入口、电梯间、厕所里……投资理财建议与产品无所不在。这些产品宣传中包含了太多的虚假与欺诈。

有些是明眼人一眼就能看破的。比如，“你好，我是飞扬老师，我们有个涨停群！群每天 9：30 前会推 3 只股票，实力如何，战绩说话，回发你的 QQ 号，我加你进群验证，飞扬老师。”这样的投资产品或信息一定是虚假的！如果是真的，这位飞扬老师要么是上帝——提前知道哪些股票会涨停，并有无私的情怀——愿意将利润与大众分享；要么是利用内幕消息投资或者利用巨额资金操纵市场价格，而这些都是非法的投资行为。

有些产品虽然合法，但是设计得异常复杂，非但一般投资者不能一眼看破，即使像我们这样教授金融、研究金融的人也未必能完全理解产品的真实风险。这样的合法产品给投资者带来的潜在伤害和损失可能比虚假产品还要大！复杂性往往掩盖了产品的实际风险，而合法性则使投资者放松警惕，加上产品推广者不负责任地夸大产品的回报，投资者往往陷入这样的合法投资陷阱。很多的结构性投资理财产品就是这样一类披着合法外衣的产品。

笔者北京的一位长辈，2013 年年初的时候花了 20 万元的养老钱购买了一款由星展银行（中国）有限公司推出的结构性投资产品——“股得利”系列 1302 期 12 个月人民币结构性投资产品。当笔者得知该产品时，被该产品的复杂性惊呆了！不敢相信一个对金融一窍不通、平时节省无比的老人居然花血本投资了这样一个“神奇”的产品。结果经过笔者一番简化估算，这样一个高风险的投资产品的年预期收益率大概是–2%[①]。而同期无任何风险的银行存款利率却要超过 3%。也就是说，一个宣称自己是新加坡最佳、全亚洲最安全的星展银行，为被销售人员吹得天花乱坠的中国退休老人提供了一份合法的但是很可能会亏钱的结构性投资理财产品。

仔细想想，这些事情一定都事出有因，在金融世界里也不例外。随着这些年中国人的经济生活越来越丰富，手上的钱越来越多，“金融”、“投资”

---

① 阎志鹏，赵妍，杜砚：“星展银行理财产品涉嫌忽悠，年收益率为负”，《上海证券报》，2013 年 8 月 22 日。

这些曾经还很遥远的词，已经开始被街道里的大爷大妈念叨了起来。所以可想而知人们对于投资的需求与好奇。但另一方面，经历了对新生事物的新奇之后，作为一个投身金融的新手，对随之而来的危险是否都了解了呢？这些与无形的数字、繁杂的算式所挂钩的利益，能让人疯狂，也能随时让那些见利忘本的人们付出一生的代价，这样的危险人们是否明白呢？

金融欺诈的历史

在金融的历史中，欺诈始终是个流行词。曾经有人虔诚地相信金融市场是有效的，能够抵抗欺诈。但事实上，金融中能算出来的看似精确的真相，通常意义上都不是真正的真相。上个世纪 90 年代，《商业周刊》曾经对标准普尔 500 大企业中的 CFO 进行过一项关于是否被自己上级要求对企业金融声明进行篡改的匿名调查中发现，55% 的人暗示曾经被上级要求过，但是自己并没有执行；12% 的人承认自己确实被上级要求过，同时也服从了上级，进行了篡改；只有 33% 的 CFO 说自己不仅没做过这样的事，也从未被上级这样要求过[①]。总而言之，有三分之二的 CFO 曾经主动或者被动地想过或者做过篡改金融数据、进行金融欺诈的行为。

其实金融欺诈自身的定义十分广泛，但在我国的法律中，对于金融欺诈罪有着这样的描述："采用虚构事实或者隐瞒事实真相的方法，骗取公私财物或者金融机构信用，破坏金融管理秩序的行为"[②]。而类型大概有：集资诈骗罪，贷款诈骗罪，票据诈骗罪，金融凭证诈骗罪，信用证诈骗罪，信用卡诈骗罪，以及保险诈骗罪[③]。这样的分类听上去仿佛很抽象，但其实在我们之前的章节里，已经提到了不少。比如第一章谈到的庞氏骗局，就可以算是集资诈骗罪的典型。第九章讨论的民间借贷，很多与贷款诈骗罪相关。而

① LynnSuart Parramore"，做空者在欺诈发现方面扮演重要角色，http://finance.qq.com/a/20130408/006664htm，2013 年 4 月 8 日，I 美股。

② 熊选国：《刑法罪名适用指南》，人民公安出版社，2007.12。

③ 数据来源："中国指导参考典型案例全库"，http://www.zhidaoanli.com/zdal/cause/1073.html，中国指导案例编委会。

第三章说到的财务欺诈，就会包括票据诈骗罪，金融凭证诈骗罪等。这些其实都可以统统划入金融欺诈的范围。但有意思的是，金融欺诈不像其他形式的欺诈，它很多时候悄无声息，没有一个明确的犯罪现场。

只不过这些单提出去的章节早已经成为金融世界里拿出来细细研究的课题，也有了自己在金融世界里的一亩三分地。就比如说，著名的麦道夫庞氏骗局就算得上几个世纪以来最大的金融诈骗案了。2001 年曾经市值 600 多亿美元的美国安然公司的破产所涉及到的财务欺诈、投资欺诈问题数不胜数，让曾经富可敌国的安然公司轰然倒塌。当然还有因为流氓交易员在期货市场的违规交易而导致整个巴林银行破产的金融欺诈案。葡萄牙历史上，多斯雷斯曾经策划让一家伦敦印钞公司生产了将近当年整个葡萄牙 GDP 1% 的钞票，用来在葡萄牙的殖民地流通。这样的例子不计其数，可想而知，金融欺诈这潭水到底有多深。

很多时候，并不是所有的金融欺诈都能像安然公司的案例一样，有些公司的欺诈并没有积压不良债务，财务报表也能在几个季度的谎报后被修正。但即使是这样，这样的金融欺诈也会对市场数据进行歪曲，最终还是会误导投资者的判断。仿佛一切都是在碰运气，欺诈被揭穿了就亏了，没揭穿就赚了。这样的金融市场被欺诈搞得乌烟瘴气。

作为普通人的我们，在金融的世界里，那些大数额的、举国轰动的案例也都有所耳闻，但其实，金融欺诈的“奥秘”往往都来自于一些“神奇”的金融创新。制造出一些世界上没几个人能搞懂的金融衍生品，就可以为金融欺诈提供最好的屏障，这种不言而喻的事情我们想大家都能体会。所以既然是研究金融诈骗的，笔者就给大家介绍一个在金融圈里非常著名的金融欺诈案例，被称作“金融界的达·芬奇”的瑞典火柴大王伊瓦·克鲁格。

案例：“金融界的达·芬奇”的瑞典火柴大王，伊瓦·克鲁格

在现今的金融圈内人看来，如果克鲁格没有走上邪道，最终玩火自焚的话，他一定能成为孩子们金融教科书中的英雄。毕竟在上个世纪 20 年代，

金融界的创新还不像今天这么繁荣，很多金融衍生品的理念还都处于空白阶段。而正是这个传奇般的瑞典人，用小小的火柴搅得金融世界不得安宁。

放在今天，克鲁格算得上名正言顺的富二代，作为 19 世纪的 80 后，老爸做着全瑞典的火柴生意，而他却从未放弃成为“大明星”的想法。凭着自己在建筑业发家的资产，克鲁格顶着外国强大的竞争压力，将众多瑞典本土的火柴厂与自己老爸的火柴厂合并，成立之后声名鹊起的瑞典火柴公司。跟现今的公司一样，想发展就要兼并，可兼并就需要融资。所以克鲁格为此创造了一种有价证券，以为投资者提供利息固定但红利可变的获利方式，用高达25% 的利息 ①，将几乎所有瑞典中产阶级口袋里的闲钱都聚拢了过来。在获得充沛资金的同时也做到了家喻户晓。可如此高的利息，克鲁格要靠什么维持呢？跟今日市场中，动辄月息 7% 的欺诈性质又是否相同呢？此时的克鲁格还算清醒，因为在那个年代，25% 的收益并非绝无可能，只要他的火柴可以成为市场中的垄断者。

一战后的欧洲各国都处于百废待兴，一贫如洗的阶段，如何能获得发展所用的贷款，成了件棘手的事情。而早就盯着这块肥肉的克鲁格在这个时候向众多国家伸出了“援助之手”——以诱人的贷款换取国家的火柴垄断权。面对发展，很多国家都选择了妥协。先是波兰，之后是法国，最后又是德国，等等。垄断意味着利润，克鲁格可以随便在自己创造的火柴王国里，制造着全世界三分之二人用的火柴。

但问题随之而来，在当时的年代，融资就意味着对于自身权利的稀释，但权利又是获得垄断、取得更多融资必不可少的因素。所以天才的克鲁格又开始了第二轮金融创新。1925 年，克鲁格先是在波兰创造了 B 股票。与传统的 A 股票不同，每一股 B 股票只拥有千分之一的投票权。从而克鲁格可以出售更多超过自家偿还能力的股票，既能满足国家所需贷款，又能成为市场中的明星股，何乐而不为呢？之后的 1927 年，为了能满足法国的贷款请

① 皮特·桑德（Peter Sander）:《金融巨骗麦道夫》，第二章：伊瓦·克鲁格瑞典火柴大王，中国人民大学出版社，2009。

求，克鲁格又创造了今日金融市场中频繁亮相的“可转换的债券衍生品”。随着这一系列的金融创新，克鲁格将自己的火柴王国建立了起来，但与此同时，与“魔鬼”交易的后果，也在一步一步地展现。

当时的美国，不仅仅是向往新生活人们的新大陆，也是投资者的天堂，能拿下美国的市场，就意味着财富会源源不断地自己滚进克鲁格的腰包。所以克鲁格故伎重施，发明了一种创新性债券——可兑换的黄金债券。投资者可以将债券以现金或者黄金的形式赎回。而总值 1,500 万美元的债券瞬间就被一抢而空。正如克鲁格所想，用一次又一次的融资获得垄断权，用垄断权获得利益，再用利益继续融资，而其中的润滑剂就是一个又一个前所未有的金融创新产品。

而这其中有两个场外因素他不得不考虑。25% 的回报率是建立在市场繁荣的基础上，通晓金融历史的您一定知道，1929 年的金融危机即将到来，马上就要成为克鲁格的烦恼了。其次就是在美国市场的做账问题。毕竟公司的运转即使在鼎盛时期，也无法保证做到利益大于给投资者的回报率，如何神不知鬼不觉地将新融资当成利息发放给老客户，也注定成为一个棘手的问题。而对于后者，克鲁格又一次展现了其创新的能力，但也算是最后一次的创新——“资产负债表外的记账方式”。克鲁格亲自控制了审计公司及其职员，并用瑞典的会计师打点好所有公司的海外账目，用各种理由和借口搪塞美国审计员的试图了解账目细节和组成的询问。而对于前者——席卷全球的金融危机，克鲁格又能怎样“创新”呢?

很不幸，金融天才的好日子走到了头。为了应对 1929 年的金融危机、重振投资者的投资信心，克鲁格伪造了意大利政府的债券以及与意大利政府关于垄断火柴经营权的协议。与此同时，华尔街的银行家开始质疑利润微薄的火柴如何支付高达百分之二十几的投资回报。随着会计公司发现克鲁格旗下众多公司的财务问题，公司自己的员工也发现了伪造意大利证券和协议的阴谋。一时间，所有的矛头都指向了克鲁格的火柴王国，就连当年作为靠山的瑞典政府也开始准备对其使用法律手段，调查那些可能存在的金融欺诈。

金融界的达·芬奇用了6年时间建立了自己的火柴王国，但却只扣了一下扳机就结束了一切，在结束自己生命的同时，也结束了所有金融里的故事。剩下的只有那些花样繁多的金融创新，为创新所建立的新法律，而让无数人痛不欲生的金融欺诈。

中国的金融欺诈

无论中国的金融欺诈如何，中国金融市场有一股子明显的“低素质”风潮。这样的风潮不仅体现在投资者身上，同样体现在从业人员的身上。笔者发现，每天接到的“推荐股票”、“推荐基金”的电话不下五通，介绍的时候总是天花乱坠的，但只要稍微问他们点专业的问题，立刻就要帮你转接某某证券分析师、某某高级分析师团队了。可只要看新闻的人，谁不知道中国有误判率接近90%的“最不靠谱分析师”，也有所有推荐股票一年跌幅都在55%以上的“尽做最不专业事的专业团队”①。可就是这样每天只为了跑马费推荐各种短线投资的“专业团队”，在以电话销售为主体的营业模式驱动下，每个月依旧大把大把地挣着钱。这种先用免费吸引，再勾引入会，再介绍他人入会的方式，在现今的中国，无论是股票、基金还是私募，都在大行其道。笔者身边几个炒股的朋友每天都在骂：“本来炒得好好的，就是听了这些人的建议，结果都被套了！”周瑜打黄盖，一个愿打，一个愿挨。所以不妨我们先来详细说说笔者开篇提到的一则亲身经历的事件。

案例：星展银行（中国）结构性投资产品

笔者的一位长辈在2013年年初的时候，花了20万元购买了一款由星展银行（中国）有限公司推出的结构性投资产品——“股得利”系列1302期12个月人民币结构性投资产品。

该产品的投资收益与一篮子证券（“标的物”）在投资期限内的表现相

① “股市打假研报年报股吧传闻等三种假消息最坑爹”，http://finance.sina.com.cn/stock/yjdt/20120317/104111613918.shtml，2012年3月17日，《重庆商报》。

挂钩。这一篮子证券为四家在香港上市的大陆公司的普通股票，这四家公司分别为：江西铜业、中国电信、中国建材和农业银行。该产品的期限为12个月，分4个观察期，每个观察期有3个敲出（knock-out）厘定日，共计12个厘定日。敲出是涉及金融衍生产品的专业术语，多数投资者也许根本就没有听说过，更谈不上了解了。

简单地说，在任何一个敲出厘定日，如果四只股票的价格相对于初始定价日（2013年1月29日的收盘价）都上涨了至少3%，那“敲出事件”就发生了。投资者将提前收回本金并获取规定的投资收益。如果敲出事件发生在第一个观察期，投资收益为2.5%；如果发生在第二个观察期收益为5%；发生在第三个观察期收益为7.5%；发生在最后一个观察期收益为10%。比如，在第二个观察期（观察期结束日为2013年8月1日）有三个敲出厘定日，分别在：6月3日、7月2日和8月1日。假设所有四只股票在7月2日的价格相对于各自在1月29日的收盘价都上涨了至少3%，则发生了敲出事件。投资者会在相应的敲出事件赎回日（即第二个观察期最后一个观察日之后第5个支付营业日）获取105%的期初投资额，其中5%为投资收益。

该产品的复杂性还有另一面——“敲入（knock-in）”事件。如果在未来一年当中的任一观察日（任何一个交易日），4只股票中的任何一只相对于初始定价日（2013年1月29日）的收盘价亏了31%或者更多，则敲入事件发生。一旦敲入事件发生后，投资者将会蒙受投资损失，除非在投资到期日之前敲出事件发生了——即所有股票的股价在剩下的几个敲出厘定日里超过了 3%。这种情况发生的可能性不大，因为要从 31% 的亏损上涨到 3% 的盈利股价的上涨幅度要为 49.3%（= 103%/ 69% —1）。敲入事件发生后，如果在最后一个观察日 2014 年 1 月 22 日，表现最差的股票价格亏损在 0-10% 之间，则投资者的亏损等于该股票的亏损；如果该股票亏了超过 10%，则投资者的最大可能亏损为 10%。也就是说，投资者面临的最差结果为收回 90% 的本金。

如果既没有敲出事件发生，也没有敲入事件发生，投资者的投资收益为 6%。

讲到这里，大家也许已经被这个产品搞晕了吧！现在让我们来做一些简化性的假设，看看该产品的大约的预期收益究竟是多少？由于该产品涉及极其复杂的金融衍生产品（障碍期权，barrier options），为了将这个理财产品解释清楚，我们将问题尽可能地简化，希望用简单的概率能够解释清楚问题。

假设：（1）每只股票的表现独立于其他的股票，即江西铜业股价的上涨或下跌与农业银行股价的变动没有任何关联；（2）投资期间只有一个观察日和敲出厘定日，即拟定投资期限的最后一天；（3）每只股票的平均预期年回报率皆为 20.8%、年波动率皆为 59.2%，并服从正态分布。波动率或者说标准方差是金融里用来衡量风险的，某项投资收益的波动率大则意味着该投资风险大。正态分布是一个最常用的概率分布，指变量的频数或频率呈中间最多，两端逐渐对称地减少，表现为钟形的一种概率分布。

根据 4 只股票在 2008-2012 年这 5 年间的历史数据（农业银行上市时间较短，我们只用了 2011-2012 这两年的数据。数据来源：finance.yahoo.com），它们的年均收益率和波动率分别为：江西铜业（36.2%，63.5%）、中国电信（1.8%，31.7%）、中国建材（36.5%，93.6%）和农业银行（8.6%，47.8%）。4 只股票平均年收益率为 20.8%，平均年波动率为 59.2%。按照股票各自实际的收益率和波动性计算出的结果和假设所有股票的收益率均为 20.8%，波动性均为 59.2% 计算出的结果相差无几。

基于以上假设，根据正态分布规律，我们可以算出任何一只股票一年以后亏损超过 31% 的概率为 19.1%，4 只股票中至少有一只在一年之后亏损超过 31% 的概率为 $1-(1-19.1\%)^4=57.1\%$，即发生敲入事件的概率为 57.1%。

任何一只股票一年以后回报率超过 3% 的概率为 61.8%，4 只股票的收益率都超过 3% 的概率为 $(61.8\%)^4=14.6\%$，即发生敲出事件的概率为 14.6%。

既没有敲出也没有敲入事件发生的概率为 1−57.1%−14.6% = 28.3%。

根据产品设计，敲入事件发生后，产品的收益为−10%；敲出事件发生后，产品的收益为 10%；如果两个事件都没有发生，产品的收益为 6%。该产品的期望收益率 $=57.1\%\times(-10\%)+14.6\%\times10\%+28.3\%\times6\%=-2.56\%$！请注意，亏损 2.56% 的结论是基于一些简化假设而得出的。按照实际的合同，敲入事件（不利事件）在每一个观察日（交易日）都可能发生，而敲出事件（有利事件）只能在 12 个事先规定的敲出厘定日发生；而且股票收益分布可能不服从正态分布，往往发生超低收益的概率要比正态分布预测得要高；因而实际的年预期收益率很可能要比−2.56% 还要差！

这样一个高风险的投资产品的年预期收益率是负的 2% 多，而同期无风险银行存款利率则超过正的 3%！如果这样的产品直白地告诉投资者，试问世上有谁愿意投资这样的产品？正是该产品的复杂性掩盖了其高风险性！

星展银行在官方网站上宣称“在当今风云变幻的金融环境之下，作为亚洲最安全、新加坡最佳的银行，将让我们全区域的客户感到更心安和有保障。”我们相信星展银行内设计该产品的金融工程师不会不知道该产品真实的预期收益率。这些工程师虽然没有违法，但是他们毫无职业道德可言。

那么星展银行的产品销售经理知不知道该产品的真实风险呢？我们决定拜访一下当地的星展银行分行。我们询问了两位前台销售人员，一位是理财客户经理，就是销售该产品给我们长辈的那位经理（L 经理）；一位是贵宾理财主任（G 主任）。下面是我们的一些对话记录：

问：您对该产品——“股得利”系列 1302 期 12 个月人民币结构性投资产品的了解程度有多深？ 1 为很不了解；10 为了解得非常透彻。

L经理：不好说。

G主任：9。

问：在推广该产品之前，您和产品设计部门有过充分的沟通吗？设计师有没有详细地给您解释该产品的潜在风险？

L经理：有沟通，会有培训。

G主任：我们都要参加资格认证考试，在销售单个产品前，也都有培训。

问：您知道为什么贵公司选取江西铜业、中国电信、中国建材和农业银行这4家公司的股票作为标的物吗？

L经理：不清楚，这个是产品部在后台研究的。

G主任：这是我们产品设计部的人员当时根据对宏观经济环境的预测而选出的。当时预计年初政府换届，城镇化建设加快，对这几家公司所在行业比较看好。这四家公司在各自所在的板块内还是不错的。

问：您知道这4只股票在2008-2012年这5年期间的年平均收益率和年均波动吗？

L经理和G主任：不清楚。

问：假设这4只股票的年平均收益率为10%，年平均波动率为50%，并且观察日和敲出厘定日在一年之后，您认为在一年后发生敲出事件的概率为多少？发生敲入事件的概率为多少？

L经理：我不知道，要不我帮您问问我们产品设计部的人？

G主任：敲出事件的概率大概为1/6；敲入事件的概率为1/5或1/4。

很明显L经理对该产品非常不熟悉，一问三不知，在和我们交流中也流露出了不自信。L经理年初在向我们这位长辈推荐这个产品时那可是极度乐观："阿姨，我们这个产品特别好，您等着明年赚了钱请我吃饭吧！"

G主任对产品相对较熟悉，也比较自信。但是他还是高估了敲出事件的概率，并极大地低估了敲入事件的概率。如果股票年收益率为10%，波动率为50%，股票收益率相互独立并服从正态分布，敲出事件的概率应该只有9.53%，而不是1/6（16.67%）；敲入事件的概率应该高达60.28%，而不是 1/5 或 1/4。即使根据 G 主任自己的估算，该产品预期的年收益率也只有 3.47% = 1/6 × 10% + 1/5 ×（−10%）+（1−1/6−1/5）× 6%，比无风险一年期存款利率高不了多少。我相信 G 主任是不会将该产品推荐给自己退休的老妈妈的！

我们再来看看星展银行的老家——新加坡的投资理财业现状。新加坡金融管理局在 2011 年年底以神秘顾客身份对新加坡财务顾问业进行了暗中调查，调查发现有三分之一的财务顾问向神秘顾客提供了“显然是不合适的（clearly unsuitable）”财务建议。该调查还发现财务顾问未能进行全面的事实认定，向客户作出的披露不充分。

而更让人焦虑的是，就在笔者将上述研究刊登在《上海证券报》之后，星展银行对于笔者提出的疑问并没能给出让笔者满意的答复。比如说，星展银行解释说：“星展银行的结构型投资产品是由专业的财团及市场团队结合市场形势推出，且产品的结构经独立的集团调查部门审核通过后方能正式发行。”可这句话能说明什么？专业团队设计的产品就合格吗？在美国次贷危机爆发之前，标准普尔评级公司针对债务抵押债券（collateralized debt obligations，CDOs）的最初的评级模型中不允许价格下跌！结果如何？一些地区的房价跌去了超过 50%！ 2006 年 9 月，一个叫 Amaranth（原意是一种永生的花）的对冲基金在短短几天内亏损近 70 亿美元，被迫关门。Amaranth 在倒闭的前几天还告诉投资者不要担心市场上的“谣言”，因为他们有 12 个风险管理经理帮助控制风险——他们有着丰富的经验、先进复杂的风险控制模型，等等。

又比如说，星展银行解释道：“星展银行对挂钩标的物的选择有一定的基本标准，例如，股票市值、活跃分析师人数、分析师‘买入与持有评级’达到 75% 及以上等，只有符合标准的标的物才可具备入选挂钩标的物的资格。”笔者更有疑问，作为一个大银行，星展应该具有独立分析个股、选择股票的能力，而不是依赖于分析师。分析师评级本身在实际投资中并没有太多参考价值。分析师的评级改变，如从“持有”变为“买入”，相对参考价值更高些。从Jegadeesh, Kim, Krische and Lee在2004年发表于*Journal of Finance*的文章“Analyzing the Analysts: When Do Recommendations Add Value？”中，他们发现对于某些股票，好的评级推荐反而导致差的回报。

再如，星展银行宣称“星展银行对于该产品销售过程表示合乎规定，即遵循了风险匹配原则。理财经理在评估客户风险承受能力时，会考虑到客户的财务目标、年龄、投资经验以至教育水平等。产品销售录音显示，星展银行全面揭示了该项投资可能出现的风险。”我们的理解是销售录音是由客户经理控制的，一般是在客户已经被说服后，最后走程序、填写表格时在客户经理的引导下进行录音的。我们这位长辈退休在家，收入不高，文化程度不高，金融知识缺乏，更不懂任何金融衍生产品，怎么可能适合这样的理财产品？

星展银行的案例并非是一个特例，就数据显示，我国2013年上半年，86款未到达预期收益率的理财类产品中，有78%的结构型理财产品，21%的信托类理财产品[①]。所以总结一下星展银行的这个案例，可以简单地归纳为：一个不靠谱的银行，把一份特别不靠谱的投资理财产品，用合法的方式卖给了连靠谱是什么都不知道的退休阿姨。这样超越了之前我们所谈论金融道德的底线，将我们曾经以为的金融欺诈变成了另一副模样。

反金融欺诈

反金融欺诈说穿了应该叫风险管理。无论对于公司还是个人，如何能找到对于金融欺诈行为的解决办法，从而做出明智、减少经济困扰的正确金融投资行为，都可以被称为一种风险管理。所以从常理上，风险管理就应该从整个市场的监管治理和投资者自身的风险意识上出发。但在现实的社会

① “理财类产品99.3%达预期收益率”，http://money.hexun.com/2013-07-29/156566333.html，2013年7月29日，《北京青年报》。

中，真实情况又总是让人哭笑不得。

一件发生在笔者身上真实的案例，让笔者对于如何监管金融欺诈有了更深的思考。笔者之前回国探亲，无意间知道了自己的一位退休亲人将养老钱投到了一个年利息 22% 的电离子热水器的项目中。在一番调查、采访的过程后，笔者的亲戚很幸运地最终要回了这笔投资。而笔者在去公安局报案的过程中，接待我们的民警很惊讶我们来报案，因为该公司还没有出现问题，还在按时足额地支付利息。像这样的骗局往往要撑很久才会有人来报案。在和民警聊天中，笔者才意识到像这样的金融诈骗在如今中国的很多地方都非常猖獗。当时他们正协助沈阳警方处理名为“慧瀛祺”的外汇投资公司。该公司承诺的借款利息更是高得离谱，月息超过 10%！全国约有 1 万民众受骗，而苏北可能有上千人!

笔者问他们为什么不更积极主动地打击这样的金融诈骗，而是被动地等若干个受害人报案后才采取行动。他们说他们也有很大的苦衷。首先，很多情况下，老百姓不配合，多一事不如少一事。如果警察在骗局露出马脚前行动，老百姓很可能会怪罪公安局，认为是他们的行动导致了企业无法正常运转，从而无法还钱。其次，对于不少骗局，经侦处虽然没有采取行动，但都备了案。主要是怕打草惊蛇，尽最大可能挽回被骗人的损失。

当天下午，笔者接到警局电话，原来这个项目公司的董事长早在 2013 年 6 月就已经在广州因非法集资被警方抓获，警局方面已经派人去广州了解具体案情，并已经和当地多家银行接触，争取在采取逮捕行动前冻结资金，尽可能地保全投资人的利益。而这大大出乎了笔者的意料，我们没有想到公司董事长已经在 2 个月前被抓。更让人想不到的是，他下面的爪牙居然还胆大包天地打着公司的旗号、他的名头在千里之外继续行骗。笔者在暗暗为亲戚庆幸时，也不禁为数百位被他们骗的乡亲们感到悲伤，他们绝大多数是老年人，他们是将自己的养老钱、看病钱投（扔）了出去。这些骗子是何等的丧心病狂。

所以不难看出，从最下游的警察局进行反金融欺诈的管理是相当被动和危险的。像我们之前谈到的关于新加坡星展银行的案例，新加坡金融管理局就宣布成立一个财务顾问业检查委员会（Financial Advisory Industry Review Panel，FAIR），对财务顾问行业进行彻底检查，目标是提升财务顾问的敬业与水准，提高人寿保险和投资产品在新加坡的分销效率。该委员会由金管局领头，小组成员包括来自行业协会、消费者和投资者群体、学术界、媒体和其他利益相关者的13名代表。2013年1月16日金管局公布了委员会的检查报告。该报告就5个方面提出了具体的建议：（1）提高财务顾问的能力；（2）提高财务公司的质量；（3）使财务顾问成为一个专项的服务；（4）降低分销成本；（5）提倡公平交易的企业文化。

显然在金融业相对发达、民众教育程度很高的新加坡，投资理财/财务顾问业也是问题多多，但是新加坡的金融监管当局显然意识到问题所在，并已经采取实际行动着手去解决问题。所以笔者建议中国的金融监管部门应借鉴新加坡金融管理局的经验，成立由多方专家组成的调查委员会，针对投资理财业、财务顾问进行彻底的大检查，明察加暗访。在专家组调查的意见基础上，监管当局应当有针对性地强化、细化监管，切实保护投资者的利益，严惩违规企业与个人。

针对投资理财、财务顾问业的监管职责可以由一个机构如银监会单独承担也可以由多个机构协调承担，不要遵循固定的模式。新加坡是由金融管理局来监管的，而在美国，针对投资顾问的监管主要是由证监会和各州政府来负责的。希望监管部门对投资理财产品不但要起到监管、审查的作用，同时应迅速建立投资理财产品推出的市场公示平台。针对不同的产品，可以由国家认可的信用评级公司；也可由公信度较高的专业人员、专家学者共同组成的独立评审组织来对产品提出风险评估意见，供投资者慎重选择，尽可能做到让投资者在对该投资产品较为熟悉的情况下，进行理性投资，保护投资者的利益。风险评估成本应由产品发行机构来承担。

与新产品公示平台相关联的监管机构还应该建立一个公开的产品数据库，该数据库应该包括历史上每个理财产品的所有主要特征：风险、预期回报率、主要投资者／人群以及产品期限结束后的实际回报率，等等。该数据库应该向所有投资者、媒体和学者公开，以便于研究与监督。笔者同时还建议建立投资理财或者财务顾问行业自律性组织，该自律性组织应当为政府监管的有效补充。财务顾问应当对客户忠诚，必须采取合理的谨慎和审慎的判断，即忠诚、审慎与关爱（Loyalty, Prudence And Care）；应当将客户的利益置于本人和本公司利益之上。财务顾问应当只推荐适合的产品给客户，即适合性原则（suitability）。在作出任何投资建议之前，应充分了解客户的投资经验、风险和回报目标以及财务状况。

而从另一个方面，给个人贷款的企业也应该加强风险管理的意识。2011年，中国人民银行颁布了新的规则决定逐步放开征信中心数据库，这就意味着作为风险管理重要的一环，对于个人和企业的信贷记录将会成为帮助银行、小额贷款公司甚至消费者判定风险的重要工具。我国每年因恶意透支而损失的财产达数十亿元人民币，而全球风险顾问公司Kroll《2011年职业欺诈和滥用的联合国报告》显示，典型组织每年总收入的5%是由欺诈所引起的损失，平均损失达16万美元[①]。而2012年的欺诈报告显示，内部欺诈是目前金融机构欺诈损失金额最高的欺诈类别，2011年损失金额近900亿美元，其次欺诈损失所占比例最高的是客户交易欺诈类别，2011年损失金额约为735亿美元[②]。也就是说，借钱人的财务欺诈，从另外一个方向破坏着金融的秩序，充满着金融欺诈的铜臭味。

说完了监管，我们再来谈谈投资人自己对于金融欺诈的辨认。首先从法律理念上，由于金融欺诈对于社会经济供求关系变化的破坏力远远超过了实物商品，所以对于金融欺诈违法的危害性，也要比一般经济问题来得严重。无论是从我国现有的商法还是刑法上来看，对于金融欺诈行为的惩罚性

① 欧阳超信："国内的金融欺诈到底有多严重"，《新金融世界》，2012年第11期。

② 何毅勇："关于银行业反欺诈的思考"，http://bank.hexun.com/2013-04-15/153169762.html，2013年4月15日，和讯网。

是非常大的。前面提到的吴英案、亿霖木业案等，其金融欺诈的主要负责人都被判决了死刑或死缓。有了对于如此行为后果的认识，也会让有心想搞欺诈，赚些大钱的人望而生畏。其次从自身素质上说，在国外，不少人认为具备一定的金融知识是一个基本人权。我们认为这也完全适用于中国。老百姓越来越富有了，但是太多人的金融知识非常缺乏，甚至是空白。这就要求我们的政府和大学肩负起更多的社会责任，为老百姓提供各种金融培训机会。我们相信针对一般老百姓的金融知识培训和普及将会是个很好的避免金融欺诈的教育。各大金融机构从业人员也应在和老百姓打交道的过程中，尽可能地传播金融知识；而不是反其道而行之，利用老百姓的无知和信任在赚取合法的昧心钱。而对于最为普通的老百姓，自己应该有一套较为简单完整的自测风险机制。比如说，承受巨大资金压力的骗子公司，其支出一定不会产生效益，只能夸大销售数据让投资者信服，不得不维持一支庞大的销售队伍，所以查验他们的银行对账单往往能看出破绽。或者私自对所投资企业的经济状况了解一下。有条件的投资者，甚至可以利用在线数据监测软件，查看其投资公司的网站数据流量，与其公布的官方值进行对比。这里说的亲自，不等同于投资公司组织安排的工厂一日游。这样的一日游很多时候被安排在周末，是可以通过各种手段做出一副生意兴隆的样子的。我们所说的亲自，就是在得知公司经营地址后，在不通知公司的情况下的调查。

下部分：其他市场欺诈

医疗诈骗

在普通老百姓眼里，有名的医生和有效的药品都是稀缺的东西。民间趣闻常说，在北京协和医院门口当“号贩子”的人，有时比来就诊的病人都多。每天的专家号几乎都被“号贩子”们垄断了，但依然一号难求，也并非有钱就能买得到。而对于药品的新闻，也天天充斥在新闻和广告中。无论是管用的药还是骗人的药，却都有一个“贵”的特点。老百姓买不起真药，连假药也快买不起了。而正是瞅准了这两种稀缺资源的价值，让很多“有门路”的人，干起了欺诈的勾当。

在医疗诈骗行业，中国与国外有着明显的区别。例如说在美国，药物的研发、审查、上市等环节，有着极其严格的流程，其全国药监系统的垂直管理，让药物作假的可能性降到了最低。但相对的，与医生相关的医疗诈骗案例则偶有发生。从 2011 年美国波特兰医生重复性脊椎手术的案例中，便可窥见一二。

《华尔街日报》在 2011 年揭露了一位神经科医生 Dr. Makker，该医生在 2008 年至 2009 年两年期间，为 61 名患有脊椎相关症状的享受 Medicare① 的病人做了脊椎融合手术，对其中 16 名病人，又以各种名义多做了 24 例脊椎融合手术②。以刨根问底著称的美国媒体，更是列出种种数据，例如 Dr. Makker 的手术重复多做率接近全国平均值的 10 倍，一位病人竟然被重复做了 7 次相同手术，等等，媒体告诉民众，这位医生做了很多不该做的手术。当然，之所以能惊动大记者不遗余力地报道这个事件，是因为这些手术背后庞大的医疗保险开销成为了美国的社会问题，拖延着整个美国经济的发展。

在美国的联邦预算中，医疗保险的开销逐年增加。而之所以 Dr. Makker 会被从众多医生中拉出来作为攻击对象，也与他主要集中对拥有医疗保险的患者进行重复手术的行为有关。即使医生自己极力为自己辩护，“之所以我做的手术多，是因为我的病人多，我的病人出现的状况多，不得不做的手术多。”但喜欢较真的美国记者特地为 Dr. Makker 的医疗诈骗行为做了一个详细的分析表格，希望通过数据让 Dr. Makker 哑口无言③。全美国，平均每一百例首次脊椎融合性手术，之后会有 4 例需要新的融合性手术。而 Dr. Makker 的数据是每一百例首次手术之后有 39 例需要新的融合。

---

① Medicare 是美国针对老年人的医疗保险。

② John Carreyrou，Tom McGinty，“Doctor Barred from Operating”，http://online.wsj.com/article/SB10001424052748704336504576259142044058726.html，2011. 04. 12，Wsj. com.

③ Source：WSJ analysis of Medicare data, 2011. 03. 29.

而到了查医生的经济账的时候，美国媒体更不会手软。Dr. Makker 的一切经济收入都被翻了个底朝天。无论是通过一年 300 至 500 例脊椎手术得到的经济利益，还是通过给某一位病人多做的 7 次手术为其增加的经济负担，还是之前被患者告用来赔偿的费用，都让这名神经科医生成为了庞大繁琐的美国医疗保险开支系统最好的反面教材。

其实，这只是美国医疗欺诈的冰山一角。一些医疗设备、药品供应商时常给予医生报酬以鼓励他们使用本公司产品。一个名叫 Omega Solutions of Fresno 的加州分销商就给使用该公司产品的外科手术医生“分红”，这些医生被视为公司的合作伙伴。为 Dr. Makker 的脊髓手术提供脊髓填充物的恰恰就是该公司。在 2009 年 1 月至 2010 年 5 月 19 日期间，一位洛杉矶的医生每周使用公司产品 2–3 次，一共获取分红 519,674.35 美元。假设该医生一年工作 48 周，2010 年 1 月至 5 月中旬工作 18 周，平均一周做 2.5 次手术，该医生每做一次手术就从 Omega 公司接受 3,150 美元的“分红”。如果算上保险公司支付的价格不菲的“开工费”，我们想大多数医生在自己可以操纵的范围内都会有“冲动”去多做手术，那在同一个患者身上做 7 次手术也就不足为怪了！

当然，在美国也有一些无良医生经常靠给病人回扣的方式，让其同意开取一些本没有的医疗账单，两方得利，但最终会让美国的联邦保险制度岌岌可危。如果不即刻制止这样的违法行为，必将成为社会的毒瘤、经济的负担。

而相比起美国的医疗保险漏洞，中国社会存在的药品寻租一条龙诈骗体系有过之而无不及。曾经的国家药监局局长郑筱萸在 2006 年被立案侦查。曾经的吉林省药监局副局长于庆香 2004 年被捕，浙江省药监局局长周航、郑尚金，青海省药监局副处长杨建伟，广州市药监局局长杨卫东，辽宁省药监局局长张树森，一个又一个局长的名字，告诉我们一个不争的事实，通过腐败寻租的医疗诈骗行为，实实在在地发生在天南海北每一个中国百姓的身上。

1995 年，《药品生产质量管理规范》（GMP）在中国执行。这种在国际社会中较为有效的管理方式，成为了对药品评价的重要指标。也被当时的国家药监局认作是提高整个中国药品质量、加强整个中国药厂竞争力的良方。直到2004年，在经历将近10年的尝试和实施后，国家药监局强制要求所有未取得GMP证书的生产企业，必须停止生产。一项在中国习以为常的铁腕政策，不仅没带来中国药物质量和药厂竞争力的提高，反而为医疗欺诈打开了方便大门。

GMP的精髓在于提高研发能力，换句话说就是多生产新药。而这里的“多”，被量化成4–5种新药。对于一般的老百姓而言，药厂一年能研发几种新药，是个完全陌生的概念。但简单地设想一下，便能得到个大概的理解。

首先，一种新药是否能通过临床试验，从而上市生产，需要一个试验周期。但对于老年痴呆症、糖尿病等多种慢性疾病来说，没有个几十年的工夫，是无法知道此药在人身上是否有效，副作用是否明显的。漫长的试验周期，相对应的就是昂贵的成本，和药物安全的过高不确定性。在这样的客观事实下，新药是否能说有就有？

其次，在漫长的制药历史中，在研发人员不懈的努力中，我们现知的很多疾病都能通过相应的药物得到治疗。而不同药物对于同一种疾病的区别，更多地在于治愈的速度，药效的长久和副作用的影响。而那些“突破性”的药品，能够为企业带来大量利益的药品，越发地成为市场中的珍品。也就是说，由于研发的受限，所谓的新药出现的概率也越来越小。

最后，新药的研制需要一条完整的研发链。从早期的药物研究，到中期的药物试验，再到最后的药物上市，足够的研究人员和经济能力是必不可少的。而在现今中国4,000多家药业企业中，自身拥有相对研发经济能力的国有或者私营制药企业不过十几家，包括东北药厂、华北药厂、国药集团等。而以国药集团为例，其研发总体投入只占其全年销售额的3.75%，远远低于15%的国际标准[①]。如果实力最强的制药集团对于研发只有这样的力量

① 数据来源：“国药集团一致药业股份有限公司2012年半年度报告”，http://q.stock.sohu.com/cn/gg/116/375/11637593.shtml，2012年8月17日，搜狐证券。

和态度，那剩下的几千家中小型制药企业的研发能力就可想而知了。

通过以上三点，我们大致可以得到一个较为明确的结论：在中国研发一种新药品的难度很大，同时也没有多少企业真正拥有研发新药的能力。放在今日的中国如此，追溯到2004年的中国，这种情况只会更加严重。那让这几千家药厂，有些甚至被当地认定为支柱企业的药厂们，如何应付GMP中，年研发新药4–5种的要求呢？难道说统统倒闭不成？那当地的经济谁来管？

请读者们放心吧，这样的惨剧不会在中国发生，因为从药监局局长那里就知道，完成任务的方法，不仅仅有一种，在中国有很多很多种特殊的方法。

GMP标准的执行初期，众多在华的国外制药企业，由于自身研发能力的优势，早早提交了每种新药研发的详细资料。而正是这些国外制药企业被视作机密的资料，让中国制药市场的最高层有了“交易”的筹码。而在制药市场的最末端，一个个大大小小制药企业，正在为过去三四年才能研发出来的新药，现今如何完成一年研发三四种而费尽心思。很多药厂领导想到了仿制药，就是用那些已经过了专利保护期的外国药品处方作为基础，进行改进和仿制，从而产生所谓的“新药”的方法。而对于全国4,000多个迫切需要指标的药厂来说，每年仅有的那些可仿制的国外药根本满足不了它们的需求。迫于无奈之下，很多打起了盗用未过期处方的主意，而正是这样的念头与领导们手中的筹码有效地对接上了。

需要“新药”指标的药厂们，通过中间人一层一层的关系，以“技术转让”、“副本转让”的名义，逐级贿赂，最终“联系”上了管理药品资料的国家药监局局长郑筱萸。起初还只是一些外国的药品资料转卖，之后扩展到中国拥有研究能力制药企业的资料转卖，一个活生生的医药资料转卖市场在中国药监局俨然形成了。用一个较为生动的比喻形容，当时的国家药监局就是个新药资料大超市[①]，什么药有什么原料，几个厂子在生产，这些资料

① 何忠洲，蒋明倬：“一个部门损害一个行业”，http://www.cnki.com.cn/Article/CJFDTotal-XWZK200708010.htm，2007年3月9日，《中国新闻周刊》。

多少钱，国家药监局一手掌控着。无数的不合格企业通过了 GMP 认证，可最终不仅没有达到提高医药企业质量的目的，反而导致了整个药物研发体系的崩溃。本就不讨好的药物研发，既然花点钱就能仿制别人的成果，何苦还来自己开发？也留下了整个国家药监局的腐败事实，倒卖医药资料成为了公开的秘密，人民对于中国的制药产业失去了信心。也留下了老百姓对于药品的质问："所谓的新药，还是新药吗？还是说只是新瓶子装旧药，用来唬人的？"

像这样的大跃进行为，在药品制造行业不仅是 GMP 标准这么一回。之后的"地标"升"国标"就是将曾经中国实行的药物两级管理方法，即国家标准和地方标准，统一为只执行国家标准的过程。也是宛如 GMP 一样，一种新的审查制度替代旧的审查制度，滋生了新的欺诈腐败行为。这种集体性的腐败欺诈行为，让老百姓不得不发问"如此高的药价里，有多少是真正用来买药的？而又有多少是替各个环节中的腐败埋单？""造成市场中给老百姓吃的药价格昂贵的原因，到底是药物本身的研发成本过高，还是这其中的欺诈作怪？"读者心中自有答案。

合资诈骗

说起合资，投资人曾经的幻想都是美好的。无论是为了把自己手中的产业做大，还是为了学习先进的生产技术和管理技巧，合资一度都被看做是 1+1 = 11 的好办法。但在我们这片神奇的大陆，合资却有着非凡不同的力量。数据显示，曾经的国产八大饮料，在分别被百事可乐或可口可乐合资后，品牌被隐藏，从而消失在人们的视线中。化妆品市场上，随着大宝、小护士、美加净等著名品牌被收购，国产化妆品的市场份额已经降低到 25%。同样的情况在啤酒、洗涤用品、汽车产业、通信产业都有所体现[①]。其中有技不如人的地方，这点无可厚非。但在不少合资企业中，发生了大量的欺骗问题，这是值得我们好好反思的。

---

① 杨磊："天府可乐与百事可乐之争获胜警示民族品牌"，http://news.xinhuanet.com/food/2010-12/08/c_12858296.htm，2012 年 12 月 8 日，新华网。

我们用发生在一家西安企业的真实事件，较为极端化地给大家介绍一下企业合资诈骗的梗概。从而表明合资欺诈对于我国企业乃至社会的危害。

陕西一民营企业——海华冶化有限公司在2000年取得西安市天然气加气母站项目，并成立西安倡笙公司运行该项目，由于资金不足面临项目搁浅的危险。无巧不成书，就在企业为资金挠头的时候，一个自称是美籍华人的投资人，自己找上了门，说自己正在准备寻找合适的投资项目，并拿出了很多相关证明来证明自己拥有一亿多资产的香港公司。正可谓王八看绿豆，两边人一下对上眼了，之后的外资注入行为也越发简单顺利。新成立的合资公司，董事长人选的变更，政府部门的批准，一切看上去都那么的美好，除了迟迟不能到位的“外资”。按照自己找上门的投资人的想法，合资公司的项目可以先上马，让证券公司包装一下就能从香港上市从而套取股市资金。但作为合资公司另一方的陕西海华公司则认为上市的时机还不好，条件还不具备。反而应该利用投资人的前期资金投入，稳扎稳打。

方式的分歧并不是世界末日，但外资方的投资迟迟不能到位，每次都以各种借口推脱，对于陕西海华来说便是世界末日的征兆。之前从未怀疑过的东西也开始变得动摇。海华公司开始私下“调查”这名号称一亿多家产的海外投资人。不查则已，这一查，陕西海华傻了眼。之前信任对方的“资产证明”是假的，家产也是假的，所谓的外资公司也仅仅是在英属维尔京群岛的一人一股一美元公司。

像陕西海华这样的案例在最近几年的国内，尤其是北京、上海、广州这样的一线城市急剧增加。所谓的外资公司的行骗手段有趋于量产化的趋势。先是在各大报纸期刊上成页地投放广告，以“急需投资”、“安全融资”之名，吸引那些迫切需要投资的企业上钩。在之后的接洽中，通过气派而红火的办公室制造假象，各种伪造的资产证明让企业相信其实力。之后便是几万元的项目考察费用，几十万元的项目评估费用，再几十万元的其他费用。各种名目繁多的工作达标之后，才能进入最终的投资款注入环节。而在此之前，由于企业求财心切，只要能拉到投资，很多“小钱”也就都不多过问。

可在骗子公司精心策划下，往往在投资款到达之前，已经有几十万元的费用落入了被骗子公司指定的评估公司。也就是在这之后，欺诈的苗头才会让企业逐渐发现：以各种借口迟迟不打注资款，联系不上曾经笑脸迎门的投资人，之前豪华的办公室变得人去楼空。这才明白原来所谓的投资款，其实这是自己病急乱投医的苦果罢了。

以上的事例和总结，让我们大体明白了较为极端化的合资欺诈行为。但很多时候，大的国际企业欺负民营乃至国营企业的手段，不会像陕西海华等企业所遭遇的那么简单。欺诈行为往往是躲在看似美好的包装里面的毒药。而这一切对于曾经占据中国可乐饮料市场份额八成之多，但最终沦为特困企业的重庆天府可乐集团来说，再明白不过了。

73岁的李培全是当年天府可乐的创始人，1994年与百事公司合资，他也是主要的决策人和后来的管理人，更是这些年，天府可乐一步步衰落，一步步被欺负的主要见证人。当年被看做发展企业、振兴民族品牌的合资行为，最终却落得现在这般惨淡的境地，李培全心中的滋味无人能知。到底发生了什么？是如何让百事公司一点一点地将天府可乐吞噬掉，最终隐藏起来的，老李有着诸多不甘心的苦恼。难道就这样无声无息地被骗了？还要自己承担一个特困企业的起死回生？这一切还得从头理清才行。

当初与百事可乐合资之前，天府可乐也算是中国饮料的一方霸主。八成的市场份额，全国108家分厂，利润1,000多万，是个名副其实的亿元户[①]。当年的人们如果提起重庆的著名企业，一个是嘉陵摩托，另一个就一定是天府可乐。凭借着将白术、当归等中药成分加入可乐的创新举动，让其既拥有了中国血统，又兼备了国际流行。但表面的光鲜，无法掩盖当时天府可乐的痛楚。由于国家政策的时紧时宽，国有企业一边急于扩张，一边在管理、资金、人才等诸多方面发展缓慢。同时员工数量的不断上升，生产力的下降，企业效益的下降，都在逼迫天府可乐赶紧找到解决之道。

① 杨磊："天府可乐与百事可乐之争获胜警示民族品牌"，http://news.xinhuanet.com/food/2010-12/08/c_12858296.htm，2012年12月8日，新华网。

而就在这时，与拿着尚方宝剑、盛气凌人地准备和天府可乐合资的可口可乐不同，百事可乐的低姿态吸引了当时的李培全。既没有外资改造国有老企业的方针，不用将自己的工厂拱手相送，只生产可口可乐，又多了百事可乐帮忙壮大天府可乐的豪迈承诺，一切都明摆着告诉李培全，百事可乐才是救世主，才是企业需要的合资对象。

但从今天的角度看当时的合资行为，依然能看出不少欺诈的味道。首先说当时对于天府可乐商标350万元的估价，使人们觉得，将一个全国占八成可乐份额的品牌如此低估，一定有原因所在。其次，百事公司也明白天府的隐患在于人员冗重，所以只从当时1,100名员工中，挑选了430名进入新的合资公司，剩下的那些被挑剩下的，依然留下来“祸害”天府可乐。最后，当时的合并，百事公司出钱1,070万美元，天府公司出力，将厂房、配方、品牌等各种各样的资产折价并入合资公司，但最终遗留下来的六七千万债务，也随着挑剩下的员工，留在了天府公司。而直到今天都让人惋惜的是，天府集团当时还将自己全国的联营厂和销售网络渠道，一并并入了新的合资公司。而就是以上罗列的种种细节，为日后天府可乐的陨落埋下了大大的伏笔。

合资当年净亏损1,280万元，第二年亏损2,300万元，到了第三年累计亏损已经到了5,000万元①。连续十数年的亏损，按照合同，使得中方公司没有从合资企业中得到一分钱。而百事公司则通过提高可乐浓缩液价格的方式，一步一步蚕食着合资公司的利益。直到2006年，随着天府集团将1.3亿元的股份转让给百事可乐，百事占有了合资公司的所有资产和股份，而天府集团则被一脚踢出了局。一个本来看上去美好的合资行为，就因为中国企业当年的幼稚和外资企业的狡猾，促成了今天的合资企业合法的欺诈行为。

虽然在2010年年底，天府集团赢了品牌索回的官司，也停止了百事集团对于其独特配方的使用权，但当年刚刚进入中国的百事可乐，现今依然成为中国可乐市场中的第二选择。而现在的天府集团，除了特困企业的称号，

---

① 杨磊：“天府可乐与百事可乐之争获胜警示民族品牌”，http://news.xinhuanet.com/food/2010-12/08/c_12858296.htm，2012年12月8日，新华网。

便什么也没有落下了。诉讼的路还会很长，但对于中国寻求合资的民族企业来说，对于合资欺诈的防范，刻不容缓。

古玩诈骗

说起古玩收藏，在现今的中国社会里，成为了为数众多的穷人富人都喜欢的爱好。古玩的说法来自乾隆年代，在此之前多叫古董或者“骨董”，有明晓古人所遗精华的意思，是中国社会中最早的私有财产，也预示着人们对于美的追求。这种最早在宫廷贵人间流行的时尚，发展到今天，已然成为了一项全民收藏运动。

有钱人、有权势的人大多争着追求自己的仕途发展。寡淡的便只喜欢提笔弄墨，搞些收藏爱好。而中国的穷人们，整日看着电视里的花花世界丰富多彩，而凭自己辛苦劳作却几辈子也享受不到，叹息之余对能够一夜发家致富的产业投入了极大的热情。加上中国几千年的历史，文化上的成就不胜枚举、百花齐放。一个适合投资并可带来暴利的产业——古玩收藏便应运而生了。

俗话说，古玩的水很深。打眼的事数不胜数，所以坑蒙拐骗也变得稀松平常。这其中很多因素交织在一起。

南京一古玩城

说不好是从天天的电视节目里来。“鉴宝”、“寻宝”的节目一遍一遍地播，一会儿告诉你这个宝贝几百万，那个玩意几千万，一会儿又弄个锤子砸赝品，这种效应让人们对于收藏的热情步步升高。也说不好是从世界的拍卖行里来。中国的国宝们，无论是字画、瓷器，还是著名的兽首，一个又一个的中国古董被拍出高价，屡创新高，让全世界的人们都知道：中国的古董宝贵，中国的古董适合投资。让之前只是个别中国投资人小玩闹性质的收藏行为，成为了一种古玩投资社会现象。连金融市场中都出现了古玩基金这种新鲜玩意儿，迅速地被中国投资者们学来发家致富。抑或是因为从古玩行业自身里来的。那些因为真品一夜暴富的人还是少数，更多发家致富的人反而是通过制造赝品。制假反而成了许许多多中国乡镇振兴经济的主要支撑。但无论上述的各种猜测如何，古玩收藏被越来越多的人视作投资，而非爱好，其就有产生欺诈并且越吹越大的可能，更何况现今古玩收藏界坑蒙拐骗的现象，已经达到了中国古玩造假历史的顶峰。

中国的古玩造假也有它的历史，与中国历史中的经济发展几乎同步，印证了那句“盛世玩收藏”的说法。第一次古玩造假的高潮是在宋朝。由于宋朝皇帝本身好古成癖，从全国搜罗古玩。那时的文人墨客也喜欢古玩收藏，更是出了一大批喜欢研究古玩的鉴赏家，例如王溥、米芾、苏轼、秦观、陆游等。但基于当时本身就处在中国文化的爆发期，所仿的前人古玩主要是周商时期的青铜器，并且作假甚多。但说到古玩买卖，却比想象中少。究其原委，很有可能当时的人们都还把作假当成一门手艺，凭自已喜好以获得别人赞许。其中最著名的故事可以说是文豪苏轼用糖果在苏州江边与摸石小孩换取了 289 颗五彩石，置于铜盆中，天天观赏[①]。

第二次造假的高潮则到了明清时期。无独有偶，这次造假的高峰也依然是中国文化鼎盛的时期，人们对于艺术品的追求到了登峰造极的时刻。因为不仅仅局限于之前大的仿古器件，更多的造假画、书法作品被仿制出来。从而也形成了今日古玩领域将当时明清时期仿制的书画作为再收藏的古董的有趣现象。一是因为其年代固然久远，有了时间的价值。二也是因为当年的仿造惟妙惟肖，很难辨别，甚至自成一派，便有了“苏州片”，便有了“后门造”。

而到了第三次高峰的民国，与之前的造假环境大大不同。国不成国，

① 钟兴永，刘旖：“二元价值容介态视阈下的古玩经济研究”，湖南理工学院期刊社，2010 年 5 月 23 日。

人们的生计成了大问题。有门路的人，多在倒卖落魄满清贵族从紫禁城里顺出来的东西，没门路的人，就只好伙同有手艺的人，借着风言风语，仿造一些真的宝贝。趁着国家的混乱，一并发个小财。而这一次的造假高峰，也随着新中国的成立而逐渐平息。

有趣的是，古玩造假不仅有自己的发展史，也有着民间不同的门派和专长。看过《盗墓笔记》和《鬼吹灯》的书迷们都深知，在中国的盗墓界有着摸金校尉、搬山道人、卸岭力士和发丘天官四大门派，也有南探北看的盗墓传统。但无论是小说中的描写如何，这些盗墓人盗出来的陪葬宝贝，很大一部分都成了今日市场中真正古玩的由来，也为造假者提供了造假的机会。既然盗墓有门派，不同的地区盗出来的玩意不同，古玩作假的门派也随之而变化，形成了不同地区，不同作假分类的地图[①]：

千言万语尽在这一张图中，仿佛整个中国都在分工作业，让全国的“假古玩经济”蓬勃发展着。很多地方政府，本以为树立个“玉文化村”、“青铜镇”可以改善当地农民的生活，让祖祖辈辈种田的农民有个新发展。但到头来，最终经济的创收却是靠制造假古玩得来的。以景德镇为例，曾经的国有陶瓷企业在改革的大浪中被私人承包制所取代，个人的、未登记的陶瓷作坊在景德镇不下4,000家，从业人员达10万之多[②]。鱼目混珠的结果就是政府无法真正控制陶瓷最终出处。即使被北京上海的商人运走当假货贩卖，景德镇的领导们也不从知晓。这些问题，每天都在发生着，成千上万的假古玩就这样被源源不断、分批分类地运向了最终收藏者的手中。

在古玩市场中，另一个不可或缺的元素便是“专家”。这个曾经被无数中国人推崇的名号，最近的日子并不好过。不仅仅在古玩行业，只要是在中国出事的任何行业都会有所谓的专家出来辟谣、正理，但结果常常像过街老

① 王林娇：“地下做旧产业调查（一）”，http://auction.artron.net/20120228/n219758.html，2012年2月28日，雅昌艺术网。

② 张泽丹：“地下做旧产业调查（二）”，http://auction.artron.net/20120301/n220004.html，2012年3月1日，雅昌艺术网。

鼠，人人喊打。我们在这里用 2011 年震动古玩界的“金缕玉衣”事件为例，给大家展示--下“专家”一职的神奇。

这个故事的主人公由一个富豪、两个行长和五名古董鉴定专家组成。时间从制假到被捕，贯穿了 21 世纪的头十年。起因则是这个故事的主要人物谢根荣想尽办法骗贷，最终想出来这个“金缕玉衣”的勾当。而经过，让我们细细道来。

谢根荣，这个名字曾经出现在“中国富人榜”中，身为华尔森集团的总裁，也常被人以“古董收藏家”称呼。跟很多有钱人一样，收藏古董，甚至开了个私人博物馆，是身份和地位的象征。但博物馆里的“宝贝”不仅仅可以用来观赏，也可以成为公司财产的一部分，进而骗取可观的银行贷款。早在 2002 年，建设银行的两位行长就发现谢根荣用伪造的财务报表骗取银行贷款，谈判的结果却是被谢根荣带进“根荣陈列馆”，一同参观神秘的“金缕玉衣”。行长们也不是古董专家，但却认识由五位权威古董鉴定专家签字的评估报告。24 亿元的市场估价，一件货真价实的“金缕玉衣”，不仅打消了之前对于骗贷的担心，更让行长们做出了继续提供贷款的决定。心里暗自盘算：如果企业能发展起来，之前的“坏账”也都不是问题了。可让两位行长万万没有想到的是，正是这所谓的 24 亿宝贝，给他们带来了牢狱之灾。

这件“金缕玉衣”本就不是什么古董。据“专家”牛福忠交代，是他帮着谢根荣用买来的玉片一点一点串成玉衣的。并以中间人的身份，联系到了鉴定专家团：王文祥、杨伯达、李劲松、杨富绪和史树青。这些名字，对于不玩古董的人仿佛有些陌生，但对于古董界里的玩家来说，这五个名字个个都代表了“专业”、“资深”、“财富”。每一位都是七八十岁的收藏界中泰斗级的人物，各种名衔一长串。有收藏家协会会长，故宫博物院原副院长，宝玉石协会原秘书长，北京大学宝石鉴定中心主任，等等。其中最为著名的史树青老人，更算是专家中的专家，著名历史学家和文物鉴定家，曾任中国历史博物馆研究员、国家文物鉴定委员会副主任委员、南开大学历史系教授、北京大学考古系研究生导师、中国收藏家协会会长，以考古鉴定驰誉中外[①]。就在这些专家们的看看、算算、评评之后，一件旷世的“金缕玉衣”就此拥有了合法的身份。

在案发之后，有记者曾经联系过这几位专家，除了2007年已故的史树青老人，其他的几位专家都说当时的评估主要以看为主，围着玉衣转了几圈，本以为不算是什么多正规和认真的评估，只是帮朋友个忙。再加上史树青老人在业界的威望，另几位专家也并未过多地发表自己对于玉衣的看法。最终估价到24亿元也都非自己的本意，只是跟从史老的意见。最终因为这24亿元却弄得官司缠身也很无奈。但另一方面，高昂的估价背后，专家们也能得到相应的高昂评估费，也让人不禁遐想，这是不是一个又一个神话般高价层出不穷的原因？

而正是这几位专家的不经意，将金融欺诈和古玩收藏紧密地联系了起来。一件本不是古玩的东西，在专家们的评估之后，身价倍增，成为一件吸金的利器。无论宝贝本是真的也好，假的也罢，只要有了专家的一张评估证书，就像有了一个免死金牌，就此便能在市场中成为很多人手中赚钱的工具。所以将专家也说成古董经济欺诈中的一环，并不为过。

而这场古玩诈骗中，除了专家，媒体的作用也必不可少。不同于上三次古玩作假风潮，在现今社会中的作假趋向，被媒体不自觉地带动着。这是个收藏类节目红火的年代，全国中央地方台同时拥有二十几档收藏鉴宝类节目，以王刚的《天下收藏》（护宝锤砸赝品）和央视佳明主持的《寻宝》最为红火。像马未都这样收藏界的名家，立刻代替了崔永元、白岩松等央视名嘴，成为了打开电视怎么换台都能看见的熟面孔。在这二十几档鉴宝节目中，一些节目的本意是好的，希望通过电视这个平台，为观众展现古董真与假的辨别方法，提供古玩背后的文化故事，揭露古玩造假的过程等，努力让老百姓们树立正确的古玩收藏观念。但另一方面，也正是由于电视节目和网

① “男子制仿古董骗贷10亿，故宫顶级专家曾估价24亿”，http://society.people.com.cn/GB/15591998.html，2011年9月5日，《法制晚报》。

络媒体的兴盛，媒体对于什么样的古玩能卖出好价钱，起到了抛砖引玉的作用。今天这个节目里播了宋朝官窑瓷器卖出了个高价，那个节目里说确实官窑瓷器属于珍品。第二天遍布全国的造假者便会开始专攻宋朝官窑瓷器高仿精品。紧跟着专家们就会出山，鉴定各种各样的官窑瓷器。不用多少天，市场上便有了无数类似电视之前播出的宋朝官窑高仿瓷器了。由此可见，媒体在古玩造假的过程中，不仅引领着潮流，也引领着造假方向。

既然古玩欺诈中，有这么多的影响因素，感觉那么的不靠谱，为什么还依然有那么多人热衷于此呢？投资回报是一方面，这个无可厚非，人人皆知。但拥有较高回报的投资项目也不在少数，为什么偏有人钟情于此呢？笔者认为这与中国人最基本的心理需求有关。古玩不能用来吃，不能用来穿，就算不为了挣钱，顶多是放在家里摆着，很多并没有实用价值。但投资者对于文化，对于享受文化带来的心理满足，却可以通过古玩收藏得到。举个简单的例子：汶川地震，一群收藏家们不捐钱不捐物，反倒是捐了一批疑似赝品的古董，作为赈灾之用。最终能否拍卖成金钱，用于建设救助汶川放在一边不谈，这样的行为是否在向世人宣告，对于收藏古玩的人来说，经济利益上的欺诈反而在其次，心理需求以及被认可的欺诈才是导致现今社会造假持续，但玩家们依然知假买假，宁愿被骗，从而继续“支持”欺诈发展的原因呢？这样的心理欺诈披着文化和追求艺术美的外衣，更加隐蔽，但最终欺诈破裂所导致的结果也一定不会等同于简单的经济打击一般，其破坏的将会是一个群体对于如何满足享受型消费的根本观念，后果不堪设想。

美国投资移民风险与欺诈[①]

最近几年笔者回国比较频繁，这两年一个明显的感觉就是非常多的朋友在准备移民。事实上，自 2010 年以来，投资移民已经成为中国富裕阶层

---

① 杜觃，阎志鹏：美国投资移民项目——馅饼还是陷阱？《上海证券报》，2013 年 10 月 22 日。

追捧和媒体热议的话题。招商银行和贝恩管理顾问公司联合发布的《2011中国私人财富报告》显示：个人资产超过1亿元的大陆企业主中27%已移民，还有47%正在考虑移民；而胡润研究院与中国银行私人银行联合发布的《2011中国私人财富管理白皮书》称：个人资产超过1,000万元人民币的高净值人群中，近60%的人士已完成投资移民或正在考虑。随着越来越多的中国人将目光锁定美国投资移民项目，对美国投资移民项目涉及的风险和欺诈的介绍也变得尤为重要。毋庸置疑，任何一位投资者都希望投资项目能够安全可靠，并且获得比较好的回报，即获得美国永久居住权并拿回投资本金。但是很多投资者受限于语言不通，中介对投资移民项目误导性的宣传以及项目本身信息不对称的影响，使得投资者不能全面了解投资移民的本质，增加了投资项目选择上的风险。在本书的结尾，笔者想着重从投资者如何选择项目、降低投资风险的角度来分析美国投资移民项目。

EB-5投资移民项目的由来及内容

美国投资移民项目，或“EB-5项目”，由美国公民及服务局（US Citizenship and Immigration Service，简称USCIS）管理。EB-5项目最早是美国国会在1990年创立的，目的是利用通过外国投资的资金和为美国创造工作岗位的能力来刺激美国经济。EB-5的第一次试点是在1992年。EB-5需要美国国会定期重新授权才能生效。另外某些EB-5项目是USCIS以促进经济增长为目的，以“区域中心（Regional Center）”为名的投资移民项目。

按照USCIS的规定，所有的EB-5投资者投资的企业必须是新的商业企业。USCIS对新的商业定义也做出了解释。例如，对于首次试点的1992年，企业必须在1990年11月29日以后成立或者企业在1990年11月29日成立前必须满足两个条件：1.企业购买新的业务或现有业务必须重新调整形成一个新的业务；2.企业通过接受投资移民者投资必须使企业净值增长40%或者雇员增加40%。USCIS对商业企业的定义是任何合法组建、追求利益的个体经营户，合伙公司（有限或者无限），控股公司，合资企业，和股份合作制企业。商业信托和其他实体也都可以被作为投资对象。但是USCIS规定非商业行为比如拥有或者运营个人住房不能作为投资移民。

EB-5投资移民项目对就业岗位数量创造和资本投资有严格要求。投资者必须为美国创造或者保留至少十个有美国合法工作身份的全职工作岗位，并雇用两年或两年以上，投资才会获得美国给予的有条件永久居民资格。只有美国公民、有永久居住权的人或者其他移民被美国政府授权工作的人才能算是合法工作的人。而难民或者没有身份的人，包括持有美国H-1B工作签证的人都不能算在工作人口之内。对于全职就业员工，USCIS给出的定义是合法员工在新商业企业每周工作至少35小时，并且工作岗位是永久的、全职的、固定不变的。资本可以是现金、设备、库存、其他有形资产、现金等价物和资产担保。通常情况，最小投资金额是100万美元。在国家认可的低就业区或者乡村地区，最小投资金额为50万美元。国家认可的低就业区是指该地区的失业率至少是国家平均失业率的150%。乡村偏远地区是指任何远离大都市统计区的位置或者是在远离2万人口的城市地方。

中国投资移民业的现状与猫腻

随着中国“移民热”的加剧，越来越多的移民中介涌现。大部分移民中介通过网络广告、手机短信和参与各种与出国有关的会议来宣传自己、招揽生意。投资者经过简单的几通电话就能发现各家移民中介间的报价是有差异的。那么这种价格差是怎么产生的呢？其中的猫腻还是很多。

第一，投资者应该知道投资一个美国移民项目的费用应该是在60万美元左右。其中50万美元是投资本金，3万美元至5.5万美元的“管理费”。项目方负责筹备项目，将项目推广至国外，并在项目进行中予以监督和管理。主申请人需向移民局缴纳7,000美元申请手续费，另附带申请人每人需加收1,500美元。由于美国的移民申请必须由律师递交，申请者还必须支付律师费。那么剩余的5万美元左右的费用是律师和中介费。那么中介报价的差别就在于这5万美元的中介费中。笔者了解到，有些移民律师在中国收取投资者费用却不向美国政府申报，以此来逃税。投资者必须注意的是，投资者大部分与美国律师签署的合同是在美国生效的。如果投资者日后与移民律师产生法律纠纷，可能会因为这个税收问题带来麻烦。但是移民律师通过逃税的方式，可以减少中介费用或者律师费用。这就使得移民服务费用降低。

第二，投资者咨询中介时应该注意报价差异产生的服务差异。由于每个申请者自身情况不同，材料费差别也很大。如果申请者的投资款来自企业经营所得，就需要美国会计师事务所对企业进行审计；如果通过房产抵押或变卖得到，就需要出具房产评估报告。由于大多数投资者签约后将所有的事务全权交由中介代理，因此上述材料往往由中介指定合作机构办理。有些中介会采用低报价的方式吸引投资者，比如中介报价投资移民全部办完 57 万美元，但是中介会附带条款只为投资者做一次申请程序。但是在申报时，USCIS 可能会判定投资者材料不全要求补交材料。此时中介会向投资者索取第二次申请和制作材料的费用，约 1 万美元。中介其实是先通过低价利诱投资者入套，然后再通过各种方式向投资者要钱。这样不仅增加了投资者的成本还拖延了申请时间。

第三，笔者在这里必须要指出的是，在中国移民中介的门槛其实并不高，服务质量也是参差不齐。有的中介为了做生意完全不考虑投资者风险，毫无职业道德。甚至某些移民中介在不熟悉项目业务的情况下就向投资者推荐项目，忽悠投资者。比如说 2013 年 2 月暴露出的“芝加哥会议中心兴建计划”EB-5 项目。超过 250 名中国投资者，超过 1.45 亿美元被诈骗。金额和人数的巨大，让人震惊。很多中介在向投资者宣传该项目时只说收益回报，完全不提风险。中介往往会通过项目拥有政府背景来迷惑投资者，让投资者误以为是百分百安全的项目。今天我们依然可以在网上查到某些移民中介在 2012 年 11 月份举办的美国投资移民 EB-5 项目对比解析会上，把“芝加哥会议中心”项目作为优质项目推荐给投资者。某些中介居然还冠冕堂皇自称不让客户在雾里看花，而是从客户自身角度出发，在专业的角度剖析各项目的优势和劣势。笔者试问，这些中介是否真正了解这个“芝加哥会议中心”项目？如果这些中介了解该项目，那就证明这些中介毫无职业道德可言，将一个诈骗项目作为优质项目推荐给投资人。如果中介不了解该项目，那就证明这些中介最基本的服务质量完全没有保证，连自己也被骗，并误以为是真实项目向投资者大力推荐。从这件事情我们可以看出，美国的项目人一旦成功欺骗中国中介，他们就找到了销售渠道，中国中介将完成剩下所有的销售步骤。中国投资人吃亏在不懂英文、不熟悉 EB-5 项目规定和申请过程，被中介忽悠得团团转，而中介却不承担投资失败的风险。而且很明显，大部分中介只是做了简单的翻译和材料准备工作，并没有什么高难度的工作，却向投资者收取了大把的费用。中介本身也很少会派人去实地考察和调研自己推荐的 EB-5 项目。因为那样不但增加中介的工作量而且增加了工作成本。笔者认为中国中介没有固定的行业规范和较低的门槛是问题所在。最令投资者可恨的是某些中介机构，自己对项目并不十分了解，却对投资者夸夸其谈，胡吹项目无风险，最终还是要投资者签署自己承担风险的协议书。所以笔者告诫投资者在选择中介时一定要事先调查中介的背景、资质、是否有成功案例。因为选择错误的中介等于加大了自己投资失败的风险。

ACCC 投资移民欺诈

我们以上段提到的“芝加哥会议中心兴建计划”为例来分析投资移民诈骗案的特点。2013 年 2 月 8 日，美国证监会（SEC）[①] 起诉“芝加哥会议中心”EB-5 投资移民项目。美国证券交易委员会称塞提（Anshoo R. Sethi）虚构了芝加哥会议中心（ACCC）和芝加哥洲际区域中心信托（IRCTC）项目，并欺骗性地卖出了超过 1.45 亿美元的证券和收取了 1,100 万美元的行政费用。

塞提使投资者相信通过购买 ACCC 的权益，公司会建设“世界上第

① “SEC Halts $150 Million Investment Scheme to Dupe Foreign Investors and Exploit Immigration Program”. 网址：http://www.sec.gov/News/PressRelease/Detail/PressRelease/1365171512748#.UjcTnn_Nkjw.

一个零碳排放铂LEED认证的酒店和会议中心"。塞提向投资者吹嘘，他们获得了所有必要的建筑许可，并且几个大型的连锁酒店已经和该项目签约。为了确保该USCIS项目的初步审批和投资者的临时签证，他们也给USCIS提供伪造的文件。塞提印刷精美的中文广告，印上两国政要照片，招揽超过250位中国民众。每人除了付50万美元作投资移民之用，另外每人还付出所谓的"行政手续费"4.15万美元。与此同时，赛提向投资者承诺如果他们的签证申请被拒绝将退还这笔钱，但是塞提和他的公司已经花费了超过90%的管理费用。超过250万美元的基金被转移到塞提香港的个人银行账户。

从这一案例中我们可以看出中国投资者对美国EB-5投资移民项目的判断依然是按照中国人行商固有的思维方式，即"有政府支持就好办、就安全"。这是完全错误的。首先"区域中心计划"没有任何政府参与，政府没有资金投入，同时计划也不受政府的特别保护。政府对有潜力的项目只能出于政策上的扶持和一些宣传上的鼓励。如果投资者在看到项目宣传时认为有政府的大力支持会保证项目的成功运营，那这样的项目宣传就具有误导性，应该避而远之。其次，所有"区域中心"项目都是公开的。投资者应该可以在USCIS的"区域中心"官网上找到该项目。第三，对于投资者来说，要想通过EB-5获得美国永久居留权就必须为美国创造10个工作岗位并且时间是两年。美国移民局还规定，随同父母投资移民的子女，年龄不得超过21岁。

最终投资者必须严格审核项目及项目管理人的背景。在芝加哥的案件中，SEC指控29岁的塞提向投资者谎称他在房地产开发和管理业已经有十五年的经验。赛提还提供材料误导伊利诺伊州政府，让州政府以为开发商Upgrowth LLC有超过35年的经验。伊利诺伊州公司记录显示，Upgrowth LLC是刚刚创办于2010年的公司。中国投资者被大量的伪造材料所误导，但是这些材料都可以通过投资者自己严格的查证而拆穿。

EB-5 投资移民项目风险的规避

投资移民成功的关键在于选择投资项目。必须结合美国宏观经济，所投“区域中心”所在州的地方经济情况来考虑投资移民项目。

首先，EB-5 投资移民项目并不是简单的市场买卖交易，并不是投资人付出 50 万美元的本金就一定能在两年以后获得美国永久居住权，并在五年以后抽回 50 万美元本金这么简单。EB-5 投资项目一定是项目运营决定成败。了解美国宏观经济和各州的经济状况有利于帮助投资人去判断分析自己所选的 EB-5 投资移民项目。例如在加州，连续多年众多的投资移民项目吸引了投资却依然不能降低失业率，加州的失业率连续两年高于 10%。这只能证明投资移民只能小范围促进地方经济，投资移民项目并没有能力去改变一个州的经济状况。一个州的经济情况应该更多地依赖于产业结构调整和保持技术领先的地位。作为投资者来说，选择 EB-5 项目就必须考虑项目本身所属产业和所属州，以及项目与地区之间是否存在产业结构上发展的吻合。至少可以通过这些宏观上的大数据来帮助自己缩小选择范围，增加对投资项目的认识。笔者觉得这是一定要做的，但是往往却被大家所忽略。我们以 Vermont 州为例，该州地理位置偏北，气候冬长夏短。那么在 Vermont 发展滑雪这样的旅游项目自然符合该州的地理环境。对于爱好滑雪的美国人来说，Vermont 州的滑雪投资移民项目无疑增加了该州在旅游业态上的进步。其次，对于 Vermont 的生物制药项目，该州政府也给予了支持。因为 Vermont 州的经济一直处于落后状态，那么该州发展制药业完善了该州的产业结构。这样的项目符合一个州的宏观经济发展，是值得投资者去考虑的。

其次投资者需要注意的是，在选择投资项目时要考虑到投资项目本身运营所有的风险。因为每个项目的情况都有所不同，所以我们不能一概而论。但是我们可以通过一些数据来说明问题。以加利福尼亚州为例：

加利福尼亚州部分行业 2011 年工资支出（以千美元为单位计算）和就业人数：

表 11-1　加利福尼亚部分行业 2011 年工资支出和就业人数表

行业	总支出	总就业人数	人均收入
工资和工资就业的工作场所	852,923,480	15,204,435	56.097
农业收入	4,789,908	160,906	29.768
非农业行业收入	848,133,572	15,043,529	56.379
矿业	3,416,488	26,341	129.702
公用事业	6,296,935	58,304	108.002
制造业	95,414,521	1,246,809	76.527
批发贸易	45,423,127	663,909	68.418
信息	46,275,981	429,627	107.711
金融与保险	52,961,500	544,545	97.258
房地产和租赁业	13,581,359	258,009	52.639
企业管理业	20,674,990	199,149	103.816
艺术、娱乐和休闲	14,137,689	255,015	55.439
膳宿业	28,829,246	1,301,337	22.154

数据来自于美国经济分析局（bureau of economic analysis）。

从上表中我们可以发现很多有用的信息。如果投资者选择的项目是酒店膳宿业，按照 EB-5 项目规定，投资者必须创造十个就业岗位，时间为两年。假定投资者雇用的 10 人中，有 9 人是酒店一般工作人员，一人是企业管理人员。我们可以通过上表来估算 10 个人的工资成本。膳宿业工作人员人均收入 22,154 美元，企业管理人为 103,817 美元。那么 9 个工作人员两年的工资支出为 22,154 × 9 × 2=398,772 美元，一位企业管理人员两年的工资为 103,817 × 2=207,634 美元。由此我们可以估算出两年内，10 个工作岗位的总费用为 398,772+207,634=606,406 美元，约等于 60 万美元。加上雇主需要为员工额外支付的养老金、保险等费用，总的开支可能会达到 70 万–80 万美元。这样一计算就显示出如果所投资的项目在前两年产生不了显著效益，单单凭着投资者投资的 50 万美元根本不能完成这样的雇佣任务。上面的例子清楚地显示了解投资项目计划的重要性，因为不同的计划会带来不同的结果。我们可以通过宏观数据上的分析来缩小对项目的选择。增加对项目风险的认识和判断。

EB-5 投资者的效益

借助投资移民项目，投资者可以获得美国永久居住权，享受美国的各项福利政策。但是在获得权利的同时投资者面临的是美国的全球征税制度。这可能意味会给投资者带来税收上的难题。其次，投资者还需要考量的是 60 万美元（其中 50 万为实际投资额，其余 10 万为申请和管理费）五年的投资在资金上获得回报是否值得。我们假设投资者投资的项目五年，项目成功的概率为 50%。项目如果成功，每年的回报率为 4%。五年项目到期，投资者最后获得的是接近 60 万美元。项目如果失败，可以收回 20 万美元。那该项目的预期收益是 $60 \times 50\% + 20 \times 50\% = 40$ 万美元。投资 5 年的预期回报率为 −33.3%。假设投资者 5 年的资金机会成本是 50%，如果单从投资回报的角度看，这个绝对是亏本买卖。至于这个项目最终是否值得，就要看美国绿卡在投资者心目中值多少钱了。

美国投资移民项目是一个复杂的、隐含诸多风险的项目。其中不仅包含着法律上的风险，还包含了商业运营系列节点上的风险。投资者在选择 EB-5 项目的时候务必要谨慎，在充分调查了解之后再参与或者做出投资决定。